T0326540

MILIEUX ÉCONOMIQUES ET INTÉGRATION EUROPÉENNE AU XXᵉ SIÈCLE

LA CRISE DES ANNÉES 1970

DE LA CONFÉRENCE DE LA HAYE À LA VEILLE DE LA RELANCE DES ANNÉES 1980

P.I.E. Peter Lang

Bruxelles · Bern · Berlin · Frankfurt am Main · New York · Oxford · Wien

EUROCLIO est un projet scientifique et éditorial, un réseau d'institutions de recherche et de chercheurs, un forum d'idées. EUROCLIO, en tant que projet éditorial, comprend deux versants : le premier versant concerne les études et documents, le second versant les instruments de travail. L'un et l'autre visent à rendre accessibles les résultats de la recherche, mais également à ouvrir des pistes en matière d'histoire de la construction/intégration/unification européenne.

La collection EUROCLIO répond à un double objectif : offrir des instruments de travail, de référence, à la recherche ; offrir une tribune à celle-ci en termes de publication des résultats. La collection comprend donc deux séries répondant à ces exigences : la série ÉTUDES ET DOCUMENTS et la série RÉFÉRENCES. Ces deux séries s'adressent aux bibliothèques générales et/ou des départements d'histoire des universités, aux enseignants et chercheurs, et dans certains cas, à des milieux professionnels bien spécifiques.

La série ÉTUDES ET DOCUMENTS comprend des monographies, des recueils d'articles, des actes de colloque et des recueils de textes commentés à destination de l'enseignement.

La série RÉFÉRENCES comprend des bibliographies, guides et autres instruments de travail, participant ainsi à la création d'une base de données constituant un « Répertoire permanent des sources et de la bibliographie relatives à la construction européenne ».

Sous la direction de

Éric Bussière, Université de Paris-Sorbonne (France),
Michel Dumoulin, Louvain-la-Neuve (Belgique),
& Antonio Varsori, Universitá degli Studi di Padova (Italia)

MILIEUX ÉCONOMIQUES ET INTÉGRATION EUROPÉENNE AU XXe SIÈCLE

LA CRISE DES ANNÉES 1970
DE LA CONFÉRENCE DE LA HAYE À LA VEILLE DE LA RELANCE DES ANNÉES 1980

Éric BUSSIÈRE, Michel DUMOULIN
& Sylvain SCHIRMANN (dir.)

Euroclio n° 35

Le colloque de Louvain-la-Neuve des 27, 28 et 29 mai 2004 a été organisé par le Comité pour l'histoire économique et financière de la France (CHEFF), en collaboration avec le Centre de recherche histoire et civilisation de l'Université de Metz, l'UMR CNRS Paris I-Paris IV IRICE et le Groupe d'étude d'histoire de l'Europe contemporaine (GEHEC) de l'Université catholique de Louvain. Il a bénéficié du soutien du Fonds national de la recherche scientifique de Belgique, de la Fondation internationale Robert Triffin et de la Commission européenne.

© P.I.E. PETER LANG S.A.
Éditions scientifiques internationales
Bruxelles, 2006
1 avenue Maurice, B-1050 Bruxelles, Belgique
pie@peterlang.com ; www.peterlang.com

ISSN 0944-2294
ISBN-13 : 978-90-5201-300-8
ISBN-10 : 90-5201-300-4
D/2006/5678/49

Imprimé en Allemagne

Information bibliographique publiée par « Die Deutsche Bibliothek »

« Die Deutsche Bibliothek » répertorie cette publication dans la « Deutsche National-bibliografie » ; les données bibliographiques détaillées sont disponibles sur le site http://dnb.ddb.de.

Table des matières

Introduction 9
Éric BUSSIÈRE, Michel DUMOULIN
et Sylvain SCHIRMANN

Le contexte économique. De l'âge d'or à la longue crise.................13
Isabelle CASSIERS

PREMIÈRE PARTIE. FAIRE FACE AU DÉSORDRE MONÉTAIRE

Projets d'intégration monétaire à la Commission
européenne au tournant des années 1970 35
Ivo MAES

La France et la sauvegarde du système
communautaire de change de 1974 à 1977 51
Amaury DE SAINT-PÉRIER

La mise en place et les premières expériences du SME...................59
Jean-Claude KOEUNE

De la création d'un marché international des
capitaux à l'unification monétaire de l'Europe.
Une initiative belge et privée..69
Jérôme WILSON

DEUXIÈME PARTIE. FAIRE FACE À LA CRISE DE L'ÉNERGIE

La Grande-Bretagne et l'Europe
face aux chocs pétroliers de 1974-1979 89
René LEBOUTTE

Les réactions de la présidence française
face au choc pétrolier 105
Armelle DEMAGNY-VAN EYSEREN

Les propositions de la Commission européenne dans
le secteur électrique. De la relance de La Haye
aux suites immédiates de la crise énergétique (1969-1975)............119
    Julie CAILLEAU

High Voltages, Lower Tensions. The Interconnections
of Eastern and Western European Electricity Networks
in the 1970s and Early 1980s 137
    Vincent LAGENDIJK

L'élaboration de standards européens pour le transport
routier. Une réponse à la crise énergétique des années 1970 ?......167
    Marine MOGUEN-TOURSEL

TROISIÈME PARTIE. RÉFORMER LA PAC
ET RÉPONDRE AUX DÉFIS INDUSTRIELS

Le rôle des institutions dans le développement
de la Politique agricole commune (1968-1975)...............................195
    Gilbert NOËL

La transition des années 1970 en termes
de politique industrielle. Vers l'abandon
de la stratégie des champions nationaux 225
    Jean-Christophe DEFRAIGNE

« Nous ne vieillirons pas ensemble ». UNIDATA
et la coopération industrielle franco-allemande
au début des années 1970. 287
    Pascal GRISET

Présentation des contributeurs...315

Introduction

Éric BUSSIÈRE, Michel DUMOULIN
et Sylvain SCHIRMANN

Le colloque dont le présent ouvrage réunit les contributions représente la seconde étape d'une démarche qui en comporte trois. La première étape avait permis de s'interroger sur les modes d'organisation
économique de l'Europe qui avaient fondé les débats relatifs au projet
européen depuis la fin du XIXe siècle. L'Europe économique devait-elle
être conçue selon une logique d'inspiration libérale, plaçant les forces
du marché au cœur du processus d'unification du continent, ou selon un
modèle plus volontaire, une Europe organisée, les acteurs publics ou
privés, jouant un rôle plus actif soit à travers des accords privés d'organisation des marchés soit à travers des formes d'intervention ou de
régulation publiques ou mixtes (planification ou programmation européenne) ?

Si les années 1980 apparaissent marquées par une relance économique de l'Europe sous le sceau du marché (le « grand marché » européen
à construire par élimination des obstacles à la circulation des biens, des
services, des capitaux), les années 1970 laissent l'image d'une certaine
opacité : crise économique provoquant le blocage de l'intégration économique et monétaire, divergences de fond entre les attitudes des États,
Europe qui renoue avec la thématique du déclin, caractéristique des
périodes d'après-guerre. L'un des buts du colloque était de renouer les
liens par delà la rupture que représente la crise et de comprendre mieux
les cheminements qui devaient conduire à la relance des années 1980.
Ces cheminements passent sans doute par une série d'inflexions dans
l'attitude des États vers plus de convergence dans leurs politiques et
leurs stratégies. Ils passent aussi par une série de révisions au sein du
monde des acteurs économiques aboutissant à de nouvelles connivences
ou de nouveaux équilibres. Ils passent enfin par la capacité des institutions européennes, principalement la Commission, à définir le point
d'impact des nouveaux équilibres et à susciter les dynamiques nécessaires.

Au-delà des débats quant à ses effets, la crise des années 1970 représente bien une rupture d'équilibre entre deux moments de l'histoire

économique de l'Europe, l'un marqué par la dynamique de l'intégration, l'autre par la perte de dynamisme des années 1970, mais aussi un changement de paradigme, c'est-à-dire « la représentation que les acteurs économiques et sociaux se donnent du monde dans lequel ils vivent de ses lois économiques et des moyens de les infléchir » (I. Cassiers). La relance des années 1980 est la conséquence d'une série de prises de consciences et d'inflexions dont plusieurs sont analysées dans ce livre.

Les débats économiques et monétaires des années 1970 illustrent les données essentielles de ce changement et les conditions dans lesquelles la relance des années 1980-1990 a été possible. Si la problématique fondamentale relevait d'un débat interne, l'Europe ayant à se mettre d'accord avec elle-même quant aux choix préalables à la convergence, le débat fut lancé par le choc externe que représenta la crise du système monétaire international, la crise du dollar et l'attitude des autorités monétaires américaines. Une fois le constat admis par la Commission, les Français et les Belges dès la fin des années 1960, les Allemands à la fin des années 1970, restait à admettre le nécessaire abandon des politiques définies dans un cadre trop exclusivement national – les relances françaises – sans parler des transferts de souveraineté nécessaires. Les années 1970 nous conduisent sur cette voie à travers la conversion chaotique de plusieurs pays aux vertus de la stabilité et de la convergence que la Commission cherche à capitaliser au profit de la relance du projet collectif d'union monétaire. Car le projet de Roy Jenkins correspond bien à la recherche d'une dynamique, en poussant les États membres « à formuler une stratégie cohérente pour lutter contre la stagflation et surmonter leurs divergences » (J.-C. Koeune). Quant à l'action des économistes et financiers, conduites par la Kredietbank et la banque San Paolo, elle anticipe sur la dynamique impulsée par les entreprises dans la relance des années 1980 y compris dans la tentation évidente de contourner l'obstacle des institutions si ces dernières font défaut.

Avec la question énergétique, nous nous trouvons à la limite de la politique des infrastructures de réseaux, des politiques économiques communes et de l'Europe politique au sens propre du terme. Si la Commission est capable de dégager une série d'axes de réflexion à caractère stratégique concernant les grands équilibres énergétiques de la Communauté, la mise en œuvre d'une politique commune touche rapidement la question des approvisionnements pour lesquels les intérêts nationaux d'un côté, la difficulté à mettre en œuvre une politique commune face aux États-Unis quant aux relations à adopter avec les pays du Proche-Orient de l'autre, semblent représenter des obstacles dirimants. La Grande-Bretagne, dotée des ressources de la mer du Nord, utilise cette richesse à des fins essentiellement nationales, tant au point de vue macro-économique que comme instrument de reconversion industrielle, refusant d'envisager la valorisation de ces gisements dans une perspective européenne globale, comme le suggérait par exemple le gouvernement italien. Quant à la gestion de la crise pétrolière de 1973, les États-Unis eurent vite raison des velléités des Européens, encouragés par la France, de nouer un dialogue spécifique avec les pays producteurs. Les véritables cheminements de la logique de l'intégration passent en réalité par des voies en apparence techniques mais de grande portée sur le long terme. La mise en place de réseaux de transport d'électricité est un projet contemporain des premières réflexions sur l'unification économique de l'Europe. Sa mise en œuvre à travers une série de sous-ensembles régionaux dans les années 1950-1960 correspond aux schémas imaginés au cours des années 1930. L'interconnexion de ces sous-ensembles prépare en fait la mise en place du vaste marché européen de l'électricité que les grandes entreprises réclament. Des réseaux élaborés selon une logique coopérative entre producteurs nationaux préparent ainsi les changements d'échelle que les mutations économiques et institutionnelles des années 1980-1990 permettront de réaliser. De manière un peu différente mais complémentaire, la mise en œuvre de normes à objectif environnemental dans le domaine automobile consolide l'unification du marché par la voie réglementaire. La référence américaine, à la fois modèle et grand marché à conquérir, nous ramène ici encore à une perspective de long terme dont les racines plongent dans les tous débuts du XXe siècle. Que ce soit par les réseaux ou par les normes, la relance de l'unification se prépare donc dès les années 1970.

Le blocage auquel est soumise la Politique agricole commune est en revanche parfaitement symptomatique des difficultés que subit la dynamique communautaire dès que des actions sur les structures sont en cause. Tout se passe comme si la phase de mise en œuvre du marché commun agricole ne pouvait être dépassée. Contribuent à entretenir cette limite les différences de traditions nationales, les données politiques propres à chaque État, le contexte de la période dans le domaine monétaire et économique qui remet en question les procédures difficilement élaborées au cours de la décennie précédente. La perspective devient ainsi la préservation de ce qui a été difficilement créé sans que les réformes de structure dont personne ne nie la nécessité ne puissent être engagées. Tout semble donc reposer sur un jeu d'échelles où le facteur politique devient essentiel dès lors que la pression du marché à travers les prix n'exerce pas de pression sur les comportements et les stratégies des producteurs : la politisation des enjeux jouant essentiellement à l'échelon national, il est de plus en plus difficile pour une vision communautaire de se dégager dans un contexte de crise. Il faudra la combinaison d'une pression extérieure dans le cadre du GATT et des nécessités de la relance dans d'autres secteurs pour avoir raison des blocages de la politique agricole commune au milieu des années 1980.

Le changement d'échelle rendu nécessaire par la crise des années 1970 joue de manière plus efficace en matière industrielle. Comme pour l'énergie, l'émergence d'une politique industrielle communautaire a été longtemps bloquée du fait des différences de structures et de cultures nationales. Le modèle américain n'a pas été suivi dans son intégralité et le maintien de politiques ou de perspectives à l'échelle nationale a été longtemps dominant malgré les analyses de nombre d'observateurs et les tentatives de la Commission pour changer la donne. La crise des années 1970 modifie le paradigme : les solutions nationales qui avaient fourni les bases du rattrapage fonctionnent moins bien, tandis que certaines tentatives construites autour d'une logique coopérative échouent, comme UNIDATA. Cette expérience relève de la persistance du modèle coopératif ou contractuel qui avait été à la base des tentatives d'Europe industrielle depuis les années 1920 : accord préservant les équilibres nationaux au-delà des déséquilibres structurels pouvant exister entre les partenaires industriels engagés avec l'accord des États. L'échec d'UNIDATA révèle à la fois la nécessité d'un changement d'échelle et de méthode : absence de leadership, contradictions multiples et à différentes échelles entre intérêts privés, entre intérêts privés et publics, entre cultures nationales. Les leçons de cet échec porteront si bien que des éléments d'une nouvelle politique se mettent en place dès avant la relance du milieu des années 1980.

Si la crise des années 1970 est bien, comme nous le savions, l'accoucheuse de la relance des années 1980, ce livre permettra au lecteur d'en mieux comprendre les raisons. L'œuvre accomplie au cours des années 1960 avait dans une large mesure reposé sur un équilibre entre un marché commun partiellement achevé, des pratiques d'acteurs encore assez largement dominées par des logiques contractuelles, et la capacité pour les politiques nationales à concurrencer avec une certaine efficacité celles imaginées à Bruxelles. Les difficultés des années 1970 révèlent toutes les limites de l'œuvre accomplie et les défauts aggravés de l'inachèvement : la crise contribue à la « politisation » de presque tous les débats et paralyse un peu plus les politiques communes en même temps qu'elle disqualifie des politiques nationales dont l'échelle apparaît comme moins pertinente. Les pressions extérieures jouent un rôle fondamental dans la relance du débat tant dans le domaine économique et monétaire que dans celui des technologies ou de la gestion des firmes : le changement d'échelle est imposé par la logique du marché. En même temps qu'il unifie par la pression qu'il exerce sur les structures, les réglementations et les institutions, il contribue à une dépolitisation des débats et rend possible les changements des années 1980-1990.

Le contexte économique

De l'âge d'or à la longue crise

Isabelle CASSIERS

Professeur d'économie à l'Université catholique de Louvain
Chercheur qualifié du FNRS

Introduction

La décennie que ce volume examine est au cœur du cyclone. Les années 1970 marquent l'entrée en crise des économies occidentales, crise longue et multidimensionnelle qui a transformé non seulement l'ordre économique, mais aussi les champs politique, social, et idéologique. La thèse présentée dans cette contribution part d'un double constat : (1) la crise a provoqué une rupture brutale et profonde des équilibres macroéconomiques antérieurs ; (2) la « relance » des années 1980 ne conduit pas au retour à l'identique, mais semble plutôt annonciatrice d'un basculement, d'un véritable changement de régime. La tourmente qui, en une décennie, déplace voire emporte les repères économiques qui balisaient jusqu'alors l'intégration européenne, explique que celle-ci ait opéré quelques changements de cap.

Pour développer cette thèse, il est nécessaire d'élargir le champ d'observation à une période plus large, de part et d'autre des années 1970, afin de mettre en évidence la rupture que celles-ci introduisent dans le mouvement long. Ce choix initial implique des renoncements, comme celui de couvrir plus en détail le déroulement même de la crise ou les spécificités de chacun des pays. Il présente l'avantage majeur de mettre en lumière les enjeux que comporte, pour l'intégration européenne, la transformation du cadre économique.

Le chapitre est divisé en quatre sections. La première est un bref rappel de quelques repères chronologiques utiles pour la suite de l'exposé. La deuxième partie présente, au moyen de graphiques qui illustrent les tendances des principales variables macroéconomiques, le contraste

Isabelle Cassiers

saisissant entre deux périodes, « l'âge d'or » (1960-1973) d'une part, les années de crise (1974-1985) d'autre part. Sur cette base, on tente ensuite d'identifier tour à tour les ingrédients de l'âge d'or (section III) puis les causes de son essoufflement conduisant à la crise et plus fondamentalement encore à un changement de régime (section IV).

Tableau n° 1. Repères chronologiques

1957	Traité de Rome : établissement de la CEE à six.
1969	*Conférence au Sommet* des six à La Haye : achèvement, approfondissement, élargissement.
1970	*Plan Werner* pour une Union économique et monétaire.
1971	Suspension de la convertibilité-or du dollar.
1972	Création du Serpent monétaire européen.
1973	Europe des 9 (+ Irlande, RU, Danemark). Flottement des monnaies européennes/$ (fin de Bretton Woods). 1er choc pétrolier.
1979	Système monétaire européen (SME), ECU. 2e choc pétrolier.
1981	Europe des 10 (+ Grèce).
1986	Europe des 12 (+ Espagne et Portugal). Acte unique européen. Contre-choc pétrolier.
1989	Chute du mur de Berlin.
1990	Libéralisation des mouvements de capitaux en Europe. Réunification de l'Allemagne.
1991	Implosion de l'URSS.
1992	Traité de Maastricht, Grand marché.
1995	Europe des 15 (+ Autriche, Suède, Finlande).
2002	Union monétaire à 12 (€).

I. Repères chronologiques

À la fin des années 1960, l'économie européenne se porte remarquablement bien, mieux encore que l'économie américaine. Elle est en pleine expansion et se montre très confiante. Elle a des raisons de l'être, étant devenue la première puissance commerciale du monde. En effet, l'Allemagne, la France, l'Italie, les Pays-Bas, la Belgique et le Luxembourg, unis depuis le Traité de Rome (1957), concentrent douze ans plus

14

tard 30 % du commerce international, contre 15 % pour les États-Unis. Portés par leurs succès, ils décident, à la conférence de La Haye (1969), d'avancer par le triptyque de la construction européenne, l'achèvement, l'approfondissement et l'élargissement.

Plein d'audace, le plan Werner propose en 1970 les jalons d'une union économique et monétaire à réaliser dans un avenir proche. Dès l'année suivante, cependant, ce programme est remis en cause par l'implosion du système monétaire international : la suspension de la convertibilité or du dollar (1971) annonce l'agonie du régime de Bretton Woods qui, depuis 1944, offrait un cadre stable aux échanges internationaux. La réponse des Européens est immédiate : la création du Serpent monétaire européen en 1972 préserve un îlot de stabilité dans un environnement mondial qui se dégrade.

Les événements se précipitent en 1973. Tandis que la communauté européenne accomplit son objectif d'élargissement en accueillant l'Irlande, le Royaume-Uni et le Danemark, le régime de Bretton Woods est définitivement enterré par le flottement des monnaies européennes vis-à-vis du dollar. En fin d'année, le premier choc pétrolier révèle d'autres tensions mondiales jusqu'alors vaille que vaille occultées. La crise économique éclate au grand jour.

En 1979, le système monétaire européen complète et améliore le principe du « Serpent » et introduit l'ECU, monnaie de compte européenne. Mais loin de se relever des premières vagues de la crise, les pays industriels sont comme foudroyés par un deuxième choc pétrolier, d'une ampleur considérable. L'Europe poursuit néanmoins son élargissement, intégrant la Grèce (1981) puis l'Espagne et le Portugal (1986).

Nous reviendrons en conclusion sur les derniers repères du tableau 1. À ce stade introductif, faisons très brièvement le point. Quels sont les faits majeurs qui balisent la suite de l'exposé ? L'Europe encaisse deux chocs pétroliers ; elle fait face à l'effondrement du régime monétaire international établi depuis 1944 par la création du SME qui assure en interne la stabilité des changes perdue à l'extérieur ; elle s'élargit, des six initiaux à douze membres. Ces quelques faits témoignent déjà du tournant que ces quelques années constituent pour les économies européennes. Cette impression est renforcée par l'examen des principales données macroéconomiques.

II. Contraste entre l'âge d'or et les années de crise

Les deux chocs pétroliers et l'effondrement du système monétaire international jettent donc les économies européennes dans la crise, alors qu'elles venaient de bénéficier d'une prospérité exceptionnelle pendant un quart de siècle. Quelques graphiques suffisent à faire prendre conscience du contraste radical entre l'aisance économique de l'âge d'or et la débâcle des années de crise. Afin de mettre en exergue ce contraste, les graphiques 1 à 8 sont construits sur la base de deux moyennes annuelles, représentatives des années 1961-1973 d'une part et 1974-1985 d'autre part[1]. De variable en variable, le passage de la première à la deuxième période est marqué par une chute brutale.

La croissance réelle, tout d'abord : la progression annuelle moyenne du produit intérieur brut à prix constants passe de 4,8 % à 2,0 % (graphique 1). Le premier chiffre est exceptionnel : 4,8 % de croissance annuelle pendant quinze ans signifient que le revenu global réel a doublé entre le traité de Rome et le choc pétrolier. Comme la population européenne progresse peu dans ce laps de temps, il en résulte une augmentation fulgurante du niveau de vie matériel pour l'Européen moyen. La cassure est ensuite substantielle. Un taux de croissance réel de 2 % par an reporte à un horizon de trente-cinq ans l'espoir d'un doublement du niveau de vie et génère inévitablement des conflits quant à la répartition du revenu. Une des raisons pour lesquelles la croissance s'est écroulée tient à l'essoufflement de la productivité. Nous reviendrons plus en détail sur les causalités au point 4. Dans ce premier survol, contentons-nous d'observer les contrastes. La productivité du travail qui progressait en moyenne de 4,4 % par an durant l'âge d'or se ralentit et s'établit au rythme moyen de 2,0 % par an (graphique 2). La productivité jointe des facteurs de production (travail et capital) chute aussi brutalement.

Dès lors, on ne s'étonnera pas d'observer une baisse de la rentabilité du capital investi[2]. Celle-ci s'établit, durant les années de crise, à 74,3 % de son niveau moyen de l'âge d'or (graphique 3). Les mauvaises perspectives en termes de croissance et de rentabilité s'accompagnent d'un arrêt brutal dans la progression de l'investissement : la formation

---

[1] On considère généralement que l'âge d'or commence dans les années 1950 (cf. graphique 10), mais la disponibilité des statistiques nous contraint à le limiter ici à une période plus courte. La crise, quant à elle, débute clairement avec le premier choc pétrolier, dont les effets se font sentir à partir de 1974 (sur base annuelle). Si son terme est très discutable, le contre-choc pétrolier de 1986 marque bien un nouveau tournant. Les données des graphiques 1 à 7 présentent une moyenne pour l'Europe des 15, ce qui pourrait apparaître comme un anachronisme puisque l'Europe ne comptait alors que 6 ou 9 membres, mais il semblait utile de représenter la situation d'un espace européen plus vaste. Le graphique 8 concerne l'Europe des 9, faute de données longues plus complètes. Les données proviennent toutes de la publication officielle de la Commission européenne : *Économie européenne*.

[2] Il ne s'agit pas d'une rentabilité boursière, mais d'un indice de rentabilité macroéconomique qui rapporte les profits au capital productif investi.

intérieure brute de capital dont la hausse annuelle était auparavant spectaculaire (5,7 %) s'enlise dans la stagnation (graphique 4).

Graphique 1. Croissance réelle (PIB)

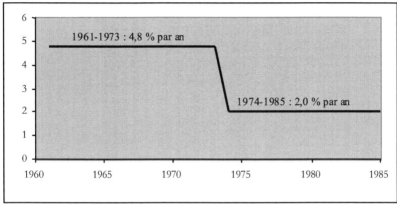

Source : *Économie européenne*. Europe des 15.

**Graphique 2. Croissance de la productivité
du travail et de tous les facteurs**

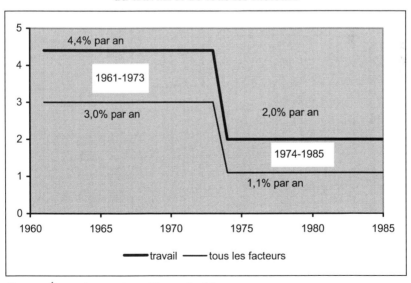

Source : *Économie européenne*. Europe des 15.

Graphique 3. Indice de rentabilité du capital investi (1961-73 = 100)

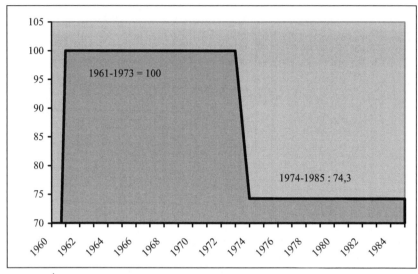

Source : *Économie européenne*. Europe des 15.

Graphique 4. Croissance de l'investissement (FIBC)

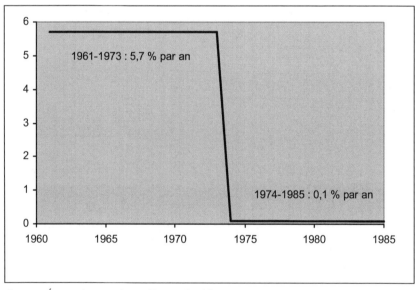

Source : *Économie européenne*. Europe des 15.

Les entreprises, confrontées à une perte de productivité et de rentabilité, vont tenter de faire pression sur le coût salarial. Le graphique 5
retrace l'évolution du coût salarial réel par unité produite. Cette variable
indique ce que coûte en salaires la production d'une unité de valeur
ajoutée, mesurée à prix constants[3]. D'un point de vue macroéconomique, elle est représentative de la part des salaires dans la valeur
ajoutée, donc de la répartition du revenu global entre salaires et profits.
Pendant l'âge d'or, la croissance nulle du coût salarial unitaire réel est
révélatrice d'une répartition stable du revenu national entre travail et
capital : la part des salaires dans la valeur ajoutée est constante car les
salaires réels augmentent exactement au rythme de la productivité. En
revanche, durant les années de crise, la pression faite sur les salaires en
vue de redresser la rentabilité conduit, en moyenne annuelle, à une
diminution du coût salarial réel par unité produite, c'est-à-dire à une
réduction la part des salaires dans la valeur ajoutée. Nous verrons plus
loin que cette baisse en apparence modérée cache en fait deux mouvements opposés : une première *hausse* salariale, forte mais brève, rapidement suivie d'une baisse importante.

Qu'en est-il du pouvoir d'achat des salariés ? S'il a doublé durant
l'âge d'or, sa croissance devient ensuite beaucoup plus modeste : 1,4 %
en moyenne annuelle (graphique 6). La défense du pouvoir d'achat par
les salariés en emploi est parfois considérée comme une des causes de la
montée fulgurante du chômage. Les entreprises, confrontées à une perte
de rentabilité, de croissance et de productivité, réagissent par des licenciements massifs : le taux d'emploi chute alors de 3 points (graphique 7)
et nous savons toute la difficulté que les Européens ont, aujourd'hui
encore, à le redresser. Le taux de chômage, qui était resté contenu à
moins de 3 % tout au long de l'âge d'or, croît sans interruption à partir
de 1974 et atteint 10 % en 1985.

La crise, le chômage, les licenciements, la poursuite encore incontestée de politiques économiques keynésiennes sont autant de facteurs
qui rejaillissent sur les finances publiques (graphique 8). Ici encore, le
contraste est flagrant : tandis que l'âge d'or était caractérisé par des
soldes de financement proches de l'équilibre (- 0,5 % du PIB), les déficits se creusent brutalement à partir de 1975 et s'établissent à des
niveaux préoccupants, plus de 4 % du PIB en moyenne.

En résumé, comment se manifeste le choc économique des années
1970 ? Croissance économique brutalement ralentie, chute presque
aussi sévère des gains de productivité, baisse sensible de la rentabilité

---

[3] Le salaire se mesure toutes charges comprises ; les prix sont ceux de la valeur
ajoutée.

du capital, stagnation des investissements, contraction de l'emploi et montée alarmante du chômage, salaires réels strictement contenus, montée des déficits et des dettes publiques : voilà le cadre économique peu réjouissant de la décennie 1975-1985.

Graphique 5. Variation du coût salarial unitaire réel

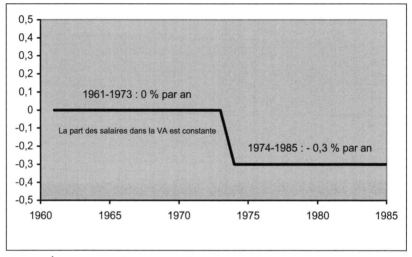

Source : *Économie européenne.* Europe des 15.

Graphique 6. Croissance des salaires réels par tête (pouvoir d'achat)

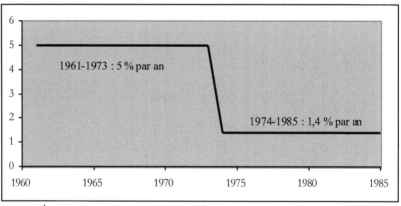

Source : *Économie européenne.* Europe des 15.

Graphique 7. Taux d'emploi
(en % de la population en âge de travailler)

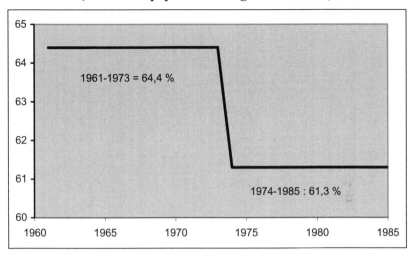

Source : *Économie européenne*. Europe des 15.

Graphique 8. Solde de financement des pouvoirs publics
(en % du PIB)

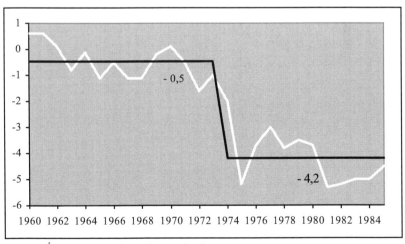

Source : *Économie européenne*. Europe des 9.

Graphique 9. Taux de chômage (en % de la population active)

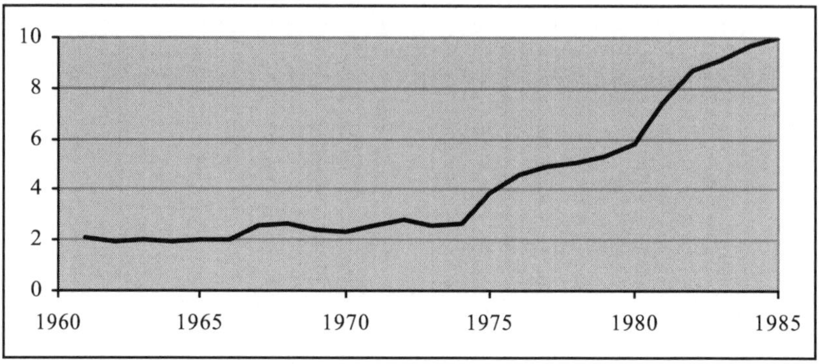

Source : *Économie européenne*. Europe des 15.

On parlait à l'époque de déséquilibres macroéconomiques et diverses mesures prises dans les années 1980 visaient à les corriger. Avec le recul, il apparaît plus clairement que l'évolution ultérieure ne peut pas se raisonner en termes de *correction*. La lutte contre les symptômes de la crise a pris une orientation telle que l'organisation économique s'en est trouvée modifiée. Certains déséquilibres seront effectivement corrigés, mais il n'y aura pas de retour à l'identique, pas de retour aux conditions de l'âge d'or. Une série d'indicateurs en témoignent ; contentons-nous ici d'en relever trois.

En premier lieu, la croissance économique européenne ne retrouvera jamais le niveau des années 1950-1973 qui doivent manifestement être considérées comme une exception historique (graphique 10). Selon les données longues rassemblées par Angus Maddison pour l'ensemble de l'Europe de l'Ouest, le taux de croissance moyen du PIB réel par personne, observé au cours du dernier quart du XXe siècle, s'apparente davantage à ceux du siècle précédent ou de la première moitié du XXe siècle.

Deuxièmement, la stabilité du contexte économique mondial, assurée de 1944 à 1971 grâce au régime de Bretton Woods, est altérée (graphique 11)[4]. Si le dollar reste bien *de facto* la monnaie des transactions internationales, l'implosion de ce régime laisse le monde sans aucun

---

[4] Dans les faits, la stabilité des taux de change se marque seulement à partir de 1949, en raison de nombreux ajustements initiaux survenus avant cette date. On perçoit sur le graphique 11 l'effet stabilisateur du système monétaire européen après l'éclatement de Bretton Woods, puisque les fluctuations du cours des devises européennes (hors £) vis-à-vis du dollar sont synchrones.

mécanisme garantissant une stabilité des taux de change vis-à-vis de la devise-clé.

**Graphique 10. Croissance moyenne (% par an)
du PIB réel par tête en Europe de l'Ouest (%)**

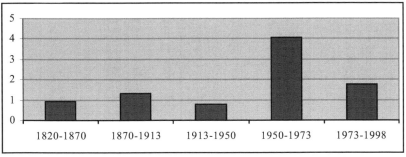

Source : Maddison, A., *The World Economy : A Millennial Perspective*, Paris, OCDE, 2001.

**Graphique 11. Cours de différentes monnaies
par rapport au dollar (1928-1998)**

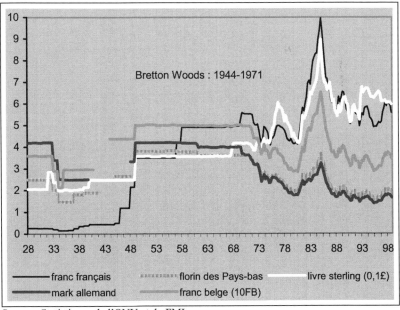

Source : Statistiques de l'ONU et du FMI.

Graphique 12. Parts salariales corrigées (en % de la valeur ajoutée)

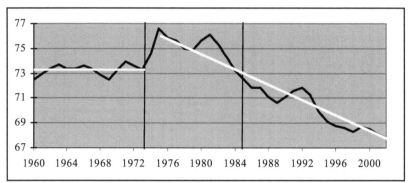

Source : *Économie européenne*. Europe des 15.

Enfin, la répartition macroéconomique des revenus, mesurée par la part des salaires dans la valeur ajoutée, témoigne encore avec force d'un non-retour à l'identique, suite aux redressements opérés pendant les années 1980. Le graphique 12 confirme un point déjà évoqué : l'âge d'or était caractérisé par une grande stabilité de la répartition des revenus entre travail et capital. Ensuite, la première réaction au choc de la crise fut une hausse immédiate et très forte de la part du travail, les salariés bénéficiant de filets de sécurité tels que l'indexation des salaires sur le coût de la vie ou les contrats de travail interdisant des licenciements immédiats. En 1974 et 1975, les profits se sont dès lors écroulés. Diverses mesures furent prises, plus ou moins rapidement selon les pays, afin de restaurer la part des profits. Mais peut-on réellement parler de mesures de *correction* ou de *redressement* ? Celui-ci semble atteint dès 1984, mais la contraction de la part des salaires dans la valeur ajoutée se poursuit de manière quasi ininterrompue pendant vingt ans et conduit la part salariale cinq points plus bas que son niveau tendanciel de l'âge d'or.

Au regard de ces données, deux questions s'imposent : premièrement, quelles étaient les conditions assurant la croissance vigoureuse et la stabilité macroéconomique, tant externe qu'interne, de l'âge d'or ? Deuxièmement, quelle est la nature des transformations qui surviennent au cours des années 1980 et modifient irréversiblement le contexte économique ?

III.   Les ingrédients de l'âge d'or

On ne peut comprendre comment les enchaînements macroéconomiques, et derrière eux les rapports sociopolitiques, semblent se désagréger dans les années 1970 sans analyser les modalités de leur interaction vertueuse dans les années 1950 et 1960. On est aidé dans cet exercice par certains historiens et économistes, tels que Barry Eichengreen ou Robert Boyer[5], qui montrent comment les succès de l'âge d'or s'appuient sur une architecture institutionnelle particulière établie au lendemain de la Deuxième Guerre mondiale. On suivra ici ce dernier auteur, fondateur de la théorie de la régulation, qui attribue les performances des décennies d'après-guerre à la conjonction des transformations apparues dans cinq catégories de « formes institutionnelles » : le rapport capital-travail, le système international, l'organisation de la monnaie et du crédit, l'organisation de la concurrence et des relations inter-entreprises et enfin, le rôle de l'État et des politiques économiques. Examinons-les tour à tour.

Les pactes sociaux qui s'établissent dans la plupart des pays occidentaux après la Seconde Guerre mondiale constituent un des socles de l'édifice institutionnel de l'âge d'or. En quelques années, le *rapport capital-travail* se modifie : sécurité sociale, conventions collectives, indexation et croissance des salaires sont au cœur du compromis par lequel les travailleurs acceptent de se plier aux nouvelles normes de production venues des États-Unis et de renoncer à la séduction du modèle communiste. Le compromis travail-capital élaboré à partir de la fin des années 1940 est générateur de régularités macroéconomiques : l'évolution du niveau de vie des salariés est de moins en moins soumise aux aléas du marché mais sous-tendue par le principe du partage des dividendes de la croissance. Des accords sont conclus pour que les salaires réels s'accroissent au rythme des gains de productivité, eux-mêmes stimulés par l'acceptation des nouvelles techniques de production. Cette « programmation sociale » assure une remarquable stabilité du partage de la valeur ajoutée et facilite les décisions d'investissement, les entreprises pouvant plus aisément établir des prévisions à moyen terme.

Le *système international* qui s'édifie après la guerre favorise à son tour et structure cette évolution. Le plan Marshall, tout en accélérant la reconstruction en Europe, consacre la prédominance du modèle américain, assure la diffusion de ses technologies, contribue à la généralisa-

---

[5] Parmi les nombreuses publications de ces auteurs sur ce thème, relevons (parce qu'elles sont les plus pédagogiques ou synthétiques) : Eichengreen, B., « Institutions and economic growth: Europe after World War II », dans Crafts, N. & Toniolo, G. (eds.), *Economic Growth in Europe since 1945*, Cambridge, CUP, 1996, p. 38-72. et Boyer, R., « Une lecture régulationniste de la croissance et de la crise », dans Commale, P. et Piriou, J.-P. (dir.), *Nouveau manuel. Sciences économiques et sociales*, Paris, La Découverte, 1999, p. 476-496.

tion de la production et de la consommation de masse. L'instauration, à Bretton Woods, d'un régime de changes stables et ajustables, basé sur le dollar, et dans lequel les États-Unis jouent un rôle-clé, marque une rupture forte par rapport aux années 1930. Ce régime permet en effet d'éviter la généralisation de pressions déflationnistes et autorise même une légère inflation qui fluidifie la croissance. Ce cadre stable facilite les anticipations et encourage la prise de risque, stimulant ainsi l'investissement et le commerce international.

L'abandon de l'étalon-or transforme la gestion et le rôle macroéconomique de la *monnaie*. Dans la plupart des pays, la monnaie à cours forcé est définitivement instaurée dès le lendemain de la guerre. Ceci constitue une rupture importante par rapport aux régimes monétaires antérieurs, dans lesquels les réserves métalliques et en devises étrangères constituaient le déterminant essentiel de l'offre de crédit par les banques. Ce mécanisme assurait une remarquable stabilité de long terme du niveau général des prix, mais imposait un carcan à la croissance réelle. Le relâchement de la contrainte des réserves métalliques assouplit l'octroi de crédit bancaire et facilite le financement de l'investissement et de la consommation. Il en résulte une inflation permanente, mais modérée et jugée tout à fait tolérable jusqu'au début des années 1970.

Dans un contexte de croissance soutenue, de partage stable des revenus macroéconomiques, d'anticipations claires et de crédit facile, la *concurrence* entre entreprises se fait moins dure ou déplace son champ. En Europe, les multinationales (Unilever, Philips, Pirelli, Nestlé, etc.) prennent de l'ampleur et parviennent progressivement à transcender les espaces économiques nationaux. Leur position d'oligopole leur permet d'établir leurs prix selon une pratique de « coût plus marge » (*mark-up price*) qui renforce la stabilisation des profits. L'arme de la concurrence se déplace des prix vers la publicité, la différenciation, le service après-vente. La guerre des prix du XIXe siècle et ses crises récurrentes cèdent la place à une inflation modérée mais permanente qui soutient un cycle économique beaucoup plus régulier et tendanciellement croissant.

Les politiques keynésiennes ne sont pas étrangères à ce mouvement. Elles s'inscrivent dans un changement profond de perspective sur le rôle de *l'État*. L'État providence qui s'épanouit après la guerre est en quelque sorte consubstantiel au pacte social des années 1940. Il apparaît comme la clé de voûte de tout l'édifice institutionnel qui se met en place. Parrain et garde-fou de la concertation sociale, l'État codifie désormais le rapport salarial qui s'émancipe du jeu de l'offre et de la demande ; il assure aussi des revenus de remplacement qui contribuent à stabiliser le pouvoir d'achat des salariés et la consommation. Mais on aurait tort de restreindre l'État providence à sa dimension de protection sociale, car la manne profite aussi aux entreprises, aux banques, aux secteurs en difficulté, et stimule l'activité économique dans son ensemble. Les investissements publics développent les infrastructures utiles à la production et aux échanges ; les dépenses en éducation permettent à la main-d'œuvre d'être mieux formée et plus productive. Les conceptions de politique économique se modifient, les politiques fiscales et monétaires keynésiennes étant largement destinées à stabiliser le cycle et soutenir la croissance. Par ailleurs, l'existence d'un cadre international stable favorise l'expansion du commerce mondial et laisse aux politiques nationales une relative autonomie, de telle sorte que le niveau de décision pertinent reste largement l'État-nation.

Jusqu'au milieu des années 1960, les régularités qui émanent de cette architecture institutionnelle se renforcent mutuellement et alimentent un cercle vertueux : l'absence de chômage et l'ampleur des gains de productivité facilitent le maintien de la paix sociale ; la croissance régulière des revenus soutient la demande, encourage l'investissement privé et la prise de risques, permet le financement d'un secteur public en extension et de transferts sociaux de plus en plus généreux. Ces succès macroéconomiques permettent à leur tour d'asseoir le crédit des institutions et des politiques économiques. On observera au graphique 13 que l'augmentation des prélèvements publics n'est pas un phénomène propre à la crise mais une tendance longue qui prend racine au cœur même des années de prospérité.

IV. De la crise au changement de régime

Si l'âge d'or prend fin au milieu des années 1970, les chocs pétroliers sont loin d'être seuls en cause. De nombreuses tensions apparaissent dès la fin des années 1960, fragilisant lentement l'édifice institutionnel mis en place après la guerre. La confrontation des graphiques 14 et 15 montre clairement que la prospérité occidentale s'affaiblit bien avant le premier choc pétrolier. La rentabilité du capital décline à partir de 1970 en Europe et dès 1967 aux États-Unis. Elle oscille ensuite à un niveau sensiblement inférieur à celui des années 1960. Déjà le régime de croisière s'essouffle, victime de ses propres succès[6].

---

[6] On notera sur ce point encore une grande convergence de vue entre auteurs de courants différents, tels que Boyer (*op. cit.*) ou Eichengreen et Kennen, « L'organisation de l'économie internationale depuis Bretton Woods : un panorama », dans Aglietta, M. (coord.), *Cinquante ans après Bretton Woods*, Paris, Economica, 1995, p. 11-54. Chacun souligne à sa manière que l'épuisement du régime de croissance vient de l'évolution des éléments mêmes qui en avaient auparavant assuré le succès.

Un premier facteur d'essoufflement de la croissance réside dans l'épuisement des gains de productivité : les États-Unis voient l'arrivée à maturité de la vague technologique du secteur automobile qui a constitué l'ossature de la croissance « fordiste » ; l'Europe a accompli son processus de rattrapage (*catch-up*) sur le leader mondial et pleinement profité de tous les avantages productifs qu'elle pouvait en tirer. Des conflits sur l'organisation du travail qui éclatent tant aux États-Unis qu'en Europe contribuent également à ralentir les gains de productivité. On peut y voir l'effet de l'arrivée à l'âge adulte d'une génération qui n'a connu ni la grande crise ni la guerre, qui a grandi dans une certaine opulence matérielle et se met en quête d'une forme plus qualitative de bien-être.

Les ralentissements des gains de productivité, et donc du revenu à partager, provoquent des tensions dans les négociations salariales. La première réponse à ces tensions sera l'accélération des processus inflationnistes, fuite en avant rendue possible par la capacité des entreprises de fixer le prix de vente selon la pratique du « coût plus marge ». Mais la spirale inflationniste ne suit pas le même rythme dans les différents pays. Les disparités internationales des prix mettent alors sous pression le régime de changes stables, d'autant plus que les économies nationales se sont largement ouvertes au fil de la croissance.

Au même moment, la surabondance de dollars due au financement de la guerre du Vietnam et au déficit américain contribue à fragiliser le système monétaire international. Le marché des eurodollars accélère le développement d'instruments financiers inédits. Ceux-ci ont pour effet d'accroître le pouvoir des firmes multinationales, qui court-circuitent les espaces nationaux, mais aussi la mobilité des capitaux et la pression de la spéculation. Dès lors la capacité des États nations de piloter leur évolution macroéconomique est affaiblie, ce qui réduit la crédibilité des politiques économiques keynésiennes, au moment même où les tensions sur le partage macroéconomique des revenus rendent leur financement problématique. Ce type de politique cède dès lors progressivement le pas à des stratégies de défense de la compétitivité.

Les prémices de crise s'accompagnent d'une prise de conscience des limites du « tout à la croissance ». En 1970, le Club de Rome lance le premier cri d'alerte sur l'état de l'environnement, mis à mal par notre mode de développement. Celui-ci laisse aussi de plus en plus apparaître les inégalités Nord-Sud : le tiers-monde, qui a achevé sa décolonisation, réclame sa part du gâteau économique. C'est dans ce contexte qu'il faut situer le choc pétrolier : avant celui-ci, un prix du baril stabilisé à 2 dollars (graphique 14) représentait pour les pays producteurs une dégradation de leurs termes d'échange année après année, vu l'inflation permanente qui frappait les prix des produits industrialisés. Si tous les pays du Sud, producteurs de matières premières, se trouvaient dans une situation analogue, seul le cartel de l'OPEP parvint à imposer un redressement brutal de ses prix relatifs. Cet événement peut, lui aussi, se lire en termes de rupture d'un consensus sur les modalités de la croissance antérieure.

Les deux chocs pétroliers viennent donc secouer un édifice déjà très fragilisé. Au sein des pays européens, le compromis capital-travail qui prévalait depuis trente ans se lézarde, en raison de la chute brutale de la croissance. Dans un premier temps, les réactions des acteurs sociaux s'inscrivent encore dans la ligne du mode de régulation antérieur, mais laissent deviner ses défaillances. Les salaires, indexés, résistent à la baisse et ce sont les profits qui s'effondrent. Ceci explique qu'une des premières manifestations de la crise soit une *hausse* de la part des salaires dans la valeur ajoutée (graphique 12). Nous avons déjà évoqué à la section II la spirale négative qui s'amorce alors : l'ajustement se faisant sur l'emploi, le chômage explose. Les pouvoirs publics s'engagent dans des politiques de relance mais le creusement profond des déficits publics et des dettes publiques qui en résulte aggrave le discrédit des politiques économiques keynésiennes. La concertation sociale se crispe. Dans les relations sociales internes, comme dans les relations internationales, la logique de coopération est battue en brèche. L'insuccès des mécanismes de régulation hérités du passé face à l'ampleur des transformations en cours fait le lit d'un changement d'un paradigme.

Les graphiques 12 et 15 illustrent à suffisance qu'un tournant est pris tout au début des années 1980. Suivant les voies ouvertes par Reagan aux États-Unis et Thatcher au Royaume-Uni, les politiques économiques européennes s'orientent, pour la plupart, vers le soutien de l'offre (plutôt que de la demande selon les préceptes keynésiens). Il s'agit désormais de recréer un climat économique favorable à l'entreprise, de laisser davantage jouer les mécanismes de marché, de stimuler la compétitivité, de réduire l'emprise des pouvoirs publics sur la vie économique et sociale. Indiscutablement, un redressement macroéconomique s'opère, et se renforce ensuite grâce au contre-choc pétrolier. Mais ne s'agirait-il vraiment que d'un « redressement » ? L'évolution à plus long terme des parts salariales (graphique 12) et de la rentabilité du capital (graphique 15) plaide pour une autre lecture. Les tendances amorcées vers 1981 se poursuivent en effet bien au-delà d'une simple correction des déséquilibres engendrés par la crise. En fin de siècle, les parts salariales ont plongé loin en dessous du niveau auquel elles se maintenaient tout au long de l'âge d'or, et l'indice de rentabilité du capital s'est envolé vers des sommets qui dépassent ceux des années 1960. Au-delà de « la relance des années 1980 » ne serait-ce pas un « changement de régime » (R. Boyer), une « transformation des normes sociales » (J.-P. Fitoussi) voire même « un basculement du monde » (M. Beaud) qui se profile[7] ?

Graphique 13. Recettes et dépenses des pouvoirs publics (en % du PIB)

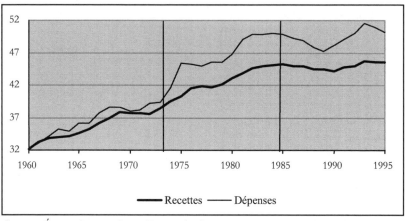

Source : *Économie européenne*. Europe des 9.

Graphique 14. Prix du baril de pétrole en dollars

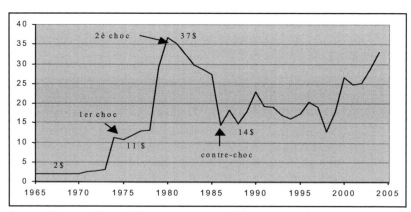

Source : Thomson Financial Datatstream, cours du Brent.

---

[7] Boyer, R., *op. cit.* ; Fitoussi, J.-P., « Nouvelles normes sociales et politiques économiques en Europe », in *Reflets et perspectives de la vie économique*, 2005, XLIV, 1 ; Beaud, M., *Histoire du capitalisme de 1500 à 2000*, Paris, Seuil, 2000.

Graphique 15. Indice de rentabilité du capital (1961-1973 = 100)

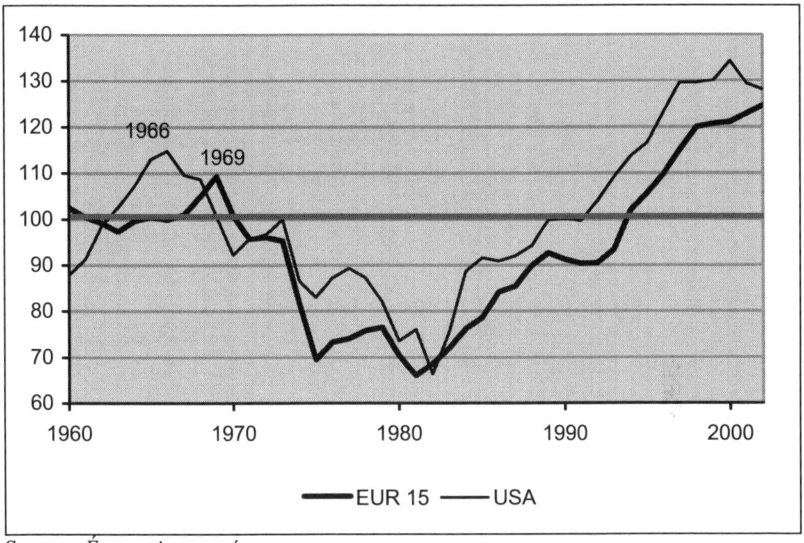

Source : *Économie européenne.*

Conclusion

À partir du milieu des années 1980, l'intégration européenne se poursuit dans un contexte économique, social, politique et idéologique radicalement différent de celui qui prévalait à la conférence de La Haye. L'Acte unique européen de 1986 est déjà empreint des transformations sous-jacentes : l'achèvement du marché commun s'accomplit selon une approche pragmatique qui promeut le libre-échange et relègue au second rang la construction de l'Europe politique ou sociale.

Un retour aux repères chronologiques du tableau 1 nous rappelle quelques faits majeurs qui secouent le monde dans les années suivantes : la chute du mur de Berlin en 1989, la réunification de l'Allemagne en 1990 puis l'implosion de l'URSS en 1991 mettent un terme à la Guerre froide entre deux blocs ennemis qui a marqué les quarante-cinq années précédentes. En Occident, le camp des opposants au capitalisme ou à ses abus en sort considérablement affaibli. Le libéralisme économique tente alors de s'imposer comme unique *credo*. Cet esprit imprègne le traité de Maastricht (1992) et la réalisation du Grand marché. La libéralisation des mouvements de capitaux en Europe resserre le champ des possibles : soumises à l'approbation des marchés financiers, les politiques économiques et sociales doivent désormais se construire sur un principe de compétitivité. Le grand pas suivant, outre la poursuite de l'élargissement

(1995, Europe des Quinze) sera la constitution d'une Union monétaire à douze (1999) et l'abandon des monnaies nationales au profit de l'euro. Cette réalisation requiert une forte convergence macroéconomique des pays membres qui s'impose *de facto* comme le fil conducteur des politiques nationales. La proposition initiale de Werner de créer un Conseil chargé de définir la politique macroéconomique commune, conseil responsable devant le Parlement européen, lui-même doté de pouvoirs accrus, n'a pas survécu aux années de crise et de restructuration.

Au terme de ce parcours, quatre questions émergent : (1) La crise économique a-t-elle influencé la construction européenne ? La réponse est incontestablement oui. (2) Du plan Werner de 1970 à l'Acte unique de 1986, y a-t-il eu un changement de paradigme ? Si, par changement de paradigme, on entend la représentation que les acteurs économiques et sociaux se donnent du monde dans lequel ils vivent, de ses lois économiques et des moyens de les infléchir, il semble bien que la réponse doive être oui. Nous laisserons ouvertes les deux questions suivantes : (3) Au cœur des années 1980, l'Europe pouvait-elle poser d'autres choix, donner une autre orientation à son intégration ? (4) D'autres choix sont-ils encore possibles aujourd'hui ?

PREMIÈRE PARTIE

FAIRE FACE AU DÉSORDRE MONÉTAIRE

Projets d'intégration monétaire à la Commission européenne au tournant des années 1970

Ivo MAES

Banque nationale de Belgique
Chaire Robert Triffin – Université catholique de Louvain (UCL)
et KU Leuven

Introduction[1]

Le Sommet de La Haye, en décembre 1969, a donné une vive impulsion au processus d'intégration monétaire européenne, en faisant de l'UEM (Union économique et monétaire) un objectif officiel de la Communauté européenne. La présente contribution traite des idées et des conceptions en matière de politique économique et monétaire en vigueur à la Commission au tournant des années 1970, lorsque le vice-président Raymond Barre était en charge des affaires macroéconomiques et monétaires. L'approche de la Commission, était plus prudente et pragmatique que les idées avancées par les chefs d'État et de gouvernement au Sommet de La Haye.

Cette contribution examine tout d'abord les questions macroéconomiques et monétaires contenues dans le Traité de Rome et leur mise en application par la première Commission (« L'héritage de Marjolin »), ainsi que les responsables de la politique macroéconomique à la Commission à la fin des années 1960. Il se penche ensuite sur les principales initiatives de la Commission dans le domaine monétaire, en particulier le premier plan Barre de février 1969, la préparation du Sommet de La Haye et le rapport Werner. Enfin, il analyse la première tentative d'union monétaire européenne.

---

[1] L'auteur tient à remercier toutes les personnes qui ont contribué à la réalisation de ce projet, en particulier celles avec qui il a eu des discussions stimulantes et approfondies. Les restrictions d'usage s'appliquent.

I. L'héritage de Marjolin

En vertu du Traité de Rome, la politique macroéconomique était principalement du ressort des États membres. Les responsabilités de la Commission étaient plutôt limitées et concernaient principalement l'orientation et la coordination des politiques macroéconomiques nationales. Le Traité mettait spécialement l'accent sur la balance des paiements, étant donné que tout déséquilibre de celle-ci était susceptible de perturber la création et le bon fonctionnement du Marché commun.

L'article 104 stipule que chaque État membre devrait poursuivre une politique économique en vue « d'assurer l'équilibre de sa balance globale des paiements et de maintenir la confiance dans sa monnaie, tout en veillant à assurer un haut degré d'emploi et la stabilité du niveau des prix ». De plus, le Traité énonce que « les États membres coordonnent leurs politiques économiques » (article 105.1) et que « chaque État membre traite sa politique en matière de taux de change comme un problème d'intérêt commun » (article 107.1). Le Traité prévoyait par ailleurs la création du Comité monétaire.

L'article 108 examine le cas de figure dans lequel un État membre serait confronté à de graves difficultés de balance des paiements, susceptibles de compromettre le fonctionnement du Marché commun. Il y est stipulé que la Commission procède à un examen de la situation et peut recommander à l'État membre de prendre des mesures. Par ailleurs, cet article prévoit la possibilité d'accorder un « concours mutuel ». L'article 109 énonce les célèbres mesures de sauvegarde, sur lesquelles a insisté la France, en vertu desquelles un État membre peut, en cas de crise soudaine de la balance des paiements, prendre les « mesures de sauvegarde nécessaires ».

Par essence, le Traité de Rome était un traité « cadre ». En ce qui concerne sa mise en œuvre, dans le domaine de la politique macroéconomique, une initiative majeure fut prise en octobre 1962, lorsque la Commission a soumis son mémorandum sur un Programme d'action pour la deuxième étape du Marché commun, 1962-1965[2]. Dans ce mémorandum, la Commission plaidait pour une interprétation maximaliste du Traité de Rome, impliquant la réalisation progressive d'une union économique et monétaire complète et d'une union politique. En outre, elle recommandait la mise en œuvre d'une politique à moyen terme pour la Communauté. Robert Marjolin, membre de la Commission respon-

---

[2]   Commission de la CEE, Mémorandum de la Commission sur le programme d'action de la Communauté pendant la 2ᵉ étape, 1962, COM (62) 3000.

sable de la politique macroéconomique, et l'un des négociateurs du Traité de Rome, a joué un rôle non négligeable à cet égard[3].

Le Mémorandum de la Commission a cependant reçu un accueil très mitigé[4]. Les gouverneurs des banques centrales des États membres l'ont eux aussi examiné. Ils se sont déclarés en faveur d'une nouvelle avancée de la coopération monétaire entre les pays de la Communauté et de la création d'un Conseil des gouverneurs des banques centrales. Toutefois, ils ont fait remarquer qu'une coordination monétaire était également souhaitable dans un cadre dépassant celui de la Communauté et qu'elle ne pourrait être efficace que si elle était associée à une coordination des politiques budgétaires. Par ailleurs, les gouverneurs étaient d'avis que plusieurs questions, telles que la réforme du système monétaire international, l'assistance mutuelle et l'union monétaire, devaient, dans un premier temps, être discutées au niveau de chaque État membre[5].

Ces discussions ont débouché sur des ajustements des propositions de la Commission. Le 24 juin 1963, la Commission a soumis une communication sur la « Coopération monétaire et financière au sein la Communauté économique européenne »[6]. La Commission a proposé de créer deux nouveaux organes consultatifs, le « Comité des gouverneurs des banques centrales des États membres de la Communauté économique européenne » et le « Comité de politique budgétaire », et d'étendre les responsabilités du Comité monétaire, en particulier dans le domaine des questions monétaires internationales. En outre, il a élaboré un projet de décision portant sur des consultations préalables entre États membres en cas de changement de la parité de leur monnaie[7]. Le 26 juillet 1963, la Commission soumit une recommandation au Conseil

---

[3]   Andrews, D., *The European Commission as an Agent for Monetary Integration*, Londres, 2002, mimeo.

[4]   Maes, I., « Macroeconomic and Monetary Policy-Making at the European Commission, from the Rome Treaties to the Hague Summit », *Working Paper*, Research Series, n° 58, National Bank of Belgium, August 2004, 38 p.

[5]   Note du 10 décembre 1962, Conseil des gouverneurs, Archives BCE à Francfort (ABCE). Les gouverneurs ont également demandé d'examiner, sur le plan légal, si le Conseil et la Commission avaient le droit d'établir des réglementations et des directives et de prendre des décisions contraignantes pour les banques centrales (« La Politique Monétaire dans le cadre du Marché Commun », 4 décembre 1962, ABCE).

[6]   Commission de la CEE, « Coopération monétaire et financière au sein de la Communauté économique européenne », in *Bulletin des Communautés européennes*, 1963a, vol. 6, n° 7, juillet, p. 33-40.

[7]   La Commission fait référence au 4e rapport annuel du Comité monétaire, dans lequel il est énoncé que les réévaluations monétaires de 1961 « n'avaient pas été réalisées avec la coordination adéquate au niveau de la Communauté » (Commission de la CEE, 1962, *op. cit.*, p. 37).

sur la « Politique économique à moyen terme de la Communauté »[8]. Cette recommandation stipulait que les autorités des États membres et la Communauté pouvaient élaborer un programme économique commun à moyen terme. Pour faciliter l'élaboration de ce programme et soutenir la coordination des politiques économiques à moyen terme, un organe consultatif baptisé « Comité de politique économique à moyen terme » serait créé.

Les décisions de 1963, qui étaient loin de la création d'une union économique et monétaire complète, comme le proposait le mémorandum de la Commission de 1962, ont contribué à faire de la Commission un acteur à part entière sur la scène monétaire. Tout d'abord, elles ont clairement établi que le Traité de Rome conférait un droit d'initiative à la Commission dans le domaine monétaire. Ensuite, en qualité d'observateur, la Commission sera invitée aux réunions du Comité des gouverneurs. Cette participation lui a permis d'entrer dans le monde des banquiers centraux[9].

II. Les principaux responsables de la politique macroéconomique à la Commission

Au sein de la Commission, les Français avaient un rôle-clé dans le domaine de la politique macroéconomique. Après Robert Marjolin, Raymond Barre devint le commissaire responsable de la Direction générale des Affaires économiques et financières de la Commission (la DG II, qui peut être considérée comme le département de recherches macroéconomiques de la Commission, cf. tableau 1)[10]. Raymond Barre était assez professoral et possédait une connaissance approfondie de la théorie économique. Il était en faveur du marché libre et de la « discipline économique ». Il possédait également de l'expérience dans le domaine de politique économique, en tant que directeur du Cabinet de Jean-Marcel Jeanneney, ministre de l'Industrie du Général de Gaulle. En cette qualité, il avait supervisé l'abolition des tarifs et des quotas, conformément au Traité de Rome. Du point de vue politique, à cette époque, Raymond Barre était proche des gaullistes.

---

[8] Commission de la CEE, « Politique économique à moyen terme de la Communauté », in *Bulletin des Communautés européennes*, 1963.

[9] Ce point n'est pas négligeable étant donné que Delors, par le biais de sa participation aux réunions du Comité des gouverneurs, fut convaincu que les gouverneurs de banque centrale devaient faire partie du « Comité Delors ».

[10] À l'époque, le climat qui régnait à la Commission était un mélange de prudence (après la réprimande faite à Hallstein) et d'optimisme.

Tableau n° 1. Principaux responsables de la politique macroéconomique à la Commission européenne à la fin des années 1960[11]

Président	J. Rey (B)
Commissaire responsable de la DG II (Affaires économiques et financières)	R. Barre (F)
Chef de cabinet	J.-C. Paye (F)
Directeur général de la DG II	U. Mosca (I)
Directeurs : -Bureaux géographiques et conjoncture -Affaires monétaires et financières -Structure et développement -Problèmes budgétaires	B. Molitor (D) F. Boyer de la Giroday (F) M. Albert (F) G. Wissels (N)
Secrétaire du Comité monétaire	R. de Kergorlay (F)

Au niveau de l'administration, le directeur général de la DG II était Ugo Mosca, un ancien diplomate italien. Initialement, la DG II comprenait trois directions reflétant les principales préoccupations des autorités macroéconomiques de la Commission. Une première direction, baptisée « Bureaux géographiques et conjoncture », était responsable du suivi de la situation économique et de l'évolution du cycle conjoncturel dans la Communauté. À la fin des années 1960, Bernhard Molitor (D), qui allait devenir par la suite un haut responsable au ministère allemand des affaires économiques, fut nommé directeur. La deuxième direction était « Affaires monétaires et financières ». Vers la moitié des années 1960, Frédéric Boyer de la Giroday (F) en fut nommé directeur. La troisième direction portait la dénomination « Structure et développement ». À de multiples égards, comme les prévisions à moyen terme, les analyses sectorielles et les programmes structurels, elle ressemblait fortement au Commissariat général au plan français. Michel Albert (F), futur commissaire au plan français, fut nommé directeur à la fin des années 1960. En 1967, Raymond Barre créa une direction relative aux « Problèmes budgétaires », dont le directeur était Gerard Wissels (N). Un autre poste influent était celui de secrétaire du Comité monétaire. Ce poste équivalait à un poste de directeur et était occupé par Roland de Kergorlay (F).

---

[11] Les lettres entre parenthèses correspondent aux nationalités : B = Belgique, F = France, I = Italie, D = RFA, N = Pays-Bas.

III. Le plan Barre (février 1969)

Durant la seconde moitié des années 1960, la situation monétaire internationale s'est dégradée et l'avenir du système de Bretton Woods est devenu de plus en plus incertain. La Commission craignait qu'en l'absence d'une position commune par les pays de la Communauté, celle-ci ne se disloque[12]. Par conséquent, la Commission rédigea une note confidentielle et la présenta au Conseil en février 1968.

L'objectif principal de ce « Mémorandum sur l'action de la Communauté dans le domaine monétaire »[13] consistait à développer des relations monétaires plus étroites entre les pays de la Communauté. Les propositions suivantes y étaient formulées :

– déclaration par les États membres que les taux de change ne seraient ajustés que moyennant accord mutuel préalable ;

– suppression des marges de fluctuation ;

– création d'un système d'assistance mutuelle ;

– établissement d'une unité de compte européenne unique ;

– une concertation pour l'action au sein des institutions monétaires internationales.

La note était très brève (deux pages) et les propositions n'étaient pas élaborées. Ces propositions allaient très fortement dans le sens des idées volontaristes défendues par Triffin et Boyer à la DG II[14]. Elles ressemblaient également à certaines conceptions françaises favorables à une « identité monétaire européenne », mais sans nouvelles institutions supranationales[15].

Les propositions de la Commission ont été critiquées par l'Allemagne et les Pays-Bas, qui ont soutenu qu'une telle « approche monétaire unilatérale était dépourvue de sens »[16]. Les événements de mai 1968 et la crise du franc français qui a suivi, pendant laquelle la France

---

[12] Procès-verbal de la 23ᵉ réunion du Comité des gouverneurs, 12 février 1968, Conseil des gouverneurs, ABCE.

[13] Archives, Gerard Wissels, Overijse.

[14] En août 1967, Boyer élabora des propositions basées sur le « Triffin Treasury of smart ideas », Lettre de Boyer à Triffin, 2 août 1967, Archives Robert Triffin, UCL, Louvain-la-Neuve.

[15] De Lattre, A., *Servir aux Finances*, Paris, Comité pour l'histoire économique et financière de la France, 1999.

[16] Szász, A., *The Road to European Monetary Union*, Londres, MacMillan Press, 1999, p. 11.

a invoqué les clauses de sauvegarde, ont eux aussi laissé leur empreinte[17].

En octobre 1968, Raymond Barre se montrait assez sceptique au sujet de l'union économique et monétaire (UEM) et défendait des positions plutôt « économistes ». Il déclara devant le Parlement européen qu'une autorité politique européenne était nécessaire pour garantir la réussite de l'UEM[18]. Il a par ailleurs soutenu qu'une union monétaire serait le couronnement de l'union économique. Barre a adopté une approche plutôt pragmatique et équilibrée, soutenant que l'objectif premier devait être une meilleure coordination des politiques économiques et monétaires des États membres[19]. Les propositions monétaires étaient moins ambitieuses que celles contenues dans le mémorandum de février 1968. Ainsi, il n'y était plus fait mention de la création d'une unité de compte européenne unique[20].

Ces idées ont été approfondies dans le plan Barre de février 1969[21]. Le plan Barre partait du constat que la Communauté était « une entité économique originale et complexe », composée d'éléments nationaux et communautaires. Il soulignait l'interdépendance économique croissante des États membres, impliquant qu'une incompatibilité de politiques ou de stratégies était susceptible de mettre en péril l'union douanière. Le plan Barre se concentrait ensuite sur trois lignes d'action principales, à partir du cadre hérité de Robert Marjolin :

a) convergence des orientations de politique économique à moyen terme. Le plan Barre proposait de mieux spécifier le degré de convergence des orientations globales de la politique à moyen terme des États membres, et de garantir leur compatibilité. L'analyse de la Commission contenait donc un mélange de l'approche française à moyen terme et de

---

[17] Barre a été l'un des acteurs-clés pour convaincre de Gaulle de la possibilité d'éviter une dévaluation du franc français.

[18] Barre, R., « Les problèmes monétaires internationaux et la politique monétaire de la Communauté », in *Bulletin des Communautés européennes*, novembre 1968, vol. 1, n° 1, p. 17.

[19] Barre mentionne que c'est à Bruxelles qu'il a appris les différences entre l'approche de l'administration française (« sens aigu de l'interventionnisme, appuyé sur une certaine méconnaissance du marché » et « formellement ou informellement protectionniste ») et l'approche allemande, Barre, R., « Avant-propos », in Dockès, P. *et al.* (dir.), *Les traditions économiques françaises, 1848-1939*, Paris, CNRS Éditions, 2000, p. 19.

[20] Une idée typique de Triffin. Ainsi, depuis la mi-1968 au moins, les idées de Triffin et de Barre au sujet de l'intégration monétaire européenne semblent avoir différé.

[21] Commission des Communautés européennes, « Mémorandum de la Commission au Conseil sur la coordination des politiques économiques au sein de la Communauté », in *Bulletin des Communautés européennes*, avril 1969.

l'analyse de convergence allemande. Les principaux objectifs de ces politiques à moyen terme concernaient la croissance économique, l'évolution des prix et la situation de la balance des paiements ;

b) coordination des politiques économiques à court terme. Cette ligne d'action mettait l'accent sur des politiques à court terme suffisamment cohérentes au niveau de la Communauté, de sorte que les différentes économies évoluent conformément aux objectifs à moyen terme. Le mémorandum suggérait un renforcement et une application plus efficace des procédures de consultation, avant que les États membres ne prennent des décisions sur les politiques économiques. Il proposait également un système d'indicateurs d'« alerte précoce » ;

c) un mécanisme communautaire de coopération monétaire. Il devait comprendre deux éléments : l'un pour le soutien monétaire à court terme et l'autre pour l'assistance financière à moyen terme.

Le plan Barre était incontestablement beaucoup plus modeste et pragmatique que le Programme d'action de 1962. Ce constat n'est guère surprenant eu égard au manque de volonté politique, en particulier, mais pas uniquement, en France, et aux divergences croissantes entre les situations économiques nationales, spécialement en ce qui concerne l'inflation et la balance des paiements.

Le plan Barre se caractérise par ailleurs par une association particulière de conceptions allemandes et françaises traditionnelles. Cette caractéristique transparaît surtout dans la première partie du plan, concernant la « convergence des orientations nationales à moyen terme ». À ce niveau, l'analyse à moyen terme d'inspiration française est appliquée à la notion allemande de convergence économique. Ce faisant, l'attention est attirée sur le renforcement des inquiétudes à la Commission quant aux disparités existant au niveau des prix et des coûts dans les pays de la Communauté[22].

Les idées de la Commission visant une coopération monétaire plus étroite entre les pays de la Communauté ont, dans un premier temps, suscité des réactions assez mitigées de la part des gouverneurs de banque centrale. Lors de leur réunion de décembre 1968, Carli (I), tout en reconnaissant le caractère politique de la question, s'est déclaré « perplexe » quant à la possibilité de mettre en place une coopération monétaire plus étroite au niveau de la Communauté. Il a soutenu que la Communauté couvrait une superficie trop petite. De plus, elle n'était

---

[22] Note SEC(68) 3958 du 5 décembre 1968, p. 11, Archives Banque nationale de Belgique, Bruxelles.

qu'une union douanière et non une union économique et politique[23]. Blessing (D) et Zyjlstra (N) partageaient son point de vue, tandis que Brunet (F) et Ansiaux (B) adoptèrent des positions plus nuancées. Lors de leur réunion de mars 1969, les gouverneurs ont insisté sur le fait que la coordination des politiques économiques représentait la question la plus importante. À l'issue d'une discussion de fond, Ansiaux a conclu qu'un mécanisme de soutien monétaire « a des justifications plus politiques qu'économiques et qu'à ce point de vue, on ne peut être totalement négatif »[24]. En février 1970, un système de soutien monétaire à court terme fut créé.

IV. Le Sommet de La Haye (décembre 1969)

Lors du Sommet de La Haye en décembre 1969, un programme ambitieux de relance de l'intégration européenne a été mis sur pied. Il comprenait trois volets : achèvement (politique agricole commune), élargissement et approfondissement (union économique et monétaire) de la Communauté.

Plusieurs facteurs ont contribué au changement de climat qui a placé l'élargissement et l'union économique et monétaire sur le devant de la scène :

– succès de l'achèvement de l'union douanière et, de manière un peu moins satisfaisante, de la politique agricole commune avant la fin de l'année 1969. Un nouveau pas en avant était nécessaire pour maintenir le mouvement, voire éviter la régression ;

– un mécontentement quant à la position centrale du dollar américain dans le système de Bretton Woods et quant aux avantages que les États-Unis ont tirés du rôle international du dollar. Une volonté s'exprimait, particulièrement chez les Français d'avoir, pour la Communauté, une « identité monétaire » propre[25] ;

– inquiétude face à l'avenir du système de taux de change fixes, également au sein de la Communauté européenne. Les évolutions économiques consécutives aux événements de mai 1968 en France avaient provoqué de graves crises de change, qui ont conduit à une dévaluation du franc français et à une réévaluation du mark allemand en 1969. Les

---

[23] Procès-verbal de la 27e réunion du Comité des gouverneurs, 9 décembre 1968, Conseil des gouverneurs, ABCE.

[24] Procès-verbal de la 29e réunion du Comité des gouverneurs, 10 mars 1969 Conseil des gouverneurs, ABCE.

[25] Bloomfield, A., « The Historical Setting », in Krause, B. and Salant, W. (eds.), *European Monetary Unification and its Meaning for the United States*, Washington, Brookings, 1973, p. 11.

pays de la Communauté craignaient qu'une nouvelle instabilité des taux de change n'entraîne la désintégration de l'union douanière et la fin de la politique agricole commune ;

– l'arrivée au pouvoir de nouveaux dirigeants politiques en France et en Allemagne. En 1969, le Général de Gaulle démissionna et Georges Pompidou fut élu Président de la République française. Il a, avec son ministre des Finances, Valéry Giscard d'Estaing, poursuivi une politique davantage pro-européenne. L'autre événement majeur a été la formation d'un nouveau gouvernement en Allemagne par les sociaux-démocrates et les libéraux, avec Willy Brandt au poste de chancelier. Le gouvernement Brandt a soutenu le projet de l'UEM, l'une des raisons étant la nécessité de contrebalancer son Ostpolitik (reconnaissance de la République démocratique allemande).

Un élément-clé a certainement été l'accession de Willy Brandt au poste de chancelier. Willy Brandt était un fédéraliste européen convaincu et un ardent défenseur de l'UEM. Il était membre du Comité d'action Jean Monnet pour les États-Unis d'Europe. Il l'a consulté dans le cadre de la préparation du Sommet de La Haye. Jean Monnet fit appel à Robert Triffin, qui a élaboré une proposition de Fonds européen de Réserves[26].

Dans une note adressée à la Commission le 21 octobre 1969, Raymond Barre a critiqué ces propositions :

> Depuis quelques mois, on parle de nouveau de « Monnaie européenne », de « Fonds européen de réserves ». Le Comité Monnet a pris position en faveur de la création d'un tel Fonds. J'ai à diverses reprises indiqué à la Commission qu'il ne me paraît pas souhaitable pour le moment de soutenir de telles idées.[27]

Toutefois, même dans la conception plus pragmatique de Barre, des progrès étaient possibles. Il a proposé une approche tridirectionnelle :

– engagement des États membres à maintenir fixes les parités de change et à les modifier uniquement d'un commun accord ;

– confirmation par les chefs d'État et de gouvernement de la nécessité d'une coordination efficace des politiques à court et à moyen termes et d'un renforcement de la coopération monétaire ;

---

[26] Monnet, J., *Mémoires*, Paris, Fayard, 1976, p. 610. Voir également Maes, I. et Buyst, E., « Triffin, the European Commission and the Project of a European Reserve Fund », in Dumoulin, M. (ed.), *Réseaux économiques et construction européenne*, Bruxelles, PIE-Peter Lang, 2004.

[27] Barre, R., *Note pour la Commission*, 21 Octobre 1969, Archives Jean-Charles Snoy, Kadoc, KU Leuven.

– réduction progressive des marges de fluctuation des taux de change des monnaies.

V. Le Plan Werner (octobre 1970)

Au Sommet de La Haye, les Chefs d'État et de gouvernement ont demandé au Conseil d'élaborer un plan en vue de mettre en place une union économique et monétaire. Peu après le Sommet, plusieurs pays (Allemagne, Belgique et Luxembourg) ont présenté leur plan. La Commission a elle aussi présenté une communication, appelée aussi le « deuxième plan Barre »[28]. Toutefois, ce document était plus global et plus collégial que le premier plan Barre[29].

La Commission retenait quatre aspects fondamentaux pour la réalisation de l'UEM. Certains reflétaient les préoccupations traditionnelles de Barre, comme la coordination des politiques économiques (à court et à moyen terme) et un renforcement de la solidarité monétaire en vue de faire de la Communauté « un ensemble économique et monétaire individualisé et organisé ».

D'autres, comme le développement progressif d'un marché des capitaux de la Communauté et un degré d'harmonisation fiscale suffisant pour garantir le fonctionnement de l'UEM, reflétaient les perspectives entrouvertes par le Sommet de La Haye. La communication prévoyait aussi plusieurs étapes pour réaliser l'UEM.

Le Conseil a décidé de mettre sur pied un comité chargé d'élaborer un plan d'établissement par étapes de l'union économique et monétaire[30]. Ce comité, présidé par le Premier ministre luxembourgeois, Pierre Werner, a publié un rapport en octobre 1970[31]. La relation entre la Commission et le Comité a été qualifiée de « complexe »[32].

Le rapport présentait tout d'abord une vision globale d'une union monétaire :

---

[28] Commission des Communautés européennes, « Communication de la Commission au Conseil au sujet de l'élaboration d'un plan par étapes vers une union économique et monétaire », in *Bulletin des Communautés européennes*, Supplément 3, mars 1970.

[29] Paye, J.-C., « Vers le plan Werner. Le rôle de la Commission des Communautés, 1967-1973 », in *Le rôle des ministères des Finances et de l'Économie dans la construction européenne (1957-1978)*, Paris, Comité pour l'histoire économique et financière de la France, 2002, p. 119.

[30] Molitor, B., « Les origines du plan Werner », in *Le rôle des ministères des Finances et de l'Économie dans la construction européenne (1957-1978)*, op. cit., p. 109.

[31] Conseil-Commission des Communautés européennes, Rapport au Conseil et à la Commission sur la réalisation par étapes de l'UEM dans la Communauté, Rapport Werner, Luxembourg, octobre 1970.

[32] Paye, J.-C., *op. cit.*, p. 120.

Une union monétaire implique à l'intérieur la convertibilité totale et irré-versible des monnaies, l'élimination des marges de fluctuation des cours de change, la fixation irrévocable des rapports de parité et la libération totale des mouvements de capitaux. Elle peut s'accompagner du maintien des signes monétaires nationaux ou consacrer l'établissement d'une monnaie communautaire unique. Du point de vue technique, le choix entre ces deux solutions pourrait paraître indifférent, mais des considérations d'ordre psychologique et politique militent en faveur de l'adoption d'une monnaie unique *qui affirmerait l'irréversibilité de l'entreprise*[33].

Une union monétaire représentait dès lors une évolution considérable par rapport à la situation en place. À cette époque, seule la convertibilité des monnaies était établie alors que, en vertu du Traité de Rome, les pays étaient uniquement contraints de libéraliser les mouvements de capitaux nécessaires au bon fonctionnement du Marché commun.

Au plan institutionnel, le rapport proposait la création de deux or-ganes communautaires : un centre de décision de politique économique et un Système communautaire de banques centrales. Cette création impliquait également une révision du Traité de Rome.

Le rapport suggérait la réalisation de l'union économique et moné-taire au cours des dix années à venir, « dès lors que la volonté politique des États membres de réaliser cet objectif, exprimée solennellement à la Conférence de La Haye, est présente »[34]. Il proposait un plan de réalisa-tion d'une union économique et monétaire en trois étapes. Néanmoins, le rapport ne précisait pas de calendrier des différentes étapes. Il en-tendait plutôt conserver un certain degré de flexibilité, tout en se concentrant sur la mise en œuvre de la première étape.

Selon le rapport, la première étape devait débuter le 1er janvier 1971 et s'étendre sur trois années. Elle devait concerner principalement : (a) le renforcement des procédures de consultation et de coordination des politiques ; (b) la poursuite de la libéralisation des mouvements de capitaux intracommunautaires et la progression vers l'intégration des marchés financiers européens ; (c) la réduction des marges de fluctuation des taux de change des monnaies des États membres.

Au sein du Comité Werner, de vifs débats opposaient les « écono-mistes », sous la conduite de l'Allemagne, et les « monétaristes », dont faisait partie la France, au sujet des aspects prioritaires : fallait-il accor-der la priorité à la coordination des politiques ou à la réduction des marges de fluctuation des taux de change ?[35] Les deux parties en sont

---

[33] Conseil-Commission des Communautés européennes, *op. cit.*, p. 10.

[34] *Ibidem*, p. 14.

[35] Werner, P., *Itinéraires luxembourgeois et européens*, Éditions Saint-Paul, 1991.

arrivées au compromis suivant : il fallait réaliser des « progrès en parallèle » dans les deux domaines.

Le rapport recelait une ambiguïté de base concernant le système de Bretton Woods qui s'effondrait. D'une part, le malaise face à ce système constituait l'un des moteurs de l'intégration monétaire européenne. D'autre part, la tentative européenne de réduction des marges de fluctuation des taux de change prenait comme donnée le cadre du système de taux de change fixes de Bretton Woods.

VI. L'échec de la première tentative européenne d'union monétaire

Immédiatement après sa publication, le Rapport Werner a été fortement critiqué par les gaullistes orthodoxes français[36]. Les critiques formulées visaient principalement les éléments supranationaux du rapport. Cela a induit un changement dans la politique du gouvernement français. Les nouvelles propositions de la Commission, basées sur le Rapport Werner, étaient toutefois plus modestes. En particulier, l'idée de créer de nouvelles institutions communautaires a été abandonnée. Cet abandon a suscité des critiques au sein du Conseil, surtout de la part de l'Allemagne[37].

En pleine crise monétaire internationale, qui a atteint un premier sommet lorsque Nixon a suspendu « temporairement » la convertibilité du dollar en or en août 1971, l'intégration monétaire européenne progressait difficilement. Cependant, le Sommet de Paris, en octobre 1972, a une nouvelle fois confirmé l'objectif d'une union économique et monétaire et a fixé le mois de janvier 1974 comme échéance pour le passage à la deuxième étape. En mars 1973, la décision a été prise de limiter les marges de fluctuation à l'intérieur de la CEE à 2,25 %, au lieu des 4,5 % dans le cadre du système de Bretton Woods (après l'accord du Smithsonian de décembre 1971). Cette décision allait donner naissance au « Serpent monétaire » dans le « tunnel de Bretton Woods ».

Toutefois, cette première tentative de mise en place d'une UEM peut être considérée comme un échec, comme l'a remarqué un groupe d'experts, sous la présidence de Robert Marjolin. Ce rapport observe que « s'il y a eu mouvement, ce mouvement a été un recul »[38]. La

---

[36] Achard, P., « Le Plan Werner et la monnaie européenne », in *Le rôle des ministères des Finances et de l'Économie dans la construction européenne (1957-1978)*, *op. cit.*

[37] Maes, I., « On the Origins of the Franco-German EMU Controversies », in *European Journal of Law and Economics*, vol. 17, n° 1, janvier 2004, p. 21-39.

[38] Commission des Communautés européennes, Rapport du Groupe « Union Économique et Monétaire 1980 », Rapport Marjolin, Bruxelles, mars 1975.

situation au début de l'année 1974, au terme de la phase I de l'UEM, peut être résumée comme suit :

– coordination des politiques : des directives communes ont été adoptées par le Conseil des ministres. Elles ont néanmoins eu une incidence relativement limitée. Dans son évaluation de la première phase, la Commission a elle-même reconnu que la coordination des politiques n'était pas allée beaucoup plus loin que « des recommandations à caractère très général »[39]. Ce constat s'est encore imposé davantage après le choc pétrolier d'octobre 1973, lorsque la France et l'Allemagne ont poursuivi des objectifs différents en termes de politique économique. La France a privilégié les politiques expansionnistes en vue de combattre les conséquences déflationnistes du choc pétrolier, tandis que l'Allemagne a poursuivi une politique plus restrictive pour contrer ses effets inflationnistes. Cette situation s'est traduite par d'importantes différences au niveau de l'inflation entre les deux pays (cf. graphique n° 1) ;

– réduction des marges de fluctuation des taux de change : après le départ du franc français en janvier 1974, le Serpent comprenait seulement les monnaies de l'Allemagne, du Danemark et des pays du Benelux. De plus, plusieurs réalignements monétaires ont été effectués. Giscard d'Estaing, le ministre des Finances français de l'époque, a décrit le Serpent comme « un animal de la préhistoire monétaire européenne »[40] ;

– intégration des marchés financiers : pour lutter contre les fluctuations des taux de change, les pays de la Communauté ont progressivement étendu le recours aux contrôles de change. Même les autorités allemandes qui, après la Seconde Guerre mondiale, avaient établi un régime de liberté des mouvements de capitaux, ont introduit des contrôles des mouvements des capitaux.

La situation s'est compliquée davantage à la suite de l'élargissement de la Communauté en 1973. Avec la victoire du parti travailliste aux élections de février 1974, la scène européenne était dominée par les renégociations des modalités d'accession des Britanniques. L'union économique et monétaire a disparu de l'agenda.

---

[39] Commission des Communautés européennes, « Attainment of Economic and Monetary Union », in *Bulletin of the EC*, Supplément mai 1973, p. 6.

[40] Tsoukalis, L., *The Politics and Economics of European Monetary Integration*, Londres, Allen et Unwin, 1977, p. 130.

Graphique n° 1. Inflation en France et en Allemagne

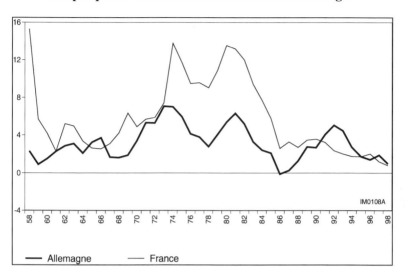

—— Allemagne —— France

Au fond, l'échec de la première tentative d'unification monétaire est imputable à l'instabilité de l'environnement international (effondrement du système de Bretton Woods et crise pétrolière), mais également au fait que le processus d'intégration européenne n'était pas suffisamment avancé pour que l'union monétaire soit un objectif réaliste[41]. Les gouvernements nationaux étaient encore fortement attachés à leur souveraineté monétaire nationale et à la réalisation d'objectifs économiques nationaux. L'Allemagne a accordé la priorité à la lutte contre l'inflation, tandis que la croissance économique constituait un objectif plus important aux yeux des Français. Ce point de vue était appuyé par la théorie, influente à l'époque, de la courbe de Phillips, selon laquelle il existait un rapport stable entre l'inflation et le chômage. Les autorités avaient alors la possibilité de choisir le meilleur compromis entre l'inflation et le chômage[42].

---

[41] Maes, I., *Economic Thought and the Making of European Monetary Union*, Cheltenham, Edward Elgar, 2002.

[42] De plus, « The Case for Flexible Exchange Rates » (in Friedman, M., *Essays in Positive Economics*, Chicago, University of Chicago Press, 1953, p. 157-203) est devenu particulièrement influent dans les années 1970. Friedman énonçait avec détermination que des taux de change flexibles constituaient l'instrument adéquat pour parvenir à un équilibre externe et qu'ils conféreraient plus de liberté à tous les pays pour réaliser leurs propres objectifs internes.

Conclusion

Au tournant des années 1970, la Commission européenne, sous l'impulsion de son vice-président Raymond Barre, a poursuivi une approche concrète et pragmatique au sujet de la question de l'intégration monétaire européenne. Cette approche contrastait avec l'initiative prise par les chefs d'État et de gouvernement lors du Sommet de La Haye de décembre 1969, d'inscrire à l'ordre du jour la création d'une UEM et d'un Fonds européen de réserve. Le Comité Werner (une sorte de comité « intergouvernemental ») a lui aussi adopté une approche plus favorable à une UEM que la Commission. Ce fait est remarquable et relativement paradoxal étant donné qu'il s'agit de l'un des rares moments dans l'histoire de l'intégration européenne où la Commission a opté pour une approche moins ambitieuse que celle des États membres.

L'approche adoptée par la Commission a été fortement inspirée par Raymond Barre, considéré comme le « patron » de la DG II. Un deuxième élément paradoxal à relever est le fait que Raymond Barre, l'un des plus éminents économistes universitaires français ait adopté une approche à ce point pragmatique et prudente, assortie d'une grande attention pour les procédures, ce qui n'est pas très courant parmi les académiques.

La France et la sauvegarde du système communautaire de change de 1974 à 1977

Amaury DE SAINT-PÉRIER

Université de Paris-Sorbonne Paris-IV

Des événements déterminants pour le devenir de la monnaie européenne entre 1974 et 1977 marquent le début de la période qui nous concerne[1] :

a) Tout d'abord, l'élection de Valéry Giscard d'Estaing à la présidence de la République en mai 1974. Le nouvel élu est un Européen convaincu et c'est un spécialiste des questions monétaires. Au cours de ce même printemps le Chancelier Helmut Schmidt prend ses fonctions, or c'est un ami du Président français.

b) Ensuite, une inflation croissante qui atteint tous les pays de la communauté. Cette accélération de l'inflation est la conséquence du quadruplement du prix du pétrole. En France, la hausse des prix des produits manufacturés atteint 20 %. La Grande-Bretagne et l'Italie se débattent dans de graves difficultés de change. Tous les comptes extérieurs passent au rouge, sauf pour l'Allemagne qui gère mieux la crise que ses partenaires et qui accumule les excédents en devises. Elle doit ce résultat à la priorité qu'elle donne à la lutte contre l'inflation. Sa balance commerciale est excédentaire de 22 milliards de dollars en 1974. Ce faisant, elle affirme sa prépondérance dans le domaine monétaire.

c) Dernier événement marquant, enfin, la dislocation du système monétaire européen. Après la sortie du Royaume-Uni, de l'Irlande, de l'Italie, puis de la France en janvier 1974 « le Serpent gît désormais sur

---

[1] Pour traiter ce sujet, on a eu recours au fonds « Trésor » des archives du ministère des Finances et en particulier aux comptes rendus du Comité monétaire, et aux notes du Directeur du Trésor pour le ministre. Ces sources ont été complétées par un entretien avec Monsieur Jean-Pierre Fourcade, ministre de l'Économie et des Finances de 1974 à 1976.

le sol la peau trouée » selon l'expression de Valéry Giscard d'Estaing[2]. Le Serpent se réduit au mark et aux monnaies du nord de l'Europe : florin, franc belge et luxembourgeois, couronnes danoise, norvégienne et suédoise.

Dans ce contexte de crise le Président français a le choix entre deux options possibles :

– soit gérer la crise au mieux des intérêts du pays quitte à sacrifier la monnaie si nécessaire et attendre le retour de jours meilleurs pour reprendre l'initiative,

– soit tenter de concilier la sauvegarde de l'Europe monétaire avec l'assainissement de l'économie, et, si possible progresser dans la voie de l'intégration.

Il apparaît très vite que le nouveau Président choisit de poursuivre l'œuvre de ses prédécesseurs et de sauvegarder l'Europe monétaire.

En effet, dès l'automne 1974, la France prend l'initiative d'une relance monétaire, et elle le fait pour plusieurs raisons.

D'une part le Président français croit dans les bienfaits de la stabilité des changes. Jacques de Larosière confie que l'idée de taux de change « stables mais ajustables » est au cœur de la pensée du président[3]. Cette croyance vaut tant pour l'Europe monétaire en cours de réalisation que pour les relations des monnaies de la Communauté avec les monnaies tierces, dont le dollar. Elle vaut aussi au premier chef pour la France. Valéry Giscard d'Estaing pense que son pays doit trouver dans la contrainte de la stabilité de sa monnaie un puissant adjuvant dans la lutte contre l'inflation.

D'autre part, le Président français est aussi animé par la volonté que son pays continue à jouer un rôle en Europe et ne se laisse pas distancer par l'Allemagne. Valéry Giscard d'Estaing déclare : « Je ne veux pas que la France soit la lanterne rouge de la construction de l'Europe. Ce ne serait pas servir sa dignité ni sa grandeur ».

Enfin, le Président croit pouvoir s'appuyer sur le Chancelier allemand qui est venu lui proposer de l'aider dès son arrivée à l'Élysée. Selon son ministre de l'Économie et des Finances, Jean-Pierre Fourcade, lors de cette visite, le Président expose à son interlocuteur qu'il va « remettre de l'ordre » et qu'il en a les moyens[4]. De fait, peu après cette visite, le gouvernement met en place un plan de « refroidissement »

---

[2] Giscard d'Estaing, V., *Le pouvoir et la vie*, Paris, Compagnie 12, p. 144.

[3] De Larosière, J., Intervention au colloque sur la politique internationale du Président Giscard d'Estaing, le 22 janvier 2004 au Sénat.

[4] Entretien avec Jean-Pierre Fourcade le 24 octobre 2003.

destiné à combattre l'inflation. Ce plan est le prélude de la relance monétaire de l'automne.

Cette relance est présentée par Jean-Pierre Fourcade au Conseil des ministres européen le 16 septembre 1974[5]. L'objectif est de reconstituer le Serpent qui reste le modèle pour la Communauté. Pour cela, il faut faciliter le retour progressif des pays qui ont dû en sortir.

Comment s'y prendre ? La solution est d'assouplir les disciplines rigides du mécanisme de change au profit des candidats au retour. Un ensemble cohérent de dispositions doit concourir à cet objectif.

D'abord, il faut tenir compte de la volatilité des monnaies et élargir les marges de fluctuations au-delà de 2,25 %. Il faut aussi rendre ces marges plus fréquemment révisables, et, accorder la possibilité de mise en congé temporaire au cas où le marché l'exigerait. Enfin il faut renforcer les aides financières au profit des banques centrales qui doivent puiser dans leurs réserves pour défendre les parités. Dans cet esprit, la France, propose d'accroître le concours financier à court terme que les banques centrales conviennent de s'accorder entre elles, et, de le porter de 4,5 milliards à 10 milliards d'unités de compte.

Ainsi ces mesures à mi-chemin entre une fluctuation libre et une fluctuation contrôlée des taux aboutiraient à une construction originale ressemblant à un « boa » autour du Serpent.

Mais, ce n'est pas tout. Une autre proposition, tend à rendre le système plus équitable que le Serpent. Cette proposition consiste à créer une nouvelle unité de compte. Cette unité de compte dite UCE serait un panier des différentes monnaies de la Communauté. Ainsi composée, cette UCE serait suffisamment stable pour devenir l'ancrage du mécanisme de change. C'est ainsi que la marge de fluctuation de chaque monnaie est définie non plus par un écart maximal entre deux monnaies, comme dans le Serpent, mais par rapport à sa valeur en unité de compte monétaire européenne nouvellement crée.

À quoi cette innovation correspond-t-elle ?

Il s'agit pour la France et pour les pays à monnaies faibles de mieux équilibrer la charge de la défense des parités. Dans le Serpent, quand le franc et le mark divergent, il est très difficile de savoir laquelle des deux monnaies s'apprécie ou se déprécie, et tout le poids de la défense des marges incombe à la France. Dans le nouveau mécanisme, la responsabilité de l'intervention porte sur la monnaie qui diverge le plus de la moyenne.

---

[5] Communication au Conseil de monsieur Jean-Pierre Fourcade, le 16 septembre 1974. Bull. CE 9-1974 (Bulletin d'activité des communautés économiques européennes).

Selon le comportement de cette dernière, le maintien du système serait tantôt à la charge des monnaies faibles, tantôt à celle des monnaies fortes.

Quel sort est-il fait à ces propositions ?

Le projet va-t-il réussir à franchir le cap du Comité monétaire dont l'avis est déterminant ?

Lors de ce Comité des 3 et 4 décembre[6], tous les participants proclament leur attachement au Serpent et veulent éviter toute action qui pourrait en diminuer la portée ou en altérer le fonctionnement. Certains se déclarent favorables à ce que des mesures raisonnables soient prises pour en faciliter l'accès. Mais deux oppositions se manifestent : celle de la Grande-Bretagne et surtout celle de l'Allemagne qui entraîne dans son sillage la Hollande et le Danemark.

La Grande-Bretagne refuse de « s'engager dans une relation de change qui mette davantage l'accent sur les liens de la livre sterling avec les monnaies de la communauté que sur leur lien avec le dollar ». Cette prise de position ne doit pas surprendre car elle vient d'une nation qui tient à préserver sa souveraineté monétaire et qui reste tournée vers le « grand large ».

L'Allemagne, quant à elle, ne veut pas du nouveau régime de fluctuation « estimant que l'heure de progresser dans le domaine de la coopération monétaire n'avait pas sonné » et que « la France remettait en cause le fonctionnement du Serpent, ce qui est inacceptable » alors que le gouverneur de la Banque de France, Renaud de La Genière avait bien précisé que le projet n'était pas une solution de rechange au Serpent, mais une voie d'accès.

Cette prise de position montre bien que, pour l'Allemagne, le salut de l'Europe monétaire réside dans un combat sans merci contre l'inflation. Les pays ayant quitté le Serpent doivent prouver leur volonté de stabiliser leur monnaie et de réduire leur différentiel d'inflation. C'est ainsi qu'ils doivent préparer leur retour dans le Serpent, dont le fonctionnement reposera dès lors sur des économies assainies en profondeur.

D'autre part, si l'Allemagne ne veut pas de la proposition française, c'est qu'elle conduit à des dévaluations déguisées qui constitueraient une menace permanente pour la compétitivité de ses exportations. Elle souhaite aussi que le mark ne soit plus la seule monnaie à supporter le poids de la spéculation. Elle veut partager ce fardeau avec ses parte-

---

[6]   198ᵉ session du comité monétaire, centre des archives économiques et financières, Carton B 0050-453.

naires. Ce ne sera possible que si la lire, la livre et le franc deviennent des monnaies fortes.

Devant ces oppositions, le comité monétaire est amené à conclure « qu'il serait dangereux et irréaliste d'envisager des plans [...] avant qu'on ne soit parvenu à rendre plus convergentes les économies des États membres ».

Cependant, tout n'est pas négatif pour la France. Lors de ce même comité, une des propositions a reçu un accueil favorable. Elle concerne la relation des monnaies communautaires avec le dollar, relation tout à fait décisive pour l'avenir de l'Europe monétaire. En effet, le flottement du dollar depuis 1973 constitue une menace permanente pour la compétitivité commerciale de la communauté. Il représente également une menace pour la stabilité des monnaies européennes, en particulier chaque fois que la spéculation se porte sur le mark, ce qui entraîne les autres monnaies à la hausse dans leur mouvement pour suivre le mark.

Pour parer à cette menace, Jean-Pierre Fourcade propose à ses partenaires de fixer un cours communautaire du dollar, et, de confier aux banques centrales le soin de maintenir les monnaies de la communauté à l'intérieur des parités. Ces parités seraient fixées secrètement et modifiées périodiquement, en fonction de la conjoncture, de manière à décourager la spéculation éventuelle.

Mais, cette bonne idée restera lettre morte. En effet, la négociation sur la réforme du FMI progresse inéluctablement vers la reconnaissance du flottement des monnaies, et de plus la Communauté n'a aucun moyen de convaincre les Américains de changer de comportement et de consentir à gérer le dollar en se préoccupant des intérêts des Européens.

Tout compte fait, une seule des propositions faites par la France débouche sur une mesure d'application. En effet, le Conseil des ministres du 21 avril 1975 décide de créer l'unité de compte européenne et de la mettre progressivement en application[7]. Le gouverneur Renaud de La Genière voit dans cette UCE l'embryon de la monnaie européenne tandis que Jean-Pierre Fourcade juge, avec enthousiasme, que « dans une perspective à cinq ans l'unité de compte et le DTS [Droits de Tirage Spéciaux] seront les deux grands instruments de paiements internationaux ».

Bien qu'il n'ait pas réussi à convaincre le Chancelier, le Président ne perd pas tout espoir. Ainsi, en mai 1975, la France remet au Conseil des

---

[7] Conseil des ministres sous la présidence de M. Ryan, ministre irlandais des Finances, le 18 mars 1975. Bull. CE 3-1975.

ministres européen un second mémorandum[8]. Ce mémorandum reprend les propositions de 1974 pour un fonctionnement plus équilibré du Serpent et l'adoption d'une politique communautaire vis-à-vis du dollar. Mais, il reste lettre morte, car l'Allemagne maintient ses réserves.

Que va faire la France après ses échecs répétés ? Va-t-elle persévérer ou va-t-elle renoncer ? Elle persévère et choisit la seule voie qui lui reste, c'est-à-dire le retour dans le Serpent originel

C'est ainsi qu'au printemps 1975, profitant d'une embellie économique et d'une bonne tenue du franc le Président français décide de réintégrer le Serpent, et de le faire pour l'anniversaire du plan Schuman. Cette rentrée sera effective le 10 juillet[9]. Mais ce retour ne sera pas le dernier acte des tribulations du système communautaire de change.

En effet, une relance économique est décidée en septembre 1975 pour préparer les élections cantonales de mars 1976. Cette relance provoque une flambée des importations, et des prix. Le déficit se creuse à nouveau, le franc baisse vis-à-vis du mark poussé vers le haut car la spéculation joue la réévaluation de cette monnaie. La Banque de France perd 5 milliards de dollars. La décision est prise de quitter le Serpent pour la deuxième fois. Cependant, le Président garde son sang-froid et explique que « l'intérêt de la France n'est pas d'épuiser ses réserves pour suivre la hausse du mark, revaloriser le franc, et perdre des positions sur les marchés ».

Interrogé sur cette sortie, Jean-Pierre Fourcade raconte que les experts ne croyaient pas dans la tenue du franc parce que la parité choisie était trop haute. Il ajoute, avec son franc-parler habituel, qu'en Conseil des ministres européen, les Français ont demandé un réalignement aux Allemands, mais que ceux-ci leur ont répondu : « Vous avez joué aux cons... débrouillez-vous sans nous ».

Cette nouvelle « suspension » du Serpent ne décourage pas le président français. Celui-ci affirme « Quelles que soient les difficultés, la France continuera d'apporter sa contribution à l'effort d'organisation politique de l'Europe ».

En cette année 1976, l'intransigeance de l'Allemagne a une nouvelle occasion de s'exprimer lors de la proposition faite en février par le ministre des Finances hollandais Van Duisenberg[10]. L'idée du ministre

[8] Conseil des ministres du 21 octobre 1975 et du 20 mai 1975, centre des archives économiques et financières, carton B-50/ 427.

[9] Déclaration du ministre de l'Économie au Conseil des ministres européen le 20 mai 1975. Bull. CE 3-1975.

[10] Note du directeur du Trésor au ministre de l'Économie, n° 1382 CD du 7 septembre 1976, centre des archives B 050/ 427.

est de créer des zones cibles sans caractère contraignant pour les pays n'appartenant pas au Serpent. Les états n'ont pas l'obligation de maintenir leur monnaie dans la zone choisie. Néanmoins, ils doivent s'engager à ne pas prendre de mesures ayant pour effet de faire sortir le taux de change de la zone. S'ils le font, ils doivent se concerter avec la Commission et leurs partenaires. En fait, il s'agit d'un régime encore moins contraignant que celui proposé naguère par la France.

Au Comité monétaire du 10 septembre 1976, la France, dont le nouveau Premier ministre est Raymond Barre, soutenue par l'Italie, rallie le camp du refus, et, dit « son souhait de ne pas prendre d'engagement nouveau en terme de changes jusqu'à ce que les efforts qu'elle entreprend pour réduire l'inflation et restaurer les grands équilibres portent leurs fruits »[11]. Tandis que l'Allemagne, représentée par Karl Otto Poehl, déclare « qu'il vaut mieux lutter contre l'inflation et renforcer la cohérence des politiques économiques » L'Allemand confirme ainsi la position de son pays contre ce qu'elle estime être du laxisme monétaire.

Pour la France, en cette fin d'année 1976, tout reste à faire. Le Président n'a pas réussi à convaincre le Chancelier. Comme Georges Pompidou le confia à son ministre des Finances à propos des Allemands « Dès qu'on parle de monnaie, ils sont totalement égoïstes. Ils aiment faire sentir leur supériorité ».

De mars 1974 à novembre 1977, le mark s'est apprécié de 23 % par rapport au franc.

Un espoir toutefois pour la France : le choix de Raymond Barre comme Premier ministre, à l'automne 1976. La politique du nouveau chef du gouvernement est axée sur l'assainissement de l'économie et la stabilité du franc. Il choisit la convergence avec l'Allemagne.

De plus, Raymond Barre a la confiance du Chancelier Schmidt, confiance qu'il a su gagner alors qu'il était Vice-Président de la Commission européenne. Mais il lui faut du temps pour réussir, et les périls grossissent. De nouvelles initiatives s'imposent pour y faire face.

La réaction vient de la Commission européenne qui s'inquiète pour l'avenir. Elle mesure les dangers qui menacent la Communauté.

La tendance au protectionnisme, tout d'abord, se développe, en particulier à cause du « flottement impur » des monnaies. On favorise la chute de sa monnaie en intervenant pour faire baisser le taux de change bien au-delà de ce que peut justifier le rythme intérieur de l'inflation,

---

[11] Comité monétaire du 10 septembre 1976, centre des archives économiques et financières, Carton B-50/427.

dans le but de favoriser ses exportations, exportations devenues vitales pour se procurer les précieuses devises.

Ensuite la faiblesse du dollar, voulue par le Président Carter pour réduire le grave déficit de la balance américaine, donne aux États-Unis des avantages de change sur les marchés mondiaux. Il en résulte un vif mécontentement chez les chefs d'entreprise, en particulier en Allemagne. De 1972 à 1977, le dollar a perdu 45 % par rapport au mark.

Enfin, l'affaiblissement de l'activité économique augmente le chômage et risque de provoquer des désordres pouvant remettre en question les acquis communautaires.

À l'automne 1977, ces dangereuses évolutions incitent le Président de la Commission européenne à développer un projet de relance de l'économie[12]. Il souhaite la création d'une autorité chargée de gérer les taux de change et les réserves extérieures. Il souhaite aussi la création d'une grande monnaie internationale s'appuyant sur la Communauté. Le Conseil européen des 5 et 6 décembre est lui-même saisi d'une proposition de la Commission sur les perspectives de l'UEM.

Mais, tout dépend de la France et de l'Allemagne. L'Allemagne va-t-elle assouplir sa position sur la question de la convergence des économies ? Lors du Comité monétaire du 27 décembre 1977, elle réaffirme l'intérêt qu'elle porte « aux liens européens que constitue le Serpent, et, l'intention de la Bundesbank et du gouvernement d'agir pour son maintien malgré la pression de la spéculation »[13]. Un aménagement du Serpent est-il envisageable ?

La France, quant à elle, va-t-elle persévérer dans sa décision de stabiliser sa monnaie, alors que le chômage s'accroît et crée un fort mécontentement ? La majorité risque de perdre les élections législatives du printemps 1978.

Ces deux interrogations viennent à l'esprit au terme de ces quatre années durant lesquelles la persévérance du Président français n'aura pas réussi à percer la ligne Siegfried que l'Allemagne a édifiée autour du mark.

---

[12] Exposé sur l'Union monétaire, Florence, le 27 octobre 1977, Bull. CE 10-1977.
[13] Compte rendu de la 236ᵉ session du comité monétaire, centres des archives économiques et financières, B 50-442.

La mise en place et les premières expériences du SME

Jean-Claude KOEUNE

Professeur à l'Institut d'études européennes (IEE)
de l'Université catholique de Louvain (UCL)
Secrétaire général de la Ligue européenne
de coopération économique (LECE)

Introduction

Le SME n'est-il qu'un avatar du Serpent, avec lequel l'opinion publique l'a d'ailleurs longtemps confondu, n'ayant pas réalisé d'emblée que derrière l'initiale « S » il y aurait dorénavant – à partir du 13 mars 1979 exactement – *Système* et non plus *Serpent* ou *Snake* ? En d'autres termes, le Système monétaire européen n'est-il qu'un accord plus ou moins boiteux, entre des banques centrales, avec la bénédiction des gouvernements, de stabilisation des changes ?

Ou bien fut-ce au contraire un pas décisif, fondé sur des engagements *politiques*, vers l'Union économique et monétaire (UEM) ?

La réponse est évidemment que le SME est ces deux choses à la fois, l'une et l'autre, ou bien l'une ou l'autre, en fonction du spectateur, de son angle de vision, et du moment où se situe son observation. Aujourd'hui, par exemple, il paraît évident à la plupart, même aux eurosceptiques, que l'expérience du SME et de la discipline qu'il imposait a constitué un apprentissage important pour l'union monétaire et l'acceptation des contraintes préalables qu'elle impliquait. Ce n'était pas du tout évident il y a vingt-cinq ans, d'autant plus que pour beaucoup d'observateurs d'alors l'union monétaire était une perspective très éloignée, voire totalement inconcevable.

Plus près de nous, je garde le souvenir personnel d'une réunion d'économistes de banque quelque part à l'automne de 1993, après que le 2 août le Conseil Écofin ait décidé, pour sauver *in extremis* le SME, d'élargir à + ou - 15 % la marge de fluctuation autorisée autour des parités bilatérales, après que MM. Valéry Giscard d'Estaing et Helmut Schmidt, pères reconnus du SME, aient affirmé dans une déclaration commune qu'ils ne reconnaissaient plus leur enfant, dénaturé par la décision du 2 août ; j'ai le souvenir qu'à cette réunion tous mes confrères étaient d'avis que non seulement le SME était mort, mais que le traité de Maastricht pouvait être enterré, et je me suis retrouvé pratiquement seul à lui donner quelque chance de survie !

Mais revenons en arrière. Que s'est-il passé entre 1978 et 1981 ?

I. La genèse du SME

L'ambivalence – ou la polyvalence – du SME apparaît dès sa genèse. C'est une histoire complexe. Elle l'est d'abord dans ses *motivations*.

Pourquoi le SME ?

Pour certains, parce que l'économie européenne fonctionnait mal et avait du mal à retrouver son souffle, avec des divergences entre les monnaies « fortes » et les monnaies « faibles » et dont les performances économiques, divergences qui tendaient à s'élargir. Comme le Serpent était devenu essentiellement une zone deutschmark, il fallait trouver le moyen de rapprocher les monnaies faibles – livre sterling, franc français, lire italienne – du Serpent, et il y eut plusieurs propositions dans ce sens – dont le plan Fourcade de 1974, le rapport Tindemans de 1975, ou la proposition de Wim Duisenberg (alors président de l'Écofin) en février 1976. Certains rêvaient même de ramener les monnaies faibles dans le Serpent tel qu'il existait alors, voire dans un Serpent renforcé.

Pour d'autres – et notamment la France pour qui il n'était pas question de réintégrer purement et simplement le Serpent – il s'agissait de remplacer celui-ci par un nouveau système, qui serait notamment plus *symétrique*. En effet, comme l'avait notamment déclaré Paolo Baffi, gouverneur de la Banque d'Italie, au Sénat italien en octobre 1978, les obligations d'intervention réciproques dans le Serpent étaient de fait asymétriques, puisque les pays à monnaie forte étaient amenés à acheter des devises en émettant leur propre monnaie, tandis que les pays à monnaie faible devaient vendre des devises et puiser dans leurs réserves pour racheter leur propre monnaie, réduisant ainsi leur masse monétaire : il était beaucoup plus difficile, disait-il, pour un pays à monnaie faible de résister à une sortie de capitaux que pour un pays à monnaie forte d'absorber une entrée de capitaux ; le Serpent, concluait-il, avait bien perdu des monnaies faibles ; il n'avait jamais dû expulser de monnaies fortes.

Pour quelques-uns enfin – probablement la minorité – il s'agissait de relancer un processus devant conduire à l'UEM, objectif affirmé au sommet de La Haye en décembre 1969, objectif repris sous une forme déjà atténuée dans la décision du Conseil du 22 mars 1971 qui définissait la marche à suivre vers l'UEM mais qui n'était qu'une « résolution » sans portée juridique contraignante, et reprise une fois encore dans la déclaration d'intention du sommet de Paris d'octobre 1972 de « réaliser, d'une façon irréversible, l'union économique et monétaire ». C'était quelque chose, mais finalement bien en deçà de ce que préconisait le Rapport Werner en mars 1970, soit, dès la fin d'une première étape qui aurait dû couvrir les années 1971-1973, de réviser le traité de Rome sur la base de l'article 236. Il faudra en fait attendre l'Acte unique européen de février 1986 pour trouver *dans les traités* la première référence à l'UEM.

Notez que ces motivations, différentes mais, comme la réalité subséquente l'a montré, pas totalement incompatibles, étaient présentes à des degrés divers dans l'esprit des *géniteurs* du SME. Qui étaient-ils ? *Par qui, en d'autres termes, le SME fut-il conçu ?*

C'est au tandem Helmut Schmidt-Valéry Giscard d'Estaing que l'on attribue d'habitude la paternité politique du SME. J'y ai fait allusion : on connaît l'histoire, presque entrée dans la légende, du Conseil européen d'avril 1978 à Copenhague et de la surprise qu'y créèrent Giscard et Schmidt en mettant sur la table le « projet SME ». Mais avant de revenir à leur initiative, je voudrais élargir un peu le cercle des pères présomptifs du SME en y incluant Roy Jenkins d'une part, et le gouvernement belge d'alors d'autre part.

Roy Jenkins était président de la Commission, européen convaincu mais arrivé à Bruxelles faute de pouvoir devenir Premier ministre en Grande-Bretagne. Dès le début de son mandat en janvier 1977 il s'était préoccupé des problèmes de relance de la croissance en Europe et des divergences croissantes entre les États membres. Il acquit rapidement la conviction que relancer le débat sur l'union monétaire était le moyen d'amener les États membres à formuler une stratégie cohérente pour lutter contre la stagflation et surmonter leurs divergences.

Son analyse et ses convictions trouvèrent leur expression finale dans la première conférence Jean Monnet qu'il donna à l'Institut universitaire européen de Florence le 27 octobre 1977 et qui fut un vibrant plaidoyer pour l'union monétaire et pour ce qu'elle impliquait, discours véritablement prophétique à beaucoup d'égards et dont certaines conclusions paraissent encore audacieuses aujourd'hui dans le débat sur la gouvernance de l'UEM. Je vous en cite une seule phrase :

Si la Communauté veut prendre au sérieux son objectif déclaré d'union monétaire, il est indispensable d'envisager aussi un système conjoint de finances publiques. Il faut donner aux régions faibles de la Communauté l'assurance qu'une union monétaire n'aggraverait pas leurs difficultés économiques. Les régions fortes doivent en contrepartie pouvoir compter sur des marchés plus stables, plus sûrs et plus prospères. Elles ont le plus grand intérêt à renforcer l'unité du marché.

Transposer ces convictions en initiatives politiques n'allait pas de soi, d'autant plus que les idées du président de la Commission étaient loin d'être partagées par tous ses collègues, et en particulier par son prédécesseur François-Xavier Ortoli, en charge des questions monétaires dans la nouvelle Commission et qui avait son propre plan, beaucoup moins ambitieux. Mais Roy Jenkins bénéficia du fait que la Belgique occupait la présidence du Conseil au second semestre de 1977, et qu'elle avait fait de la réduction des divergences par la relance de la coopération monétaire une de ses priorités. C'est, semble-t-il, grâce à la présidence belge et au Premier ministre Tindemans en particulier que les idées du Président Jenkins sur la relance de l'UEM ont reçu plus qu'un accueil poli au Conseil européen de Bruxelles et que celui-ci, dans ses conclusions, a rappelé l'objectif de l'UEM et a demandé à la Commission de poursuivre ses travaux en la matière.

Bien entendu M. Jenkins a également « travaillé au corps » le président Giscard d'Estaing et le chancelier Schmidt par de nombreux contacts. Hugo Young[1] résume ainsi le rôle de Roy Jenkins dans la conception du SME : « He did propose an outline for the EMS, dreamed up, as he records, on a picnic outing to the Forêt de Soignes [...]. After breaking it to the world in a speech at Florence, he did much private politicking to enlist the support of the political leaders who mattered, Helmut Schmidt and Giscard d'Estaing ».

Mais *comment le SME a-t-il vu le jour ?* Les péripéties qui ont entouré sa conception et sa naissance sont nombreuses et variées. Je vous renvoie sur ce point à la relation détaillée et passionnante qu'en a faite Peter Ludlow[2]. Je voudrais seulement rappeler ici quatre points essentiels.

Premièrement, Helmut Schmidt et les Allemands étaient en 1977 forts préoccupés par la faiblesse du dollar et le « *benign neglect* » des

---

[1]   Young, H., *This Blessed Plot: Britain and Europe from Churchill to Blair*, Londres Macmillan, 1998.

[2]   Ludlow, P., *The Making of the European Monetary System. A Case Study of the Politics of the European Community*, Londres, Butterworth's European Studies, 1982.

Américains. Les capitaux qui quittaient le dollar pour revenir vers l'Europe se plaçaient de préférence dans des monnaies fortes, dont le deutschmark, et poussaient donc celui-ci à la hausse par rapport aux monnaies européennes moins fortes, risquant ainsi de nuire à la compétitivité des produits allemands. Comme l'écrivit Jacques van Ypersele[3] : « Le soutien accordé par le chancelier Schmidt à la création du SME fut partiellement motivé par son désir d'atténuer ces inconvénients en étalant sur une zone monétaire plus large l'impact de la faiblesse du dollar ».

Deuxièmement, les gouvernements des trois grands pays européens à monnaie faible en 1977 – France, Italie, Royaume-Uni – poursuivaient tous trois des programmes de stabilisation dans lesquels la lutte contre l'inflation devenait prioritaire. Ceci les a rendus de ce fait plus réceptifs à des propositions pour un système monétaire qui pourrait, de l'extérieur, de par les engagements de convergence vers la stabilité interne qu'il impliquait, renforcer les politiques intérieures qu'ils s'efforçaient de mettre en œuvre, par choix ou par nécessité.

Troisièmement, les développements politiques internes, en France et en Allemagne en particulier, ont servi la cause du SME. En France, la montée de la gauche et sa forte progression aux élections municipales de mars 1977 avaient tout d'abord fragilisé la position du président Giscard d'Estaing et du Premier ministre Barre et handicapé leur capacité de prendre des initiatives importantes. Mais la rupture de l'union de la gauche entre le parti communiste et le parti socialiste en septembre 1977, et surtout, à la surprise générale, la victoire de la droite (et dans celle-ci la forte progression de l'UDF) en mars 1978 ont permis à Valéry Giscard d'Estaing d'appuyer sans réserves l'initiative de son ami Helmut Schmidt au Conseil européen de Copenhague les 7 et 8 avril 1978.

En Allemagne, Helmut Schmidt est devenu un leader à l'autorité incontestée suite au succès retentissant de l'opération militaire de Mogadishu contre des pirates de l'air qui avaient saisi un avion de la Lufthansa en octobre 1977. Comme l'écrit Peter Ludlow[4] : « M. Schmidt, the "fixer", who seemed destined to live permanently under the shadow of his predecessor, M. Brandt, both in his party and abroad, became almost overnight Chancellor Schmidt, the statesman ». Cette stature et l'assurance, qui en découlait pour lui, lui ont permis

---

[3] Van Ypersele, J. (avec la collaboration de Koeune, J.-C.), *Le système monétaire européen : Origines, fonctionnement et perspectives*, Bruxelles, Collection Perspectives européennes, 3ᵉ édition, 1989.

[4] Ludlow, P., *The Making...*, *op. cit.*

notamment d'ignorer les fortes réticences de son administration et surtout de la Bundesbank à l'égard du SME.

Quatrièmement, enfin, Roy Jenkins, Helmut Schmidt et Valéry Giscard d'Estaing essayèrent dès le début d'associer le Premier ministre britannique, James Callaghan, à leurs efforts. Mais celui-ci n'a guère prêté attention, semble-t-il, aux messages qu'il recevait du cabinet de Roy Jenkins ou du chancelier Schmidt en février-mars 1978, et a donc feint de ne pas avoir été prévenu lorsque Helmut Schmidt a présenté son plan à Copenhague. À Copenhague même, le matin du 8 avril, Callaghan, Giscard d'Estaing et Schmidt se sont retrouvés discrètement au petit-déjeuner et ont décidé que les négociations se poursuivraient, dans le plus grand secret, entre leurs représentants personnels : Schmidt a désigné Horst Schulmann, principal conseiller économique à la chancellerie de Bonn, Giscard a désigné Bernard Clappier, gouverneur de la Banque de France, et Callaghan a fini par désigner Kenneth Couzens, un haut fonctionnaire du Trésor britannique, lequel a apporté à cette mission la compétence professionnelle et la précision de la haute administration britannique, mais aussi, hélas, les solides préjugés du Trésor. La désignation de Couzens par Callaghan montre que celui-ci n'a probablement pas compris la portée *politique* de l'initiative Schmidt-Giscard, forme d'aveuglement typiquement britannique à l'égard de la construction européenne.

Les conclusions de ce groupe de trois experts – devenus deux après le départ de Couzens – ont été reprises pratiquement telles quelles en annexe des conclusions de la présidence allemande au Conseil européen de Brême les 6 et 7 juillet 1978 et font partie des documents fondateurs du SME. La discussion s'est évidemment poursuivie sur un plan plus technique au cours des mois qui ont suivi, notamment au sein du Comité monétaire qui était présidé par Jacques van Ypersele, lequel a joué de ce fait un rôle important dans la naissance du SME (il avait d'ailleurs déjà été consulté par Roy Jenkins dans la préparation du discours de Florence).

Notez que l'ambivalence dont je parlais au début se retrouve dans le texte de Brême et aussi dans la « Résolution du Conseil européen du 5 décembre 1978 concernant l'instauration du système monétaire européen ». Est-il une version remaniée du Serpent ou bien un nouveau système ?

II. Qu'y a-t-il de neuf dans le SME par rapport au Serpent ?

Trois choses essentiellement.

Premièrement on y trouve un engagement politique plus fort de ses membres en faveur du système et surtout en faveur de la convergence des performances économiques qui devait servir de support à la stabilité des rapports de change. C'est vraisemblablement ce facteur qui explique que le nombre de membres du SME ait été beaucoup plus stable que celui du Serpent : alors que ce dernier avait connu de nombreuses sorties ou sorties-rentrées, ce n'est que 13 ans et demi après son lancement, en septembre 1992, que deux monnaies (lire italienne et livre sterling) ont dû quitter le mécanisme de change du SME. Deux remarques à propos du caractère politique de cet engagement : en Italie, comme Maes et Quaglia l'ont montré[5], les considérations politiques ont joué un très grand rôle dans l'adhésion au SME, nonobstant un certain dépit d'avoir été exclu du cercle très restreint d'experts issu de Copenhague, car l'Italie, un des membres fondateurs de la Communauté, se devait de participer à cette forme de coopération renforcée avant la lettre que constituait le SME. En Grande-Bretagne, en décembre 1978, un député de l'opposition à la Chambre des Communes critiquait dans les termes suivants la décision du gouvernement Callaghan de rester en dehors du mécanisme de change du SME : « This is a sad day for Europe, content to have Britain openly classified among the poorest and least influential members of the Community »[6]. Ce député s'appelait Margaret Thatcher.

Deuxièmement le SME comporte l'Ecu. Mais ici nous retrouvons l'ambivalence fondamentale. En effet, d'une part, si l'on s'en tient aux textes, l'Ecu occupe dans le système une position-clé : le texte de Brême affirme « l'Unité monétaire européenne (Ecu) sera le *pilier* du système ». La résolution de Bruxelles dit qu'« une unité monétaire européenne (Ecu) constituera *l'élément central* du SME », puis détaille ses fonctions. Ce vocabulaire reflète, me semble-t-il, la préoccupation essentiellement française d'établir un nouveau système qui soit symétrique, et non plus dominé par les ou la monnaie forte, c'est-à-dire un système où la référence soit non plus le mark allemand mais un panier de toutes les monnaies des membres du SME[7].

---

[5] Maes, I. et Quaglia, L., « The Process of European Monetary Integration : a Comparison of the Belgian and Italian Approaches », in *National Bank of Belgium*, Working Paper n° 40, août 2003.

[6] Young, H., *This Blessed Plot...*, *op. cit.*, p. 310.

[7] « En faisant de l'Ecu-panier l'élément central du SME, ses fondateurs auraient voulu non seulement que chaque monnaie participante déterminât d'abord son cours-pivot

D'autre part, si l'on considère la pratique du SME, et surtout sa partie essentielle qui restait le mécanisme de change, on constate que l'Ecu n'a pas joué un rôle très important, et que le mécanisme de change aurait très bien pu fonctionner sans lui, surtout à partir du moment où l'on avait décidé, sous la pression allemande notamment, que les obligations d'intervention continueraient à être définies, comme dans le Serpent, par référence aux cours-limites dans la grille des parités bilatérales, et non pas, comme l'auraient souhaité les partisans d'un système plus symétrique, par rapport au cours limite de chaque monnaie vis-à-vis de l'Ecu.

Cette seconde solution, outre qu'elle posait pas mal de problèmes techniques, soulevait surtout l'objection fondamentale suivante : les pays à monnaie forte craignaient que la plus grande symétrie qu'impliquait un tel système n'ait des conséquences inflationnistes, puisqu'il n'excluait pas qu'une monnaie forte puisse devenir divergente par le seul fait que le poids des monnaies s'affaiblissant serait prépondérant dans le panier Ecu ; le pays à monnaie forte pourrait donc atteindre sa limite de divergence, risquant de crever son plafond par rapport à l'Ecu, et être amené à intervenir seul en rachetant les monnaies de ses partenaires, au risque d'une accélération de son inflation interne, avant que les pays à monnaie faible n'atteignent leur propre limite de divergence. En outre, lors des opérations de réalignement des parités, on a constaté que les discussions portaient sur les parités bilatérales, et que ce n'est qu'après-coup, contrairement à la lettre des actes fondateurs, que les nouvelles parités en Ecu étaient automatiquement calculées.

Alors, l'Ecu n'aurait servi à rien ? Disons que sa portée a été surtout symbolique : préfigurer la future monnaie européenne et consacrer ainsi la volonté de poursuivre l'unification monétaire, donnant ainsi satisfaction à ceux pour qui la troisième motivation citée plus haut était prépondérante.

Troisièmement, fut inscrite dans les actes fondateurs du SME la volonté de le faire évoluer vers ce qu'on a appelé la phase institutionnelle, qui en principe aurait dû intervenir deux ans après le lancement, comporter la création d'un Fonds monétaire européen et impliquer « l'uti-

---

et ses cours limites de variation par rapport à l'Ecu (idée qui a été retenue mais qui en soi n'a pas de portée pratique) mais surtout que l'obligation d'intervention fût définie par rapport à ce cours-pivot en Ecu et fût déclenchée pour une monnaie dès qu'un de ses cours-limites serait atteint : cette technique aurait abouti à faire porter l'obligation d'agir sur la monnaie divergeant le plus, *à la hausse comme à la baisse*, de la moyenne représentée par l'Ecu, permettant en principe une plus grande symétrie dans les efforts d'ajustement », in Koeune, J.-C., « L'Ecu : du panier à la monnaie européenne », in *Bulletin financier de la BBL*, février 1995, p. 1-10.

lisation pleine et entière de l'Ecu en tant qu'avoir de réserve et instrument de règlement ». Ce passage a été remis *sine die* au Conseil européen de Luxembourg en décembre 1980, pour des raisons tenant à la fois à la réaction très négative de la Bundesbank à la perspective d'abandonner certaines de ses compétences en faveur d'un embryon de Banque centrale européenne, et au fait que Giscard d'Estaing et Schmidt, confrontés à la perspective d'élections dans leurs pays respectifs, n'étaient plus très pressés de limiter la souveraineté nationale dans un domaine important.

Le fait que le SME n'ait pas trop mal fonctionné durant ses premières années a peut-être aussi contribué à la décision de le conserver dans son état provisoire.

C'est délibérément que je qualifie en termes prudemment réservés le fonctionnement du SME durant ses premières années. En effet, ce fonctionnement a été facilité par la circonstance extérieure que constituait la forte remontée du dollar et, concomitamment, la faiblesse du mark par rapport au dollar. Comme le soulignait la BRI dans son rapport annuel en 1982 :

> En fin de compte, si l'on doit formuler une appréciation sur le fonctionnement du mécanisme de change du SME pendant les trois premières années de son existence, on peut dire que la plupart du temps la faiblesse de la balance des paiements de la République fédérale d'Allemagne a permis une stabilité raisonnable des taux de change nominaux, malgré certains écarts prononcés entre les taux d'inflation des pays participants. Pour l'avenir, cependant, la stabilité devra résulter de l'obtention, et du maintien, d'une convergence à la baisse des taux d'inflation.[8]

Le mécanisme comportait une « soupape de sécurité » par la possibilité de réaligner les parités centrales et de remédier ainsi aux conséquences des divergences d'inflation, et le système en a fait usage à cinq reprises de 1979 à 1981. Mais le danger était que l'on n'abuse de cette facilité et que des dévaluations récurrentes remédiant pour un temps au déficit de compétitivité ne permettent aux pays à inflation élevée d'éluder les efforts de convergence à la baisse des taux d'inflation.

Ce danger s'est manifesté crûment en octobre 1981, lorsque la dévaluation du franc par rapport au mark demandée et obtenue par le gouvernement français ne fut pas complétée par des mesures d'accompagnement sérieuses, laissant présager dès lors que, les écarts d'inflation se maintenant, une nouvelle dévaluation s'imposerait à plus ou moins brève échéance. Jacques Delors, alors ministre de l'Économie et des

---

[8] Banque des règlements internationaux, *Cinquante-deuxième rapport annuel*, Bâle, 14 juin 1982.

finances, avait justifié cette première dévaluation en déclarant : « il a fallu apurer le passé et remettre les pendules à l'heure ». Le problème évidemment était que cette remise à l'heure de la pendule française n'allait pas de pair avec une action sur son mécanisme pour qu'elle se mette à tourner à la même vitesse que la pendule allemande.

Les efforts de *convergence vers la stabilité interne*, malgré les engagements pris en 1978, ont donc été notoirement insuffisants durant les premières années du SME. Ce n'est véritablement qu'à partir du réalignement de mars 1983, à l'occasion duquel la politique économique française a pris un virage à 180°, que le SME est devenu progressivement le point d'ancrage de politiques économiques concertées.

Mais ceci est une autre histoire.

De la création d'un marché international des capitaux à l'unification monétaire de l'Europe

Une initiative belge et privée

Jérôme WILSON

Groupe d'étude d'histoire de l'Europe contemporaine (GEHEC),
Université catholique de Louvain (UCL)

Introduction[1]

La reconstruction économique de l'Europe à l'issue de la Seconde Guerre mondiale stimule l'imagination créatrice de ceux qui se penchent à son chevet. Le concept d'« unité de compte » est remis au goût du jour par Robert Triffin et Fernand Collin. Robert Triffin s'inspire des pratiques de l'Union latine, tandis que Fernand Collin est influencé par l'histoire des grands marchés moyenâgeux qui, confrontés aux troubles politiques, militaires et religieux, ont créé de tels outils. Triffin et Collin commenceront à travailler ensemble dès 1949.

L'économiste américain d'origine belge s'occupe de la définition des contours techniques de l'unité de compte, et le juriste d'origine anversoise en conçoit le développement commercial. Lorsqu'une première phase essentielle est achevée au sein de l'Union européenne des paiements en 1950, l'« unité de compte UEP » acquiert une base juridique solide. Il faudra cependant encore attendre plus de dix ans pour que cet outil soit effectivement mis sur le marché par la Kredietbank SA luxembourgeoise (KB). Le 25 mai 1962 un premier emprunt en unités

---

[1] Cette contribution est basée principalement sur l'exploitation des archives de la Kredietbank [AKB] conservées à Bruxelles et mises à disposition par le responsable des archives de la banque, M. Marc Van Pottelberghe. Elle a également été alimentée par des informations provenant des papiers personnels de Robert Triffin déposés à l'Université catholique de Louvain [ART] et à l'Université de Yale [ARTY].

de compte européennes est émis pour le compte de la *Sociedad Anónima Concessionária da Refinação de Petróleos em Portugal* (SACOR). Cette innovation financière relève de l'initiative privée et individuelle qui constitue un moteur puissant de promotion de l'idée européenne à un moment où la dynamique politique est en panne. Par leur action concrète sur le marché bancaire, ces alchimistes utopistes donneront un nouveau souffle aux projets d'intégration monétaire de la fin des années 1970.

I. Les préliminaires

En 1949, Robert Triffin est conseiller de l'Economic Cooperation Administration (ECA) à Paris, l'agence américaine chargée de gérer l'aide accordée aux Européens dans le cadre du plan Marshall. Dans ce cadre, un plan de réformes monétaires pour l'Europe est défini. Celui-ci intègre une proposition de création d'une institution de multilatéralisation des balances de paiements, et envisage le recours à la création d'une monnaie européenne, l'écu[2]. Le schéma de multilatéralisation des paiements verra le jour au sein de l'Union européenne des paiements.

L'« écu » est rapidement abandonné. Mais l'UEP prévoit la mise en place d'un nouvel outil, l'unité de compte. La façon dont celle-ci a été définie par Triffin, et sa volonté de promouvoir la stabilité et l'équilibre des charges d'emprunt entre le créditeur et le débiteur, attire l'attention de Fernand Collin, qui vient lui-même de créer la Kredietbank SA (KB) luxembourgeoise[3]. L'idée que celle-ci pourrait être utilisée sur le marché privé des capitaux est envisagée dès les premières esquisses de l'Union[4].

Il faut rechercher les origines de la monnaie internationale dans les conférences du XIXe siècle, mais surtout dans les projets qui fleurissent à partir de 1920 pour gérer les réparations allemandes qui risquent d'étouffer le marché de liquidités. Triffin est particulièrement influencé

---

[2] Robert Triffin rédige en décembre 1949 un article présenté au Congrès des économistes de langue française en mai 1950 et qui reprend les grandes lignes de ce projet. Voir Triffin, R., « Aspects de la reconstruction monétaire de l'Europe. Rapport introductif au Congrès des économistes de langue française », in *Revue d'économie politique*, n° 1, janvier-février 1951, p. 27.

[3] *Liber Amicorum Fernand Collin*, Bruxelles, Kredietbank, 1972, p. 22. Certains auteurs comme Ludwig Verduyn affirment que la Kredietbank Luxembourg a été créée pour gérer l'écoulement des dollars américains dans le cadre du plan Marshall pour les besoins les plus troubles de l'aide comme la lutte anti-communiste. Voir Verduyn, L., *De discrete charme van een luxemburgs bankier*, Louvain, Van Halewyck, 1997, p. 7.

[4] *L'utilisation d'unités de compte dans les relations économiques et financières internationales. Viabilité et limites*, Luxembourg, Institut universitaire international, 1978, p. 151.

par le modèle de l'Union latine et le plan Delacroix (du nom du premier ministre belge qui l'a conçu), plan dont les idées directrices – la mise en avant du rôle du créditeur dans les ajustements – seront reprises par Keynes. Outre Delacroix, Triffin puise son inspiration dans une formation universitaire où les interrogations monétaires ont été omniprésentes. Albert-Edouard Janssen, ancien ministre, président du comité financier de la Société des Nations, et professeur à l'Université de Louvain, a longuement commenté ce sujet, même s'il n'y est pas favorable[5]. Un autre Belge célèbre, originaire de la région namuroise, a également été prophète en cette matière. Il s'agit de Paul Otlet (1868-1944), héritier d'une grande famille d'industriels, docteur en droit, et connu pour ses travaux sur les techniques bibliographiques. En 1926, il publie un ouvrage au nom évocateur : *Pour une Monnaie internationale : le franc postal universel.*

En ce qui concerne Fernand Collin, on retrouve sous sa plume de multiples références à l'écu des foires champenoises, qui d'unité de compte avait fini par acquérir le statut de monnaie de circulation. Mais que ce soit via l'Union latine ou l'exemple moyenâgeux, la conclusion est la même : il faut recréer l'« écu » (également appelé « europa » dès 1949[6]).

Cet objectif peut être atteint par une décision politique et une mise en place par les banques centrales. Mais cette volonté n'existe pas. En l'absence d'un consensus sur le sujet, une stratégie alternative fondée sur une initiative privée pour suppléer à l'inertie des pouvoirs publics est envisagée. Fernand Collin capitalisera sur ce rôle que peut jouer le privé, dont les ressorts avaient déjà été évoqués dès 1922 par Émile James :

> Remarquons qu'une monnaie de compte peut être créée sans l'intervention de l'État par une simple organisation privée, par une banque par exemple. Dans le domaine international, c'est la même chose. Ne croyons pas qu'il serait nécessaire, pour créer une monnaie de compte internationale, de faire appel à la Société des Nations. Une organisation quelconque pourrait s'en charger, une grande banque par exemple ayant de multiples succursales sur tous les points du globe. Nous croyons que ce n'est pas un petit avantage que de n'avoir pas besoin de subir les lenteurs d'un parlement international[7].

---

[5] Janssen, A., *La Monnaie Internationale*, Bruxelles, Bureaux de l'Union, 1928, 30 p.

[6] Milward, A., *The Reconstruction of Western Europe, 1945-1951*, Londres, Routledge, 1992 [1984], p. 296, note 33.

[7] James, É., *L'adoption d'une monnaie de compte internationale considérée comme un remède à l'instabilité des changes*, Paris, Éditions de la vie universitaire, 1922, p. 72.

II. Premières phases

En 1951, Triffin quitte l'administration américaine. Il rejoint l'Université de Yale et son département d'économie en pleine expansion. C'est un nouveau départ pour le projet « europa ». Triffin peut publier librement ses idées et propositions. La caution que lui offre sa nouvelle charge universitaire lui assure en outre une audience beaucoup plus large. Signe de l'importance qu'il accorde toujours aux problèmes monétaires, ce thème est au cœur du livre qu'il entreprend de rédiger dès son arrivée à New Haven et qui deviendra *Europe and the Money Muddle*.

Sur le plan institutionnel, l'unité de compte prend du galon. Elle est reprise par l'OECE pour la gestion de ses opérations courantes. La CECA l'adopte à son tour. Malgré certains doutes juridiques, son existence est donc consolidée par un nouveau support institutionnel. Ce soutien ne suffit cependant pas à pousser le développement de l'outil sur le marché privé. Cela s'explique par la complexité de sa définition, mais aussi par l'absence de préparation du marché bancaire pour le lancement de ce type d'activités. Dans les années 1950, le rôle des banques a été quasiment réduit à celui de guichets récoltant l'épargne et distribuant des prêts, selon un marché géographiquement très segmenté. Il faut donc d'abord faire lever la pâte, internationaliser les réflexes des banquiers, et déciller les mentalités avec des produits similaires techniquement, mais dont le mécanisme est plus simple. Cela sera chose faite avec l'émission d'emprunts comportant une « *currency option clause* », d'abord pour la Sabena en 1954, puis pour la Petrofina en 1957. Dans le cas de ces contrats, des parités sont fixées au moment de l'émission entre différentes devises (franc suisse, deutsche mark, franc français, franc belge, etc.). L'investisseur choisit à l'échéance la devise en laquelle il souhaite être remboursé, ce qui lui procure une sécurité maximale. Techniquement on s'approche des formules UEP. Philosophiquement on est encore loin des prescriptions de Delacroix ou Keynes qui ont guidé Triffin et Collin vers l'établissement d'un outil qui, en favorisant la monnaie la plus stable (et non la plus forte), doit répartir les risques de l'investissement entre le débiteur et le créditeur.

De 1956 à 1958, Fernand Collin invite plusieurs de ses pairs à envisager l'utilisation des unités de compte dans le cadre d'une ingénierie financière plus complexe. Il utilise pour les réunir un important cénacle de banquiers européens, l'Institut international des études bancaires à Rotterdam. Rapidement le comité mis sur pied pour aborder l'opportunité d'émettre des emprunts en unités de compte étend son champ d'études à la restauration d'un marché international des capitaux. C'est une étape importante qui s'inscrit dans le cadre du recours au marché pour leur financement que les grandes entreprises développeront dans les années 1960.

Une fois la charrue inventée, on peut mettre les bœufs. Le 25 mai 1962 un premier emprunt de 5 millions d'unités de compte est émis pour le compte de la *Sociedad Anónima Concessionária da Refinação de Petróleos em Portugal* (SACOR). Au cours des années 1960, quelques contrats seront émis (de 2 à 6 par an), avant que l'instabilité monétaire ne décide les investisseurs à recourir à ce système de façon un peu plus intense. En 1971, 10 émissions en unités de compte sont enregistrées[8].

Illustration n° 1

Le premier emprunt de 5 millions d'unités de compte, émis pour le compte de la *Sociedad Anónima Concessionária da Refinação de Petróleos em Portugal* (SACOR) le 25 mai 1962.

III. Une croissance difficile

En 1970, les responsables de la Kredietbank pouvaient raisonnablement penser qu'ils allaient enfin toucher le fruit de leurs efforts. On envisage même de développer une unité de compte latino-américaine.

---

[8]   Chiffres donnés par la KB. AKB, dossier A. Leeman, 29/32, Fichier Rekeneenheid 1964-1972.

L'avantage de cette formule serait de proposer aux candidats investisseurs une solution alternative à l'emprunt quasiment obligatoire en dollars[9].

Mais l'unité de compte de la Kredietbank reste dans une large mesure fondée sur l'or. Or la valeur monétaire du métal jaune est de plus en plus contestée. Par ailleurs, si le concept d'unité de compte a enfin été perçu comme pertinent par les décideurs, ils n'envisagent pas pour autant de s'en remettre à un opérateur privé.

En décembre 1970, une nouvelle unité monétaire européenne est utilisée par la CECA dans le cadre d'un emprunt international. Il s'agit en fait d'une remise au goût du jour de la formule de « *currency option clause* » qui avait été utilisée par la Sabena en 1954 et Petrofina en 1957. Un taux de change fixe entre six monnaies est défini à l'émission. L'investisseur bénéficie donc d'un choix de paiement entre six devises au terme de l'opération. Rapidement, des solutions de même type apparaissent sur le marché sous la dénomination « ECU ».

L'ECU est un passage obligé pour ceux qui veulent se forger une réputation sur le marché. Il favorise le prêteur. Il est donc plus facile de trouver des candidats pour souscrire à cette formule. L'EUA (European Unit Account) de la Kredietbank met en revanche l'accent sur les capacités de la Banque à faire jouer sa réputation pour trouver des investisseurs prêts à accepter ce type de couverture, qui en répartissant les risques, rend l'opération moins coûteuse pour l'emprunteur.

La crise du dollar a conduit plusieurs intervenants sur le marché à réellement percevoir l'utilité des produits financiers libellés en unités de compte proposés par la KB. Mais la nature de l'outil développé par la KB n'est pas encore tout à fait comprise. Ainsi, la BEI marque son intérêt auprès de la KB pour un emprunt en unités de compte qui soit un « cocktail invariable d'un certain nombre de monnaies de la Communauté »[10]. L'objectif premier de la KB consiste à promouvoir une monnaie stable, en proposant, via l'unité de compte, une mesure de valeur et non un moyen de paiement. Il ne s'agit pas d'être représentatif en adoptant un panier de monnaies. Dans une période d'incertitude, le marché est surtout à la recherche de formules apportant des garanties aux prêteurs. L'idéal d'équité dans le partage des risques entre investisseur et prêteur n'a que peu de poids.

---

[9] Lettre de Triffin à Blondeel, 27 avril 1971, AKB, Dossier A. Leeman, 29/32, Fichier Rekeneenheid 1964-1972.

[10] Lettre de L. Cassagnes à A. Leeman, 28 mars 1972, AKB, Dossier A. Leeman, 29/32, Fichier Rekeneenheid 1964-1972.

L'accord monétaire de Washington du 18 décembre 1971 jette encore un peu plus le flou sur l'unité de compte. Les membres du FMI sont autorisés à déclarer un taux-pivot par rapport à l'or. La question se pose alors : que faut-il considérer comme « valeur or » pour le calcul des unités de compte ? La parité subsistant, c'est cette dernière qui est reconnue comme valeur or. Les taux-pivot ne sont en théorie destinés qu'à servir pendant une période de transition qui suit le désancrage du dollar par rapport à l'or.

La pratique allait infirmer ces conclusions. Les taux-pivots furent bientôt beaucoup plus populaires que les parités, et lorsque l'Allemagne proposa en mars 1973 une nouvelle définition du taux-pivot, non plus par rapport à l'or ou au dollar, mais par rapport aux droits de tirage spéciaux (DTS), la messe était dite. L'option de calquer l'unité de compte sur la parité fixe ne correspondait plus à la réalité.

Une nouvelle définition de l'unité de compte dut donc être élaborée. La solidité juridique fut assurée en ancrant cette unité à celle définie dans le cadre du FECOM (Fonds européen de coopération monétaire). Mais l'appauvrissement du Serpent (qui devint en quelque sorte une zone deutschmark), le nombre des monnaies y participant ayant fortement diminué, fragilisa la nouvelle définition de l'unité de compte. Avec le concours de son bureau d'avocat, la KB chercha donc à partir de 1974 une nouvelle formule fondée sur les DTS (Droits de tirage spéciaux) :

> Pourtant il faut convenir que l'unité de compte est à la merci d'un accident, car au cas où le Serpent monétaire européen sauterait, il ne serait plus possible d'émettre des emprunts en UC selon notre formule. C'est pourquoi nos services compétents sont à présent à la recherche de nouveaux systèmes. Ces recherches s'orientent à présent vers la possibilité d'émettre des emprunts en D.T.S., car nous pensons que le panier des D.T.S. est préférable à tout autre panier qu'un organisme privé pourrait élaborer. Ces recherches sont encore à un stade préliminaire et de ce fait nous ne pouvons pas encore vous donner de plus amples renseignements.

> Tout ceci ne diminue pas notre conviction que l'Unité de Compte est le meilleur système malgré sa complexité, mais nous voulons suivre de très près tous les développements sur les marchés internationaux des capitaux[11].

---

[11]   Fernand Collin à Frédéric Boyer de la Giroday, 9 janvier 1975, AKB, Dossier RE 1973/1974-30/32.

IV. L'UCE, l'ECU, l'EURCO, l'Eurostable

Créations institutionnelles et produits bancaires

En 1973, une unité de compte est mise au point pour le FECOM, et en tant que tel liée au Serpent monétaire européen. Plus aucun lien n'est défini avec l'or. C'est la naissance de l'UCME (unité de compte monétaire européenne). L'utilisation du mot « monétaire » est significative. Cette appellation laisse entrevoir qu'il s'agit bien d'aboutir en fin de course à la mise en place d'une monnaie européenne. À la Kredietbank on saisit bien cette volonté. Le quatrième de couverture d'une brochure promotionnelle ventant les mérites de la nouvelle unité de compte de la KB, qui est fondée sur l'unité de compte du FECOM, affirme que cet instrument représente un *« forerunner of the European currency »*[12]. L'EUA se définit alors comme 0,888671 gramme d'or. Cette valeur peut être modifiée selon l'évolution des monnaies de référence de la CEE. Pour accéder au statut de « monnaie de référence », il faut que les devises remplissent deux conditions. Elles doivent avoir déclaré une *« per value »* ou un taux-pivot, et faire partie du Serpent monétaire. En 1976, les monnaies de référence seront limitées au mark allemand, au florin néerlandais, au franc français, au franc belge et à la couronne danoise.

D'autres solutions concurrencent l'UCME. Au second semestre de la même année (1973), la Banque européenne d'investissement favorise l'émergence d'un nouveau venu – l'Eurco. L'« European Composite Unit » est créée par la Banque Rothschild. Cette unité est basée sur un panier constitué des monnaies des Neuf, pondéré selon des critères économiques. Triffin avait déjà pensé à cette solution en 1963, mais l'avait alors écarté à cause de la complexité technique d'une telle définition :

> La conclusion la plus logique des considérations qui précèdent aurait été de définir l'unité de compte par rapport à une moyenne pondérée des taux de change, chaque monnaie nationale étant pondérée par un coefficient reflétant son importance relative dans le commerce international. Mais une telle pondération aurait été difficile à établir, et le système fut jugé trop complexe pour être pratiquement négociable et se prêter à une définition juridique simple et compréhensible pour les intéressés. On a donc préféré lier le sort de l'unité de compte à la valeur de change d'une monnaie concrète, ou de

---

[12] *Borrowing in European Units of Account*, mai 1973 (Brochure de la Kredietbank), AKB, Dossier A. Leeman – 28/32 – RE 1966/1973.

plusieurs monnaies stables entre elles, plutôt qu'à une moyenne de valeur des diverses monnaies[13].

En 1973, les ordinateurs ont fait leur apparition. Par ailleurs, les Rothschild savent vendre de façon intelligente leur produit. Ils le présentent sur le marché britannique comme une solution à la dévaluation de la livre par rapport au mark allemand. Les premières souscriptions (pour le compte de *Metropolitan Estates and Property*) sont un succès ; elles sont largement sur souscrites[14]. En mars 1975, l'unité de compte communautaire (UCE) est institutionnalisée en tant que monnaie panier, très proche de l'Eurco, solution à laquelle Triffin s'est rallié sans mal[15], après avoir fait réaliser en novembre 1974 des projections par la Chase Manhattan Bank à Bruxelles. Les tableaux de la Chase concluront sur la base des données historiques que l'Eurco aurait été tout aussi performant en termes de stabilité que l'Europa[16].

Enfin, en mai 1974, Jacques Riboud soumet à la Société d'économie politique un projet dénommé « eurostable ». L'objectif visé par l'« eurostable » est de se protéger contre l'inflation (et non contre les risques de change). Ce qui est pris en compte relève donc beaucoup plus de calculs de parités de pouvoirs d'achat tels qu'ils étaient pratiqués dans les années 1930.

Face à cette concurrence, la KB tente d'étendre son emprise sur le marché privé. Un voyage d'études est notamment organisé en Grande-Bretagne pour convaincre des intermédiaires britanniques d'avoir recours à l'unité de compte. Ceux-ci se montrent cependant inquiets du monopole que la KB entend exercer sur l'interprétation de la formule de l'unité de compte[17].

Ces hésitations trouvent leur origine dans un malaise plus profond : la base de l'unité – les pivots – ne semble ni simple ni sécurisante. Plusieurs conflits juridiques ont déjà émaillé l'histoire des émissions de la KB. Pour cette raison, le lien au Serpent monétaire n'est considéré

---

[13] Robert Triffin, *Note sur la définition de l'unité de compte*, 16 mai 1963, p. 3, ARTY, Box 18, Dossier Unit of Account 1958-1978.

[14] Ferguson, N., *The House of Rothschild, The World's Banker, 1849-1998*, Londres, Penguin, 2000 [1998], p. 486.

[15] « Ce problème me paraît être résolu grâce au système Eurco que tu préconises » (Jean Frère à Triffin, 12 décembre 1974, in ARTY, Box 20, Dossier Unit of Account Chase and Lombard Calculations 1972-1974).

[16] Voir ARTY, Box 20, Dossier Unit of Account Chase and Lombard Calculations 1972-1974).

[17] Middernacht, A., Verslag van de reis van de Heer A. Middernacht, Afdelingschef, C.E.S.A., naar Londen op 17, 18 en 19 april 1974, 24 avril 1974, AKB, Dossier RE 1973/1974 – 30/32.

que comme un succédané. L'or perd peu à peu son rôle monétaire. La référence à un panier de monnaies semble devenir l'ancre incontournable pour l'unité de compte. Il reste à définir quel panier utiliser.

Claude Kelly, du cabinet Gottlieb, le cabinet d'avocats chargé du suivi juridique des unités de compte, où a longtemps travaillé Jean Blondeel[18], entreprend à l'automne 1974 de prendre langue avec le FMI pour évaluer la faisabilité d'utiliser les DTS comme ancre pour l'unité de compte. Armand Middernacht, un administrateur de la KB, après un contact officieux estime de son côté que « the I.M.F. is favourable to the use of S.D.R's for private contracts, although they have no official view on it »[19]. Mais les DTS ne constituent pas la panacée non plus. Représentant un panier de monnaies, ils sont susceptibles de changements assez conséquents (si on imagine l'intégration des monnaies arabes par exemple).

V. Un tournant décisif

La démonétisation de l'or par le FMI (deuxième amendement) le 1er avril 1978 sonne la fin de la définition en or des différentes monnaies nationales. Toute référence à l'or devient même formellement interdite. Le seul lien qui unisse les monnaies du « Serpent monétaire » devient l'unité de compte du FECOM.

En 1978, l'unité de compte est reconnue comme un outil utile. Elle a fait l'objet depuis son lancement en 1962 de 78 euro-émissions pour un total de près de l'équivalent de 2 milliards de dollars[20]. 27 de ces émissions ont été dirigées par le groupe KB. De ces 27 émissions, 20 ont été conclues par la KBLux, dont 19 en Scandinavie. Mais l'insécurité juridique inquiète les clients attirés par la KB et l'accent mis sur la stabilité de la valeur monétaire des emprunts. Le marché scandinave, qui apprécie pourtant considérablement cette technique, est en émoi. Les Scandinaves attachent en effet un grand intérêt à rembourser leurs emprunts dans la monnaie la plus stable, mais non la plus forte. Or, dans le cadre de la nouvelle définition de l'unité de compte qui s'approche de la monnaie-panier, le deutschmark semble devenir la monnaie de

---

[18] Jean Blondeel a obtenu un doctorat en droit de l'Université de Gand en 1946. Il est passé par Harvard en 1949, et est revenu ensuite en Europe au début des années 1950 où il a intégré le service juridique de la Haute Autorité notamment pour s'occuper du placement des emprunts de la CECA aux États-Unis. Recruté par le cabinet Gottlieb, Steen & Hamilton, il a travaillé en étroite collaboration avec la Kredietbank sur le volet juridique de l'unité de compte.

[19] Middernacht à Kelly, 15 novembre 1974, in Archives Kredietbank, Dossier RE 1973/1974 – 30/32.

[20] Jean L. Blondeel à Robert Triffin, 23 juin 1978, AKB, Dossier Robert Triffin.

référence en cas de disparition du lien qui unit les monnaies euro-péennes. Et celui-ci est mis à mal avec la décision du FMI du 1ᵉʳ avril 1978. Les pays sont censés déclarer de nouveaux taux centraux, mais on craint que certains ne déclarent qu'un « *joint float* ». Il pourrait alors être difficile de déterminer qui avait dévalué ou réévalué[21].

La KB cherche donc des garanties. Le bureau Gottlieb qui avait déjà géré une crise semblable en octobre 1976 lorsque certains pays avaient refusé de confirmer des parités, est mobilisé à nouveau. Un engagement officiel est obtenu de la Banque nationale de Belgique qui confirme l'existence du lien avec les parités déclarées au FECOM. Jacques van Ypersele, président du Comité monétaire, abonde dans ce sens :

> Je crois que, en ce qui concerne les monnaies du Serpent, il existe toujours un dénominateur commun, notamment l'unité de compte du Fonds Euro-péen de Coopération Monétaire (FECOM). Ceci, d'ailleurs, nous a été con-firmé par Monsieur Jacques van Ypersele de Strihou, l'actuel Président du Comité Monétaire de la CEE. C'est d'ailleurs l'argument que nous avons employé pour convaincre la Ville de Copenhague de procéder à son emprunt en unités de compte après la démonétisation officielle de l'or suite au der-nier amendement des Statuts du Fonds Monétaire[22].

VI. L'union fait la force

L'idée étant de mettre en place, via le moteur privé, un instrument que refusent les autorités officielles, il s'agit pour Triffin de joindre toutes les cartes. Au fil des multiples versions de ces projets monétaires, Triffin a constamment été consulté par la Kredietbank sur les adapta-tions successives de la définition de l'unité de compte. Au nom de l'efficacité, il a peu à peu accepté de sacrifier la monnaie la plus stable pour la monnaie la plus forte afin de rassurer les prêteurs, obtenir une masse conséquente de dépôts, et garantir une valeur plancher.

Cet abandon du principe d'équité, valeur fondamentale prônée par Triffin depuis 1949, est une concession lourde. Elle permet cependant de sauver l'essentiel, à savoir le projet de monnaie unique européenne. L'utilisation de la monnaie-panier doit permettre de développer le marché des capitaux. L'objectif-clé demeure cependant la généralisation d'une unité de compte qui puisse acquérir progressivement les caracté-ristiques d'une monnaie. En 1977, l'« europa » est conçu comme devant acquérir progressivement une valeur et une cotation propre :

---

[21] Note de Damien Wigny, 24 avril 1978, AKB, Dossier A. Leeman, 27/32.
[22] Jean L. Blondeel à Robert Triffin, 23 juin 1978, AKB, Dossier Robert Triffin.

Je voudrais toutefois souligner que ma proposition ne comporte une référence à des monnaies existantes que pour rassurer les déposants. La valeur de la nouvelle monnaie, ducat ou Europa, peu importe, sera fixée par le marché des changes. Si cette valeur deviendrait [*sic*] inférieure à celle d'une des monnaies de référence (à sa parité fixée au départ) le titulaire pourrait réclamer remboursement en une monnaie convertible à la valeur de la monnaie de référence de son choix. Je ne sais pas si mon explication est assez claire. Ce que je désire c'est de procurer une sortie dans une autre monnaie forte lorsque le marché n'est pas preneur. Cette clause acceptée par la K.B. Luxembourgeoise assure un plancher à la cotation de la nouvelle monnaie. Mais rien de plus. Sa valeur sera celle établie par l'offre et la demande et j'espère qu'après un certain temps elle sera supérieure à la valeur plancher. Monsieur E. Wauters ne voit pas de difficulté à réaliser cet objectif[23].

Dans le même cadre, on cherche à rassembler tous les acteurs autour d'un projet unique. Une coopération avec le consortium de Jacques Riboud est ainsi envisagée :

Doubt is about the possibility of obtaining a legal monopoly for the Kredietbank. À more feasible alternative might be a consortium of Luxembourg banks, participating in the system, and accepting transfers from each other. Jacques Riboud's Eurostable Consortium proposal might be worth looking at in this respect, without of course its indexation feature[24].

Cette recherche de synergies est efficace. Fernand Collin – aidé par la création de l'unité de compte FECOM[25] – tente d'imposer une unité de compte servant d'étalon. Bref, il s'agit de remplacer l'or par une création privée (qui ne serait pas une monnaie en elle-même, mais un arbitre).

Le pari semble difficile à gagner. « La disparition d'une parité-or officielle rend une pure unité de compte presque impensable »[26]. D'une part cet étalon ne pourra pas lui-même devenir une monnaie unique, et d'autre part les banquiers centraux ne sont pas du tout disposés à laisser dans les mains d'un consortium de banque privées le privilège de l'or, comme l'explique Jacques van Ypersele :

Monsieur van Y. m'a confirmé que selon lui, il y aura toujours un commun dénominateur pour les monnaies européennes. Celui-ci sera l'U.C.M.E. Il

23 Fernand Collin à Robert Triffin, 6 mai 1977, AKB, Dossier Robert Triffin.
24 Robert Triffin à Jean L. Blondeel, 20 avril 1977, AKB, Dossier Robert Triffin.
25 Ce soutien institutionnel apparaît donc *a posteriori* tout à fait indispensable. L'argumentation de Triffin à l'Institut international d'études bancaires en 1958 et toute son action pour développer une institution capable de générer une circulation de ces unités de compte trouvait dans cette nouvelle réalité une justification.
26 Robert Triffin à Fernand Collin, 20 avril 1977, AKB, Dossier Robert Triffin.

est possible que l'on supprime la référence à l'or. L'U.C.M.E. aura alors une valeur *sui generis*. Toujours d'après Monsieur van Y., l'U.C.M.E. ne sera jamais transformée en une unité de compte européenne (panier), par contre ce qui pourra se passer c'est que les remboursements entre Banques centrales pourront se faire en Unités de compte. […] Pour lui, il est donc clair que l'U.C.M.E. ne deviendra jamais une U.C.E., les deux choses étant différentes et jouant des rôles différents[27].

Les pouvoirs publics ne peuvent tolérer une telle immixtion dans une sphère aussi sensible politiquement. Ils ne peuvent admettre l'évolution de l'unité de compte, qui, par la disparition de toute référence à l'or, menace de devenir un moyen de paiement (même si celui-ci reste limité aux transactions interbancaires). L'empiétement sur les prérogatives des banques centrales, même si les comptes sont détenus au Luxembourg, et même si cette « monnaie » n'existe que sous forme scripturale, liée au danger que peut représenter l'émission monétaire dans les mains de banques privées, rend inexorable une réaction officielle. Mais n'est-ce pas cela que cherchaient ses initiateurs ? Début 1977, Fernand Collin écrivait :

> Le succès de cette expérience apporterait en même temps la preuve que la création d'une monnaie libre ou européenne n'est pas seulement réalisable, mais qu'elle répond à un véritable besoin. Mais le succès entraînerait un danger. Elle pourrait amener les autorités de la C.E.F. à nationaliser ou à européaniser l'activité émettrice de la K.B. Lux. (moyennant indemnité, espérons-le). Même si cela arrivait, encore K.B. Lux [*sic*] aurait gagné un prestige qu'on ne pourrait lui enlever, du moins si elle a rempli cette fonction d'une manière irréprochable[28].

La KB suit activement les discussions monétaires au niveau européen. Le recueil d'informations sur l'évolution politique fait l'objet d'un grand soin, comme en témoigne la présence dans les archives du rapport de Joseph Van der Meulen, le représentant permanent de la Belgique auprès des Communautés européennes, au ministre Henri Simonet relatif au Conseil des ministres de l'Économie et des Finances du 16 octobre 1978[29].

Les perspectives de la disparition du Serpent monétaire provoquent des inquiétudes chez les candidats-emprunteurs en unités de compte.

---

[27] Damien Wigny, *Entretien téléphonique avec Jacques van Ypersele*, 17 avril 1978, AKB, Dossier A. Leeman 27/32 – Dossier RE.

[28] Fernand Collin, *Ma proposition*, 1977, p. 6-7 AKB, Dossier Robert Triffin.

[29] Les Belges sont alors bien représentés dans les instances communautaires. Jacques van Ypersele est président du Comité monétaire, et Cecil de Strycker est président du Comité des gouverneurs de banques centrales. La situation ne semble pas encore gagnée pour aboutir à un accord. Pourtant celui-ci intervient le 18 décembre 1978.

Tant les Danois que les Norvégiens, les Finlandais ou les Suédois émettent avec de plus en plus d'insistance des réserves quant à la sécurité juridique de ces opérations, en partie sous l'influence des concurrents de la KB qui souhaitent ardemment récupérer les parts de marché gagnées dans le Nord pour les rapatrier vers des instruments plus conventionnels dont ils assurent la commercialisation. André M. Coussement fait part aux autres administrateurs des difficultés en cours, et manifeste une certaine résignation. Victime de son succès, l'unité de compte semble devoir subir une mue radicale ou disparaître :

Il devient très difficile pour nos fonctionnaires-voyageurs de promouvoir notre UC dans sa rédaction actuelle et, comme tout le monde se parle en Scandinavie, notre position risque de s'affaiblir. Mais si ce fonds de commerce peut être abandonné et remplacé par un autre, alors le contenu du présent mémorandum devient sans objet[30].

VII. Conclusions

L'ECU (European Currency Unit) naît le 13 mars 1979 suite à l'entrée en vigueur du SME. Consacré « unité monétaire européenne », ce signe devient ainsi la seule unité de compte pour la Communauté, mettant fin à la coexistence de l'ECU de 1974 et l'EUA (servant de référence au FECOM), mise en œuvre et utilisée sur les marchés privés par la KB.

L'ECU se définit comme une unité monétaire de type « panier », où se retrouvent des quantités déterminées de devises des États membres du SME, à une exception près : une clause de révision de sa composition est introduite. Dès lors, chaque banque centrale déclare un taux pivot de sa monnaie par rapport à l'ECU, et des marges de fluctuations sont déterminées de part et d'autre de ce taux central. Ces déclarations viennent ainsi se substituer aux taux or déclarés précédemment au FMI. Signe que le marché bancaire souhaite s'investir dans cette voie, l'Italie est le premier état à reconnaître, en novembre 1981, l'ECU comme une devise à part entière. La Belgique (avril 1982) et la France (mai 1982) suivent[31]. Fernand Collin et Robert Triffin ont gagné leur pari. Même s'ils ont dû renoncer à leur objectif de monnaie stable, ils ont largement contribué à l'apparition d'un signe monétaire dont la maîtrise politique ne dépend plus d'un seul pays, et qui est largement utilisé par le marché privé. Parallèlement à l'intensification de leur présence sur le marché

---

[30] André M. Coussement, *L'unité de compte européenne*, Luxembourg, 18 septembre 1978, AKB, Dossier A. Leeman, 27/32.

[31] Rambure, D., « The Clearing of the Ecu Payments », in *ECU Newsletter*, n° 9, juin 1984 (revue éditée par l'*Istituto Bancario San Paolo di Torino*).

international des capitaux, plusieurs grandes institutions bancaires – l'Istituto Bancario San Paolo di Torino, la Kredietbank en tête – dirigées par des fédéralistes européens convaincus, en sont venues à l'idée que l'essentiel de la concurrence ne se conduirait plus entre institutions, mais entre zones économiques. Pour survivre il faudra être plus compétitif que les membres des zones concurrentes :

> Since future competition will probably be between areas rather than individual institutions, this means that each area could be obliged to implement common strategies that will enable the participating banks to gain competitive advantage over banks outside the area. In this sense, the creation of a unified European banking system is essential if we are to strengthen our common internal market and compete with the dollar and yen areas[32].

Les deux autres zones (la zone « dollar » et la zone « yen ») possédant une devise unique, la conclusion pour l'Europe est immédiate : il faut développer une monnaie commune, sous une forme ou sous une autre. Et si les gouvernements ne sont pas capables d'aboutir à un accord, cette monnaie pourrait être développée sous forme d'outil financier :

> Today Europe has an advantage it did not have a few years ago : its currency, the ECU. In itself the ECU constitutes a powerful cohesive weapon and a strength that can favour the evolution of the European financial market. Some 70 European banks now belong to the ECU Banking Association in order to participate in the ECU clearing system and in the working groups on the European capital and money market. Moreover, many countries, including Italy and France, have begun to dismantle currency constraints, permitting more extensive recourse to the ECU[33].

> The ECU is a currency which is outside national control and therefore allows considerable flexibility to market participants. There is no central bank saying what you can or cannot do with it. The ECU has thus been a very good source of innovation in market practices. A second point is that the ECU has a very limited exchange risk in relation to the European currencies. Thus while the dollar was the perfect « Euro-currency » in the era of Bretton Woods, it became far too dangerous once the floating of currencies became generalised. But the ECU is now an ideal replacement, since it has both the freedom of the dollar and also limited exchange risk in relation to Europe[34].

---

[32] Iozzo, A., « The Actors and Their New Strategies: Credit Institutions », in *Europe and the Future of Financial Services*, Londres, éd. Ugur Muldur, Olivier Pastré, Lafferty, 1987, p. 150.

[33] *Ibidem*, p. 156.

[34] David Lomax [Group economic adviser, National Westminster Bank], « New Products and Instruments in Financial Services », in *Europe and the Future of Financial Services, op. cit.*, p. 209.

Tant la San Paolo que la Kredietbank avancent dans ce sens[35]. Les banques privées ont ainsi forcé les banques centrales à agir sur le plan européen. Aveuglées par leur opposition forcenée à l'apparition de toute unité de compte qui puisse devenir une monnaie concurrente de leurs propres signes, les institutions nationales ont été conduites à accueillir la monnaie-panier presque avec soulagement. Elles n'ont pas compris que l'unité monétaire européenne ne dépendait pas d'une initiative politique, et qu'elle pourrait apparaître, à l'instar de l'Union latine ou des foires de Champagne, à partir du moment où les marchés la plébisciteraient[36]. Ce que Fernand Collin avait perçu, c'est que l'essentiel résidait dans le développement d'un marché international des capitaux et la dénationalisation des banques privées. Peu importait finalement la nature de l'outil monétaire utilisé pour les premiers pas sur ce « grand marché », pour peu qu'il ne soit pas politiquement soumis à un seul pays. À la fin des années 1980, leur pari est gagné. L'ECU privé a définitivement déclenché un processus d'unification monétaire auquel les banques centrales seront bien obligées de participer :

> He [Delors] seized on the success in developing the private ECU as an argument for a parallel development of the public ECU, setting his eyes on its future role as a reserve currency alongside the US dollar[37]: « Le développement spectaculaire de l'usage des "Ecus privés" par les banques, les entreprises et les particuliers, alors que les banques centrales utilisent peu les "Ecus publics" qu'elles détiennent, intrigue l'observateur. C'est du côté des opérateurs sur les marchés qu'est venue la surprise : l'usage par les banques et les entreprises de l'"Ecu privé" s'est développé à un rythme rapide, qu'aucun des promoteurs du S.M.E. n'avait prévu, contrastant avec les faibles progrès du Droit de tirage spécial (D.T.S.). Cette expansion a été favorisée par l'action discrète mais persévérante des institutions europé-

---

[35] « Je tiens à vous exprimer mes plus vives félicitations pour vos efforts constructifs d'utilisation privée de l'ECU », Robert Triffin à Luigi Coccioli, président de San Paolo – Lariano Bank, 12 août 1981, ART 16.8. « I will be seeing the Kredietbank people tomorrow on the ECU and hope that we can push this development », Paul M. Caron, Vice-président Morgan Guaranty Trust et directeur général des bureaux en Belgique, à Robert Triffin, 2 avril 1981, ART 16.8.

[36] Ce que des académiques comme Herbert Giersch soulignent déjà en 1974 : « I am confident that a European money will either be the creature of a European state or it will emerge because the need for it expresses itself in the market. The market will decide what form the European Money may take. Candidates are the dollar, the pound or any other member country currency, or a new unit which is launched in competition with existing moneys. A new unit has many obvious advantages. Its drawback is that it has no history from which confidence can be derived » (Herbert Giersch, The Case for a European Parallel Currency, ca 1974, p. 3, ARTY, Box 27, Dossier Unité de compte européenne).

[37] Dyson, K. et Featherstone, K., *The Road to Maastricht. Negotiating Economic and Monetary Union*, Oxford, Oxford University Press, 1999, p. 708.

ennes, notamment de la Banque européenne d'investissement, dans la gestion de leur trésorerie »[38].

Fernand Collin et Robert Triffin se sont battus pour mettre au point une unité de compte qui soit la plus équitable tant pour le créditeur que pour le débiteur, et qui soit affranchie du contrôle politique d'un état unique. L'économiste pensait que sans une unité de compte qui puisse avoir une vie indépendante des monnaies nationales, on n'arriverait pas à une monnaie européenne. Le banquier était persuadé qu'il y avait un marché pour un tel instrument qui en plus servirait son idéal européen. Dans les années 1970, leurs certitudes chancelleront. La définition juridique de l'unité de compte apparaîtra bancale. La monnaie-panier séduira les investisseurs par sa simplicité et les garanties qu'elle offre. Ils perdront la bataille de la stabilité et de l'équité. Mais ils gagneront celle du découplage de la monnaie et de sa gestion nationale. Le soutien indéfectible du secteur bancaire privé et des industriels demeurera sans faille et capital pour forcer les autorités politiques et dans la foulée les banques centrales à l'action. Des marchés champenois à la City de Londres, de la livre tournoi à l'UCE, l'« unité de compte », en créant une place pour l'euro, s'est montrée une pierre indispensable et incontournable à la construction de l'édifice monétaire européen.

---

[38] Prate, A., « L'Ecu : vers une monnaie européenne ? », in *Commentaire*, vol. 9, n° 33, printemps 1986, p. 19-20.

DEUXIÈME PARTIE

FAIRE FACE À LA CRISE DE L'ÉNERGIE

La Grande-Bretagne et l'Europe face aux chocs pétroliers de 1974-1979

René LEBOUTTE

Professeur à l'Université d'Aberdeen – Department of History
Chaire Jean Monnet en histoire de la construction européenne

I. De l'âge heureux du pétrole à bas prix à la crise pétrolière de 1974

De la fin de la Seconde Guerre mondiale à 1974, la croissance économique soutenue, l'essor industriel et l'amélioration du pouvoir d'achat ont stimulé la demande d'énergie. Contrairement à ce qu'on aurait pu penser, cette pression sur l'offre d'énergie primaire a fait baisser les prix du pétrole brut qui, à la fin des années 1960, ont atteint le niveau le plus bas jamais enregistré. L'une des raisons en est la mise en exploitation de grands champs pétrolifères dans le golfe du Mexique, au Venezuela et en Iran, ainsi que dans le Moyen Orient.

Cette situation favorable a entretenu l'illusion que l'Europe était à l'abri des problèmes d'approvisionnement. Pourtant, la crise politique provoquée par la nationalisation du canal de Suez en 1956 a montré que l'Europe était vulnérable, trop dépendante des fluctuations de l'importation et des soubresauts du marché mondial. Toutefois, dans l'immédiat, le danger a été circonscrit grâce à la mise en service de *super-tankers* qui sont à même d'acheminer le pétrole du Moyen Orient en contournant l'Afrique. L'amélioration des moyens de transport transocéaniques et l'extension des réseaux de pipelines ont contribué à la réduction des coûts de frets durant les années 1960, tant pour le pétrole que pour le charbon en provenance des États-Unis et de Pologne. L'épisode de Suez a aussi eu pour conséquence de lancer la prospection de gisements de gaz naturel et de pétrole en mer du Nord, dont on soupçonnait l'existence depuis les années 1930.

En 1958, la convention de Genève a délimité les zones de prospection et en a fixé les règles d'exploitation. Chaque pays autour de la mer du Nord a ainsi un contrôle souverain de son gisement jusqu'à une profondeur de 200 mètres. Cette convention a été signée par la plupart des pays européens, dont la Grande-Bretagne. Ainsi, les champs pétrolifères et gaziers de la mer du Nord ont été partagés en trois zones : britannique, norvégienne et néerlandaise. En 1959, le consortium Shell-Esso découvre les réserves de gaz naturel à Groningen aux Pays-Bas, ce qui laisse supposer l'existence de gisements étendus en mer du Nord, dans les eaux territoriales britanniques et norvégiennes principalement. Les travaux de prospection, qui ont été intensifiés en 1962 par Shell, British Petroleum et Esso, ont abouti en 1966 à la découverte d'un énorme gisement de pétrole et de gaz naturel. L'exploitation du gaz naturel a démarré immédiatement, tandis que celle du pétrole *offshore* a été différée en raison des coûts énormes de forage et des problèmes techniques d'utilisation de plates-formes en haute mer. À l'époque du pétrole bon marché, rien ne justifiait de tels investissements[1].

L'attribution des concessions s'opère à travers des négociations, appelées *rounds*, entre les compagnies pétrolières et les États propriétaires du gisement. Ces derniers sont évidemment habilités à fixer certaines règles et à imposer certaines conditions. La première série de délivrance de licences d'exploration et d'exploitation s'est déroulée en 1964 pour l'exploration *offshore*, en vertu du *Petroleum Production Act* de 1934 et du *Continental Shelf Act* de 1964. Les licences ont été accordées aux principales compagnies pétrolières et gazières britanniques et néerlandaises : British Petroleum, Shell/Esso, British Gas Company-Amoco. Toutefois, l'exploitation proprement dite n'est pas encore envisagée.

A. *La question de la fixation des prix du baril de pétrole brut*

La fixation des prix du pétrole brut sur le marché international s'opérait alors par négociations entre les grandes compagnies multinationales et les gouvernements des pays producteurs. Chacun de ces pays était encouragé, par le mécanisme du système des prix, à intensifier sa production et à compresser ses prix de vente du brut. Cependant, la baisse régulière des prix du brut durant les années 1950-1960 a fini par exacerber les grands pays producteurs qui se sentaient prisonniers de la stratégie menée par les compagnies multinationales. Dès 1960, ils se sont donc regroupés au sein de l'Organisation des pays exportateurs de pétrole (OPEP) dont la mission est de former un front commun lors des négociations sur la fixation des prix, d'éviter la mise en concurrence

---

[1] Caron, F., *Les deux révolutions industrielles du XXe siècle*, Paris, Albin Michel, 1997, p. 253-256 et 458-459.

d'un pays producteur avec un autre – stratégie habilement entretenue par les grandes compagnies – et, évidemment, de relever les prix du pétrole brut. Cependant, l'OPEP est longtemps restée impuissante en raison, notamment, du refus de l'Iran de limiter sa production. Ainsi, le pétrole brut étant relativement bon marché, les compagnies qui ont obtenu des licences en mer du Nord n'éprouvaient nullement le besoin de mettre en exploitation ces gisements.

Le système de fixation des prix a commencé à se gripper à la fin des années 1960. À la suite de la guerre israélo-arabe dite des « six jours » en 1967 et de la fermeture temporaire du Canal de Suez, l'Europe subit un embargo pétrolier pour lequel elle n'était pas préparée. À vrai dire, les pays européens ont réagi en ordre dispersé. La France, qui a échappé à la crise grâce à la condamnation par le général de Gaulle de la guerre israélienne, s'est refusée à participer à une action concertée. Après la guerre, les pays européens se sont retrouvés de plus en plus étroitement dépendants de la Libye pour leurs approvisionnements. Le gouvernement libyen a profité de cette situation pour diminuer sa production et augmenter les prix en mettant en concurrence les compagnies pétrolières. Immédiatement, les autres producteurs au sein de l'OPEP emboîtèrent le pas à la Libye, provoquant une hausse des prix du brut. En 1971, par les accords de Téhéran et de Tripoli, l'OPEP réussit à obtenir la mise place d'un nouveau système de fixation des prix avec les compagnies pétrolières qui s'est traduit par un renchérissement général du pétrole brut[2].

Ces événements ont rendu la Grande-Bretagne vigilante[3]. L'année suivante, le « premier choc pétrolier » a amplement confirmé les craintes. La crise, qui s'étend d'octobre 1973 à juillet 1974, s'est non seulement traduite par une brusque flambée des prix, mais surtout par un

---

[2]   Nouschi, A., *La France et le pétrole de 1924 à nos jours*, Paris, Picard, 2001, p. 270-271 ; Dézert, B., *La crise mondiale de l'énergie. Ses implications géographiques*, Paris, Sedes, 1981, p. 119-120 ; Nême, J. et Nême, C., *Économie de l'Union européenne. Analyse d'un processus d'intégration*, Paris, Litec, 1994, p. 249 (accords de Téhéran et de Tripoli de 1971).

[3]   La meilleure synthèse historique est l'œuvre de mon collègue, le Professeur Alexander Kemp dont les travaux sur l'économie pétrolière en mer du Nord font autorité. J'ai utilisé les textes suivants : Kemp, A., *Development of National Policies towards Oil and Gas Exploitation in the UK and their Effects*, Aberdeen, August 1989 ; Kemp, A. et Masson, K., *Oil and Gas Exploration and Development in the UKCS : a Monte Carlo Analysis of the Risks and Returns*, Aberdeen, University of Aberdeen, Dept. of Economics, 1998 ; Kemp, A. et Stephen, L., *The Oil Price Responsiveness of the UK Petroleum Fiscal System*, Aberdeen, University of Aberdeen, Dept. of Economics, 1996 ; Kemp, A., *Oil and Gas Prospects in the UKCS to 2010 : Price, Cost and Reserve Sensitivities*, Aberdeen, University of Aberdeen, Dept. of Economics, 1996.

changement structurel du fonctionnement du marché pétrolier mondial. Alors que les représentants de l'OPEP étaient en réunion afin de prendre des mesures visant à enrayer la chute des revenus pétroliers consécutive à la faiblesse du dollar, la guerre du Yom Kippour éclata au début d'octobre 1973. Immédiatement, les pays arabes membres de l'OPEP décidèrent l'embargo des exportations à destination des alliés d'Israël, en particulier les États-Unis, l'Afrique du Sud et les Pays-Bas (les autres membres de la Communauté européenne étant moins touchés par l'embargo). Au début du mois suivant, les producteurs arabes réduisirent leur production de 25 % et limitèrent encore leurs exportations, sauf à destination de la France et de la Grande-Bretagne. En Europe, le choc pétrolier a été vivement ressenti parce qu'il coïncidait avec une forte demande conjoncturelle depuis 1971 et surtout parce que les États se révélèrent incapables de s'entendre sur une politique commune de l'énergie.

Au-delà de la déclaration d'embargo, les États membres de l'OPEP ont pris une décision capitale pour l'avenir : ils se sont mis d'accord afin de fixer unilatéralement les prix du brut. Pendant une période de transition, de 1973 à 1979, c'est le « cartel de l'OPEP » qui mène le jeu et impose un prix commun. Le second choc pétrolier de 1979 marque la fin de cette période de transition, lorsque les pays de l'OPEP ne parviennent plus à maintenir leur consensus. La concurrence s'installe donc au sein de l'organisation. Dans un premier temps, elle a pour conséquence le renchérissement des prix jusqu'à 1986, ensuite les prix baissent progressivement avec, cependant, deux périodes de nouvelle hausse en 1990-1991 (première guerre du Golfe) et 1998-1999. En 2000-2001, les prix sont stabilisés à un niveau deux fois plus élevé qu'avant 1973. Depuis le début des années 1980, chaque pays producteur fixe plus ou moins librement les prix du brut.

Quant aux pays importateurs, et singulièrement les Européens, ils réagissent sur trois fronts : lancement de programmes d'économie d'énergie ; diversification des approvisionnements et négociations bilatérales avec les pays producteurs ; accélération de la mise en exploitation des ressources de la mer du Nord. La réplique n'a cependant pas pu aboutir à l'instauration d'une politique commune européenne[4].

---

[4] Atkinson, R., Hall, S., *Oil and the British Economy*, Londres, Croom Helm, 1983, p. 17-29 ; Mitchell, J., Morita, K., Selley, N. et Stern J., *The New Economy of Oil. Impacts on Business, Geopolitics and Society*, Londres, The Royal Institute of International Affairs, 2002, p. 25-31.

B. La Grande-Bretagne et les chocs pétroliers

Comme le rappelle en 1978 le secrétaire d'État au commerce, Edmund Dell, la flambée des prix du pétrole depuis 1973 entraîne le transfert de grandes quantités de liquidité monétaire vers les pays exportateurs, ce qui provoque un déséquilibre grave de la balance des paiements des pays européens, Grande-Bretagne comprise. L'augmentation des prix du pétrole revient à une imposition soudaine d'une taxe massive sur les économies des pays industrialisés qui sont les principaux clients de l'OPEP. Le montant de la note pétrolière constitue autant d'argent distrait des dépenses de consommation entraînant donc une chute du pouvoir d'achat et du produit intérieur brut. Pour la première fois depuis les années 1930, le taux de croissance du produit intérieur brut est négatif en 1974-1975 en Grande-Bretagne, comme dans la plupart des pays européens, aux États-Unis et au Japon.

Face à cette grave récession, le gouvernement britannique se fixe une priorité : à l'horizon 1985, le Royaume-Uni doit être autosuffisant en matière énergétique, une situation d'ores et déjà acquise par les Pays-Bas et la Norvège. Dans l'immédiat, le pétrole de la mer du Nord doit compenser les pertes résultant des importations de pétrole. Cette prise de décision n'a pas été facile, car elle implique la mobilisation sur les marchés financiers internationaux d'énormes fonds qu'il faut investir à grand risque dans l'exploitation[5].

À vrai dire, le gouvernement d'Edward Heath n'a pas attendu la crise pour lancer l'exploitation *offshore*. En 1972, il charge le I.M.E.G. (*International Management and Engineering Group of Britain limited*) de mener une étude sur les perspectives d'exploitation. Le rapport souligne que les forages sont trop largement laissés aux mains d'entreprises américaines et qu'une participation britannique doit absolument être encouragée. Il recommande la création d'un *Petroleum Supply Industries Board* qui voit en effet le jour en 1973, sous l'appellation de *Offshore Supplies Office* (OSO). Le rapport recommande aussi de modifier le mode d'attribution des licences afin de donner plus de chances aux entreprises britanniques et de revoir à la hausse le système de taxation du pétrole de la mer du Nord.

Un *Memorandum of Understanding* a été conclu par le Département de l'Energie et la *United Kingdom Offshore Operators Association*

---

[5]   Dell, E., « The North Sea and its Economic Impact (Gosvenor House, Londres, 15 et 16 mai 1978) », in *Financial Times Conference Organisation, Speakers' Papers*, Londres 1978. En Grande-Bretagne, la croissance annuelle du produit intérieur brut, qui était encore de 7 % en 1972-1973, tombe à 0,9 % en 1974-1975 (Keegan, W., *Britain without Oil*, Penguin Books, 1985, p. 17).

(UKOOA) afin d'instaurer une concurrence loyale entre les compagnies britanniques sous les auspices de l'OSO[6].

II. Intervention accrue de l'État dans l'exploitation du pétrole de la mer du Nord

A. Création de la British National Oil Corporation

Au lendemain du premier choc pétrolier, le nouveau gouvernement travailliste d'Harold Wilson décide d'aller plus loin encore. En 1974, le Livre blanc du gouvernement propose la création d'une société d'État et l'instauration d'un nouveau régime fiscal spécial sur le pétrole. L'idée-maîtresse est de donner à l'État britannique non seulement un pouvoir de contrôle, mais plus encore un pouvoir d'intervention directe dans l'exploitation du pétrole au nom de l'intérêt national. En même temps, assurance est donnée aux compagnies qui sont déjà en activité que ces mesures ne sont pas dirigées contre elles.

En vertu du *Petroleum and Submarine Pipeline Act* de 1975, le Secrétaire d'État à l'énergie est donc investi d'une puissante autorité en matière de contrôle et de gestion de l'exploitation (*oil depletion*) en vue d'assurer au plus vite l'autosuffisance du pays[7]. L'Acte institue une entreprise publique, la *British National Oil Corporation* (BNOC) à travers laquelle l'État participe directement à l'exploration et l'exploitation pétrolifère en mer du Nord. La BNOC obtient le droit d'acheter 51 % du pétrole brut produit au prix du marché et, surtout, le droit de siéger dans le comité chargé d'accorder les licences, ce qui constitue un bouleversement complet en matière de politique d'attribution des autorisations d'exploitation.

B. Nouvelle législation fiscale

En 1975, le *Oil Taxation Act* introduit un nouveau système de taxation comprenant non seulement les *royalties* habituelles, mais aussi la *Petroleum Revenue Tax* et une taxe sur les entreprises (*Corporation Tax*). La *Petroleum Revenue Tax* offre la particularité d'être modulée en fonction de chaque champ pétrolifère. Dans les années 1976-1980, cette taxe – au demeurant fort complexe dans son mécanisme – a subi plusieurs modifications à la hausse, ce qui a ralenti d'ailleurs le rythme des forages d'exploration. En vertu du *Petroleum and Submarine Pipeline*

---

6   Kemp, A., *Development of National Policies, op. cit.*

7   Arnold, G., *Britain's Oil*, Londres, Hamish Hamilton, 1978, p. 36 et 46-50 ; Keegan, W., *Britain without Oil*, p. 22-23 ; Atkinson, F., Hall, S., *Oil and the British Economy, op. cit.*, p. 76.

Act de 1975, l'État, par l'entremise de la BNOC, s'est assuré le contrôle de la moitié du pétrole de la mer du Nord. Enfin, pour compléter cet arsenal de mesures, une Commission de l'énergie est instaurée en 1977 avec pour mission d'éclairer le gouvernement sur les initiatives à prendre en matière de politique énergétique. Dès son premier rapport, la Commission propose trois objectifs : assurer les approvisionnements en pétrole, veiller à le consommer à bon escient et au plus bas prix possible. La politique de l'énergie s'étend donc bien au-delà de la participation à l'exploitation pétrolière : elle couvre les économies d'énergie et le contrôle des prix. Une politique qui aurait dû inspirer la Communauté européenne tout entière…

C. Attribution des licences

La politique du gouvernement travailliste a aussi profondément modifié les règles d'attribution des licences d'exploration et d'exploitation. Celles-ci ne sont accordées qu'à des citoyens britanniques et à des sociétés dont le domicile fiscal est situé dans le Royaume-Uni. Lors des *licence rounds* qui ont eu lieu entre 1964 et 1972, l'État n'était pas en mesure d'infléchir les négociations qui aboutissaient à l'attribution d'un nombre croissant de *blocks* ou parts d'exploitation aux grandes compagnies multinationales. Lors du premier *round* de 1964, le gouvernement s'était contenté d'encourager les entreprises à coopérer et à exploiter des blocs contigus. Lors du deuxième *round*, en 1965, le gouvernement travailliste introduisit des conditions supplémentaires à l'acquisition des parts en exigeant que les demandeurs de licence s'engagent à créer de nouveaux emplois et facilitent la participation d'entreprises publiques à l'exploitation pétrolière, c'est-à-dire le *National Coal Board* et le *Gas Board*. En 1976-1977, au cours des négociations du cinquième *round*, le gouvernement, armé d'une véritable politique pétrolière, s'engage dans l'exploitation à travers la BNOC et décide de réduire le nombre de blocs mis sur le marché (de 436 blocs attribués à l'issue du quatrième *round* au début des années 1970, le nombre tombe à 71 en 1977, puis à 46 seulement en 1978-1979).

Désormais, l'État devient lui-même exploitant puisque la *British National Oil Corporation* reçoit 51 % d'intérêt dans chacun des blocs et est un partenaire à part entière au sein des compagnies pétrolières, partageant les coûts d'exploration, les profits et les pertes, les frais d'exploitation.

En 1978, un livre blanc – *The Challenge of North Sea Oil* – suggère que l'État crée un fonds spécial d'investissement alimenté par l'argent du pétrole, qui devrait servir non seulement à soutenir les industries victimes de la crise persistante, mais surtout à préparer la reconversion de « l'après pétrole ». Toutefois, la chute du gouvernement travailliste et l'arrivée au pouvoir de Margaret Thatcher en 1979 ont eu raison de ce projet[8]. En revanche, la Norvège a adopté cette mesure prévoyante.

III. Implication accrue des compagnies britanniques dans l'exploitation

Depuis 1974, l'État a donc encouragé une participation accrue des compagnies britanniques dans l'exploitation. En effet, jusqu'alors, la prospection et l'exploitation du pétrole de la mer du Nord étaient menées par des entreprises étrangères, américaines pour la plupart. C'est pour modifier cette situation que le gouvernement travailliste a créé en 1973 l'Offshore Supplies Office (OSO) dont la mission est précisément d'aider les entreprises nationales à s'implanter dans le lucratif marché pétrolier de la mer du Nord. Dès 1977, un quart de l'exploitation est ainsi assuré par des entreprises britanniques, tandis que les sociétés américaines couvrent encore 43 % de la production (tableau 1).

Tableau 1. Répartition par pays de l'exploitation pétrolière en mer du Nord en 1977

Pays	%
États-Unis	43,0
Grande-Bretagne	26,0
Norvège	13,0
Pays-Bas	7,0
Belgique	5,0
France	2,0
Italie	2,0
République fédérale allemande	1,5
Canada	0,5
Total	100,0

Source : Arnold G., *Britain's Oil, op. cit.*, p. 268.

IV. Régulation du marché

La politique énergétique adoptée en 1973-1974 par le gouvernement britannique entend donc que l'État prenne part à l'exploitation à travers la BNOC, mais surtout qu'il contrôle l'exploitation afin de maintenir les prix de vente et d'assurer un approvisionnement régulier à long terme. Ainsi, cette politique se traduit rapidement par une réduction du volume

---

[8] Kemp, A., *Development of National Policies, op. cit.* ; G. Arnold, *Britain's Oil, op. cit.*, p. 42-44 et 139-140 ; Keegan, W., *Britain without Oil, op. cit.*, p. 26-27.

de pétrole importé par la Grande-Bretagne, particulièrement durant les années de forte augmentation des prix (tableau 2).

Tableau 2. Quantité de pétrole importé et valeur à la tonne du pétrole importé, Grande-Bretagne, 1970-1980

Année	Quantité de pétrole importé en millions de tonnes	Coût moyen du pétrole importé à la tonne en £
1970	100,7	6,81
1971	107,3	8,66
1972	104,3	8,76
1973	113,2	11,44
1974	110,8	33,62
1975	87,1	38,67
1976	86,9	51,11
1977	68,5	57,91
1978	65,4	53,56
1979	57,8	63,42
1980	44,7	95,84

Source : Digest of UK, *Energy Statistics* (repris dans Atkinson F., Hall S., *Oil and the British Economy, op. cit.*, p. 36).

La volonté de réguler la prospection et l'exploitation s'est traduite par l'intensification des forages de prospection qui, d'ailleurs, sont plus fréquemment couronnés de succès. Comme l'indique le tableau 3, les forages se sont multipliés dès 1967 et ont mis à jour des champs pétrolifères exploitables sur le plan commercial. De plus, à l'échelon mondial, le « taux de succès » est devenu suffisant pour assurer la rentabilité des investissements. À la suite de l'introduction du nouveau régime fiscal en 1977, le nombre de nouveaux forages a cependant diminué jusqu'au début des années 1980.

Tableau 3. Nombre de forages d'exploration offshore et de découvertes de pétrole et de gaz, 1964-1981

Année	Exploration (nb. de puits de forage)	Découvertes (pétrole et de gaz)	Taux de succès
1964	1	0	0,0
1965	10	1	0,1
1966	20	4	0,3
1967	42	3	0,07
1968	31	3	0,09
1969	44	6	0,13
1970	22	4	0,18
1971	24	5	0,2

1972	33	6	0,18
1973	42	8	0,19
1974	67	15	0,22
1975	79	27	0,34
1976	58	14	0,24
1977	67	8	0,12
1978	37	3	0,08
1979	33	8	0,24
1980	32	2	0,06
1981	47	12	0,25

Source : Development of the oil and gas resources of the United Kingdom, 1982 (repris dans Atkinson F., Hall S., *Oil and the British Economy*, op. cit., p. 28).

V. Autosuffisance des approvisionnements

Grâce à l'initiative des gouvernements successifs, la Grande-Bretagne atteint dès 1978 son objectif prioritaire : l'autosuffisance des approvisionnements pétroliers (tableau 4).

Tableau 4. Production de pétrole brut dans le secteur britannique de la mer du Nord et consommation de pétrole en Grande-Bretagne, 1975-1981 (en millions de tonnes)

Année	Production	Consommation
1975	1,6	93,3
1976	12,1	92,5
1977	38,3	92,9
1978	54,0	94,0
1979	77,9	94,0
1980	80,5	80,8
1981	89,4	74,4

Source : Atkinson F., Hall S., *Oil and the British Economy*, op. cit., p. 28.

Maintenant c'est une grande valeur économique pour le pays, déclare Edmund Dell en 1978, que d'être partiellement protégé de l'usage politique de l'arme du pétrole par l'OPEP. Depuis 1973, on a pris soudainement conscience que les 25 années qui ont précédé ont été des années exceptionnelles en termes de coopération économique internationale et de « désarmement économique ». Le *free trade*, leitmotiv de l'âge d'or, est désormais menacé par un conflit d'intérêts entre les nations. Comme les solutions ne peuvent venir que de négociations internationales, ce qui est une tâche longue et difficile, pour l'heure, affirme Edmund Dell, dans un tel monde, le concept ancien de sécurité de l'économie nationale retrouve toute son importance. Il y a maintenant un prix à payer pour la sécurité de l'économie nationale[9].

Alors qu'à la suite du second choc pétrolier de 1979, l'économie européenne s'enfonce dans la récession, la Grande-Bretagne est épargnée ; mieux, elle profite du boom pétrolier et de la hausse des prix du brut de 1979 à 1986[10]. L'arrivée de l'administration Thatcher en mai 1979 a entraîné un changement dans la politique des octrois de licence : remise sur pied de *rounds* plus réguliers dans le temps qui permettent de renégocier régulièrement les conditions d'exploitation et surtout forte augmentation du nombre de blocs mis sur le marché. Alors que le sixième *round* de 1978-1979 ne portait que sur 46 blocs, le huitième en comprend 184 et le onzième, 212. Dans ces *rounds*, la BNOC conserve son droit d'acquérir 51 % du pétrole au prix du marché jusqu'à 1985, date à laquelle la BNOC est purement et simplement dissoute et remplacée par une agence qui n'est plus entreprise d'État : *The Oil and pipelines Agency*. À vrai dire, un premier changement de statut de la BNOC est intervenu dès 1982 lorsque les intérêts de la compagnie dans l'exploration et la production ont été privatisés, mais la BNOC continue à jouer son rôle de société commerciale traitant 51 % de la production. En effet, grâce à sa politique des prix, elle sert alors de mécanisme régulateur dans un contexte de fluctuations rapides. Mais en 1985, la BNOC accuse des pertes financières importantes qui ne lui permettent plus d'assumer son rôle stabilisateur. Elle a donc été dissoute et remplacée par la *Oil and Pipelines Agency* qui assume désormais la mission d'acquérir des participations dans le pétrole.

En matière fiscale, l'administration Thatcher introduit des change-ments importants avec le *Supplementary Petroleum Duty* de 1981 et surtout le *Finance Act* de 1983 afin d'encourager de nouveaux forages de prospection et la mise en exploitation de nouveaux champs pétroli-fères plus difficilement accessibles[11]. Ces mesures fiscales sont néces-saires, car l'exploration et surtout la mise en exploitation coûtent de plus

---

9   Dell, E., *The North Sea and its Economic Impact, op. cit.*

10 Les revenus du gouvernement britannique grâce aux impôts sur le pétrole sont passés de 26 millions de £ en 1975 à 123 en 1976, 909 en 1977, 1 447 en 1978, 2 463 en 1979 et 3 443 en 1980 (d'après *Political Economy of North Sea Oil*, cité par Dézert, B., *La crise mondiale de l'énergie. Ses implications géographiques*, Paris, Sedes, 1981, p. 122).

11 Kemp, A., *Development of National Policies, op. cit.* ; Arnold, G., *Britain's Oil, op. cit.*, p. 42-44 et 139-140 ; Keegan, W., *Britain without Oil, op. cit.*, p. 26-27 ; Gillingham, J., *European Integration, 1950-2003. Superstate or New Market Economy*, Cambridge, Cambridge UP, 2003, p. 140.

en plus chers. Une technologie de pointe s'avère en effet indispensable à la poursuite des opérations, sans parler les prospections géologiques toujours plus sophistiquées. Au fur et à mesure de l'exploitation, les forages doivent être entrepris dans des zones où les grandes profondeurs et les caractéristiques géologiques du sous-sol marin rendent les opérations délicates et risquées. La plus importante plate-forme est située à plus de 260 kilomètres au nord d'Aberdeen ; elle permet le forage à une profondeur de 186 mètres au-dessous du niveau de la mer, ce qui est un véritable tour de force technologique[12].

Ces mesures libérales ont certes relancé l'exploitation du pétrole en mer du Nord, mais la question de savoir si le pétrole a vraiment contribué à un renforcement durable de l'économie britannique reste l'objet de controverses[13]. Deux faits sont néanmoins acquis : sur le plan régional – c'est-à-dire l'Écosse – la mise en exploitation des champs pétrolifères de la mer du Nord a profondément amélioré l'économie régionale ; sur le plan national, la Grande-Bretagne s'est dotée d'une politique énergétique qui fait encore défaut au reste de l'Europe. Depuis 1980, la production de brut en Grande-Bretagne et en Norvège n'a cessé d'augmenter (tableau 5).

**Tableau 5. Production de pétrole brut
en milliers de barils par jour, 1980-2000**

Année	Grande-Bretagne	Norvège
1980	1 622	528
1985	2 530	788
1990	1 820	1 704
1995	2 489	2 768
2000	2 275	3 197

Source : *International Energy Annual 1993 & 2000* (Energy Information Administration, US Department of Energy, Washington).

VI. La Communauté européenne et le pétrole de la mer du Nord

Quand il est question de pétrole, l'esprit communautaire – s'il a jamais existé – ne brille pas par sa vigueur. Les pays producteurs et ceux qui disposent de puissantes compagnies nationales – la France, les Pays-Bas et la Grande-Bretagne – ont toujours défendu le principe de la

---

[12] Caron, F., *Les deux révolutions industrielles*, *op. cit.*, p. 458-459.

[13] Keegan, W., *Britain without Oil*, *op. cit.*, p. 54-67.

liberté commerciale en matière pétrolière. La Communauté européenne n'est guère armée pour modifier cette situation, puisque la politique commerciale communautaire ne s'applique pas au pétrole. Les États membres restent donc libres de négocier des accords bilatéraux avec les pays producteurs et de mener la politique énergétique qu'ils estiment la plus favorable à l'intérêt national.

Le succès du Royaume-Uni au moment même où, en 1979, plusieurs pays de la Communauté souffraient du coût élevé des approvisionnements, a poussé la Commission européenne à négocier avec le gouvernement britannique afin d'obtenir, au moins, la garantie de pouvoir disposer du pétrole de la mer du Nord en cas de crise aiguë.

À vrai dire, le cas du pétrole de la mer du Nord illustre parfaitement cette indépendance à l'égard de la Communauté européenne. Est-il besoin de préciser que la Norvège, qui a signé le traité d'adhésion à la Communauté en janvier 1972, mais qui, ensuite, a renoncé à son entrée par référendum en septembre de la même année, est peu concernée par les ambitions communautaires d'instaurer une solidarité en matière énergétique. On devrait d'ailleurs se demander si la mise en exploitation par la Norvège de ses gisements de mer du Nord n'a pas contribué au refus d'intégrer la Communauté. En ce qui concerne le Royaume-Uni, le pays est libre (et entend bien le rester) d'exploiter ses parts de gisements en mer du Nord, libre aussi de discuter des prix avec les acheteurs potentiels et d'exporter le pétrole brut ou raffiné où bon lui semble. Cependant, en tant qu'État membre de la Communauté depuis 1973, c'est-à-dire l'année même de la mise en exploitation du gisement maritime, il ne peut refuser d'exporter son pétrole dans le Marché commun et doit accepter d'approvisionner celle-ci en cas de pénurie.

À la suite du premier choc pétrolier, certains États membres de la Communauté, en particulier l'Italie, ont fait valoir que le pétrole britannique devrait être exporté en priorité sur le Continent et que le gisement de la mer du Nord devrait servir de réserve stratégique. Or, cette position communautaire, inspirée par les Traités de Rome instaurant la CEE et Euratom, ne répond pas du tout aux objectifs britanniques : autosuffisance des approvisionnements et profiter pleinement de la manne financière du pétrole. En 1976-1977, cette divergence de vues est cependant plus théorique que réelle. Le vrai problème est l'existence de l'*Offshore Supplies Office*. En effet, aux yeux de la Commission, cet organisme, créé en 1973, introduit une discrimination entre les entreprises des pays membres et les sociétés britanniques dans l'exploitation du pétrole de la mer du Nord, puisque l'OSO encourage ces dernières à investir. L'OSO a des allures de cartel ou, plus exactement, de « barrières non tarifaires » à la libre circulation des entreprises. Plus grave encore, la BNOC, créée par le gouvernement, entrave *de facto* le libre accès au pétrole de la mer du Nord puisqu'elle achète 51 % de la production dans chaque concession. Qui plus est, le Royaume-Uni exige que le pétrole brut soit raffiné sur son territoire plutôt qu'ailleurs afin, bien entendu, de favoriser les raffineries britanniques et de prélever des taxes. Pour la Commission, en revanche, le pétrole de la mer du Nord devrait être accessible à tous, sans entraves, et raffiné tant en Grande-Bretagne que sur le Continent.

La contradiction entre la politique britannique et la position de la Communauté européenne inspirée des traités de Rome n'est pas purement juridique. Elle éclate au grand jour en 1978 quand un conflit survient entre l'entreprise allemande Deminex et le Département de l'énergie britannique. La Deminex est une entreprise publique créée par le gouvernement fédéral allemand afin d'investir dans l'exploitation du gisement de la mer du Nord et de développer le raffinage de brut en territoire allemand. À cette fin, la Deminex a obtenu une licence d'exploitation dans le gisement de *Thistle Field*, mais, en 1978, le Département de l'énergie lui refuse la liberté d'exporter le pétrole brut pour être raffiné en Allemagne, en vertu de la réglementation britannique imposant que les deux tiers du pétrole brut soient traités en Grande-Bretagne. Après avoir encouragé l'entreprise publique Deminex à se lancer dans l'aventure afin d'assurer à l'Allemagne du pétrole brut à raffiner sur son territoire, le gouvernement de Bonn se heurte ainsi au principe de la souveraineté britannique. Seul un compromis a pu aplanir le différend entre les deux pays sans que, d'ailleurs, la Commission européenne n'ait été en mesure d'intervenir.

La même année, un conflit plus grave encore met aux prises la Commission européenne et le Royaume-Uni. Prévoyant un danger de surplus de produits pétroliers à brève échéance, la Commission invoque les dispositions du Traité de Rome afin de limiter la croissance des capacités de raffinage dans la Communauté jusqu'en 1980. En conséquence, la *British Petroleum* se voit contrainte de fermer momentanément sa plus grande raffinerie à Rotterdam, mais la Grande-Bretagne maintient sa politique d'augmentation des capacités de raffinage sur son territoire. Le gouvernement régional écossais octroie même des crédits pour la mise en route d'une nouvelle raffinerie à Nigg. Pourquoi, disent en substance les autorités régionales, l'Écosse devrait-elle supporter un chômage croissant dû aux fermetures des charbonnages et à la restructuration de la sidérurgie et des chantiers navals, alors que ces travailleurs licenciés pourraient aisément être embauchés à la raffinerie de Nigg ? Pourquoi un tel sacrifice pour se plier aux vœux de Bruxelles de raffiner le pétrole brut de la mer du Nord sur le Continent ? Pour les Écossais, la position européenne est non seulement absurde, mais en contradiction même avec la politique communautaire de lutte contre le chômage et de développement régional. Résultat : la Communauté n'a pu que constater son impuissance. Après tout, l'attitude britannique est justifiée légalement par le fait que la Grande-Bretagne exerce sa souveraineté sur le gisement de la mer du Nord en vertu de la Convention de Genève de 1958 et *de facto* par le fait que ce pays a pris l'initiative et les risques de la mise en exploitation des ressources de la mer du Nord. À quel titre pourrait-on lui interdire d'exiger qu'une partie du pétrole brut soit raffinée sur le sol national ?

La Commission en revanche entend que la réduction des capacités de raffinage s'applique à tous les États membres et surtout que le pétrole puisse être raffiné sur le Continent. Pour le Département de l'énergie, le diktat de la Commission est inacceptable : la Grande-Bretagne doit faire l'objet d'un traitement spécial. La fermeté britannique n'est pas du goût de certaines compagnies pétrolières qui partagent les vues européennes, de sorte que la Grande-Bretagne finit par accepter, en 1977, un plan européen de partage du pétrole entre les États membres, mais seulement et uniquement en cas de pénurie grave et moyennant le recours au droit de veto si les intérêts britanniques sont menacés, autrement dit un plan énergétique presque impraticable.

Ce compromis est l'avancée maximale acceptable par tous. Finalement, le désaccord au niveau européen sur la mise en place d'une politique énergétique commune a laissé à la Grande-Bretagne le loisir de développer la sienne. La position de la Communauté est donc bien en retrait du mémorandum italien de 1977 proposant la création d'une « communauté européenne du pétrole », sur le modèle de la CECA, dans laquelle les ressources en gaz naturel et en pétrole de la mer du Nord serviraient à tous en cas de nécessité. On s'en doute, une telle proposition n'avait guère de chance d'aboutir car la Communauté était profondément divisée entre ceux qui disposaient de ressources énergétiques et qui entendaient garder les mains libres afin de développer leur propre politique énergétique – la Grande-Bretagne et les Pays-Bas au premier rang, l'Allemagne également – et les autres[14]. Lors du Conseil européen de Strasbourg en 1979, les États membres, dont le Royaume-Uni, se sont tout de même engagés à ne pas dépasser à l'horizon 1985 le niveau des importations de pétrole de 1978 et à diversifier les sources d'approvisionnement. Au printemps 1988, la Commission présente « les objectifs énergétiques communautaires de 1995 » qui portent sur la diversification des sources et les économies d'énergie. Depuis lors, la politique énergétique commune se résume en quatre points : sécurité des approvi-

---

[14] Arnold, G., *Britain's Oil*, *op. cit.*, p. 134, 139-140, 269 et 276-280.

sionnements par stockage et diversification des sources ; développement des nouvelles technologies en matière énergétique ; libéralisation du marché de l'énergie et enfin dialogue avec la Russie[15].

Conclusions

Certes, le Royaume-Uni a été béni des dieux sur le plan des ressources naturelles. Le pétrole de la mer du Nord a « sauvé » l'économie nationale, alors que, sur le Continent, la plupart des pays se débattaient pour limiter les conséquences financières catastrophiques des brusques fluctuations des prix du pétrole sur le marché international. Cependant, il faut aussi reconnaître que la Grande-Bretagne a eu le courage de miser, dès 1972 donc avant le premier choc pétrolier, sur une opération dont le succès n'était nullement assuré. La question de savoir si le pétrole a vraiment contribué au redressement durable de l'économie britannique reste l'objet de controverses. Deux faits sont néanmoins acquis : sur le plan régional – c'est-à-dire l'Écosse et en particulier l'Aberdeenshire – la mise en exploitation des champs pétrolifères de la mer du Nord a été un coup de fouet sans précédent ; sur le plan national, la Grande-Bretagne s'est dotée d'une politique énergétique qui lui permet une grande autonomie et une indépendance d'action vis-à-vis de la Communauté européenne. Celle-ci a été paralysée par les divergences d'intérêts des États membres. Le Royaume-Uni n'a pas été le seul État membre à jouer la carte de l'intérêt national. La France assume une grande responsabilité dans l'échec d'une politique européenne en matière pétrolière. Ainsi, à la faveur de la crise de 1974-1979, retrouve-t-on ici comme dans bien d'autres dossiers communautaires – celui de la sidérurgie par exemple – le réflexe quasi conditionné du « national d'abord ».

---

[15] Durousset, M., *Les politiques communautaires de la CECA au Traité de Maastricht*, Paris, Ellipses, 1992, p. 110-111.

Les réactions de la présidence française face au choc pétrolier

Armelle DEMAGNY-VAN EYSEREN

Université Paris-Sorbonne Paris-IV

Introduction

Dans la thématique consacrée aux politiques nationales et sectorielles face au premier choc pétrolier, nous nous proposons de développer la stratégie pétrolière mise en place en France sous la présidence de Georges Pompidou de juillet 1969 à avril 1974. C'est donc des premières analyses et des premières mesures face aux bouleversements du marché pétrolier au début des années 1970 qu'il sera question ici. L'intérêt historique est d'évaluer la capacité d'un pays, et en particulier d'une équipe restreinte autour d'un chef d'État, à envisager des réponses stratégiques et techniques à court et long terme dans un contexte mondial de rupture irréversible des données économiques et énergétiques.

Cette communication s'inspire d'une part de nos travaux réalisés dans le cadre du colloque « Georges Pompidou face à la mutation économique de l'Occident de 1969 à 1974 » organisé par l'Association Georges Pompidou, sous la direction du Professeur Éric Bussière[1] et d'autre part de l'intervention consacrée aux grandes orientations de la politique pétrolière française depuis 1945, faite en janvier 2004 dans le cadre du séminaire « État et énergie » organisé par le Comité pour l'histoire économique et financière de la France (CHEFF) sous la direction d'Alain Beltran.

La première question méthodologique est celle de la datation de la crise pétrolière : il faut sans doute mentionner la création de l'OPEP en

---

[1] Demagny, A., « La présidence française face à la mutation du marché pétrolier, 1969-1974 : analyses, anticipations et réactions », in Bussière É. (dir.), *Georges Pompidou face à la mutation économique de l'Occident, 1969-1974*, Paris, PUF, 2003, p. 223-241.

1960, comme premier élément de bouleversement du marché par la remise en cause, par les pays producteurs, de leurs relations avec les compagnies pétrolières. Il faut surtout rappeler la série d'accords négociés entre les compagnies pétrolières et les pays producteurs entre le premier semestre 1971 (accords de Téhéran, Tripoli et Bagdad) et janvier 1972 (accords de Genève suite à la dévaluation du dollar de décembre 1971) qui contribuèrent à une première hausse substantielle du prix du baril[2]. Ainsi lorsque le 6 octobre 1973 éclate la guerre du Kippour, que fin octobre un embargo est décidé contre les pays jugés trop favorables à Israël et que les prix du baril s'envolent de 2,89 $ fin octobre 1973 à 11,65 $ fin janvier 1974, le pétrole finit de s'affirmer comme une arme économique redoutable. La deuxième question préliminaire est celle des raisons de l'ampleur de la crise : dans les années 1960, l'Europe occidentale connaît une transition énergétique qui substitue le pétrole au charbon en raison de l'abondance des produits pétroliers et surtout de leur prix bas. En effet, non seulement le brut du Moyen-Orient est en moyenne 30 % moins cher que le brut américain mais également, du fait de l'inflation mondiale générée par le dollar, on observe, en francs constants, une érosion des prix du pétrole importé de 1959 à 1971. Le développement du secteur automobile et routier ajouté à la généralisation de l'usage du fuel entérinent cette transition énergétique. Ainsi, la France à l'instar de ses partenaires européens, doit faire face, dans les années 1960, à une croissance exponentielle de ses besoins en produits pétroliers ainsi qu'à la gestion de la régression charbonnière[3]. De 1945 à 1974, le taux annuel d'augmentation des importations de pétrole brut en France est en moyenne de 13 % et, en 1970, le pétrole compte pour 61 % du bilan énergétique français. Les dangers de cette dépendance croissante des pays européens vis-à-vis du pétrole brut du Moyen-Orient notamment, furent constamment dénoncés par la Commission de la Communauté économique européenne (CEE). Dans la « Première orientation pour la politique énergétique de la CEE » adoptée en 1968 par le Conseil, était notamment prévu, afin de mettre à l'abri le marché européen, l'établissement de prévisions à moyen et long terme pour chacune des formes d'énergie pour s'assurer que la totalité des besoins pourrait être satisfaite ; la réalisation d'une politique d'approvisionnements bon marché et sûrs par des mesures de politique commerciale (négociation avec les pays producteurs) et des inter-

---

[2] L'OPEP obtient successivement l'inclusion de la redevance pétrolière dans les charges d'exploitation, le relèvement du taux de l'impôt sur les sociétés et la suppression des rabais dus à la concurrence.

[3] Le charbon qui couvrait près de 80 % des besoins de l'Europe en énergie en 1945, n'en représentait plus que 65 % en 1960 et était tombé à 30 % à la fin des années 1960.

ventions de la Banque européenne d'investissements pour financer les investissements prioritaires notamment dans le domaine de la prospection pétrolière. Enfin, le programme de recherche commun pour le développement de technologies nouvelles prévu en 1968 par le Conseil fut par la suite étendu au pétrole et au gaz naturel. Toutefois les trente-sept propositions contenues dans le texte de 1968 ne furent que très partiellement réalisées et il faut sans doute y voir la conséquence de la confiance quasi absolue de la majeure partie des partenaires européens dans les capacités des compagnies pétrolières internationales à faire face non seulement aux besoins croissants de l'Europe mais aussi à d'éventuelles ruptures d'approvisionnements, comme la crise de Suez l'avait démontré. C'est une évidence pour les Pays-Bas, ça l'est aussi pour la RFA, et sans doute aussi pour Jean Monnet ainsi que pour le principal responsable de la politique pétrolière à la Commission, qu'était Robert Marjolin[4].

La France, quant à elle, ne fait pas partie des pays souhaitant accorder aux compagnies pétrolières étrangères une place majoritaire sur son marché intérieur. La politique pétrolière française à partir de 1945 avait mis l'accent sur l'acquisition de ressources nationales et cette priorité avait abouti aux découvertes sahariennes de pétrole et de gaz à partir de 1956. Or, en 1971, la France perd le contrôle de ce pétrole algérien et les impératifs de la politique pétrolière française, issus de la loi pétrolière de 1928 et réaffirmés en juillet 1971, mettent les pouvoirs publics face au double défi de s'assurer des approvisionnements sûrs tout en gardant une énergie compétitive. Pour le relever la présidence française développa une politique en trois cercles concentriques : une politique nationale dans la droite ligne des impératifs gaulliens de 1945 mais avec des inflexions majeures dues aux modifications du marché et notamment à la nationalisation des pétroles d'Algérie (première partie) ; une politique européenne visant à fédérer les partenaires européens autour d'un projet de dialogue euro-arabe sur laquelle vint s'agréger une politique interna-

---

[4] Robert Marjolin était toutefois le premier à être conscient de la dépendance croissante et dangereuse de l'Europe face aux importations pétrolières du Moyen-Orient, comme il le rappelle dans ses Mémoires : « Ma préoccupation essentielle était ce que l'on appelle généralement la "sécurité des approvisionnements". L'Europe dépendait, d'une façon croissante du Moyen-Orient. Que se passerait-il si des troubles venaient à éclater dans cette partie du monde ? Les événements de 1956-1957, qui avaient entraîné une fermeture temporaire du canal de Suez étaient encore présents à beaucoup d'esprits, et en particulièrement au mien. Une crise du même genre, aboutissant à priver l'Europe d'une partie des ressources dont elle avait besoin pouvait se produire de nouveau. L'Amérique, dont la production à cette époque dépassait encore la consommation, pourrait-elle fournir à l'Europe les quantités qui lui manqueraient ? », Marjolin R., *Le travail d'une vie. Mémoires, 1911-1986*, Paris, Robert Laffont, 1986, p. 390.

tionale, qui n'avait sans doute pas été envisagée au départ par la présidence française mais qui se voulut rapidement le contrepoids de l'offensive américaine visant à rallier l'ensemble des pays industrialisés à une croisade contre les pays producteurs (seconde partie).

I. Les nouvelles orientations de la politique pétrolière française face aux premières mutations du marché pétrolier

A. *Une dépendance pétrolière vis-à-vis du Moyen-Orient dont les dangers apparaissent croissants*

Nous avons rappelé, en introduction, la mutation énergétique du charbon au pétrole qui s'effectue dans les années 1960 en Europe. Pour la France, très concrètement, cela signifie que le taux de dépendance énergétique passe de 35 % en 1960 à 77 % en 1973 alors que la moyenne CEE est respectivement de 30 % et 60 %. La France est ainsi plus dépendante que la RFA et le Royaume-Uni mais moins que l'Italie. Cette dépendance est essentiellement le fait de la consommation de produits pétroliers qui représente 70 % de la consommation d'énergie en 1973 (13 % pour les combustibles solides, 9 % pour l'électricité primaire et 8 % pour le gaz)[5] et les trois quarts des importations de pétrole brut sont en provenance du Moyen-Orient. Or, jusqu'à la fin des années 1960, une relative cohésion entre les compagnies pétrolières et des dissensions entre les pays producteurs, dues à la volonté de chaque producteur de voir sa production croître plus rapidement que celles de ses voisins, avaient maintenu les prix du pétrole à un niveau relativement bas. Ainsi le prélèvement fiscal par baril des pays producteurs avait lentement monté, en dollars courants, de 80 à 90 cents/baril (15 % en 10 ans) mais en fait baissé d'environ 15 % en dollars constants du fait de l'inflation mondiale alimentée par l'abondance de la monnaie américaine. Or, au début des années 1970, les choses avaient notablement évolué. La situation politique au Moyen-Orient incita les pays producteurs à créer une certaine cohésion au sein de l'OPEP et surtout une pause dans les nouvelles découvertes de pétrole dans le monde avait réduit l'ampleur relative des réserves ; ainsi un sous-investissement temporaire fit apparaître des goulots d'étranglement en terme de disponibilité d'autant que certains pays producteurs comme la Libye et le

5   Voir les schémas des taux de dépendance énergétique et de la consommation par source d'énergie, dans Beltran A., « La question énergétique en France de 1960 à 1974 : dépendance, crise et rôle de l'État », in Bussière É. (dir.), *Georges Pompidou face à la mutation économique de l'Occident*, *op. cit.*, p. 389 et 390.

Koweït, dans le climat d'inflation mondiale persistante, estimaient que leur intérêt n'était plus de chercher à développer le rythme de leur production mais de conserver leur richesse en or noir plutôt qu'en dollar. Dans une conjoncture économique très expansionniste et compte tenu d'une part de la place occupée par le pétrole dans les économies des pays industrialisés et d'autre part de l'absence d'énergie de remplacement, cette situation aboutit, au début des années 1970, à une tension sur le marché pétrolier international, tension alimentée par la disparition, annoncée fin 1969 par les États-Unis, des capacités de production des réserves américaines et de leur intervention massive en tant qu'acheteur sur le marché pétrolier à partir de 1972. Ainsi non seulement avec le renforcement de l'OPEP, le spectre de Suez réapparaissait mais désormais il faudrait se passer de l'aide américaine qui en 1956 et 1967 avait été d'un secours déterminant. Or, c'est précisément dans ce contexte qu'intervint pour la France la nationalisation algérienne.

B. La gestion de l'après-pétrole saharien

Dès la fin du printemps 1968, l'Algérie avait déjà nationalisé les actifs des sociétés pétrolières étrangères et des entreprises françaises de mécanique. Il ne faisait guère de doute, qu'à terme le Président Boumediene s'attaquerait aux actifs des pétroliers français mais le gouvernement français souhaita néanmoins régler le contentieux fiscal en souffrance depuis la suspension, en juin 1970, des négociations avec le gouvernement algérien. En effet, en vertu de l'article 27 des accords de 1965, la base d'imposition des compagnies pétrolières françaises exerçant en Algérie devait être révisée. En janvier, suite à la visite du ministre algérien des Affaires étrangères Abdelaziz Bouteflika au ministre français du Développement industriel et scientifique François-Xavier Ortoli, ce dernier décida le paiement, par les compagnies françaises, d'un acompte substantiel au titre des arriérés d'impôts, en vertu de l'accord de 1965. Il semble que le ministre ait agi de son propre chef puisqu'en la matière la direction des Carburants (DICA) du ministère du Développement industriel et scientifique était formellement opposée à ce geste et que Georges Dominjon, à l'époque directeur de cabinet du ministre mais surtout ancien adjoint du directeur des Carburants de 1962 à 1969 avait exhorté son ministre à ne pas démunir les compagnies pétrolières françaises de cette éventuelle monnaie d'échange[6]. Ce geste visait peut-être à faciliter le désengagement de l'État français des négociations entamées avec l'État algérien, après la nationalisation algérienne et qui, début 1971, piétinaient. En effet, le gouvernement français

---

[6] Entretien de Georges Dominjon avec Armelle Demagny, le 10 septembre 2001, Archives Nationales (AN), Association Georges Pompidou (AGP), 1AV 817.

remit ensuite aux compagnies pétrolières françaises le soin de négocier avec les compagnies algériennes. La Compagnie française des pétroles (CFP, futur groupe TOTAL) qui souhaitait vivement se désengager de l'Algérie pour se concentrer dans les pays du Golfe Persique, fut la première à signer un accord dès juillet 1971, reprenant le régime en vigueur dans les autres pays de l'OPEP. Le brut algérien qui représentait un peu moins d'un quart des ressources du groupe en 1970, devait se réduire progressivement à 10 %. En revanche, la transition fut plus douloureuse pour Elf-Erap. Non seulement, l'Algérie symbolisait pour le deuxième pétrolier français les « racines de leur développement »[7] mais surtout la jeune compagnie avait encore beaucoup d'actifs à amortir dans ce pays ; avec la fin des pétroles sahariens c'était 80 % de ses ressources en brut qu'elle devait reconstituer. La signature par Elf-Erap d'un accord en décembre 1971 avec le gouvernement algérien inaugura donc une période difficile pendant laquelle ses besoins en brut furent toujours supérieurs aux ressources.

C. Les nouvelles orientations de la politique pétrolière gouvernementale au début des années 1970

Les priorités de la politique pétrolière française depuis 1945 avaient été d'assurer les besoins de la Nation au moindre coût mais dans la stabilité et la sécurité. Ces priorités avaient été réaffirmées lorsque Georges Pompidou était Premier ministre du général de Gaulle, lors du conseil restreint de novembre 1964, tout en précisant les objectifs à atteindre : le premier objectif était que les ressources en pétrole brut des compagnies pétrolières françaises devaient au moins être égales à la consommation intérieure (en tenant compte de la production de la zone franc, du brut appartenant aux sociétés françaises à l'étranger et des achats par accords commerciaux à des pays producteurs). Le second objectif visait à la diversification des sources d'approvisionnement à l'étranger. La troisième orientation voulait que la part relative des sociétés françaises dans le raffinage et la distribution en France atteigne entre 50 % à 60 % du marché. Enfin, ultime objectif, les activités de raffinage et de distribution à l'étranger devaient être développées et la recherche technique intensifiée.

Le 29 juillet 1971, lorsque le gouvernement consacre à nouveau un conseil restreint aux questions énergétiques, la ligne gouvernementale en matière pétrolière est maintenue en dépit des aléas algériens. Il

---

[7] Lettre de Pierre Guillaumat à François-Xavier Ortoli, le 5 février 1971, cité dans Beltran A., Chauveau S., *Elf Aquitaine. Des origines à 1989*, Paris, Fayard, 1998, p. 159.

s'agissait de poursuivre la recherche d'un équilibre d'action sur le marché français entre les sociétés étrangères et les sociétés françaises (ERAP-CFP) et pour ce faire il convenait de développer et de consolider la situation des sociétés françaises au plan international. Au vu des bouleversements connus par les deux compagnies en terme d'accès au pétrole brut, l'accent fut mis sur la diversification des ressources et le souci de la rentabilité. Les compagnies nationales étaient « invitées » à accroître leurs efforts d'exploration dans sur les « zones sûres », c'est-à-dire plateau continental européen et pays hors OPEP ainsi que sur les sources nouvelles, schistes et grès bitumeux[8] et les fonds marins à grande profondeur. Une diversification au sein des pays du Golfe persique était également souhaitée par la direction des Carburants. L'effort financier consacré à la prospection fut fixé à un niveau minimum de 1,2 milliard de francs par an. La CFP et la Société nationale des pétroles d'Aquitaine (SNPA) devaient en assumer une part croissante du fait des contraintes de l'ERAP face à la reconstitution de ses sources d'approvisionnement. Cependant, l'évolution de la répartition de l'effort entre les trois équipes d'exploration (ERAP, SNPA et CFP) faisait espérer au Gouvernement, d'ici 1975, un objectif des « trois tiers égaux »[9].

Les résultats de cette politique de diversification dans le domaine de l'exploration montrent qu'entre 1965 et 1973, les sociétés françaises découvrirent plus d'une centaine de gisements d'huile. Ces réserves étaient réparties pour 51 % au Moyen-Orient[10], 28 % en Afrique[11], 14 % en Europe[12], 5 % en Amérique[13] et 2 % en Extrême-Orient[14]. 55 % de ces réserves furent découvertes par la CFP et 43 % par l'ERAP[15]. Toutefois, la CFP ne réussit pas à diversifier ses ressources puisque 87 % de ses nouvelles réserves étaient situées au Moyen-Orient[16]. De même, en Irak,

---

[8] Qui devenaient rentables à partir du doublement du prix du pétrole brut.

[9] Note de Bernard Ésambert au Président en vue du conseil restreint du 29 juillet 1971, sans date, AN, 5AG2/62.

[10] Principalement les Émirats, l'Irak et l'Iran.

[11] Notamment Émeraude et Loanga au Congo, Grondin et Barbier au Gabon, Ashtart en Tunisie, Stah en Algérie.

[12] Dont les satellites d'Ekofisk en Norvège, Alwyn en Grande-Bretagne et Amposta en Espagne. La mer du Nord, conformément aux vœux des pouvoirs publics, attira la plus grande part des investissements.

[13] Notamment Rainbow au Canada.

[14] Notamment Bekapaï en Indonésie.

[15] De bons résultats furent enregistrés à partir de 1971. Sa production progressa de 23 % entre 1972 et 1973 contre 12 % pour la CFP.

[16] Note confidentielle de la Direction des Carburants, *Commentaires d'exploration pétrolière*, 3 janvier 1974, Archives du ministère des Affaires étrangères (AMAE),

après la nationalisation de l'Irak Petroleum Company en juin 1972, la CFP signa, en février 1973, un contrat d'achat de pétrole de Kirkuk sur 10 ans, faisant suite à un accord gouvernemental franco-irakien.

Ainsi lorsqu'éclata le choc pétrolier qui, entre novembre 1973 et janvier 1974 entraîna le quintuplement des prix du baril, la France avait déjà initié une politique de diversification des approvisionnements pour renforcer la sécurité de son économie.

II. Les nouveaux défis induits par le choc pétrolier

A. Des mesures nationales...

Dans un discours de janvier 1974, Georges Pompidou, président de la République, réagissant aux récents événements pétroliers, analyse la logique et d'une certaine façon la nécessité de l'action des pays producteurs tout en stigmatisant la méthode :

> Les ressources du sous-sol, qu'il s'agisse du pétrole, qu'il s'agisse des matières premières, appartiennent d'abord aux pays sur le territoire desquels elles se trouvent et il peut être de l'intérêt de ces producteurs non seulement de contrôler leurs richesses, mais d'en ralentir la production de façon à étaler dans le temps les profits et les bénéfices qu'ils en tirent pour leur propre développement [...]. Il est normal que les pays producteurs se considèrent comme maîtres de leurs productions. Par conséquent, la politique que doivent mener les pays consommateurs est une politique d'entente [...]. Pendant un demi-siècle et plus, ces pays producteurs ont vu les consommateurs et les grandes compagnies fixer les prix et des prix qui étaient certainement bas et dont profitaient particulièrement les pays européens. Mais il me semble que l'on a dépassé l'objectif et que l'on est allé à des prix excessifs, tant en valeur absolue que dans la rapidité de la croissance[17].

Ces prix excessifs dénoncés par le Président français bouleversèrent très sérieusement l'économie française comme d'ailleurs l'ensemble des économies européennes : accélération du rythme de l'inflation, déséquilibre de la balance commerciale due à la part des produits énergétiques dans les importations qui passa de 12,2 % en 1973 à 22,6 % l'année suivante[18], ponction sur le revenu national estimée à

---

série Direction des Affaires économiques et financières (DAEF), sous-série Affaires Générales (AG), 389.

[17] Discours prononcé à la mairie de Poitiers, 24 janvier 1974, Georges Pompidou, *op. cit.*, tome II, p. 294.

[18] L'excédent de la balance commerciale de 6,7 milliards de francs enregistré en 1973 fit place à un déficit de 16,9 milliards en 1974, le montant des achats de brut étant passé dans l'intervalle de 15 à 48 milliards de francs. Cf. « Le problème pétrolier

2,5 % du PNB[19], augmentation des prix de revient industriels, enfin ralentissement du rythme de la croissance économique.

Nous reviendrons sur la politique d'entente entre pays consommateurs et pays producteurs souhaitée par le Président français, mais rappelons tout d'abord les principales mesures prises dans le cadre national à la suite du choc pétrolier de 1973. C'est le conseil restreint du 5 mars 1974 qui entérina les grandes orientations énergétiques de la fin du XXe siècle dont les axes les plus marquants furent le lancement du plan électronucléaire civil, appelé plan Messmer, et l'appel à la maîtrise de la consommation d'énergie et à sa rationalisation par l'amélioration du rendement énergétique des techniques. Les mesures d'économies d'énergie[20] préparées par le nouveau délégué général à l'Énergie Jean Blancard visaient, pour 1974-1975, à stabiliser la consommation d'énergie au niveau atteint en 1973, puis ultérieurement à une croissance de cette consommation selon un taux voisin de 3 % au lieu des 5 % précédemment. Les mesures d'économies d'énergie, plus tard concertées au sein de l'Agence française pour les économies d'énergie créée en 1974, se voulaient autant symboliques qu'efficaces : vitesse limitée à 90 km/h sur les routes (décret du 3 décembre 1973) ; pas d'éclairage des bureaux inoccupés ; annonces publicitaires et décorations lumineuses interdites de 22 heures à 7 heures ; journal télévisé du soir abrégé.

Concernant le secteur pétrolier proprement dit, les objectifs antérieurement définis étaient maintenus en mettant la priorité sur d'une part, l'effort d'exploration des groupes pétroliers français et d'autre part, la conclusion de contrats d'approvisionnement d'État à État. Sur le premier point, la direction des Carburants souhaitait que la participation des groupes pétroliers français à l'effort mondial de recherche et de production augmente de plus de 40 % par rapport à 1973. La mer du Nord devait attirer la plus grande part des investissements français d'exploration avec un peu plus de 20 % de l'enveloppe. L'Afrique du Nord, ainsi que l'Amérique du Nord venaient ensuite[21]. Pour ce faire, la maîtrise des techniques nécessaires à l'exploration et la mise en valeur des « grands fonds marins » fut recherchée, grâce à un programme spécial du même nom, pour lequel un concours financier de la CEE fut sollicité. La priorité également accordée en mars 1974 à la signature de contrat d'État à État ne faisait qu'entériner les premières actions du gouverne-

---

français », Paris, La Documentation française, *Notes et Études documentaires*, n° 4279, 12 avril 1976.

19 Selon une estimation du ministère de l'Industrie, cf. *ibidem*.

20 Cf. Synthèse des propositions du Délégué général à l'Énergie, sans date, AN, 5AG2/67.

21 Commentaires d'exploration pétrolière, DICA, 31 janvier 1974, AMAE, DAEF, 389.

ment qui, en novembre 1973, avait signé avec l'Arabie Saoudite un contrat portant sur 27 millions de tonnes de brut à livrer de 1974 à 1976. De même, en janvier 1974, à l'issue d'une visite du ministre des Affaires étrangères Michel Jobert, fut prévu avec cet État un « grand contrat » incluant la livraison de brut en France contre la construction d'une raffinerie et d'installations pétrochimiques et minières en Arabie Saoudite[22].

Revenons maintenant sur cette préoccupation chère à Georges Pompidou qui souhaitait l'amélioration des échanges avec les pays producteurs par le biais d'une part, d'un axe national avec notamment la mise en place de politique d'aide au développement et d'autre part, d'un axe européen avec la création d'un dialogue euro-arabe, qu'il appela de ses vœux lors du sommet européen de Copenhague en décembre 1973.

B. … dans un cadre diplomatique européen…

Comme à La Haye en 1969 où le Président français avait, grâce au triptyque achèvement, élargissement, approfondissement, fait de la France le moteur de la relance en faveur de l'intégration européenne, Georges Pompidou, au sommet européen de décembre 1973 à Copenhague, souhaita faire de la France l'initiatrice d'une politique européenne euro-arabe. Il s'agissait pour le chef de l'État de relancer l'intégration européenne en profitant des défis suscités par la nouvelle donne pétrolière et accessoirement d'ériger aux yeux des partenaires européens ayant vivement critiqué la signature par la France d'accords pétroliers bilatéraux, la démarche française au rang de méthode. Lors du sommet de Copenhague des 14 et 15 décembre 1973, Georges Pompidou dénonça la passivité collective des Neuf au Proche-Orient, et les invita à faire preuve « de leur capacité à contribuer au règlement des problèmes mondiaux »[23]. À l'issue du Sommet et sur proposition française, une annexe au communiqué final marqua la volonté d'ouvrir un dialogue direct entre la Communauté et les producteurs de pétrole. Le projet de dialogue euro-arabe encouragé par la présidence française souhaitait associer l'ensemble des pays consommateurs, pays en voie de développement et producteurs, dans un cadre de concertation neutre pour arrêter les principes d'une coopération énergétique dans des « conditions raisonnables et équitables pour tous les pays »[24].

Mais l'initiative du Président français se heurta à une démarche américaine concurrente, présentée par Henry Kissinger début décembre

---

[22] Cet accord fut ajourné suite au décès du Président Pompidou.

[23] Conférence de presse du 31 octobre 1973, *Le Monde*, 2 novembre 1973.

[24] Lettre de M. Jobert à K. Waldheim, secrétaire général de l'ONU, le 18 janvier 1974, AMAE, DAEF, AG, 389.

1973. En effet, lors de ce sommet, fut également évoquée la réponse que les Neuf devaient donner à la proposition américaine de constituer un « groupe d'action sur l'énergie » entre les États-Unis, l'Europe et le Japon. La première réunion de « groupe » était fixée en février 1974 à Washington. La France milita pour un mandat commun confié au président des Communautés européennes, premier pas significatif vers une identité pétrolière européenne. Lors du Conseil des ministres européens, les 14 et 15 janvier 1974, les Neuf acceptèrent que la Communauté participe à la conférence de Washington et y soit représentée par le président en exercice du Conseil Walter Scheel et le président de la Commission François-Xavier Ortoli. Le mandat, défini le 5 février par le Conseil, fut conforme pour l'essentiel aux vœux français : la Communauté devait présenter sa propre analyse de la situation énergétique, éviter toute confrontation avec les pays producteurs et enfin s'opposer à la mise en place d'organismes permanents de coopération entre les pays industrialisés qui constitueraient un prolongement de la conférence.

C. ... en refusant toute ingérence américaine

Néanmoins, Georges Pompidou craignait que cette réunion, dans la capitale d'un pays soumis à l'embargo par les pays arabes, n'apparaisse comme une volonté de confronter le bloc des pays consommateurs au bloc des pays producteurs, ce qu'il ne voulait à aucun prix[25]. La présidence française tenta même de reprendre l'initiative en proposant de convoquer d'urgence une Conférence mondiale de l'Énergie sous les auspices des Nations Unies. Si Georges Pompidou accepta *in fine* la participation de la France à la conférence de Washington, en la personne de Michel Jobert ministre des Affaires étrangères[26], cela ne signifiait en rien qu'il adhéra à la stratégie américaine. Sur les suites éventuelles de la conférence de Washington, une annotation du Président est extrêmement claire : « C'est très simple, pas de suite ! »[27].

À Washington, en février 1974, en acceptant la création d'un groupe permanent de coordination d'où naîtra, en novembre 1974, l'Agence internationale de l'énergie (AIE), les partenaires de la France allèrent bien au-delà de ce que stipulait le mandat commun. La France prit donc la décision de ne pas participer à l'AIE. Les conditions de cette prise de décision sont mal éclaircies. Les acteurs de l'époque qui par ailleurs

---

[25] *Ibidem.*

[26] « Jusqu'au 5 février... notre décision de participer ne fut pas prise. Je me rendis d'ailleurs au Proche-Orient dans cette incertitude et ne fis rien pour la dissiper », Jobert, M., *Mémoires d'avenir*, Paris, Grasset, 1975, p. 285.

[27] Annotation du Président sur un télégramme à l'arrivée de Londres du 7 février 1974, AN, 5AG2/1037.

témoignent d'une attention continue du Président sur les dossiers malgré sa maladie soulignent aussi que Georges Pompidou était fin 1973, début 1974 très protégé par son entourage et moins accessible qu'auparavant[28]. François-Xavier Ortoli, interrogé sur la conférence de Washington, estime quant à lui que Georges Pompidou « ne souhaitait pas que l'on se lie les mains pour des choses dans lesquelles les États se trouvaient dessaisis de leur pouvoir d'intervenir ». Il n'eut en tout cas aucun contact avec la présidence française durant la conférence de Washington. Soulignons par ailleurs qu'évoquant la conférence de Copenhague, l'ancien Président de la Commission avoue ne pas avoir cru au dialogue euro-arabe car : « Quand il n'y a ni Europe ni arabes, où est le dialogue ? »[29].

Georges Brondel, dans ses mémoires, écrit au sujet de la conférence de Washington :

> Lorsque le texte a été soumis à la ratification, la France a été le seul pays à maintenir son opposition estimant qu'une véritable concertation avec les pays producteurs aurait dû être proposée et que le troisième chapitre était insuffisant à cet égard. Le président Pompidou était alors très malade. Il semble même qu'il n'ait pas été consulté, car Édouard Balladur, qui était alors son chef de cabinet, a indiqué, au cours d'une interview récente, qu'il avait lui-même décidé de ce refus[30].

À l'issue de nombreux entretiens oraux réalisés et consultés dans le cadre du programme d'archives orales de l'Association Georges Pompidou[31] portant sur la fin de la présidence, l'épisode relaté ici nous paraît très improbable. Édouard Balladur, qui était alors secrétaire général de la présidence de la République a peut-être transmis l'information à Michel Jobert au téléphone mais la décision a très vraisemblablement été prise par le Président. Toutefois, en l'absence d'archives écrites, les certitudes sont invérifiables.

Toujours est-il que la position française, comme le souligne très justement Georges Brondel, mit la Communauté dans une position difficile, car :

---

[28] Voir notamment l'entretien de Jacques Calvet avec Armelle Demagny et Véronique Pradier le 2 février 2001, AN-AGP, 1AV 728.

[29] Entretien de François-Xavier Ortoli avec Armelle Demagny et Véronique Pradier, le 10 octobre 2001, AN-AGP, 1AV 836.

[30] Brondel, G., *L'Europe a 50 ans. Chronique d'une histoire vécue. Politique énergétique. Perspectives pour demain*, Bourg-en-Bresse, M. & G. Éditions, 2003, p. 62.

[31] En juin 2004, 157 entretiens étaient réalisés. Ils sont consultables aux Archives nationales, sous les cotes AGP, 1AV et 11AV.

Il s'agissait d'un problème qui touchait à la politique commerciale et il était par conséquent de compétence communautaire. Le texte de l'accord aurait dû être ratifié par la Communauté dans son ensemble. Le ministre belge, M. Étienne Davignon, a interrogé officiellement la Commission sur ce point et la réponse du service juridique a été sans ambiguïté : la ratification de ce traité par huit pays sur neuf était sans valeur. Finalement, un compromis peu satisfaisant sur le plan juridique a été trouvé. La France ne s'opposerait pas à la signature du traité par les autres pays, mais une disposition interne préciserait qu'en cas de répartition du pétrole disponible, une clause de sauvegarde lui permettrait d'isoler le marché français de ses voisins[32].

Conclusion

Au terme de cette rapide analyse, il apparaît tout d'abord que Georges Pompidou et son équipe ont sinon anticipé la crise du moins trouvé rapidement des alternatives : le nucléaire certes mais aussi la diversification des fournisseurs de brut et des sources d'approvisionnement pour les compagnies nationales. Cette rapidité de réaction fut possible non seulement grâce à une vision politique claire et consciente de l'importance à long terme des bouleversements vécus mais surtout par l'anticipation technique des solutions que ce soit le programme « grands fonds marins » ou le changement de filière nucléaire décidée par Georges Pompidou au début de sa présidence[33].

Les profondes mutations qui agitèrent le marché pétrolier à partir de 1969 et qui s'accélérèrent avec la guerre israélo-arabe poussèrent la France à essayer de combiner trois types d'action dans trois cercles géographiques concentriques : tout d'abord une politique nationale qui visait depuis 1928 à assurer un niveau maximum de sécurité et d'indépendance des approvisionnements pétroliers ; ensuite, une politique européenne utilisant notamment le poids des Neuf pour tenter de constituer un bloc de consommateurs considéré comme amical par les pays arabes et enfin une politique atlantique. Dans l'élaboration de cette politique atlantique, l'ancien Premier ministre du Général revint à des fondamentaux d'indépendance nationale et de refus de la logique de confrontation bloc à bloc, celui des consommateurs face à celui des producteurs.

---

[32] Brondel, G., *op. cit.*, p. 62.
[33] Sur ce point voir notamment, Daviet, J.-P., « Le nucléaire et l'indépendance nationale : défis, grands projets, décisions, 1969-1974 », in Bussière É. (dir.), *Georges Pompidou face à la mutation économique de l'Occident, 1969-1974, op. cit.*, p. 243-259.

Les propositions de la Commission européenne dans le secteur électrique

De la relance de La Haye aux suites immédiates de la crise énergétique (1969-1975)

Julie CAILLEAU

Groupe d'étude d'histoire de l'Europe contemporaine (GEHEC),
Université catholique de Louvain (UCL)

I. Brève mise en perspective[1]

Dès la fin des années 1920, la question de la mise en commun de l'énergie, surtout électrique, est posée en Europe à la fois par des observateurs attentifs, comme Francis Delaisi, et par des opérateurs financiers du secteur comme Dannie Heineman. Ce dernier perçoit déjà bien la nécessité d'un marché unifié. En 1929, il écrit :

> Mal employée, l'électricité accentuerait la crise des débouchés ; utilisée rationnellement, elle remédiera à cette crise, surtout si elle est abondante et économique. [...] C'est pourquoi, la conception d'une Europe électrifiée suivant un plan général bien étudié s'impose à l'esprit[2].

Sur le terrain, il faut noter que de timides expériences d'interconnexion de réseaux voient le jour[3]. Ceci étant, les sociétés productrices d'énergie opèrent sur un marché national voire même régional.

---

[1] Les sources utilisées proviennent des archives historiques de la Commission européenne (BAC), des *Bulletins des Communautés européennes* et de la législation.

[2] Heineman, D., Préface in Delaisi, F., *Les deux Europes*, Paris, Payot, 1929, p. 18-20.

[3] C'est le cas de la région Sarre, Lorraine, Luxembourg dans les années 1930. Bouneau, C., *Réseaux ferroviaires, réseaux électriques et régionalisation en France du milieu du XIXe siècle au second conflit mondial. Contribution à l'histoire économique et sociale des espaces régionaux*, thèse d'habilitation dir. François Caron, Université de Paris-Sorbonne Paris-IV, décembre 1998, 3 volumes, 932 p.

Avec la création de la CECA et, par la suite, celle d'Euratom, des initiatives apparaissent dans le secteur de l'énergie. Cette période voit notamment les débuts de l'évolution de la situation d'approvisionnement en énergie : la production de charbon commence à diminuer au profit du pétrole.

Du point de vue des traités, il n'existe pas, au niveau européen, un marché commun de l'énergie mais plusieurs marchés : un pour le charbon, un pour l'énergie nucléaire et un pour les autres sources d'énergie, en ce compris le pétrole et le gaz naturel. Cette séparation existe bien que la production et la distribution d'énergie ne peuvent pas être si facilement séparées car toutes ces sources d'énergie permettent de produire de l'électricité et se concurrencent donc.

Le Traité instituant la Communauté économique européenne (CEE) ne contient pas de dispositions spécifiques concernant la politique de l'énergie. Il ne prévoit pas non plus de mesures applicables aux énergies non concernées par les autres traités, comme le pétrole, le gaz ou l'électricité ; l'application des principes généraux du traité prévaut dans ces secteurs.

L'énergie électrique s'analyse comme une marchandise qui présente la particularité de devoir être consommée dès qu'elle est produite. Elle ne peut s'acheter, se vendre, s'échanger que s'il existe, en arrière-plan, des réseaux. Ces réseaux sont souvent sous l'emprise directe ou indirecte des États ou de collectivités publiques. Il existe deux types de régime de distribution de l'énergie électrique en Europe : la nationalisation et la concession. L'action communautaire au niveau de l'électricité et de l'énergie en général, passe donc par la mobilisation d'autres politiques, comme celles de la concurrence, du marché intérieur ou de la recherche.

Suite à la fusion des exécutifs en 1967, la Commission des Communautés européennes traite en conséquence de tous les secteurs énergétiques.

Des changements se sont opérés au cours des années 1960 notamment au niveau de la dépendance énergétique. Des événements sur la scène internationale – notamment la crise du Canal de Suez, la création de l'OPEP et la Guerre des Six jours – font prendre conscience à la CEE des risques de la dépendance énergétique. On note également une accélération de la consommation d'énergie avec une forte croissance des besoins du secteur domestique. La consommation électrique augmente et le prix en monnaie courante de l'électricité diminue[4].

---

[4] Plusieurs raisons peuvent être évoquées pour la diminution des prix : le prix de revient du Kwh décroît en fonction de la taille des unités de production, la capacité

II. Propositions de la Commission européenne

Cette contribution s'articule en trois étapes. Après une brève mise en perspective (I-II), nous nous intéresserons plus particulièrement aux propositions de la Commission dans le secteur de l'électricité sans toutefois perdre de vue que la production de celle-ci implique plusieurs secteurs primaires, les centrales fonctionnant en effet à partir de différentes sources. Des groupes d'intérêt électrique la FIPACE (Fédération internationale des producteurs autoconsommateurs industriels d'électricité)[5] et l'UNIPEDE (Union internationale des producteurs et distributeurs d'énergie électrique)[6] sont consultés pour l'élaboration de

---

des lignes de transmission font diminuer le prix du transport, les progrès technologiques ont améliorés le rendement des centrales, la plus grande régularité de la demande d'électricité, la rationalisation des services de clientèle (encaissement, facturation, lecture des compteurs, dépannages, raccordements), le fait que dans les années 1960 « le prix des produits pétroliers brûlés par les centrales thermiques était très favorable » (COM 74 1970 p. 11).

[5] La FIPACE est créée en 1954 à Milan afin de faire connaître le point de vue des industriels autoproducteurs dans les sphères européennes de l'énergie. Les autoproducteurs ou producteurs autonomes sont des « entreprises qui, subsidiairement à leur activité principale, produisent elles-mêmes, individuellement ou en commun, l'énergie électrique destinées en totalité ou en partie à leurs besoins propres ». Dix ans après sa création, la FIPACE groupe les associations d'autoproducteurs des pays de la CEE et de l'Autriche. Les objectifs de la FIPACE sont : « 1. offrir aux Industriels autoproducteurs d'énergie électrique le cadre permanent d'études et de documentation et d'échanges d'expérience ; 2. leur permettre la recherche d'une communauté d'action et de prises de positions communes ; 3. leur permettre de disposer de porte-parole autorisés auprès des institutions internationales à compétence énergétique, qu'elles soient privées, intergouvernementales ou supranationales ». De Leener, M., *L'autoproduction industrielle d'énergie électrique dans l'économie énergétique de l'Europe*, 1963, p. 1 et Annexe 1.

[6] L'UNIPEDE se donne comme objectif d'étudier sur le plan international les problèmes de l'énergie électrique afin de perfectionner la qualité du service et de mettre l'électricité à la disposition des usagers aux meilleures conditions possibles. C'est essentiellement un groupement d'études et de diffusion de l'information. L'UNIPEDE est composée de membres actifs, de membres affiliés, de membres adhérents et de correspondants. « Les membres actifs sont les groupements nationaux habilités à représenter les entreprises assurant la production, le transport et la distribution de l'énergie électrique dans leur pays. Les membres affiliés et adhérents sont des entreprises de production et de distribution d'électricité, des établissements publics et des groupements professionnels dont les objectifs et activités se rattachent directement à l'industrie de l'énergie électrique ». Les Six font partie des membres actifs. L'UNIPEDE, organisation représentative de la distribution publique, et la FIPACE, représentative de l'autoproduction, ont créé, au début des années 1950, la Conférence internationale de liaison entre producteurs d'énergie électrique (CILPE) afin de se concerter sur les grandes questions qui leur sont communes et de confronter leur point de vue. Voir : Lyons, P. K., « 75 Years of Cooperation in the Electricity Industry », sur http://eurelectric75.atalink.co.uk.

Julie Cailleau

ces propositions. On retrouve trace de leurs contacts et de leur correspondance avec la Commission qui créé des groupes de discussions permanents avec eux. Nous nous pencherons aussi sur les rapports que l'UNICE (l'Union des industries de la Communauté européenne)[7] remet à la Commission concernant l'énergie.

La période chronologique couverte ira de 1969 à 1975. Ce *terminus ad quo* est choisi en fonction de la disponibilité des archives. La Commission va développer sa « stratégie » au travers de deux documents. Le premier date de décembre 1968 et le deuxième de 1974, juste après la crise. Nous tenterons de voir si l'action de la Commission dans le secteur de l'électricité change après la crise pétrolière de 1973.

III. Les protagonistes

Les protagonistes autour de cette action sont les suivants :

Au niveau des *commissaires*, jusqu'en 1973, Wilhem Haferkamp[8] est le commissaire chargé de l'énergie, de l'agence d'approvisionnement Euratom et du contrôle de sécurité. Henri Simonet[9], commissaire belge,

---

[7] L'UNICE apparaît en mars 1958 dans la suite du CIFE (Conseil de fédérations industrielles d'Europe) et de l'Union des industries des pays de la Communauté européennes, créée lors de la CECA. Ses objectifs à l'origine sont de « réunir les fédérations industrielles centrales pour favoriser une solidarité entre elles; encourager une politique industrielle compétitive au niveau européen; et être porte-parole envers les institutions européennes ». (http://www.unice.org)

[8] Wilhem Haferkamp (Duisburg, 1er juillet 1923 – 17 janvier 1995), diplômé de sciences économiques, travaille tout d'abord dans le milieux des syndicats allemands : en 1950, il est le chef du Département de politique sociale de la Centrale régionale de Rhénanie du Nord-Westphalie de la Confédération des syndicats allemands. Entre 1957 et 1963, il est Président de la Centrale régionale de la Rhénanie du Nord-Westphalie de la Confédération des syndicats allemands. À partir de 1962, et ce jusque 1967, il est également membre du Bureau confédéral de la Confédération des syndicats allemands. Entre 1963 et 1965, il est membre du Comité Consultatif de la Haute Autorité de la CECA. En 1967, Wilhem Haferkamp rentre à la Commission des Communautés européennes et est le membre chargé de l'énergie, de l'agence d'approvisionnement Euratom et du contrôle de sécurité. À partir de 1973 et jusqu'en 1981, il est vice-président de la Commission européenne chargé des Affaires économiques et financières et du crédit et investissement (1973-1977) et des relations extérieures (1977-1985). Il représente par après les intérêts de Hambourg, du Schleswig-Hollstein et de Basse-Saxe auprès des Communautés européennes.

[9] Henri Simonet (Bruxelles, 10 mai 1931 – mars 1996) est un homme politique belge socialiste puis libéral à partir de 1984. En 1966, il entre au Parlement et commence à enseigner à l'Université Libre de Bruxelles. De 1966 à 1984, il est bourgmestre d'Anderlecht avec des intermittences. Pendant 1972-1973, il est ministre des Affaires économiques avant de devenir vice-président de la Commission européenne jusqu'en 1977. Entre 1977 et 1980, il fut ministre des Affaires étrangères dans plusieurs gouvernements.

122

est chargé de l'énergie, de l'agence d'approvisionnement Euratom et des Affaires industrielles et technologiques de 1973 à 1977.

Au niveau de la *Direction générale Énergie*, on peut diviser les acteurs en différentes fonctions. La fonction *politique* est remplie par Fernand Spaak[10], le directeur général de la DG XII Énergie de 1967 à 1975. De nationalité belge, il a d'abord travaillé pour la Banque Nationale de Belgique (1950-1952) et pour la Haute Autorité de la CECA notamment auprès de Jean Monnet et de René Mayer avant de devenir en 1960 le Directeur général de l'Agence d'approvisionnement Euratom. Les autres fonctions sont plus *techniques*. Armando Baruffa[11] est conseiller principal à la DG Énergie. Cet italien connaît bien le monde de l'électricité. Ingénieur électricien, il a travaillé dans diverses entreprises électriques en Italie, en Suisse et à Beyrouth avant de rentrer à la Commission Euratom. Le chef de la division électricité est Hans Eliasmöller[12]. Économiste de formation, il a également étudié l'économie énergétique. Il a également travaillé dans le secteur de l'énergie avant de rentrer à la Commission en 1961. Le chef de la division de

---

[10] Fernand Spaak (Forest, août 1923 – Ixelles, juin 1981), fils de Paul-Henri Spaak, est docteur en droit. Après sa fonction de directeur général de la DG XVII Énergie de 1967 à 1975, il devient le chef de la délégation de la Commission européenne à Washington jusqu'en 1981. En 1981, il sera pour quelques mois le chef de cabinet de Gaston Thorn (de février à juin 1981).

[11] Armando Baruffa (Milan, 13 septembre 1931) est ingénieur électricien (Polytechnique de Milan). En 1947, il devient ingénieur adjoint à la Direction des Travaux de la Société CEIET jusqu'en 1949 où il est chef de service Distribution de la Société d'Électricité de Beyrouth. De 1955 à 1957, il est *Project engineer* à la Société Brown Boveri & Co de Baden en Suisse et de 1957 à 1960, il est chef du service technique de la Société SIMEA à Rome. En juillet 1960, il rentre à la Commission de l'Euratom comme administrateur principal à la DG Industrie et économie. En août 1963, il devient chef de la division Industrie Connexes dans la même Commission. À partir de 1968, il fait partie de la Commission unique où il est Directeur de la direction Opérations technologiques à la DG Recherche et technologie, puis Directeur de la direction Industrie-Technologie – Secteur nucléaire et énergétique à la DG des Affaires industrielles et scientifiques (février 1971– janvier 1973).

[12] Hans Eliasmöller (Bochum, 28 août 1929) a fait des études de *Business Administration and Economics* à l'Université de Münster, d'économie énergétique à l'Université de Cologne et a un *Degree in Business Economics*. Il est également docteur en sciences politiques. Entre 1958 et 1961, il travaille dans différents établissements de la Reinische Energie Aktiengesellschaft – Rhenag puis dans le département d'audit et comme assistant au Président du Conseil de cette société. En 1960, il participe aux travaux de la Commission pour l'usage du gaz naturel dans l'offre publique de gaz (VGW). Entre 1961 et 1967, il est membre de la division du développement régional de la DG Affaires économiques et financières de la Commission des Communautés européennes et devient en 1972 le chef de la division électricité de la DG Énergie.

l'approvisionnement est Berthold Daniels[13], un Allemand, docteur et ingénieur des mines.

La personne de la FIPACE qui prend contact avec la Commission est Marcel De Leener. Il est Administrateur délégué de l'Association des centrales électriques industrielles de Belgique (ACEIB). Pour toute la période étudiée ici, il est délégué général de la FIPACE. Le Secrétaire Général de la FIPACE est Adelin Thonon, qui est Directeur de la même ACEIB.

Au niveau de l'UNIPEDE, Hervé de Maublanc, un français, est délégué général et Roger Saudan, un Suisse est secrétaire général.

IV. Mise en place de la Première orientation pour une politique énergétique (1969-1973)

Le 18 décembre 1968, la Commission européenne établit la « Première orientation pour une politique énergétique »[14]. Ce texte est une proposition de stratégie d'action générale dans une Europe qui connaît une phase de croissance forte et prolongée depuis l'après-guerre. Entre 1969[15] et 1973, la Commission examine et tente de mettre en œuvre ce document et présente différentes propositions concrètes. Le 4 octobre 1972, la Commission actualise et précise le document par deux nouveaux textes : une communication sur Les problèmes et les moyens de la politique de l'énergie pour la période 1975-1985 »[16] et une communication sur « Les progrès nécessaires de la politique énergétique communautaire »[17].

La Commission constate qu'il existe toujours pour les produits énergétiques « de sérieuses entraves aux échanges à l'intérieur de la Communauté. Si cette situation n'est pas modifiée et si un marché

---

[13] Berthold Daniels, (Budapest, 25 novembre 1917) est Docteur et ingénieur des mines (Bergakademie Clausthal). En 1954, il travaille dans le secteur de la recherche et du développement pour le charbon à l'Association des charbonnages à Essen. En 1962, il travaille pour la Wintershall Compagny jusqu'en 1967 où il devient administrateur à la DG du Charbon de la Haute Autorité. En 1974, il devient le chef de la division de l'approvisionnement en pétrole de la DG Énergie de la Commission.

[14] Première orientation pour une politique énergétique communautaire (Communication de la Commission au Conseil), Bruxelles, 18 décembre 1968, COM (68) 1040.

[15] Le 13 novembre 1969, le Conseil en approuve les principes de base et invite la Commission à lui présenter des propositions.

[16] Les problèmes et les moyens de la politique de l'énergie pour la période 1975-1985 (Communication de la Commission au Conseil), Bruxelles, 4 octobre 1972, COM (72) 1201.

[17] Progrès nécessaires de la politique énergétique (Communication de la Commission au Conseil), Bruxelles, Bruxelles, 4 octobre 1972, COM (72) 1200.

commun de l'énergie n'est pas réalisé dans un proche avenir, le niveau d'intégration atteint dans ce domaine risque d'être compromis »[18].

Dans sa « Communication sur la mise en œuvre de la Première orientation »[19], la Commission remarque que depuis la « Première orientation », le marché mondial de l'énergie s'est modifié, surtout à cause des événements dans le secteur pétrolier. L'approvisionnement devient alors un élément principal de la politique énergétique. Cette évolution amène notamment à reconsidérer la contribution que pourra apporter le charbon dans le secteur de l'électricité. Selon la Commission, la politique énergétique doit tendre « à créer un environnement qui permette aux utilisateurs de se procurer de l'énergie primaire dont ils ont besoin, dans des conditions aussi satisfaisantes qu'il est possible aux points de vue des quantités, de la qualité et du prix »[20].

Les idées et projets d'actions développés par la Commission dans ces différents textes sont les suivantes :

Pour les *renseignements et l'information*, la Commission propose de mettre en place un programme indicatif pour le secteur de l'électricité. Pour cela, la Commission consultera les États membres et les milieux intéressés. Les programmes indicatifs devront prévoir des mesures afin d'améliorer « les structures actuelles des entreprises et des réseaux [qui] ne répondent pas toujours aux conditions d'utilisation les plus rationnelles des équipements »[21].

En ce qui concerne la *concurrence*, « Le rôle de la politique énergétique étant de servir l'intérêt des consommateurs, il est nécessaire d'attribuer à la concurrence la fonction directionnelle fondamentale »[22]. Des mesures doivent être prises pour faciliter l'aménagement des monopoles nationaux, éliminer les entraves d'ordre technique, harmoniser le transport par lignes électriques, éliminer les discriminations dans les régimes de concession et de distribution de l'électricité et notifier à la Commission les projets de concentrations d'entreprises dans le secteur des combustibles nucléaires. La FIPACE met en exergue la position des

---

[18] Première orientation, *op. cit.*, p. 2.

[19] La mise en œuvre de la « Première orientation pour une politique énergétique communautaire » (Communication de la Commission au Conseil), Bruxelles, 30 juillet 1971, COM (71) 810.

[20] Les problèmes et les moyens, *op. cit.*, p. 1.

[21] Première orientation, *op. cit.*, p. 22.

[22] *Ibidem*, p. 5.

autoproducteurs dans certains pays où les dispositions du Traité concernant la concurrence ne seraient pas respectées[23].

Ceci étant, les *préoccupations* que l'on peut déceler dans les textes de la Commission peuvent être résumées de la manière suivante.

En premier lieu, le *respect de l'environnement* : dans les textes précédents, la Commission mettait l'accent sur une énergie sûre et bon marché, le gaz naturel et l'énergie nucléaire répondaient à ces exigences. Pour le respect de l'environnement, ces deux sources sont aussi bien placées. Pour ce qui à trait à l'électricité, les problèmes environnementaux sont les rejets thermiques dans les cours d'eau qui en augmentent la température, la sécurité des installations nucléaires et le stockage des déchets radioactifs.

Vient ensuite assez logiquement, *l'utilisation rationnelle de l'énergie* : le double objectif est de réduire les problèmes d'approvisionnement et de respecter l'environnement.

En troisième lieu, *la recherche scientifique et technique* : l'énergie nucléaire étant au début de son développement, il est nécessaire de faire de la recherche et du développement. Les États-Unis investissent dans ce secteur, ce qui augmente le *technological gap*. Il faut investir dans deux catégories de recherche : d'une part, trouver de meilleurs rendements et d'autre part, trouver de nouvelles sources d'énergie ou des nouvelles utilisations. Il est nécessaire de favoriser l'utilisation du nucléaire et d'étendre les usages de l'énergie électrique.

Enfin, *la diversité des sources* : la Communauté doit rechercher un approvisionnement sûr à des prix stables et aussi bas que possible. On peut produire de l'électricité avec toutes les énergies primaires ; il faut donc encourager la consommation d'électricité exceptée celle à base de gaz naturel dont l'utilisation doit être plus efficace. La Commission désire que l'on continue à produire de l'électricité avec le charbon. L'électricité d'origine nucléaire est présentée comme l'alternative principale aux problèmes de l'approvisionnement. Les prévisions sont une capacité de 100 GWe (100 milliards de watts électriques) d'origine

---

[23] La FIPACE envoie un mémorandum à la Commission dans lequel elle veut démontrer que dans certains États membres les dispositions des articles 37, 85 et suivants ne sont pas respectées dans le domaine électrique. Puisque l'électricité est une marchandise comme toute autre, elle doit être vendue sur un marché libre pour que les forces de marché puissent jouer leur rôle d'orientation. L'idéal à atteindre est donc le libre jeu de la concurrence. Pour cela, il faut arriver à une complète liberté d'établissement et même à une liberté de fournir de l'électricité à des prix concurrentiels. Selon la FIPACE, l'attitude des monopoles des autorités publiques vis-à-vis des autoproducteurs est contraire au Traité. Cf. FIPACE, *La production et la distribution d'énergie électrique dans le cadre du Traité de Rome*, octobre 1967, 9 p.

nucléaire en 1985. Les besoins totaux en énergie seront couverts à 11 % par de l'électricité primaire.

La mise en place du nucléaire présente des difficultés d'ordre financier pour les entreprises. Malgré un rendement meilleur par rapport aux centrales classiques, les installations nucléaires sont plus coûteuses. La Commission propose au Conseil de prendre une décision concernant l'article 172 alinéa 4 du Traité Euratom qui prévoit la réalisation d'emprunts par des sociétés productrices d'électricité pour faciliter le financement des investissements supplémentaires qu'entraîne le recours à l'énergie nucléaire et d'accélérer ainsi le développement de cette énergie. Les groupes d'intérêt électriques soutiennent cette initiative.

V. Vers une nouvelle stratégie pour la politique énergétique (1973-1975)

La crise du pétrole de 1973 rappelle à l'Europe sa vulnérabilité et sa dépendance énergétique. Les données économiques du marché énergétique sont bouleversées. La définition et l'application d'une politique énergétique commune à court et à long terme apparaissent comme des mesures de première nécessité[24].

Une déclaration d'intention politique concernant l'énergie a lieu au sommet des chefs d'État et de gouvernement à Copenhague en décembre 1973. À cette occasion, il est prévu que le Conseil adopte des dispositions afin d'autoriser la Commission à établir avant le 15 janvier 1974 des bilans énergétiques exhaustifs. Il est également demandé à la Commission de présenter des propositions au Conseil « en vue d'assurer un fonctionnement ordonné du marché commun de l'énergie ». Deux jours plus tard, le 17 décembre 1973, la Commission présente deux propositions. Elle propose la création d'un Comité de l'énergie composé de hauts fonctionnaires responsables des problèmes énergétiques dans chacun des États membres[25] et un règlement sur les informations que les États membres devront fournir afin d'établir des bilans énergétiques exhaustifs[26].

---

[24] Marlène, R., *La Communauté européenne de l'énergie atomique et la politique nucléaire européenne*, Thèse de l'Université de Montpellier, Faculté de droit et d'économie, soutenue en 1977, Montpellier, 1979, p. 213.

[25] Proposition d'une décision du Conseil portant création d'un comité de l'énergie (présentée par la Commission au Conseil), Bruxelles, 17 décembre 1973, COM (73) 2206.

[26] Informations destinées à l'établissement de bilans énergétiques exhaustifs pour la Communauté (Communication et proposition de la Commission au Conseil), Bruxelles, 17 décembre 1973, COM (73) 2207.

Avant d'établir une nouvelle série d'objectifs à atteindre dans sa « Nouvelle stratégie », la Commission présente une communication sur « La mise en œuvre des "Orientations et actions prioritaires pour une politique énergétique communautaire" »[27]. La particularité de ce document est de fournir un calendrier prévisionnel des travaux à réaliser dans les différents domaines énergétiques en 1974 et 1975. La Commission y met « un accent particulier sur l'effort de concertation et de réflexion en commun de tous les milieux intéressés »[28]. Elle considère qu'il faut faire des actions dans le domaine de :

– la protection de la santé et la préservation de l'environnement[29] ;

– l'assise industrielle, scientifique et technologique[30] ;

– l'approvisionnement en combustibles[31].

Il est à noter que le mot « santé » apparaît ici à côté de l'environnement. À partir de là, les deux préoccupations seront liées.

A. Vers une nouvelle stratégie pour la politique énergétique[32]

La *Nouvelle stratégie* traduit également ce qui avait été décidé à Copenhague en décembre 1973. La Commission y définit des objectifs pour la politique énergétique commune. Le but est de concrétiser la nature et l'ampleur de l'engagement politique pris par la Communauté en vue de donner une orientation déterminée à la structure de son approvisionnement. Ces objectifs « constituent des lignes directrices pour les politiques nationales et en même temps des orientations importantes pour les producteurs et les consommateurs d'énergie de la Communauté »[33]. Ils reposent sur des principes qui imposent la mise en œuvre d'une stratégie adaptée et le respect de certaines conditions. Ces objectifs sont jugés par le Parlement comme « ambitieux, mais non utopiques »[34].

---

[27] La mise en œuvre des « Orientations et actions prioritaires pour une politique énergétique communautaire » (Communication de la Commission au Conseil), Bruxelles, 1er février 1974, COM (74) 10.

[28] *Ibidem*, p. 2.

[29] *Ibidem*, p. 2-6.

[30] *Ibidem*, p. 7-8.

[31] *Ibidem*, p. 9-10.

[32] Vers une nouvelle stratégie de politique énergétique pour la Communauté (Communication de la Commission au Conseil), Bruxelles, 29 mai 1974, COM (74) 550.

[33] Résolution du Conseil du 17 septembre 1974, §3. Doc R/2391/74 (ENER 45).

[34] Résolution portant avis du Parlement européen sur la communication et les propositions de la Commission des Communautés européennes au Conseil relatives à une nouvelle stratégie de la politique énergétique pour la Communauté adoptée lors de la

Que prévoit-on ? En général, une politique énergétique communautaire[35]. La stratégie se divise en deux volets : d'une part des mesures conservatoires qui visent à réglementer les sources d'énergie existantes pour une utilisation rationnelle. Il s'agit de diminuer la quantité d'*input* d'énergie pour la même quantité d'*output*[36]. D'autre part, des mesures progressistes qui tendent à innover en trouvant des sources d'énergies nouvelles pour l'avenir. Il est prévu de diminuer la dépendance énergétique de la Communauté vis-à-vis de l'extérieur en diminuant la consommation de pétrole et en augmentant la consommation d'énergie nucléaire – énergie plus sûre au niveau de l'approvisionnement – et le recours au charbon et aux sources indigènes. Des actions de recherche et développement doivent également être initiées.

La « Nouvelle stratégie » est suivie de propositions d'orientations sectorielles – nous développerons celles pour le secteur électrique – et d'« Objectifs 1985 »[37] qui « présente les objectifs de la "Nouvelle Stratégie" révisée à la lumière des perspectives des États membres ainsi que les principales actions qui devraient permettre leur réalisation »[38] et une série de documents détaillés sur ses modalités. La Commission y revoit les chiffres proposés. La résolution suscite des doutes quant à la nature contraignante des objectifs pour les États membres. Lors de la discussion du texte en réunion de chefs de cabinet, il est proposé de rendre moins conditionnel l'objectif de production d'électricité en 1985,

---

séance du 11 juillet 1974, 15 juillet 1974, p. 3. Certains lobbies envoient également leur avis à la Commission notamment la Communauté européenne des coopératives de consommation (EURO COOP). Cf. *Prise de position de la Communauté européenne des Coopératives de la Consommation sur les communications et propositions de la Commission au Conseil*, 30 octobre 1974.

[35] Le terme « politique communautaire » est parfois confondu avec le terme « politique commune ». Il n'existe que deux politiques communes : la politique agricole et la politique des transports Si l'on voulait arriver à une politique commune dans le domaine énergétique, une révision des traités s'imposerait.

[36] Programme d'action communautaire et projet de résolution du Conseil dans le domaine de l'utilisation rationnelle de l'énergie (Présentés par la Commission au Conseil), Bruxelles, 27 novembre 1974 (COM 74 1950). L'UNICE supporte également l'exploitation optimale des ressources de la communauté et émet un jugement favorable à ce document mais fait quelques observations. Les objectifs mentionnés sont conditionnés par de nombreux facteurs (mesures administratives, nouveaux équipements...) qui peuvent faire douter de leur réalisation effective. Il ne donne pas assez de détails sur le fait que l'utilisation rationnelle d'énergie peut donner lieu à des surplus (*UNICE Opinion on the Community Action Programme and Proposal for a Council Resolution in the Sphere of the Rational Utilisation of Energy*, 24 janvier 1975, 4 p.).

[37] Politique énergétique communautaire, Objectifs pour 1985 (Communication de la Commission au Conseil), Bruxelles, 27 novembre 1974, COM (74) 1960.

[38] Lardinois, P.J., Lettre à J. Sauvagnargues, 29 novembre 1974, BAC 28/1980, 685.

de souligner le rôle primordial de la recherche et du développement pour les technologies nucléaires et la protection des populations et de l'environnement[39].

B. *Mesures concernant l'électricité*

La Commission fixe, en 1974, dix lignes directrices dans « Les orientations pour le secteur de l'électricité »[40], nous en développerons quelques-unes.

La Commission désire améliorer la sécurité d'approvisionnement, d'une part, par l'utilisation préférentielle de l'énergie nucléaire et des énergies indigènes et, d'autre part, par une augmentation de la part de l'électricité dans la demande finale d'énergie. Le directeur général de l'Énergie déclare : « L'énergie électrique est actuellement et demeurera pendant dix à quinze ans le débouché principal et exclusif de l'énergie nucléaire et, dans la mesure où nous voulons développer cette forme d'énergie, nous avons intérêt à développer la part que l'électricité occupe dans notre approvisionnement énergétique »[41].

La critique faite est que la *Nouvelle stratégie* accorde « trop peu d'attention à la contribution que pourraient apporter d'autres sources à la production de l'électricité »[42]. Il faudrait développer les recherches pour des énergies alternatives (énergies géothermiques, etc.). La caricature est que l'on veut passer du tout pétrole au tout nucléaire[43] ce qui n'est pas plus sûr à long terme.

La Commission veut faire passer la part de l'électricité primaire dans la production totale d'énergie de 4 % en 1973 à 19 % en 1985 et de 25 % à 35 % la production totale d'électricité dans la demande finale. Il y a évidemment un accord pour promouvoir l'électricité de la part des

---

[39] Jean Degimbe, Note à l'attention de MM. Les membres de la Commission, 26 novembre 1974.

[40] Orientations pour le secteur de l'électricité dans la Communauté, Le rôle de l'électricité dans une nouvelle stratégie de politique énergétique (Communication de la Commission au Conseil), Bruxelles, 27 novembre 1974, COM (74) 1970.

[41] Fernand Spaak, *Une Stratégie européenne de l'énergie*, Conférence donnée par F. Spaak le 6 juin 1974 à la Société Royale d'économie politique de Belgique, juin 1974, p. 16. (Archives du Comité d'Action pour les États-Unis d'Europe (Fondation Jean Monnet à Lausanne) AMK 128/3/12).

[42] Supplément d'avis de la section de l'énergie et des affaires nucléaires sur la Communication de la Commission au Conseil intitulée « Vers une nouvelle stratégie de politique énergétique pour la Communauté », 14 juillet 1975, p. 14.

[43] Déclaration de M. Soulat, Compte rendu des délibérations du CES sur l'avis relatif à la Communication de la Commission au Conseil intitulée « Vers une nouvelle stratégie de la politique énergétique pour la Communauté », Séance du 18 juillet 1974, 8 août 1974, p. 10.

groupes électriques mais il ne faudrait pas que la consommation d'électricité augmente avant que les centrales nucléaires ne puissent fournir en quantité cette énergie. Pour l'UNICE compte tenu de la structure de la production de l'électricité, il n'apparaît pas justifié de pousser actuellement à sa consommation. L'UNICE dresse une liste d'arguments allant dans ce sens[44].

Les groupes d'intérêt électriques s'inquiètent du fait que le public ne perçoit pas toujours le nucléaire de manière positive. Certains pays – les Pays-Bas et le Danemark, notamment – ne veulent pas envisager le nucléaire comme la seule alternative, même si le nucléaire reste la solution la plus réaliste[45], à cause des problèmes potentiels au niveau de la protection de la santé et de l'environnement. Tout le monde n'est pas du même avis concernant les effets nocifs potentiels du nucléaire. Les débats du Comité économique et social (CES) illustrent ce fait. Ainsi :

M. de Ferranti, Président de la section, appuyant M. Byskov, déclare qu'il est nécessaire d'admettre que les problèmes énergétiques de la Communauté ne peuvent se résoudre que par un vaste programme de développement de l'énergie nucléaire. Les personnes qui ne sont pas expertes en la matière devraient recueillir un maximum d'informations sur le niveau de sécurité et de protection de l'environnement effectivement atteint dans le domaine de l'énergie nucléaire, avant de propager des idées fausses parmi la population, d'autant plus que celle-ci a un besoin vital d'énergie. Les personnes qui connaissent peu la question devraient s'abstenir de faire des déclarations susceptibles de mettre en péril toute la civilisation[46].

La Commission déclare :

Il est essentiel que le public approuve le développement de l'énergie nucléaire. Il convient donc de faire un effort substantiel pour l'informer dans toute la mesure du possible de la nécessité de construire des centrales nucléaires, des facteurs techniques influençant la sécurité de ces installations ainsi que des risques nucléaires comparés à ceux qui sont acceptés dans d'autres domaines de l'activité humaine[47].

Elle propose également comme objectif une protection de l'environnement avec comme domaines prioritaires : la sécurité des installations

---

[44] Avis de l'UNICE sur le Rapport sur la réalisation des objectifs pour 1985 de la politique énergétique communautaire, 5 avril 1976, p. 4-5.

[45] Annexe au supplément d'avis du CES sur la Communication et les propositions de la Commission au Conseil intitulées « Vers une nouvelle stratégie de la politique énergétique pour la Communauté », 29 octobre 1975, p. 7.

[46] Compte rendu des délibérations du CES sur l'avis relatif à la Communication de la Commission au Conseil intitulée « Vers une nouvelle stratégie de la politique énergétique pour la Communauté », Séance du 29 octobre 1975, 2 novembre 1975, p. 18.

[47] Orientations pour le secteur de l'électricité, *op. cit.*, p. 9.

nucléaires, les rejets thermiques et les émissions atmosphériques de soufre par les centrales thermiques classiques.

Il s'agit d'une part de développer des réglementations qui soient crédibles pour la population, qui permette un contrôle par l'autorité publique sur une base satisfaisante pour les différents intéressés et, d'autre part, d'assurer le développement des interventions financières de l'autorité publique pour que l'étude des problèmes techniques qui restent à résoudre, en particulier en ce qui concerne la disponibilité, la disposition et la gestion des déchets radioactifs, soit entreprise en temps utile. Nous disposerons d'ailleurs d'un certain nombre d'années pour régler ce problème qui ne deviendra véritablement dominant qu'après dix ou quinze ans du développement d'un programme nucléaire de l'importance de celui que je vous ai indiqué[48].

L'UNICE pense que si l'on promeut l'électricité, il faudra la payer à son vrai prix qui prendra en compte le coût à court, moyen et long terme avec un maximum de sécurité d'approvisionnement[49]. La FIPACE s'inquiète également de la transparence des prix. Des doutes sont formulés sur le caractère réaliste des chiffres proposés par la Commission quant à la diminution du prix de l'électricité. Des doutes subsistent quant aux moyens que la Commission prévoit afin d'encourager la demande et maintenir la tendance à la diminution du prix de l'électricité.

Il faut également qu'un choix fondamental soit fait sur la question de savoir à qui incombe le financement : les consommateurs, le contribuable ou le marché financier. Si des mesures financières sont prises par les États, il faut prendre garde aux distorsions de concurrence qu'elles pourraient créer. Dans la « Nouvelle stratégie », la Commission fait des estimations et indique notamment que l'investissement en amont peut être estimé à plus ou moins 15 % de celui réalisé en production électrique soit 15 milliards d'unités de compte. Le CES voudrait que la Commission précise comment elle a établi l'objectif de 15 % et quelle est « la part de ces économies qui résultera des contraintes et encouragements mis en œuvre par les pouvoirs publics et celle qui sera due à une réaction spontanée des consommateurs aux prix élevés de l'énergie »[50]. La DG Affaires industrielles et technologiques (DG I) s'interroge aussi[51].

---

[48] Fernand Spaak; *Une Stratégie européenne de l'énergie*, op. cit., p. 20.

[49] *UNICE Opinion on the Guidelines for the Electricity Sector in the Community*, 24 janvier 1975, 4 p.

[50] Supplément d'avis de la section de l'énergie et des affaires nucléaires (...), *op. cit.*, p. 4-5.

[51] « Nous ignorons la signification exacte de ce chiffre et croyons savoir qu'il est d'origine américaine ; pour ce qui concerne les équipements électro-mécaniques et nucléaires lourds, objets d'une étude en cours à la DG III, les investissements devraient

Il est à noter que l'on trouve dans les archives de la DG Affaires industrielles et technologiques un désaccord avec la DG Énergie. En effet, la Commission-DG Énergie présente dans son programme des aspects industriels de la politique à mettre en place dans le secteur du nucléaire. Pour ce faire, elle n'aurait pas consulté la DG Affaires industrielles. Serge Orlowski, le chef de la division « industries électro-mécaniques et nucléaires » de la DG III écrit :

> Mes collaborateurs et moi-même avons noté que la réaction première a toujours été *de demander si les services de la Commission avaient établi ce document en tenant compte des réalités industrielles* (capacité de l'industrie et effort de R and D). La réponse de mes collègues de la DG XVII m'a fait comprendre que ce n'est pas le cas. Aussi semble-t-il que la DG XVII attende que nous sortions d'un chapeau magique le lapin qui répondrait à toutes les questions posées. Or, depuis une quinzaine de jours, notre Direction, mes collaborateurs et moi-même recevont des demandes indirectes ou privées, qui nous font penser que la Commission elle-même estime qu'il y a une « lacune industrielle » dans le document de la stratégie énergétique... et que l'on s'étonne que la DG III ne l'ait pas déjà comblée[52].

L'UNICE se pose également des questions sur le réalisme des objectifs proposés. L'objectif de fournir 50 % de l'électricité par le nucléaire soit 200 GWe[53], pourra seulement se réaliser si l'industrie nucléaire est assurée de la cohérence et de la continuité des programmes pour les dix prochaines années. Pour *Objectif 1985*, le Conseil a diminué ce critère à 160 GWe. 160 GWe correspondrait à l'addition des programmes nationaux, ce qui « donne à réfléchir quant à sa [la] volonté [de la Commission] de dépasser le niveau national pour accéder en matière énergétique au niveau d'une véritable politique communautaire »[54]. La Commission est également accusée de choisir « la solution de facilité consistant à attribuer au nucléaire tout ce que les autres

---

s'élever, selon nos premières estimations, à 3 ou 4 milliards d'u.c; nous vous demandons de bien vouloir ajouter ces prévisions », Loeff, Note à l'attention de Monsieur F. Spaak, 16 septembre 1974 (BAC 16/79 74).

[52] Serge Orlowski, Note à l'attention de Monsieur Loeff, 17 avril 1974, BAC 16/79, 74.

[53] Les représentants de la Commission « ont indiqué au cours des débats que la fixation d'un objectif de 200 GWe résulte de la prise en considération d'un certain nombre de facteurs dont le plus important à trait à la question de savoir si oui ou non la Communauté estime supportable à long terme le degré de dépendance dans lequel elle se trouve actuellement vis-à-vis du pétrole importé », *rapport fait au nom de la commission de l'énergie, de la recherche et de la technologie sur la proposition de la Commission des Communautés européennes au Conseil relative à une résolution sur les objectifs de la politique énergétique communautaire*, 10 mars 1975, p. 13-14.

[54] Rapport fait au nom de la commission de l'énergie, de la recherche et de la technologie (...), *op. cit.*, p. 13.

sources d'énergie ne pouvaient pas couvrir. Et ceci sans tenir compte de manière suffisante de toutes les conditions qu'un tel développement suppose réunies, ainsi que de l'ensemble des contraintes auxquelles le nucléaire est soumis »[55].

L'UNICE estime que les plans de développement du nucléaire sont relativement optimistes vu les difficultés, notamment administratives, pour passer commande d'installations nucléaires et vu l'approvisionnement en uranium naturel. Il serait donc nécessaire de favoriser l'accroissement de l'utilisation du charbon communautaire pour la production d'électricité. L'UNICE conteste l'affirmation selon laquelle le temps de construction des centrales nucléaires pourra être réduit par des mesures internes à l'industrie de la construction et ce à cause des règles de sécurité. La standardisation des équipements est nécessaire mais l'impulsion doit venir des ingénieurs et des producteurs. L'UNICE approuve le soutien de la Commission aux associations de producteurs dans le but de construire des grandes centrales électriques mais elle craint que sans autres encouragements, cela ne conduise pas à une ouverture du marché des équipements électro-mécaniques dans le cas des producteurs à petite échelle.

Pour le CES, il « convient de placer l'ensemble du cycle de l'énergie nucléaire sous le contrôle direct de la puissance publique » car « l'indépendance énergétique constitue un élément fondamental de l'indépendance économique et politique de l'Europe »[56]. L'UNICE ne veut pas que les pouvoirs publics imposent aux entreprises énergétiques des exigences d'un schéma global de production trop rigide auquel elles seraient obligées de se conformer. « Parallèlement enfin, l'UNICE craint que la liberté d'utilisation par les consommateurs industriels de telle ou telle source d'énergie soit de plus en plus encadrée par une économie énergétique dirigée, peut-être peu soucieuse de l'efficacité interne ou de la compétitivité de l'entreprise »[57]. Le CES remarque qu'il faudrait revoir les mesures plus ou moins restrictives dans les États membres en ce qui concerne l'auto-production de l'électricité, ce qui rejoint l'avis de la FIPACE. En effet, les industries doivent être libres de choisir le mode d'approvisionnement le plus économique et ceci ne pourrait être qu'en conformité avec l'utilisation rationnelle d'énergie et de concurrence[58]. L'UNICE est également pour l'autoproduction si l'entreprise le désire.

---

[55] *Ibidem.*

[56] Annexe au supplément d'avis du CES, *op. cit.*, 29 octobre 1975, p. 10-11.

[57] Avis de l'UNICE sur le Rapport sur la réalisation des objectifs pour 1985 de la politique énergétique communautaire, 5 avril 1976, p. 2.

[58] Supplément d'avis de la section de l'énergie et des affaires nucléaires (...), *op. cit.*, p. 17.

Bilan

En janvier 1976, la Commission soumet un rapport au Conseil sur la réalisation des objectifs pour 1985[59]. Le but est de permettre au Conseil de procéder à un échange de vues approfondi, sur la base duquel la Commission pourra faire des propositions, et de répondre à certaines questions, notamment s'il est possible d'augmenter la production d'électricité ou s'il est possible d'exploiter d'autres sources que les hydrocarbures[60].

Selon les prévisions que la Commission a reçu des États membres, les orientations pour la structure de la production de l'électricité sont respectées pour l'essentiel. La part de l'électricité dans la demande finale est de 32 % (le niveau de 35 % est prévu pour 1985). Elle constate une augmentation de la production d'électricité à base de houille et décrit comme « satisfaisante » l'évolution pour le gaz naturel. Pour ce qui est de l'utilisation des produits pétroliers dans la production d'électricité, la Commission constate que certains pays ont encore en commande des centrales au fuel et plus particulièrement en Italie ou au *Royaume-Uni* et en Allemagne[61]. Le Danemark et les Pays-Bas ont des prévisions qui impliquent de nouvelles commandes de centrales au fuel car leurs populations ont montré leur hostilité aux centrales nucléaires. Les prévisions de puissance de centrales nucléaires pour 1985 sembleraient être de 150 GWe.

Conclusion

La Commission définit des objectifs et des instruments pour établir une politique énergétique. Elle souligne également les problèmes de dépendance énergétique de l'Europe vis-à-vis de l'extérieur et propose une diversification des sources d'approvisionnement. La Commission fait des propositions de stratégie d'action générale ou d'objectifs à atteindre. Pour ce faire, elle consulte les groupes économiques qui suivent les travaux de la Commission. Face à des critiques ou à l'évolution de la situation énergétique, la Commission peut être amenée

---

[59] JOCE n° L 153 du 9 juillet 1975.

[60] Note ayant pour objet le rapport de la Commission sur la réalisation des objectifs pour 1985 de la politique énergétique communautaire, 19 mars 1975, 5 p.

[61] « Il ne semble guère réaliste d'espérer une renonciation significative à la réalisation de ces programmes : ils sont, en effet, probablement nécessaires pour "boucler" vers 1980 le bilan électrique des pays en cause. Il faut cependant veiller à ce qu'une offre excédentaire de fuel lourd à des prix excessivement bas n'incite pas les producteurs d'électricité à recourir davantage à ce combustible », *rapport sur la réalisation des objectifs pour 1985 de la politique énergétique communautaire*, 16 janvier 1976, p. 9.

à réorienter ses objectifs et stratégies. Enfin, la Commission fait des propositions concrètes pour mettre en œuvre les stratégies ou les objectifs définis. Ces propositions sont sectorielles pour la plupart.

La crise de l'énergie de 1973 frappe de plein fouet la Communauté. Pourtant, au niveau de l'électricité, on retrouve les mêmes préoccupations en amont et en aval de la crise, c'est-à-dire le besoin d'information pour établir des programmes industriels, la nécessité d'établir une concurrence, le respect de l'environnement, l'utilisation rationnelle de l'énergie, la diversification des sources d'énergie, la recherche et le développement.

La définition d'une nouvelle stratégie énergétique s'impose, elle est recentrée sur le développement de l'énergie nucléaire bien que cette tendance soit déjà présente avant 1973. La production de charbon communautaire est à nouveau proposée pour faire face à la crise. La consommation de l'électricité doit être favorisée. Les groupes d'intérêt craignent que la consommation soit favorisée avant que les centrales ne puissent répondre aux demandes. L'avènement de l'énergie nucléaire n'est pas une option mais une obligation. Les efforts à consentir dans ce domaine impliquent une action sur le plan financier, les groupes d'intérêt électriques se demandent qui en aura la charge et s'il est matériellement possible de produire rapidement plus d'électricité d'origine nucléaire. Certains pays ne suivent pas comme les autres la poussée du nucléaire à cause de l'avis de leur population. Les groupes d'intérêt sont également préoccupés par l'image négative du nucléaire.

Avec la crise, les chiffres de la production d'électricité nucléaire sont revus à la hausse. Avant 1973, on prévoit pour 1985 une capacité de 100 Gwe électrique d'origine nucléaire. Après la crise, la Commission double ce chiffre, que le Conseil ramène à 160 Gwe dans « Objectifs 1985 ». Les groupes d'intérêt se demandent si ces objectifs sont réalistes.

Dans les faits, en 1985, la Communauté des Dix a une production nette d'énergie électrique dans les centrales nucléaires de 456 millions de Kwh avec une capacité productive de 70 Gwe. La part du nucléaire (production électrique) dans la production totale électrique est de 32 % alors que les prévisions étaient de 50 %.

High Voltages, Lower Tensions

The Interconnections of Eastern and Western European Electricity Networks in the 1970s and Early 1980s

Vincent LAGENDIJK

Ph. D candidate Eindhoven University of Technology

We are convinced that electrically Europe does not need to be created for it has existed as such for a long time [...]. We note that the existing organisation responds readily to the present needs, that is to say, to the desired present exchanges. It is true that these transfers across frontiers are of little importance and that they have nearly always a simple *marginal* character [...]. Let me add that the continuous increase in the production of thermal energy and the probable introduction of nuclear energy will [...] reduce the importance of these same transmission lines. [...]

We hope above all that we shall not be tied down and that we shall be allowed to continue to work as silently, as effectively for Europe and therefore for the greater good of humanity and of peace[1].

Thus spoke Heinrich Freiberger of the *Vereinigung Deutscher Elektrizitätswerke* referring to the *Union pour la coordination de la production et du transport de l'électricité* (UCPTE)[2]. In 1955, when Freiberger's quote was recorded, this regional electricity organisation coordinated, amongst other things, the electricity exchanges between eight Western European grids. At the same time interconnections

---

[1] UNIPEDE, *Compte-rendu du Xe Congrès International, London 1955*, Paris, Imprimerie Chaix, 1955, p. 126-127.

[2] I owe many thanks to Alec Badenoch, Frank Schipper, Erik van der Vleuten, and especially Geert Verbong. This article is based on research done for my doctoral thesis *Electrifying Europe*, which is part of a larger project, *Transnational Infrastructures and the Rise of Contemporary Europe* (TIE), awarded to Prof. Dr. Johan Schot and funded by the Netherlands Organization for Scientific Research (NWO), in September 2002, Dossier number 277-53-001.

between this Western network and both Scandinavian as well as Eastern European countries were virtually non-existent. So if Europe did exist "electrically" at that time, it was composed of various regional networks that were isolated from each other.

Today an integrated network of European electricity grids ranging from Poland to Portugal is "hidden" behind the plug-socket. This interconnected European network, or *Trans-European Synchronously Interconnected System* (TESIS), has been in place since October 1995, linking the power systems of Eastern and Central, and Western Europe with a frequency of 50 Hz. Up until then, Europe was electrically divided in a Western and Eastern network, as well as a separate Nordic network which is still in existence. Current European Union policies, such as the *Trans-European Networks* (TEN), seek to improve infrastructural linkages to ensure optimal conditions for implementing a Single European Market for electricity.

Thus, the opposite of Freiberger's remarks, Europe had to be created electrically, could be argued or at least that his view of "Europe" was a rather narrow one. I will therefore claim in this article that the "electrically creation" of Europe including both East and West, was preceded by at least a decade of electricity trade and happened before the political upheaval in Eastern Europe. In describing this process, particular attention shall be paid to the socio-economical and political context, that provided historically-imposed constraints and opportunities, and which pressured the structure of the electrical supply industry to change.

More specific, I will look at the organisation of the European electricity supply after World War II, with a focus on the changes in the structure of the supply, and the interconnections between regional networks that took place during the 1970s and 1980s. These developments will be described against the background of pivotal changes in the electricity industry as a whole, because the 1970s and 1980s were not only a period of a stagnant world economy but also a period of crisis for the electricity supply industry. Extremely high oil prices, growing environmental concerns, and strengthened popular resistance to the expansion of the electricity generating capacity, all put the prevailing ideas of network building came increasingly under pressure. Special attention will be reserved for the relations between Eastern and Western Europe in this period, taking as a central question how a rapprochement between East and West could happen in this period. Did the political, social, and economic context play an important role in the initial political and consequently electrical parting of the two sides, and what was its importance in the first attempts to connect both sides of the Iron Curtain?

First I will explain the conceptual framework that I am working with. The second part of this article will discuss the building of networks in the early 20th century and the Interwar period. Next, it will look at the formation of regional blocs and their respective contexts. The fourth section examines the adjustments in the energy structure after WWII that were necessary after several "exogenous shocks". Following this, the developments between Eastern and Western Europe will be described within their economic and political contexts. Lastly, the conclusion will reflect on the relation between network-building and the political, social and economic environment, in particular in the 1970s and 1980s.

A. Electricity Grids as Large Technical Systems

The process of integration was rather long and not particularly straightforward. Despite the availability of technology for long-range transmission, and notwithstanding multiple plans for erecting a Europe-wide grid in the late 1920s and 1930s, the construction of networks remained largely a national matter. These national grids were characterised by high voltage (HV) transmission networks that transported electricity from large centralised production units to centres of consumption. The first decade after World War II saw increased international organisation at the *regional level*, in Northern, Eastern and Central, and Western. The initiatives to interconnect Eastern and Western Europe, which formed the basis for the later creation of TESIS, were initiated during the late 1970s and 1980s.

But constructing cross-border links is more than "just" building HV-lines between two countries. According to Swedish historian Arne Kaijser the construction of these trans-national connections is influenced by social, economic and political context, and should be placed within an institutional setting[3]. People in the electrical supply industry seems to be aware of the political circumstances; with the reuniting of the two Germanies in 1990, a representative of the Western European network observed: « Pour la première fois les politiciens sont en avance sur les

---

[3] Kaijser, A., "Trans-Border Integration of Electricity and Gas in the Nordic Countries, 1915-1992", in *Polhem. Tidskrift för teknikhistoria*, 15, 1997, p. 4-43; Kaijser, K., "Controlling the Grids. The Development of High-Tension Power Lines in the Nordic Countries", in Kaijser, A. & Hedin, M. (eds.), *Nordic Energy Systems. Historical Perspectives and Current Issues*, Chicago, Science History Publications, 1995, p. 31-54; Kaijser, A., "The Helping Hand. In Search of a Swedish Institutional Regime for Infrastructure Systems", in Andersson-Skog, L. & Kranz, O. (eds.), *Institutions in the Transport and Communications Industries. State and Private Actors in the Making of Institutional Patterns, 1850-1990*, Canton, 1999, p. 223-244.

électriciens »[4]. Hardly 14 years later, just before the 1st of May, the expansion of the European Union with 10 new members was considered "an integration process anticipated" within the electricity industry by the UCPTE[5].

Besides the technological artefacts of the power lines themselves, these conditions help determine how the network is being built – or why it is not being built. One way to study electricity networks as a socio-technical system is by using the methodology of *Large Technical Systems*[6]. Using this definition, electric power systems are made up of socially constructed artefacts. Apart from technology, other components of such systems include institutions and organisations, scientific components, natural resources, and legislative artefacts[7]. These socio-technical systems are constructed by so-called system builders, which can be either persons or institutions[8]. In times of political, social and economic change, these system builders are often replaced by new ones, or pursue new interests[9]. Still, systems have their own internal dynamic, which Hughes labels *momentum*, which "softly" determines future developments and possibilities within the system. For physical objects such an internal dynamic is not difficult to imagine as power plants and lines cannot easily be moved, but institutions can be hard to change as well,

---

[4] Archive of the UCPTE, Brussels; UCPTE, *Comité restreint*, October 16-17 1990, Interlaken, p. 8.

[5] UCTE Press release, "UCTE welcomes tomorrow's enlargement of EU – 5 of 10 new member countries are already firmly interconnected and their TSOs are full members of UCTE", Brussels, 30 April 2004.

[6] For more on the theory of LTS, see for example Hughes T. P., *Networks of Power. Electrification in Western Society, 1880-1930*, Baltimore, Johns Hopkins University Press, 1983; Joerges, B., "Large Technological Systems: Concepts and Issues", in Mayntz, R. & Hughes, T. P.(eds.), *The Development of Large Technological Systems*, Frankfurt am Mainz, Campus Verlag, 1988, p. 51-82. A good overview is presented in van der Vleuten, E., "Infrastructures and Societal Change. A View from the Large Technical Systems Field", in *Technology Analysis & Strategic Management*, 16, 3, 2004, p. 395-414.

[7] Hughes, T. P., "The Evolution of Large Technical Systems", in Bijker, W. E., Hughes, T. P. & Pinch, T. J. (eds.), *The Social Construction of Technological Systems*, Cambridge (Mass.), MIT, 1987, p. 51.

[8] *Ibidem*, p. 51-52. System-builders, implementers of technological innovations within an institutional and cultural framework, are not necessarily people. Due to up scaling and increasing complexity of systems since the First World War, the system-building process gradually shifted from inventor-entrepreneurs to organisations and governments. After the Second World War, European institutions played a significant role as well.

[9] Högselius, P., "Electricity Systems in the Baltic Region: Connecting East and West", early draft version in Kaijser, A. & van der Vleuten, E., *Networking Europe*, forthcoming, p. 2.

and "a soft, institutional legacy" often results in nationally, regionally or functionally specific "styles"[10].

The system builders and system components thus interact with each other to accomplish the "common goal" of the system, which is in this case the continuous supply of electricity. A socio-technical system is inevitably influenced by the intractable social, political and economic factors that make up the "environment" in which it is located. A shift in one of these factors – like increased oil prices – can necessitate an adjustment in the system components. To eliminate such extern impacts, system builders often attempt to integrate the "environment" into the system[11]. In the 1970s the combination of high oil prices, economic crisis, and socio-political opposition against the construction of new plants endangered a secure generating capacity. These adverse factors all came from outside their reach of control. As I will subsequently show, the electricity supply industry sought a solution that was under their control. They expanded their system, or network, towards the East where several Eastern European countries, like Poland, Romania and the Soviet Union, harboured large amounts of fossil fuel resources that could be utilised for electricity production. In addition, political developments and the state of Eastern economies made more power lines across the Iron Curtain possible.

B. Export and Exchange

But before we come to account of the developments in the 1970s and 1980s, more has to be said on cross-border electricity flows and their impacts. A part of the answer why above-mentioned plans for a European network were neglected in favour of national networks, can be found in the political and economic implications of international collaboration. In describing the Scandinavian cooperation in the electricity sector before World War II, Swedish historian Arne Kaijser makes a distinction between electricity *exchange* and electricity *export*. The first is symmetrical, suiting the needs of all parties involved without any form of dependency, while the latter is asymmetrical and does create a dependency[12]. Since electricity cannot be stored, the supply has to be

---

[10] Kaijser, A., "The Helping Hand...", *op. cit.*, p. 223. For a connection between nationalism and electrical engineering style see Fridlund, M. & Maier, H., *The Second Battle of the Currents. A Comparative Study of Engineering Nationalism in German and Swedish Electrical Power, 1921-1961*, TRITA-HST Working paper, Stockholm, Royal Institute of Technology, 1996. Hughes came to a similar conclusion in his book *Networks of Power...*, *op. cit.*, p. 404-405.

[11] Hughes, "The Evolution...", *op. cit.*, p. 53.

[12] Kaijser, "Trans-Border...", *op. cit.*, p. 18-19.

adjusted to the demand while keeping a certain ratio of backup capacity. Interconnections enable the exchange of electricity, thus making emergency supplies possible in case of a power outage and acting as back-up capacity, but in some cases also to obtain a better economic mix[13].

Power export is asymmetrical according to Kaijser, as it does create a mutual dependence; one country becomes dependent on a steady supply of electricity, the other on the export revenue; a solid relationship between the trading countries is thus an absolute necessity. Achieving cooperation of the latter kind among Scandinavian countries proved difficult from an economic and political point of view[14]. This observation probably holds for Europe as a whole before the 1950s, placed in the framework of fierce political and economic nationalism, a deep economic crisis, and two catastrophic wars. In their comparative study of Swedish and German network-building in 1930s, Mats Fridlund and Helmut Maier introduce the term *engineering nationalism*, showing that the trajectories chosen were infused by "cultural influences concerning national prestige and national superiority"[15].

I. The History of Europe's Electricity Supply

A. National Networks

The availability of alternating current (AC) made the transmission of electrical energy over longer distances possible, as was demonstrated at the International Electrical Exhibition in Frankfurt in 1891[16]. There, electrical current, generated by falling water, was transported over a distance of 175 kilometres from its origin in the Alps to Frankfurt. There its power source was "visualised" at the exhibition in Frankfurt by an

---

[13] *Economic mix*, a term of Thomas Hughes, encompasses the increase of reliability, security and profitability through the combination of various types of generation. Hughes, *Networks of Power ...*, *op. cit.*, p. 346, 366-367. I will try to clarify this abstract term with an example. Where as Sweden and Norway countries possess aplenty opportunities for hydro plants, Denmark has a thermal-based electricity supply, relying on fuel minerals. Thus through interconnection, hydropower can be exported to Denmark, while the Danish produce extra power in periods of water shortage with their northern neighbours. Also, since electricity producers have to retain a buffer for peak periods, connecting multiple networks results in a common reserve capacity, thus bettering reliability.

[14] Kaijser, "Trans-border...", *op. cit.*, p. 18-19.

[15] Fridlund & Maier, *The Second Battle*, *op. cit.*, p. 3.

[16] *Direct current* (DC) is another form of electrical transmission. The basic difference between the two is that with DC the electricity flows one-way only, while AC current back and forth through the network components. A synchronised AC network thus requires a similar frequency.

electronically powered and illuminated artificial waterfall[17]. This demonstration "electrified" its spectators and in effect, touched off an entrepreneurial fever in Switzerland, infused by the country's rich hydroelectric potential. A corporation named *Freiland* was formed, which addressed the Bundesrat in April 1891, demanding the exploitation of yet unused waterpower in Switzerland. Their main purpose was to export the generated electricity. But on the 4th of April 1895 their request was turned down. Instead, the Bundesrat preferred a more uniform legislation for all cantons, and gave priority to electrification of the railways and to other use within Switzerland. Therefore, every individual request for the export of electrical power had to pass the Bundesrat, making Switzerland one of the first countries to introduce legislation concerning the export of electrical power[18].

The development of electricity networks in other European countries resembles the path chosen by the Swiss, where on the whole national interests prevailed. The growth of consumption combined with the utilisation of hydroelectric resources sparked the proliferation of electrical networks, expanding from the local, to the regional, to the national scale. On the international level, there was also some "accidental cooperation" between nations between 1910 and the Second World War, most notably in Scandinavia[19], Switzerland, and between France and some of its neighbours[20].

This mostly national focus did not prevent people looking beyond their national borders. The aftermath of WWI saw engineers envisioning a common European high voltage transmission network that could help to establish peace in Europe by physically connecting European nations and making them dependent on each other. An additional motive for these plans was the rationalisation of resources, creating a better balance between hydro-electricity and thermal electricity, so that scarce coal

---

17 Hughes, *Networks of Power...*, *op. cit.*, p. 131-134.

18 Vital, A., *Die Ausfuhr elektrischer Energie*, Lausanne, Imprimeries Réunies S.A., 1928, in Bundesarchiv Bern, Switzerland, 8190 (A) 1981/1: 37: 82 (E1) Vereinigung exportierender Electrizitätsunternehmungen 1928.

19 Kaijser, "Trans-Border Integration...", *op. cit.*, p. 6.

20 This early transnational connections (60kV) were concentrated around Lac Léman and the Ardennes, connecting to Germany, Switzerland, and Belgium. See: Bouneau, C., "L'Interconnexion internationale de la France et la génèse du réseau électrique européen de 1945 a nos jours", in Carreras A., Giuntini A. & Merger M.(eds.), *European Networks, XIXth-XXth Centuries. New Approaches to the Formation of a Transnational Transport and Communications System*, Nantes, Ouest édition, 1994, p. 61. Also see Verbong G., van der Vleuten E. &. Scheepers M. J. J., *Long-Term Electricity Supply Systems Dynamics. A Historical Analysis*, ECN, 2002, p. 18.

could be utilised elsewhere in the recovering economies. Herman Sörgel for example, proposed a dam spanning the Gibraltar Straits, capable of generating enough power for the whole Europe[21]. Other plans for erecting a European transmission grid came from the Swiss engineer Ernst Schönholzer, the French engineer George Viel, and the German Oskar Oliven[22]. The plan by Oliven was particularly interesting as the *Commission for Enquiry for European Union*, part of the League of Nations, took up his initiative[23]. The League, and in particular its *Conference on Communications and Transit*, spoke out for the removal of "artificial obstructions to transit raised by political boundaries"[24]. *The League believed in the contribution of electricity networks to peace in Europe*: "L'un des résultats de la création d'un réseau électrique européen serait d'établir entre les différents pays une communauté d'intérêts bien propres à consolider la paix"[25].

In spite of these plans, the dominant paradigm in network building remained based on national grids with large centralised production centres, that utilised economies of scale, and transmission by a high voltage transmission network to supply consumption centres. Germany, France, and the United Kingdom already had such schemes in place before the Second World War, others like the Netherlands, Sweden, and

[21] Gall, A., *Das Atlantropa-Projekt. Die Geschichte einer gescheiterten Vision. Herman Sörgel und die Absenkung des Mittelmeers*, Frankfurt, Campus 1998, p. 198; van Laak, D., Weisse Elefanten. *Anspruch und Scheitern technischer Grossprojekte im 20. Jahrhundert*, Stuttgart, Deutsche Verlags-Anstalt, 1999.

[22] Schönholzer, E., "Ein elektrowirtschaftliches Programm für Europa", in *Schweizerische Technische Zeitschrift*, n°23, 5 Juni, 1930; Viel G., "Étude d'un réseau 400 000 volts", in *Revue générale de l'électricité*, 28, 1930; Oliven O., "Europas Großkraftlinien. Vorschlag eines europäischen Höchstspannungsnetzes", in *Zeitschrift des Vereines Deutscher Ingenieure*, 74, 25, June 1930. All three are also mentioned in Fridlund & Maier, *The Second Battle, op. cit.*

[23] Archive of the League of Nations, Transit, Electric questions, Box R2572, 9e/30846/1668. This archive folder contains a letter from Dr. Alfred Ekstrom, MIEE of Crompton & Ekstrom to secretary-general of the League, Eric Drummond, and also another sheet, "A European super power system", by R.E.B. Crompton, C.B., R.E., M.Inst.C.E., MIEE and Alfred Ekstrom, D.Sc., MIEE. The actual reason why this project stalled is yet to be analysed.

[24] Greaves, H. R., *The League Committees and World Order: A Study of the Permanent Expert Committees of the League of Nations as an Instrument of International Government*, London, Oxford University Press, 1931, p. 152. Also see Pemberton, J.-A., "New Worlds for Old: the League of Nations in the Age of Electricity", in *Review of International Studies*, 28, 2002, p. 318.

[25] Archive of the League of Nations, Transit: Electric question, Box R2572, section 9ᵉ, dossier 26461, document 29306, Note: "Divers aspects de la question du transport et du transit de l'énergie électrique et notamment du problème de la création d'un réseau européen".

Denmark followed directly after. Rationalisation would be pursued on a national scale, along the trend towards larger and more efficient plants, with lower investment costs per kWh[26]. International connections were mainly devised for emergency supply and seasonal exchanges, but could also be used for export and import of power.

II. European Cooperation after WWII

In the post-war period, the process of integration accelerated. This happened in the form of the linking of national grids, and has led to several regional forms of collaboration in Europe. Three main blocks were formed that exchanged electrical energy, the UCPTE in Western Europe, IPS/CDO in Eastern and Central Europe, and Nordel in the Scandinavian countries, all of which were in some way influenced by the wish for more political and economical integration in Europe. These three will be introduced below in their respective contexts. All were furthermore – at least indirectly – consequences of the Marshall Plan, and as a matter of fact resembled the political situation in Europe.

A. Electrical Integration in Western Europe

The *Organisation for European Economic Cooperation* (OEEC) was founded in April 1948 to supervise the allocation of Marshall Aid, harmonise fiscal and monetary policy, and to encourage intra-European trade. In addition to these tasks, the OEEC also dealt with energy policy, divided in committees on the oil, coal, and electricity sector[27]. Here once again the ideas of peace and interconnection were combined, as the overarching idea was to "integrate Europe and create the new era of *lasting peace and prosperity*"[28].

One of the core tasks of the Electricity Committee was to get an overview of bottlenecks in the European electricity supply, and to find suitable solutions. According to one of their reports, some of these problems were essentially international. First, expanding the cross-border capacity of electrical lines would enable a more economic utilisation of the hydro resources of for example Norway and Austria, and second, the transmission of thermal generated power *could compete with the shipment and transport of the raw materials for generating*

---

[26] Kaijser, "Controlling the Grids…", *op. cit.*, p. 32-33.

[27] Brusse, W.A. & Griffiths, R. T., "Exploring the OEEC's Past: the Potentials and the Sources", in Griffiths, R.T., *Explorations in OEEC History*, Paris, OCDE, 1997, p. 27-28.

[28] Hogan, M. J., "American Marshall Planners and the Search for a European Neocapitalism", in *The American Historical Review*, 90, 1, 1985, p. 47.

electricity: "Dans le cas d'électricité thermique, le prix du transport du courant est très rapidement supérieur à celui du transport du charbon correspondant par voie d'eau ou par voie ferrée"[29].

Therefore, the OEEC stressed the abolition of restrictions on intra-European trade and the compulsory coordination of investments, and the extension of international HV-networks that would maximise economies of scale. It was expected that the prospects of nuclear energy would enable even further centralisation (a thought that lasted until the 1970s[30]) and that *more international coordination would be necessary*: "C'est dire que les organismes internationaux nécessaires au bon fonctionnement de ces échanges ont été créés et il ne reste qu'à souhaiter que les gouvernements continuent à favoriser leurs initiatives. Il ne faut néanmoins pas se faire d'illusion sur leur importance; celle-ci n'est pas à l'échelle du problème européen de l'énergie"[31].

Furthermore, the Electricity Committee explicitly expressed the wish for a common Western European power pool[32]. This pool would became reality in 1952 when the *Union pour la coordination de la production et du transport de l'électricité* (UCPTE) was founded. It was established by representatives of utilities from eight countries – Belgium, Germany, France, Italy, Luxemburg, the Netherlands, Austria and Switzerland on a basis of voluntary cooperation. Since April 1958, the electricity networks within the UCPTE were in synchronous operation[33]. Although all its members were geographically limited to the western part of Europe, the UCPTE presented itself as a European organisation. Looking back at

---

[29] Archives historiques de la Commission européenne, Brussels, CEAB 2, n° 1245, CECA: Haute Autorité, Secrétariat général, 1953-1955, Organisation for European Economic Co-operation, Council. Intra-European economic co-operation in the production and distribution of power, note by the Secretary-General, Paris 14th December, 1953, c(53)325.

[30] Verbong Vleuten & Scheepers, *Long-Term Electricity Supply*, p. 18. The first discussions about joint operated nuclear power plants within the Electrical Committee of the OEEC are found in 1956. Archives of the European Union, Florence, OEEC archive, EL (1956) 6, Comité de l'électricité, Problèmes relatifs à la création en commun de centrales électriques nucléaires. Commentaires du Comité de l'Électricité sur le rapport du groupe de Travail *ad hoc*, Paris, 30th May, 1956.

[31] Archives historiques de la Commission européenne, CEAB 2, n° 1245, CECA: Haute Autorité, Secrétariat général, 1953-1955, Organisation for European Economic Co-operation, Council. Intra-European economic co-operation in the production and distribution of power, note by the Secretary-General, Paris 14th December, 1953, C(53)325.

[32] Historical archives of the European Union, Florence, OECE archives, EL 1950, file OECD. EL (50)11, Electricity Committee, Memorandum by the special study group on the 1035 MW Thermal Programme, Paris 28th February, 1950.

[33] UCPTE, Rapport annuel 1976-1977, p. 103.

the first 25 years of existence *they celebrated that*: "the close co-operation, that came into existence between the UCPTE-members, and the common understanding that resulted from this, the electrical utilities have accomplished a coupled operation on *a European level*"[34].

B. Developments in Eastern Europe

But the UCPTE was not alone in claiming to be « European ». Since 1961 the Central and Eastern European countries joined forces in the electricity sector and founded the *Central Dispatch Organisation of the Interconnected Power Systems* (CDO/IPS), with its headquarters in Prague. The interconnected power system of Eastern Europe was linked to the southern part of the Soviet *United Power System* (UPS). Just like the UCPTE, this organisation described itself as European, being "one of the centres of European integration in the electric power industry"[35].

The CDO membership corresponded with the countries of the *Council for Mutual Economic Aid* (COMECON), founded in 1949 as a countermove to the Marshall Plan offered by the United States[36]. Although the main incentive was initially a political one, the COMECON also aimed at the integration of the eastern Socialist economies. One problem with this was that their economies had historically been more aimed at trading with Western Europe than at trading amongst themselves. The structures of the Eastern European economies were therefore more competitive than complementary[37].

After almost a decade of relative inactivity, between 1959 and 1962 the first steps to common investment purposes were taken. In August 1959 it was decided to build an underground pipeline, transporting crude oil from Kuybyshev in the Urals, to Poland, East Germany, Czechoslovakia, and Hungary[38]. Two other major achievements in the field of

---

[34] UCPTE, *1951-1976. 25 Jaar UCPTE*, p. 150. My emphasis and translation from Dutch.

[35] CDO, *40 Years of Activity of the Central Dispatching Organisation of the Interconnected Power Systems, 1962-2002*, Prague, 2002, p. 2. Unfortunately, not much has been published on this organisation and a lot of research remains to be done. Therefore my main focus in this piece will be on the UCPTE and their interaction with the other regional grids.

[36] Van der Wee, H., *Prosperity and Upheaval. The World Economy 1945-1980*, London, Penguin, 1986, p. 390-391. COMECON was not a "purely European" affair as Mongolia, Cuba and Vietnam were also accepted as full members, but their share of the total COMECON intra-bloc trade was never more than 5 per cent.

[37] Lewis, P.G., *Central Europe since 1945, The Postwar World*, London, Longman, 1994, p. 213-214.

[38] Prybyla, J.S., "Eastern Europe and Soviet Oil", in *The Journal of Industrial Economics*, 13, 2, 1965, p. 154-155.

infrastructure building were reached in these years: the construction of a coordinated transport network and an electricity grid[39]. This grid was developed through bilateral links, and was coordinated by CDO in Prague.

Still, CDO functioned differently than the other regional networks. The Soviet system, that had little reserve capacity, could interrupt the flow of electricity to the IPS countries if necessary. The Soviet UPS also regulated the network's frequency, which was different from the Western European one[40]. For the moment, synchronised operation bet-ween the CDO and UCPTE networks was therefore not possible.

C. Integration in Nordic Countries

In the Nordic countries the path of integration was somewhat difficult, not least because of the history of cooperation in the field of electricity. Exchange of electricity in this region dates back to the installation of a submarine cable between Denmark and Sweden in July 1914. Although from a technical standpoint a Nordic network had emerged in the 1950s, the actual exchanges were still only arranged bilaterally[41]. But while all countries were OEEC-members, they all abstained from joining the newly found UCPTE. Instead, they res-ponded to the call of the Nordic Council which – amongst other things – took the initiative to start a coordinating organisation. Subsequently, this role was taken up by *Centrala Driftledningen*, the Swedish body for power exchange. In 1963 Nordel was founded, despite some reserva-tions from the Norwegian side[42].

The choice for a Nordic association reflects the overall Scandinavian attitude towards European cooperation, which embraced post-war European integration – if at all – with "mixed feelings"[43]. During the Cold War, the foundation of the Nordic international political position

---

[39] Marer, P., "Prospects for Integration in the Council of Mutual Economic Assistance (CMEA)", in *International Organization*, 30, 4, 1976, p. 633.

[40] Lyons, Paul K., *75 Years of Cooperation in the Electricity Industry*, Brussels, Union of the Electricity Industry/EURELECTRIC, 2000, p. 63.

[41] Kaijser, "Trans-Border Integration...", *op. cit.*, p. 5-6. Another important step was the construction of a HV transmission line from Norwegian hydro power plants through Sweden to Denmark, which was proposed and built in the 1950s. Archives of the European Union, Florence:OEECarchives, EL/M (1950)1, Comité de l'électricité, Procès-verbal des 35, 36, 37e séance (10e session), Château de la Muette, les 8, 9 et 10 février 1950.

[42] Kaijser, "Trans-Border Integration...", *op. cit.*, p. 13-14.

[43] Olesen, T. B., "Choosing or Refuting Europe? The Nordic Countries and European Integration, 1945-2000", in *Scandinavian Journal of History*, 25, 2000, p. 147.

was built around the so-called *Nordic balance*, which was "a political balance [...] whereby Nordic countries could enjoy a lower level of tension than Central Europe and yet keep both [...] superpowers at a distance"[44]. Its basic foundations were based on the NATO membership of Norway and Denmark, Sweden's policy of non-alignment, and the *Treaty of Friendship, Cooperation and Assistance* between Finland and the Soviet Union (April 8th, 1948)[45]. Instead of joining the Western European developments, the Scandinavian countries went ahead with their own integration process. The Nordic Council was founded to promote political integration in the Scandinavian countries, while the attempts to create a customs union proved fruitless. Later Denmark, Sweden and Norway would join the *European Free Trade Association* (EFTA).

In addition to these the larger networks, three smaller networks also existed. France also formed a union with the Iberian Peninsula in the UFIPTE, and in April 1964 Sudel was found, composed of Italy, Austria, Yugoslavia, and Greece. Because of the close cooperation with UCPTE – both were in synchronous operation with the UCPTE – they will not receive special attention. At the end of the 1980s, all countries became full members of the UCPTE. The last network is the *Central Electricity Generating Board* (CEGB) in England and Wales. These organisations will fall out of the scope of this study.

Figure 1. Electricity production in the three regions (in GWh)

Year	CDO/IPS	Nordel	UCPTE
1954	-	-	190,352
1962	187,604	92,737*	349,910
1971	369,901	143,180	649,894
1981	579,160	251,992	1,187,704

*Figure from 1963.

Sources: *Various UCPTE & Nordel yearbooks*; CDO, *40 years of activity of the Central Dispatching Organisation of the Interconnected Power Systems, 1962-2002*, Prague, 2002; UNIPEDE, Vienna 1976, 17th congres volume II, *Proceedings of the Working Sessions and Other Functions*, Paris, Imprimerie Chaix, 1976.

---

[44]   Waever, O., "Nordic Nostalgia: Northern Europe after the Cold War", in *International Affairs*, 68, 1, 1992, p. 78-79.

[45]   Mikael af Malmborg, "Swedish Neutrality, the Finland Argument and the Enlargement of 'Little Europe'", in *Journal of European Integration History*, 1, Enlargement of "Little Europe", 1997, p. 65.

D. Divided Continent

Since the 1960s there were three regionally organised networks of different sizes in Europe, with virtually no connections between each other and also more or less reflecting the political situation[46]. The only interconnections between the three regional networks were between socialist countries and politically neutral countries like Austria and Finland, which were all non-synchronous as well as of a marginal character. While the border between UCPTE and CDO reflects the "Iron Curtain", the founding of Nordel could be interpreted as a product of the political stance towards European political and economic integration of the Scandinavian countries.

Notwithstanding the fact that Europe was "electrically" divided into regional organisations, there were also organisations where Eastern and Western Europe (as well as Scandinavia) did come together. One of these was the *World Power Conference* (WPC). Established in 1923, the WPC was a platform where international energy experts could meet, with national committees as its backbone. Another such organisation is *l'Union internationale des productions et distributeurs d'énergie électrique* (UNIPEDE). In existence since 1925, it was founded by representatives of the electrical industries of France, Italy, and Belgium, and it served as a forum where technical, administrative, commercial and financial issues were debated. It also had members from outside like the United States and China, but on the whole, European countries were best represented at their congresses[47]. But the most important – and arguably, most influential in light of East and West relations – international organisation was the *Electrical Energy Committee of the United Nations Economic Commission for Europe* (UNECE), which was considered by many to be "virtually the only arena in which Eastern and Western Europe met to discuss European affairs"[48]. UNECE had a broad view of Europe, and a sense of openness to all nations, regardless of ideology. Or as Trigo Trindade, representative of the *Committee of Electrical Energy* of UNECE, said *at a UNIPEDE congress in 1985:* "Whenever interconnection concerns countries of Eastern and Western Europe, it falls inevitably within the mandate of the *Economic Com-*

---

[46] The only interconnections that were in existence were of local character.

[47] Persoz, H., "40 ans d'interconnexion internationale en Europe. Le rôle de l'UNIPEDE", in Monique Trede (ed.), *Électricité et électrification dans le monde. Actes du deuxième colloque international d'histoire de l'électricité*, organisé par l'Association pour l'histoire de l'électricité en France, Paris, 3-6 juillet 1990, Association pour l'histoire de l'électricité en France, 1992, p. 293.

[48] Urwin, D. W., *The Community of Europe. A History of European Integration since 1945, The Postwar World*, London/New York, Longman, 1991, p. 14.

mission for Europe. [...] Our main purpose is basically to find ways and means to develop communication and understanding among peoples".

On the whole, the Cold War divide did not lead to two separate spheres in the international professional organisations. The long established forums would remain intact as a meeting place. UNECE would go even further and actively lobby for the rapprochement of both sides.

III. The Changing Structure of Electricity Supply

"Les Trente glorieuses" succeeding the Second World War caused an enormous increase in energy use; energy consumption even outstripped population growth. Between 1960 and 1973, electricity consumption doubled in most Western European countries[49], with energy production following close behind. The pattern of increasing centralisation and network building was buttressed by the seemingly continuous growth of energy consumption, influencing the plans for expanding network and generation capacity, where long-term planning, forecasting, and investment estimation are vital[50]. After 1973 it became difficult to continue along this line, due to higher oil prices and a slackening coal production. A possible alternative fuel, nuclear power, had been expected to provide even cheaper electricity and further centralisation, on an international level. But in fact costs proved much higher and several accidents caused popular unrest strong enough to resist the construction of new plants in some countries.

A. Oil

At first, post-war energy policy was based on the belief that coal would remain the dominant source of energy. The *European Coal and Steel Community* was an obvious exponent of this idea. In 1953 coal accounted for 66.8% of the energy consumption of the nine countries that would form the EEC in 1973[51]. By 1957 it had become clear that coal output would not increase significantly. The OEEC also expected that nuclear power would be decisive in keeping up the seemingly continuous rising energy consumption. However, the discovery of massive oil reserves in the Middle East, which could be extracted with

---

[49] Lyons, *75 Years, op. cit.*, p. 27-28.

[50] McGowan, F., *The Struggle for Power in Europe. Competition and Regulation in the EC Electricity Industry*, Energy and environmental programme, London, The royal institute of international affairs, 1993, p. 3-5.

[51] Laursen, J., "Integration at Cross-Currents. The OEEC and the European Coal and Steel Community, 1952-56", in Griffiths, R.T. (ed.), *Explorations in OEEC History*, Paris, OCDE, 1997, p. 149.

relative ease, substantially lowered world oil prices and made the western world the principle buyer. The Soviet Union also began to exploit their oil resources, and started exporting to Western Europe. In 1953 the share of oil in energy production was estimated at 20%, and by 1970 this had risen above 40%; the use of coal decreased from 70% to a mere 45% in the same period[52]. This expansion of oil consumption literally fuelled economic growth, but it also created an interdependency that had several negative consequences. Also, the negative side effects and possible depletion of mineral resources of this economic surge were also, until then, more or less neglected. This began to change after the Club of Rome published *Limits to growth* in 1972. Jahangir Amuzegar, ambassador for the *Persian government, phrased it as follows:*

> The artificially low price of oil (a) discouraged oil producers from searching effectively for new sources of supply; (b) helped hold down prices of substitutes (e.g. coal, gas and hydroelectricity), and likewise dampened their development prospects despite their huge reserves; (c) stifled and/or delayed research in the development of more efficient technology for the economical use of nonconventional energy sources; and above all, (d) contributed to an inexcusably reckless waste and inefficient use of world premium fuels[53].

Over the course of the 1960s the oil market had already tightened somewhat because of environmental constrains in the field of production, but mostly because of the increasing influence of oil producing countries, grouped in the Organisation of Petroleum Exporting Countries (OPEC)[54]. At the Conference of the Exporting Countries, held in Baghdad on 10-14 September 1960, the oil producing countries sought ways to strengthen their bargaining position *vis-à-vis* the main oil companies. Replacing ineffective and individual government action, a coordinated policy between producers "sought to solve these problems by utilizing the public international law institutions of diplomacy and international organization to increase their individual economic and political power"[55]. This development reached its apotheosis in 1973. The Organisation of Arab Petroleum Exporting Countries (OAPEC) targeted its "oil weapon" mainly against Denmark, the Netherlands, Portugal, Rhodesia, South Africa, and the United States, as a repercussion for the Western support for Israël during the Yom Kippur War.

---

[52] Wee, *Prosperity and Upheaval, op. cit.* , p. 127-129.

[53] Amuzegar, J., "The Oil Story: Facts, Fiction and Fair Play", in *Foreign Affairs*, vol. 51 (July 1973), p. 676, 681. Cited in Scott R., *The History of the International Energy Agency – Volume two. Major Policies and Actions of the IEA*, Paris, OCDE/IEA, 1994, p. 26-27.

[54] *Ibidem*, p. 28.

[55] *Ibidem*, p. 30.

Figure 2. World oil prices, 1950-1987 (in Gwh)

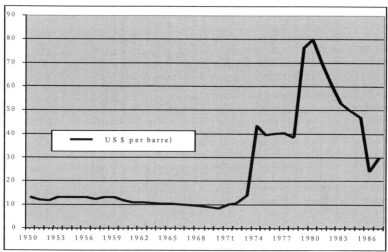

Source: *BP Statistical Review of World Energy*, 2004.

While the European Community failed to organise a common response, the major attempt to stand up to the increasing oil prices came from across the Atlantic. The US initiative to establish the International Energy Agency (IEA) and to develop contingency plans for oil within the framework of the Organisation for Economic Cooperation and Development (OECD) was willingly received by most Western countries. The plan acted as an incentive for cooperation on energy policy in industrial countries, as the increasing oil prices shocked governments and electricity systems. On the whole, national administrations responded with measures for energy conservation, encouraging people to use less energy, became concerned with the security of the energy supply. Forecasting supply and demand therefore became difficult as a seemingly "normal" growth of consumption of about 7% ended[56]. In 1979 the revolution in Iran, where the Shah was replaced for by a theocratic Islamic regime, aggravated the situation even further by causing when the oil price to leap beyond the 40 $ (see figure 2).

The effects of the oil crises on the electricity supply industry varied per country. At the extraordinary meeting of the Steering committee of the UCPTE in December 1973, each national representative gave a short overview of the national situation. Belgium and Italy were the most

---

[56] Patterson, W., *Transforming Electricity. The Coming Generation of Change*, London, The royal institute of international affairs, p. 65.

important "victims", while Luxemburg and Switzerland hardly had any troubles. In Belgium the oil crisis was aggravated because the Antwerp harbour did not receive large shipments of petroleum. Making a shift to coal would take all winter, and therefore the government recommended the economised use of fuel by power plants, while other measures aimed at reducing the electricity consumption of households and industry[57]. After 1979 the Belgian government proposed measures to strengthen energy policy, while the national government also became involved in planning. In Italy, which was, according to the UCPTE report importing 80% of its primary energy, 57% of the electricity supply was for dependent on liquid fuel. Its oil reserves, enough for 45 days, were rapidly depleting. But in Luxemburg, on the other hand, the situation was hardly problematic, as it depended on oil for only 20%, which was easily replaced by cokes. In West Germany, agreements were made between the electrical utilities and the industry to reduce fuel consumption. Some 2,8 TWh (12% of the national production), that normally was generated with oil, was to be replaced by lignite.

Other regions did not feel the direct effects of the oil crisis. Within COMECON, petroleum was priced according to a formula based on five-year averages. Even though prices did increase, they did so but rather gradually and so the Eastern European did not felt the immediate impact of the oil crisis since they were not fully exposed to world market prices[58]. In the Nordic countries the effects were also far from severe, since the share of oil-based power production was marginal, limited to industrial use and district heating[59].

B. The Nuclear Option

As I mentioned above, since the late 1950s nuclear energy had been regarded a possible substitute for oil, that could satisfy cover ever-growing energy needs. International cooperation for the development of nuclear energy was therefore initiated; in Western Europe, Euratom provided a framework for common research accounting for a $90 million a year, of which 80% was used for research on nuclear power production, in particular on the fast breeder programme[60]. The OEEC also established its own organisation on nuclear energy, the *European*

---

[57] Archive of the UCPTE, Brussels; UCPTE, *Comité restreint – Réunion extraordinaire*, December 18th 1973, Düsseldorf.

[58] Grzybowski, K., "The Council for Mutual Economic Assistance and the European Community", in *The American Journal of International Law*, 84, 1, 1990, p. 491.

[59] Nordel, Annual report 1982, p. 58.

[60] Gordon, R.L., "Energy Policy in the European Community", in *The Journal of Industrial Economics*, 13, 3, 1965, p. 219.

Nuclear Energy Agency (ENEA). In Eastern Europe, a programme for nuclear research among COMECON members was set up by the 1950s and in 1954 the *Institute for Nuclear Research* was founded near Prague[61]. In 1957 the *International Atomic Energy Agency* (IAEA) was established as an independent organisation within the UN.

The oil crises were followed by a vast increase in orders for nuclear power plants, as could have been expected. Extrapolating from this trend, the IAEA estimated that by 1990 the total installed nuclear capacity would be 1.0-1.3 million MW[62]. Despite all promising prospects, the actual costs proved higher. On a European scale, several countries pursued mainly national interests in nuclear collaboration. France for example, which already had a relatively strong nuclear industry, took Euratom as the opportunity to take the lead in Europe in nuclear technology[63]. In addition, several incidents changed the public's image of nuclear energy. Already in 1979, the accident in the Three Mile Island nuclear plant in Harrisburg aroused criticism, and led to a decrease in nuclear power plant construction in the United States. Seven years later the nuclear incident in a reactor in Chernobyl caused worldwide concern, revealing the potential danger of nuclear energy and strengthening the already existing resistance to nuclear technology.

The ambiguity toward the future prospects of nuclear energy after Chernobyl was well phrased by UNIPEDE's vice-president Jean Bergougnoux. At the 1988 congress in Sorrento, Italy, he said that "regarding our energy programmes, the main subject of concern today remains the use of electronuclear energy", but not without adding that "the catastrophe has had a significant impact on public opinion"[64]. In the face of this ambiguity, some countries like France, Finland, and Belgium chose nuclear energy as the base load for their electricity supply, while others like Sweden, completely banned it and made plans to phase out the operational plants. An exceptional case was France, which became the second largest nuclear power producer in the world. While importing some 700 million kWh in 1938, in 1989 France

---

[61]   Lyons, *75 Years, op. cit.*, p. 28.

[62]   Fischer, D., *History of the International Atomic Energy Agency. The First Forty Years*, Vienna, IAEA, 1997, p. 147.

[63]   One historian even linked the post-war build-up of a nuclear industry to the revitalisation of French national identity and the restoration of former grandeur. See: Hecht, G., *The Radiance of France. Nuclear Power and National Identity after World War II*, Inside technology, Cambridge, MIT Press, 1998; Hecht, G., "Technology, Politics and National Identity in France", in Hecht, G. & Thad Allen, M., (eds.), *Technologies of Power. Essays in Honor of Thomas Parke Hughes and Agatha Chipley Hughes*, Cambridge/London, MIT Press, 2001.

[64]   Lyons, *75 Years, op. cit.*, p. 56.

exported an estimated 42 billion kWh[65]. Italy had also planned to make nuclear energy the base load after the severe energy crises, but popular resistance prevented this[66]. In the event, France became one of the world's largest exporters of electricity, and Italy one of the biggest importers. By 1995 the installed capacity of nuclear-generated electricity was 344422 MW, still a fairly large figure but much less than the IAEA had predicted in the 1970s[67].

The oil crises and Chernobyl, as well as the increased awareness of environmental pollution, had a profound impact on the electricity supply industry, as "painfully slow approval procedures, sharpened environmental regulations, and drastic prices hikes [made] the construction of new generation units and expansion of the transmission network increasingly more difficult"[68].

In April 1974, a discussion on the role of trade took place within the UCPTE. President Erbacher noted that trading larger flows of electricity between UCPTE-members would become more complicated for two reasons. First, because of the social opposition to the construction of large power plants, and second, because of the difficult situation of the sector, domestic utilisation had priority. The latter already showed during the oil crisis, when exchange was less then normal, and only mutual assistance in emergency situation increased. In the light of this situation, he made several proposals. First, agreements for both exchange and export should be made more flexible, and second, the construction of plants to countries with domestic reserves of primary energy sources, such as Poland should be financed from the West.

IV. Bridging the Divide

This last section will deal with the rapprochement between Eastern and Western Europe in the field of electricity trade. During the mid-1970s and early 1980s, the trade between the various regional electricity networks increased. To enable electricity trade, more linkages between the networks were needed. Several changes of a technical, political and economic nature had taken place that were favourable to the construction of more interconnections. First, the political environment was rather favourable, as the tension between East and West eased, especially after

---

[65] Bouneau, C., "L'Interconnexion internationale...", *op. cit.*, p. 61 & 64. Also see the EDF website: http://www.edf.com.

[66] McGowan, F. & Thomas S., *Electricity in Europe. Inside the Utilities*, London, Financial Times Business Information, 1992, p. 93-94.

[67] Fischer, *History of the IAEA*, p. 147.

[68] UCPTE, *Rapport annuel 1981-1982*, Rhode-St.-Genèse, p. 305.

the Helsinki Summit. Second, from an economical point of view, electricity trade held advantages for both Eastern and Western Europe. As stated above, the oil shocks had different effects at the other end of the Iron Curtain. In effect, lower fuel prices, because of the COMECON price system, also meant lower electricity prices, which made electricity import profitable from a Western European standpoint. From the view-point of the Socialist countries this was a way to obtain hard foreign currency; their debt problems provided an incentive to raise energy exports to the West, also electric energy. Adding to this was the fact that the construction of new power plants in the West became subject to societal opposition in the 1980s. As it turned out, several Western European countries were willing to finance the expansion of generating capacity in the Eastern bloc in return for electricity. Third, improvements in the field of DC technology made connections and consequently the increase of trade between the two separate AC networks of Eastern and Western Europe more efficient.

A. Lower Tensions

Already in early 1973, a Soviet economist wrote that the "creation of a common power system for Europe by linking the existing power systems of the C.M.E.A. member-countries and the countries of Western Europe [...] is technically possible..."[69]. Although synchronising interconnections was still difficult, the progress made with *high voltage direct current* (HVDC) technology would indeed enable links between the two networks. In the mid-1980s a Working Group of UNIPEDE concluded that the main application for HVDC would be submarine cables and back-to-back connections between different synchronized AC systems[70]. Politically, the electricity supply industry in the socialist countries was less hampered by administrative interference than other sectors, and was, in effect, one of the few areas where public ownership and planning prevailed[71]. Furthermore, international politics were fav-

---

[69] Voinov, *Economic Cooperation of Socialist States with the Developed Capitalist Countries*, Planovoe Khoziaistvo, No.3, March 1973, p. 110-120, cited in Grzybowski, "The Council for Mutual Economic Assistance", p. 286-287. C.M.E.A. is the *Council for Mutual Economic Assistance*, also known as COMECON.

[70] Lyons, *75 Years*, *op. cit.*, p. 61. In the mid-1980s a Working Group of UNIPEDE concluded that the main application for HVDC would cable crossing (for example submarine) and back-to-back connections between different synchronized AC systems.

[71] McGowan, F., *Policy and Production Integration in the Central European Electricity Industry, One Europe or Several? The Emerging Industrial Architecture of the Wider Europe: the Co-Evolution of Industrial and Political Structures*, Sussex, Economic & social research council, 2002, p. 9-10.

ourable to such connections as Cold War tensions had eased for the moment.

As an effect of economic integration processes, the bulk of the intra European trade took place within the regional economies of COMECON and the Western European market. Especially within COMECON the trend towards autarky was very strong; in 1953, 83% of the Soviet Union's trade was within the socialist bloc. This pattern would start to change after the death of Stalin, when Nikita Khrushchev looked further outward for trading partners. Partly, this had to do with the increased oil production, starting in the 1950s[72]. Exports to Western Europe rose especially after 1983, mainly due to higher sales of Soviet oil and Polish coal. This certainly had to do with the advantages for Western Europe of trading with the Eastern bloc, particularly as the Western market grew unruly. To the West German *chancellor Helmut Schmidt* "the Communist bloc offers markets which are especially attractive for the West because they are not, or not fully, involved in the synchronization of Western business cycles"[73].

The debt problems provided Eastern European countries with an incentive to trade products for hard currency. Despite being relatively isolated from the world economy, the global slump did leave marks on the economic performance of the socialist countries. In the early 1980s this situation changed as growth figures plunged, causing increased income inequality and deteriorating social conditions. Especially heavy industry – long the socialists' showpiece – suffered from this development. Further exacerbating the economic situation was the growing debt resulting from foreign trade imbalances. From the 1960s, the Eastern bloc could no longer finance their Western imports by the export of raw material and industrial products alone. The extension of credit in East-West trade only added to the debt. As a consequence, the COMECON programme of development and integration became sidetracked[74].

B. Connecting East and West

Trade was a hot issue in the renewed contacts between East and West. During its 1972 summit, the European Community expressed the wish of a common commercial policy towards the COMECON, and

[72] Jentleson, B.W., *Pipeline Politics. The Complex Political Economy of East-West Energy Trade*, Ithaca, Cornell University Press, 1986, p. 70 & 82.

[73] Schmidt, H., "The 1977 Alastair Buchan Memorial Lecture", London, October 28, 1977, reprinted in *Survival* 20, No. 1, 1978, p. 9. Cited in Allin D.H., *Cold War Illusions. America, Europe and Soviet Power, 1969-1989*, London, MacMillan, 1997, p. 143.

[74] Lewis, *Central Europe, op. cit.*, p. 217.

although multilateral trade agreements were not reached, this effort did lead to agreements with several individual states in 1973 for some sectors only[75]. The conference on European Security and Cooperation, held in Helsinki in 1975, took the political and économic "détente" to an even higher level. Within Eastern Europe, important shifts occurred as well. In several countries, the power of the Communist Party had seriously eroded. In for example Poland, state officials and industrial managers assumed power, at the expense of party members. Nationalistic aspirations proliferated and were nourished, as national historical figures and concepts were revitalised. Between some Eastern European and West German intellectuals, the idea of reviving Central Europe, or *Mitteleuropa*, was very much alive in the early 1980s. Thomas G. Masaryk, who coined the term as a political concept in the 1920s, believed that there were strong opportunities for a *New Europe* consisting of small nations between Germany and Russia[76]. The revitalisation of the term in the 1980s was, on a whole, for the same reasons; to reconstruct the "centre" of Europe from the destructive effects of Yalta, but also to reassert nationalistic aspirations of both Soviet satellites[77]. According to the East German dissident Rudolf Bahro the preconditions for an undivided Europe was to create conditions that would enable the Soviet Union to "let Eastern Europe go"[78].

According to some, UNECE among them, these conditions could be created by means of *infrastructural connections, especially those related to energy*:

> On an immense scale the cold war holds back economic progress on both sides of the dividing line. [...] In a united Europe we should be able to think, for example, in terms of the construction of oil and gas pipelines from the Middle East serving the great consuming centres as these fuels move from East to West, from South to North, through the continent. [...] We should look upon the coal resources in all parts of Europe as a whole and

---

[75] Urwin, *The Community, op. cit.*, p. 215.

[76] Baer, J., "Imagining Membership: the Conception of Europe in the Political Thought of T.G. Masaryk and Václav Havel", in *Studies in East European Thought*, 52, 2000, p. 206-210. For the historical and topographical roots of the term see Schultz, H.D. & Natter, W., "Imagining *Mitteleuropa*: Conceptualisations of 'its' Space in and outside German Geography", in *European review of history*, 10, 2, 2003, p. 273-292.

[77] Betz, H.-G., "Mitteleuropa and Post-Modern European Identity", in *New German Critique*, 50, 1990, p. 173.

[78] *Ibidem*, p. 176-177.

Vincent Lagendijk

draw up a programme which would take account of geological factors irrespective of political frontiers[79].

Such projects were carried out from the mid-1970s. In 1974 for example, a natural gas pipeline connection was built between the West German city of Orenburg and the Central European gas network[80]. In the field of electricity, the interconnections between East and West were also expanded. Synchronous operation between UCPTE and CDO networks was not possible at that time, as the frequencies used differed. Thus, exchange was hardly possible. On the other hand, trade became possible, as the technique of HVDC had improved over the last decades. The new interconnections between UCPTE and CDO were all of that kind.

In 1968, Austria exported 165 GWh (on a total export of 5,548 GWh) to Czechoslovakia. The next year they transmitted 218 GWh to Hungary. Finland even traded with two regional networks; in 1967 they imported 3 GWh from the USSR, while receiving a flow of 403 GWh from the Federal Republic of Germany (FDR)[81]. In the 1970s and 1980s these connections were vastly expanded. And although the financial situation of the socialist states was dire, this did not block the construction of new lines. On the contrary, as it seems that electricity itself became a form of "hard currency", as in 1974 the Soviet Union agreed to purchase of several nuclear plants from West Germany, to be paid for in energy. For this purpose a 380 kV line was built, passing through Poland and Berlin[82]. In the same year Austria's Österreichische Elektrizitätswirtschaft AG announced the signing of 25-year contract with Poland on electricity supply that foresaw a loan of 3 billion schillings to Poland for obtaining Austrian equipment, to be repaid partly in electricity. This circumvented a basic problem of Poland's rigid economic structure that made it easier to use foreign credits for food and consumer products than to acquire and implement foreign technology[83]. To ensure an effective supply, a double 380 kV line between Austria and Poland was constructed through Czechoslovakia. A high voltage DC line was built in the vicinity of Vienna in 1983, delivering 400 MW

[79] Myrdal, G., "Twenty Years of the United Nations Economic Commission for Europe", in *International Organization*, 22, 3, 1968, p. 625.

[80] Lewis, *Central, op. cit.*, p. 215.

[81] United Nations Economic Commission for Europe, *Annual Bulletin of Electric Energy Statistics for Europe*, United Nations: Geneva, 1968.

[82] Archive of the UCPTE, Brussels; UCPTE, *Comité restreint*, 6 June 1973, Kettwig, p. 10.

[83] Mazower, M., *Dark Continent. Europe's Twentieth Century*, London, Penguin press, 1998, p. 373.

in the first phase with a foreseen maximum of 1,500 MW[84]. The connections between Nordel and CDO were reinforced as well. The Finnish municipality of Imatran Voima, in cooperation with Soviet *Atomenergoexport*, was planning the construction of a 1,000 MW nuclear power plant, to be completed by 1982[85]. By 1987 Finland was importing 4,738 GWh of a total 6,093 GWh from the Soviet Union[86].

**Figure 3. Austria's electricity exchange with COMECON
(1968-1982 (in Gwh)**

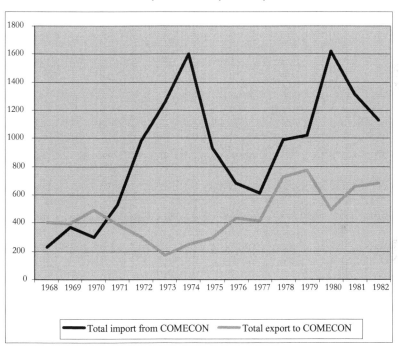

Source: United Nations Economic Commission for Europe, *Annual Bulletin of Electric Energy Statistics for Europe*, United Nations: Geneva, several years.

---

[84] Archive of the UCPTE, Brussels; UCPTE, *Comité restreint*, 9 October 1974, Rome, p. 18.

[85] Nordel, *Annual Report*, 1979, p. 50.

[86] *Ibidem*, p. 71.

C. From Trade to TESIS

A significant moment in bridging Eastern and Western Europe was the proposal for a connection between East and West Germany, presented at the UNIPEDE congress in 1988. At a meeting of the electrical supply industry in 1988, a West German unfolded the plans to connect West and East Germany, and the Western part of Berlin. This would be done by a HV direct current line was and scheduled for 1991[87]. According to Trigo Trinidade of UNECE, this development was of economic significance. Although the outcome and influence of the acceleration of East-West interconnection were still unclear, Trinidade expressed confidence that "we can say now that it is a step towards developing the potential to increase the level of optimisation of the European electrical supply system, by removing some interconnection constraints"[88]. Besides the fact that this would create a more optimal European power supply, the link also carried a tremendous symbolic meaning for UNECE, as it showed "that electric power lines can carry not only electric power but a refreshing message of peace and this should be very rewarding for us all"[89]. At the same meeting, more connections between East and West were announced. Austria planned several HVDC links with the Soviet Union and Hungary, and the FGR also agreed on connecting with the Soviets and the GDR[90].

But these new HVDC links would not function for long. The disintegration of the Soviet Union in 1991 was quickly followed by several CDO/IPS-members. Four countries – the Czech Republic, Hungary, Poland, and Slovakia – sought to connect with UCPTE, and therefore founded a separate organisation, CENTREL, in October 1992. The Baltic states, also very much in favour of connecting with the West, were technologically incapable of doing so, as their national networks were entangled in the Russian electricity grid[91]. The remaining obstacle to creating a synchronous connection between Eastern and Central with Western Europe was the – electrical – division of the reunited Germany. Despite the 1988 plans, the German network situation was rather complicated as three different systems existed; West Germany was synchronised with the UCPTE network, the electricity system of West-Berlin functioned as an island, and the eastern part of Germany that

---

87 UNIPEDE, *Sorrento 1988, 21ˢᵗ Congress Volume II – Proceedings of the Working Sessions and Other Functions*, Paris, Imprimerie Chaix, 1988, p. 377.
88 *Ibidem*, p. 365-366.
89 *Ibidem*, p. 377-378.
90 See the table in *Ibidem*, p. 368.
91 Högselius, P., "Electricity...", *op. cit.*, forthcoming.

working in parallel with the COMECON grid. This situation delayed the electrical unification of Germany, and prompted a UCPTE-representative to say that "pour la première fois les politiciens sont en avance sur les électriciens"[92]. In the end of 1992 West-Berlin was even in synchronous operation with the CDO network for a while. Only in September 1995 would the grids of East and West Germany be linked. The synchronous operation between CENTREL and UCPTE became effective one month later, on 18th October. At the same time the HVDC between the two regional networks were shut down, and TESIS came into being[93]. The electrical divide between East and West had been bridged.

Conclusion

I have attempted to place the interconnection of Eastern and Western Europe within its historical context. In doing so, I used concepts related from Thomas Hughes and Arne Kaijser, who looked at electricity grids as shaped by the social, economic and political context within an institutional setting. According to them electric power systems are made up of socially constructed artefacts. In looking at the history of Europe's electricity network, socio-political and economic developments both created and blocked opportunities to come to a synchronous operated grid.

That history nearly spans a century. The idea of a European-wide electricity network first appeared in the aftermath of WWI, and technologically grounded in recent developments in high voltage transmission. The specific energy circumstances seemed favourable to it as coal was scarce and hydroelectric potential was not fully optimised. But besides an economic rationale, several engineers felt a sense of emergency, and proposed to "tie-down" the warring European states by means of infrastructures. Despite all this intentions, a serious building project never took off, likely due to intensified nationalism and the dire economic situation. The period after WWII saw more international collaboration, although not on a European scale. The post-war situation that emerged, resembled Europe's political divide between East and West, and corresponded with areas of economic integration as well. Thus, Europe still had to be created "electrically".

Only in 1995 this division was overcome as a synchronous network ranging from Poland to Portugal became operational and electricity

---

[92] Archive of the UCPTE, Brussels; UCPTE, *Comité restreint*, October 16-17 1990, Interlaken, p. 8 & 14.

[93] Lyons, *75 Years, op. cit.* p. 64.

exchange between Eastern and Western Europe was possible. But this development was preceded by at least a decade of trade between East and West. The sequence of the collaboration, trade before exchange, in the electricity supply between East and West is at least surprising as Kaijser concluded for pre-WWII cooperation in Scandinavia that electricity trade was more difficult to achieve than exchange due to political and economic implications. Kaijser reasoned that electricity exchange was symmetrical while electricity trade was not. In summing up my findings for the circumstances of the rapprochement in the electricity supply industries of East and West in the 1970s and 1980s, I will argue that electricity trade was possible due to the socio-political and economic situation, and not the least because of the economic implications for both sides. On the one hand, it was enabled by a stable political climate and an economic crisis, and at the other hand, stated in LTS terms, by the Western attempt to compensate the lack of control over fuel prices and generating capacity.

Let me start with the situation in the Western Europe, where the structure of electricity supply was under pressure of various sources outside the system. Hydroelectric potential was exploited near the maximum, and thermal electric generation suffered of the steep price increases caused by the oil crises. The most likely alternative to curtail this threat to energy supply, nuclear power, became even more seriously contested after the Harrisburg and Chernobyl accidents. In addition, the growing concerns about global warming and the environment, also hindered the construction of new plants, especially in large-scale ones, which caused a decline in average plant size[94]. As a consequence, the UCPTE already started to look to the East in 1974.

The problems in Western Europe concerning fuel and generation capacity could be overcome by building linkages with Eastern Europe. Expanding the electricity system to the East would ease the problems in Western Europe, which fell outside the control of the system. The construction of new plants in the West was difficult, and fuel prices were higher. Importing electricity from COMECON helped to get around three crucial Western problems of fossil fuels. First, huge Western oil imports from the OPEC countries were no preferred from the viewpoint of security of supply. This was less an issue in Eastern Europe, where locally or regional abundant fossil fuels were used to generate electricity. Second, the prices of these raw materials were lower, as they were less affected by the effects of the oil crises. Third, while in Western Europe regulations regarding thermal electricity

---

[94] Künneke, R.W., "Electricity Networks: How 'Natural' is the Monopoly?", in *Utilities Policy*, 8, 2, June 1999, p. 102.

generation were tightened due to environmental concerns, this was less a problem in Eastern European countries. By importing Eastern European electricity, or by utilising Eastern electricity in the Western system, the UCPTE network decreased the influence of external impacts, and possible even gaining more control.

Other factors aided this development. First, to enable this energy flow, interconnections between two separate synchronised AC systems were needed, which became much easier with the introduction of *back-to-back HVDC connectors*. Second, contact between the two regional blocs was strongly institutionalised in international forums as UNECE, UNIPEDE and the WPC. Third, in the early 1970s the international political climate became more tranquil, and the Iron Curtain subsequently became less a barrier. The socialistic countries increasingly took their own path and moved away from Moscow, while the European Community pursued a common trading policy with the COMECON. Fourth, debt problems in Eastern Europe provided a powerful incentive to export electricity, and offers of some Western European countries to finance new plants in the East in return for electricity were willingly accepted.

Thus, the specific economic situation, technical opportunities, and political circumstances provided a window of opportunity. As we have seen, the stakes were different for the actors involved. While the West and UNECE stressed the political advantages of economic cooperation, Eastern Europe placed more emphasis on the economic benefits. At this specific moment, the West (including the USA) regarded trade and investment as an important addition to reshaping the bipolar world[95]. The response of UNECE to the symbolic reconnection of the two Germanies could be interpreted as an exponent of that. Thus Eastern and Central Europe, as well as Western Europe were linked in October 1995[96]. Irrespective to main drivers, economic, technical or political developments, with this large synchronously operated network, the Interwar plans of engineers like Oliven and Viel have become more or less reality.

---

[95] Holzman, F.D. & Legvold, R., "The Economics and Politics of East-West Relations", in *International Organization*, 29, 1, 1975, p. 293.

[96] Romania and Bulgaria would be in synchronous operation only after 2003.

L'élaboration de standards européens pour le transport routier

Une réponse à la crise énergétique des années 1970 ?

Dr Marine MOGUEN-TOURSEL

Centre de recherches historiques,
École des hautes études en sciences sociales (EHESS, Paris)

Parmi les sources de pollution dans la société industrielle, le véhicule automobile, à cause de son développement, a pris une place importante sur trois plans : émission de gaz nocifs, bruits et carcasses de voitures défigurant de nombreux sites. En Europe et en France en particulier, ce problème n'a pas encore les dimensions inquiétantes qu'il a atteintes aux USA. Sans parler des cas particuliers et parfois dramatiques comme celui de Los Angeles, on estime aux USA que l'automobile intervient en moyenne pour 40 % dans la pollution atmosphérique. Il n'en est donc pas de même en France où l'on admet généralement un chiffre de 25 à 30 % pour Paris *intra-muros*, seule ville à disposer depuis quelques années d'un réseau de mesures éprouvé[1].

Les constructeurs essaient souvent d'adoucir ce constat alarmant en indiquant que le *smog* de Los Angeles est brandi comme un épouvantail, afin de justifier l'application de la loi antipollution, alors que les conditions climatiques de cette ville sont très spécifiques et qu'il est peut-être injustifié de vouloir étendre les mesures antipollution à tout le pays voire au-delà des frontières américaines.

Il reste que le constat s'impose avec force : il faut stopper la pollution[2]. L'objectif est clair : il s'agit de réduire les émissions

---

[1] Campana, A., « Lutte anti-pollution : réduction de 20 % des émissions d'oxyde de carbone produites par les automobiles », *Le Figaro*, 4 juin 1971.

[2] Pourtant, les mesures environnementales ne se fondent pas sur des valeurs aussi objectives que les mesures de sécurité qui peuvent se référer à des nombres d'accidents, de blessés ou de morts sur les routes. Les seuls éléments sur lesquels s'appuyer

polluantes en termes de rejets et de bruits des véhicules après concertation entre les pouvoirs publics, les constructeurs et les représentants de
l'industrie pétrolière (élaboration de standards environnementaux en
Europe). Toutefois, il n'est pas simple de parvenir à cet objectif, bien
que les pays européens se soient engagés à étudier ces problèmes en
étroite collaboration et à unifier, autant que faire se peut, leurs réglementations, du fait de l'interférence de dimensions multiples – et parfois
contradictoires – dans ce dossier (dimension énergétique, économique,
de santé publique, etc.) et du point de vue tranché des interlocuteurs. Il
ne faut pas oublier non plus qu'au début des années 1970, les décideurs
ne disposaient quasiment que de données chiffrées provenant de
recherches américaines. Les délais très courts qui leur étaient impartis
ne leur permettaient pas d'attendre les résultats des recherches qu'ils
venaient de lancer en Europe sur ces questions.

La mise en œuvre d'une politique de lutte contre la pollution ne peut
être le fait d'une décision d'un jour et doit prendre en considération des
problèmes nombreux, échelonnés dans le temps. Les données techniques
sont évidentes. Il serait illusoire d'établir des réglementations que la
technique ne permettrait pas de respecter : il serait également regrettable
de ne pas tenir compte des technologies nouvelles.

Les aspects économiques doivent être examinés avec attention. Les
suppléments de prix que risquent d'entraîner des mesures anti-nuisances
pourraient avoir des répercussions sensibles sur le marché de l'automobile, particulièrement sur celui des petites voitures. Il est important que
les réglementations ne soient proposées que si elles ne mettent pas en
péril les voitures de « bas de gamme » dont le rôle social est essentiel.
On doit également redouter que des mesures prises nécessitent des innovations technologiques non généralisables en temps utile ou qu'elles
mettent l'industrie automobile d'un pays en difficulté sur le plan international par l'application de dispositions particulières qui ne seraient pas
acceptées par les autres pays producteurs. L'évolution doit donc être
progressive et, autant que possible, concertée, en tout cas au niveau de
l'Europe.

Le choix des priorités doit se faire avec discernement, les améliorations des véhicules automobiles peuvent, en effet, concerner les performances, la sécurité, le confort, autant que la prévention de chacun des
types de pollution. Pour des raisons économiques, toutes les améliorations ne peuvent être apportées simultanément. Des mesures draconiennes sur la pollution pourraient retarder la mise en œuvre de

---

se rapportent à la connexion, pas toujours facile à établir clairement, entre la pollution atmosphérique et les conséquences possibles sur la santé.

perfectionnements relatifs à la sécurité et au confort ; un choix des priorités doit être effectué et, là encore, largement inscrit dans une politique à moyen et à long terme.

Il n'est pas aisé d'isoler les problèmes de pollution automobile de leur contexte. L'automobile est un « système » dont tous les éléments sont interdépendants : une action en faveur de la réduction des émissions de monoxyde de carbone entraîne, par exemple, presque inévitablement une augmentation des émissions d'oxydes d'azote ; l'utilisation des « pots catalytiques » nécessite l'emploi d'un carburant sans plomb qui a pour conséquence très vraisemblable une baisse de l'indice d'octane, ce qui entraîne une réduction des performances du moteur. Le « système » automobile est un système « ouvert » dont les mutations peuvent avoir des répercussions extérieures : la fiscalité fondée en France essentiellement sur la consommation de carburants et la cylindrée du moteur a déterminé, pour une large part, la conception actuelle de l'automobile et pourrait se trouver en contradiction avec les solutions qui pourraient être dégagées (par exemple : pots catalytiques, essence sans plomb). Il faudrait alors envisager une révision qui entraînerait, à son tour, des modifications très importantes dans la structure de l'automobile. L'industrie pétrolière est directement concernée par la fabrication de carburant sans plomb : un abaissement important de la teneur autorisée en plomb conduirait à des investissements particulièrement élevés et à un bouleversement des méthodes de production des carburants.

I. Des intérêts contradictoires au niveau de la définition d'un véhicule moins polluant ?

Les véhicules répondant aux nouvelles aspirations, c'est-à-dire plus sûrs et moins polluants, coûtent plus cher à la fabrication (coût supplémentaire que les constructeurs peuvent décider de répercuter ou non sur leurs clients), ainsi qu'à l'usage (car ils peuvent voir leur consommation de carburant augmenter fortement). Il est ainsi un fait reconnu par tous que l'adoption d'un pot catalytique, par exemple, entraîne une hausse de la consommation de carburant de l'ordre de 15 %.

À partir de 1973, les questions de pollution et de consommation deviennent essentielles, en Europe, dans le contexte de la crise du pétrole. Les difficultés pour obtenir du carburant et la hausse des prix mettent en lumière la nécessité d'une politique rationnelle de l'énergie : priorité est donnée à la réduction de la consommation.

Pourtant, bien que la Communauté européenne ait reconnu et affirmé à plusieurs reprises l'importance d'une politique d'utilisation rationnelle de l'énergie dans les transports, le secteur des transports n'a encore contribué, au début des années 1980, ni aux économies d'énergie ni à la réduction de la dépendance au pétrole. En 1983, les transports routiers comptent pour 85 % de la consommation totale d'énergie du secteur, contre 3 % pour les chemins de fer, 2 % pour les transports fluviaux et 10 % pour l'aviation. Le secteur transport représente en moyenne 4 % du PIB[3] et concerne plus de 4,5 millions d'emplois. Le total des investissements annuels représente à peu près 30 milliards d'ECU. On peut estimer enfin que la consommation énergétique des transports se répartit en 60 % pour les voyageurs et 40 % pour les marchandises. La Commission rappelle que les transports jouent un rôle essentiel dans l'économie européenne et représentent la moitié de la consommation pétrolière de la Communauté à douze, au lieu d'un tiers en 1973. La consommation totale d'énergie a augmenté de 27 % en dix ans et le taux de dépendance pétrolière est resté pratiquement inchangé (autour de 98 %) alors que pendant la même période, la consommation de l'industrie a baissé de 22 % et la dépendance pétrolière de ce secteur a été ramenée de 43 % à 26 %.

Il est intéressant de souligner que les efforts pour réduire les émissions polluantes vont souvent à l'encontre de ceux qui visent à réduire la consommation de carburant. En effet, les aspirations à un véhicule moins polluant peuvent également contrecarrer les volontés d'un véhicule plus sûr car les dispositifs additionnels, tant ceux ayant pour objectif l'élimination des gaz nocifs (pots catalytiques) que ceux qui améliorent la résistance au choc, alourdissent les véhicules et augmentent, par conséquent, leur consommation.

En juillet 1974, le ministre allemand de l'Intérieur, Gerhart Baum, souligne le fait que les problèmes énergétiques ne doivent pas faire oublier la protection de l'environnement et que, pour les constructeurs automobiles, la construction de véhicules économiques ne doit pas être un prétexte pour repousser à l'arrière-plan la réduction des émissions sonores et polluantes. Il brandit la menace de mesures administratives si des progrès décisifs ne sont pas accomplis dans ce domaine à courte échéance. Au début des années 1980, le gouvernement fédéral et les dirigeants de l'industrie automobile allemande tentent de définir des objectifs à moyen terme concernant la pollution, la consommation et le bruit. Les constructeurs se proposent de réduire de 20 % avant 1985 les gaz polluants des voitures (au niveau prévu par la réglementation ECE 15.04) et de 15 % la consommation d'essence (au lieu des 10 % à 12 % initialement prévus). Ils résistent, en revanche, aux objectifs nettement plus stricts que le gouvernement allemand essaie de faire reconnaître : une réduction des émissions polluantes de 50 % avant 1985.

---

[3] Ce chiffre, ainsi que les suivants, se réfère à l'année 1983 et à sept pays membres : Belgique, Allemagne, Danemark, France, Italie, Pays-Bas et Grande-Bretagne.

II.   Les bases réglementaires

Qu'un nombre croissant de nations s'achemine vers un contrôle plus strict des émissions polluantes, de toutes origines, ne fait pas de doute. Mais ce processus est lent et soumis à des considérations autant politiques que scientifiques. De très gros efforts sont demandés, dans tous les pays hautement industrialisés, à la construction automobile pour qu'elle diminue la pollution de ses voitures et qu'elle accroisse leur sécurité. La prise en compte avec cette insistance et cette ampleur des nécessités d'intérêt public et des préoccupations d'ordre social modifie considérablement l'économie automobile et marque, pour certains constructeurs, une rupture sensible avec leur orientation précédente. Les États nationaux sont des acteurs incontournables de la politique environnementale, même si leurs prérogatives sont de plus en plus éclipsées par celles des institutions internationales[4]. Ainsi, la France a adopté des mesures de plus en plus sévères depuis 1963[5]. Le gouvernement allemand est à l'origine du renforcement des prescriptions sur les émissions polluantes au début des années 1970, tout comme le gouvernement néerlandais a largement contribué à durcir les prescriptions sur le bruit des véhicules. Dans certains cas, notamment quand elles ne sont pas seulement le reflet des intérêts nationaux, les discussions qui ont lieu au niveau national peuvent servir de base aux discussions européennes.

Les Nations Unies continuent d'affiner le règlement n° 15[6] qui constitue un document de base depuis 1970 sur les normes de pollution automobile maximale en Europe. Ce règlement, qui a été amendé plusieurs fois pour s'adapter à l'évolution de la technique automobile et des impératifs de protection de l'environnement[7], est considéré comme un

---

[4]   Le droit communautaire prime sur les législations des États membres.

[5]   « Le décret n°54-724 du 10 juillet 1954 prévoyait déjà que "les véhicules automobiles ne doivent pas émettre de fumée pouvant nuire à la sécurité de la circulation ou incommoder les autres usagers de la route". En fait, l'arrêté d'application de ce décret ne parut que le 18 novembre 1963 au Journal Officiel : daté du 12 novembre 1963, cet arrêté est connu sous le nom d'arrêté des fumées d'échappement, mais ne vise que l'opacité des fumées et non leur composition. Il n'a aucun effet sur la "nocivité" des gaz d'échappement. Le premier arrêté anti-pollution date du 28 juillet 1964. Il limitait les émissions de gaz de carter à 0,15 % du poids du carburant consommé. Ce résultat a été obtenu très facilement par les constructeurs d'automobiles par le procédé de recyclage des gaz de carter qui consiste à faire respirer ceux-ci par le circuit d'admission d'air carburé (ou non) du moteur. L'arrêté du 30 juin 1970 a conservé cette norme des 0,15 % de gaz, émis par le carter des moteurs et non réaspirés, qui représente le pourcentage maximal de la masse du carburant consommé ». Cf. « On soumet les prototypes à des essais rigoureux », *L'Usine nouvelle*, septembre 1971.

[6]   Règlement annexé à l'accord de Genève du 20 mars 1958.

[7]   La première réglementation, en 1971, a réduit les émissions d'oxyde de carbone de 40 % et celles des hydrocarbures de 36 %. La deuxième réglementation, en 1975, a

compromis satisfaisant car il répond aux nécessités à la fois de diminuer la consommation de carburant et de réduire sensiblement les émissions de monoxyde de carbone (CO) et d'hydrocarbures. Il est, pour l'essentiel, fondé sur l'utilisation de mélange air/carburant pauvre, c'est-à-dire inférieur à un rapport chimique idéal. En 1985, ce règlement limite les émissions des trois principaux polluants : l'oxyde de carbone (CO), les hydrocarbures (HC) et les oxydes d'azote (NOx). L'oxyde de carbone est un gaz qui peut se révéler dangereux ; sa nocivité est bien connue et combattue. Les hydrocarbures dans les gaz d'échappement proviennent des composants mêmes de l'essence qui traversent le moteur sans brûler (lors des décélérations) ou de composants mal brûlés ou non brûlés pendant la combustion dans le moteur. Les oxydes d'azote sont les produits qui se forment au cours même de la combustion du fait de la présence de l'oxygène et de l'azote dans l'air porté à haute température.

Les directives communautaires sont très similaires aux prescriptions ECE des Nations unies[8]. Une des directives fondatrices dans le secteur de l'environnement date du 20 mars 1970. Elle présente les mesures à prendre contre la pollution de l'air par les gaz provenant des moteurs à allumage commandé (à essence). Cette directive mérite une attention particulière car elle intéresse au plus haut point à la fois l'économie, la santé publique et la défense de la nature. Plusieurs lois ou projets de lois s'apprêtaient à entrer en vigueur dans les États membres et leur divergence aurait par la suite provoqué de sérieux obstacles à la libre circulation des véhicules à moteur. Les prescriptions de la directive ont évité ce danger, les États membres devant obligatoirement s'y conformer. Parmi les méthodes de mesure au stade le plus avancé, à savoir les méthodes américaines et les méthodes européennes, le Conseil, sur proposition de la Commission, a retenu les méthodes de mesures européennes. Le choix a été fait après une comparaison des cycles de fonctionnement et des critères retenus dans les deux méthodes de mesure. L'étude approfondie a conduit à la conclusion suivante : les procédures européennes

---

diminué les émissions d'oxyde de carbone de 52 % et celles des hydrocarbures de 45,6 %. La troisième réglementation, en 1977, prend uniquement en compte les oxydes d'azote, car la nécessité de les réglementer a été reconnue. Il est indispensable de s'attaquer à la fois à l'oxyde de carbone, aux hydrocarbures et à l'oxyde d'azote : ne réduire que les oxydes de carbone et les hydrocarbures peut faire augmenter l'oxyde d'azote de façon non négligeable. En 1979, la quatrième réglementation réduit les émissions d'oxyde de carbone de 61 % et les composants des hydrocarbures et d'oxyde d'azote, ensemble pour la première fois, de 35 %. La cinquième réglementation, entrée en application en octobre 1984, diminue l'oxyde de carbone de 70 % et la combinaison hydrocarbures oxyde d'azote de 50 %.

[8] VDA, *Positionspapier der Automobilindustrie zum Thema Auto und Umwelt*, juillet 1981, Archives CCFA.

sont, sans aucun doute, les plus appropriées aux conditions européennes qui sont très différentes des conditions américaines. En effet, le cycle américain est représentatif de l'utilisation de la voiture américaine de grosse cylindrée sur les réseaux routiers urbains des États-Unis, double condition très différente des conditions européennes. Le rapport puissance/poids des voitures européennes de grande série est très inférieur à celui des voitures américaines et il ne permet pas de satisfaire aux conditions d'accélération imposées par le cycle américain. La réglementation américaine s'adresse à un parc de véhicules beaucoup plus homogène que le parc européen et elle vise, en premier lieu, les hydrocarbures imbrûlés, tandis qu'en Europe, l'accent est surtout mis sur la lutte contre l'oxyde de carbone[9]. L'autre directive communautaire incontournable concernant l'automobile et l'environnement est le document 78/611/CEE qui définit la teneur en plomb de l'essence[10].

La Communauté européenne s'est ainsi attachée, depuis 1970, à réduire la pollution en provenance des véhicules à moteur. Dans ce but, elle a déjà fait des propositions visant à réduire le bruit, les substances gazeuses, les fumées et les particules, et en prépare une en vue d'introduire des limitations de vitesse. Néanmoins, les préoccupations des Communautés en termes d'environnement tardent à prendre corps sur le plan juridique. Jusqu'en 1986, seule la directive relative au niveau sonore des moteurs est entrée en vigueur (en 1970). La directive concernant le gaz d'échappement et le plomb dans l'essence, sur laquelle le Conseil avait atteint un difficile accord de principe, n'a pas encore été adoptée formellement, à cause de l'opposition du Danemark qui demande des normes plus strictes. Toutefois, les autres pays membres appliquent déjà les orientations de la directive et les constructeurs automobiles préparent la production de moteurs qui répondent aux standards proposés par la Commission. Les véhicules diesel sont restés en dehors des investigations, bien qu'ils représentent une part de plus en plus grande du parc automobile européen.

---

[9] « Élimination des entraves techniques aux échanges dans le secteur automobile », Note d'information, Bruxelles, avril 1970, Archives Historiques de la Commission européenne, Bruxelles, BAC 3/1978, 1101.

[10] À partir du 1er janvier 1981 (date d'entrée en application de la directive), le niveau maximal autorisé de plomb dans l'essence est de 0,40 g/l et le niveau minimal de 0,15 g/l (avec, pour l'Irlande, une dérogation pour un niveau maximal de 0,64 g/l pour une durée de cinq ans). L'Allemagne a adopté le niveau minimal, soit 0,15 g/l (de même que le Danemark). Quant au Royaume-Uni, il adopte également le niveau minimum de 0,15 g/l mais seulement à partir de 1985. Par contre, le Luxembourg, la Belgique, la France, les Pays-Bas et l'Italie en sont restés au niveau maximal permis, soit 0,4 g/l.

Des progrès ont toutefois été réalisés pour la protection de l'environnement, tant par la réduction des émissions sonores que par celle des émissions des gaz d'échappement. Ainsi, en 1983, l'émission de CO par véhicule a été réduite d'un tiers et celle de HC de moitié comparée au niveau atteint en 1969. En ce qui concerne les émissions sonores, les constructeurs les ont réduites de 3 dB en moyenne sur les nouveaux véhicules, ce qui représente un effort considérable. Évidemment, les effets ne sont nettement perceptibles qu'à partir du moment où les véhicules construits avant l'année 1975 commencent progressivement à être remplacés par de nouveaux véhicules.

En 1987, les projets en cours au niveau de l'Europe s'acheminent vers des normes plus sévères concernant le CO, les HC et les NOx. Mais, à la différence des règlements de l'ONU, les limites sont établies en fonction des catégories de cylindrée des véhicules. Trois catégories sont envisagées : supérieure à 2000 cm^3, entre 2000 et 1400 cm^3 et inférieures à 1400 cm^3. Les normes communautaires qui ne sont pas encore fixées pour toutes les catégories ne peuvent, en principe, être satisfaites qu'en utilisant une alimentation par injection électronique et l'emploi d'un dispositif catalytique à trois voies, tout au moins pour la catégorie des véhicules dont la cylindrée est supérieure à 2000 cm^3. Ces dispositions paraissent avoir reçu l'assentiment des pays membres.

III.   Les États-Unis : un modèle à suivre ?

Les premières aspirations à une plus faible consommation de carburant sont apparues aux États-Unis[11]. Les Américains utilisaient depuis toujours des moteurs de forte cylindrée et ont adopté des normes antipollution à une époque où le problème de la consommation d'essence n'existait quasiment pas. Avant 1973, les voitures *made in USA* roulaient avec de gros V 8 d'une cylindrée minimum de quatre litres. Leur rendement faible se traduisait par des consommations moyennes d'environ 20 à 25 litres aux 100 km. L'adoption des normes antipollution aux États-Unis s'est donc faite au départ sans préoccupation énergétique. Et les Américains, par la suite, tout en abaissant la consommation et la cylindrée de leur moteur, ont décliné leur motorisation en partant de ces normes.

En juillet 1974, les États-Unis sont le premier pays au monde à introduire le carburant sans plomb dans leur réglementation afin de permettre l'utilisation du pot catalytique[12] dans le but de réduire les émis-

---

[11]   Dossier CCMC, 2 janvier 1985, « L'essence sans plomb et les normes d'émissions pour les automobiles ».

[12]   Il existe différentes sortes de catalyseurs :

sions polluantes. Les constructeurs américains disposent de six années pour mettre sur le marché des véhicules propres. Les normes américaines sont strictes à tel point que s'est créée aux États-Unis une association regroupant un certain nombre de constructeurs (américains ou importateurs) et de pétroliers qui ont mis en commun leurs moyens de recherche. Cette association (l'*Inter Industry Emission Control*) a accompli une série de longs travaux de laboratoires et d'essais pour la mise à l'épreuve des procédés communs. Ceux-ci appartiennent à quatre groupes différents : réacteur thermique, réacteur catalytique, double réacteur catalytique et enfin combinaison des trois systèmes. Seul le premier peut fonctionner avec un carburant au plomb. Sans entrer dans le détail des différents montages, on peut considérer que la quatrième solution, c'est-à-dire celle faisant intervenir un réacteur thermique en association avec un réacteur catalytique (utilisés avec un système de recyclage de gaz d'échappement) reviendrait environ à 500 dollars, soit environ le tiers du prix d'une voiture moyenne. Quant à la consommation d'essence, elle serait augmentée par la même occasion dans la proportion de 35 %. Cependant, aux dires des spécialistes, c'est le seul système qui permettra de faire face en 1976 à la rigueur des normes américaines. En fait, personne ne semble en mesure de satisfaire ces normes dans l'immédiat[13].

À l'instar des États-Unis, l'élaboration d'une réglementation antipollution en Europe, sur le plan communautaire et sur le plan national est à l'ordre du jour. Sans doute, la situation en Europe est-elle moins pressante qu'au-delà de l'océan : le parc est moindre, les voitures n'y ont pas la même puissance, la concentration urbaine n'est pas aussi forte et les conditions climatiques mêmes sont moins astreignantes. Mais déjà les niveaux de pollution atteints imposent une réglementation.

En son absence d'ailleurs, l'action propre des constructeurs irait dans ce sens. Une partie d'entre eux réalise aux États-Unis des ventes fort appréciables ; ils devront adapter leurs voitures aux spécifications américaines. Pour tous, le respect des standards d'outre-Atlantique consti-

---

– des catalyseurs d'oxydation, qui favorisent l'oxydation du CO et du HC, mais ne font rien pour le NOx.

– des catalyseurs de réduction, dont le premier rôle est de réduire le NOx ont aussi été développés, mais leur emploi est pratiquement nul.

– les plus importants, des catalyseurs à trois voies. Ils agissent en même temps sur les trois gaz polluants mais ils requièrent un très strict contrôle du mélange air/carburant (fixe) qui est admis dans le moteur. Ce contrôle est réalisé grâce à une sonde qui, sur la base de la concentration de l'oxygène dans les gaz d'échappement, contrôle le mélange qui va au moteur et le maintient à la valeur nécessaire grâce à un mini-ordinateur.

[13] Jonquet, R., « La France n'imitera pas la rigueur américaine », *L'Équipe*, 4 juin 1971.

tuera un test de qualité et la possibilité de produire sur toutes les voitures les mêmes standards de qualité que sur celles destinées aux États-Unis ne constituera ni pour le prix ni pour la production, un obstacle significatif.

Les grandes lignes de réglementation envisagée ici et là rejoignent celles des mesures en cours d'adoption aux USA : amélioration du moteur à explosion classique par une meilleure carburation, par une modification de son architecture et par le recyclage ou la post-combustion des gaz, amélioration du carburant par l'élimination du plomb dans l'essence ou par l'emploi des gaz liquéfiés, introduction de nouveaux moteurs, soit électriques à batteries ou à piles, soit à vapeur de fluide en circuit fermé.

Pour des raisons historiques, le développement des moteurs par les constructeurs européens est différent de celui des Américains et les résultats obtenus sont meilleurs du point de vue de l'optimisation de la performance et de la consommation. Ainsi, l'industrie européenne déve-loppe depuis toujours des petits moteurs (cylindrée moyenne de 1,5 litre) à très forte compression, brûlant une essence à haut indice d'octane afin de parvenir à une consommation très basse, tout en satisfaisant aux critères de circulation européenne. Les événements survenus depuis 1973 l'encouragent encore davantage dans cette voie en matière d'éco-nomie d'énergie. Les moteurs ont été optimisés à l'extrême et dégrader un des éléments de cette optimisation conduit à une sensible détériora-tion du rendement.

De plus, on sent sur le plan des autorités nationales comme au niveau de la CEE et de l'OCDE, le souci de ne pas surcharger plus que de raison l'industrie automobile européenne dans la compétition mondiale où elle est engagée. Dans la résolution par laquelle est créé un groupe de travail spécialisé à l'OCDE, il est indiqué notamment qu'une « régle-mentation pour interdire ou pour corriger les effets nocifs de la pollution affecterait le coût, la conception ou le fonctionnement des véhicules, qui accroissent par ailleurs le bien-être des individus, qui améliorent la vie sociale et qui contribuent largement à la vie économique et aux échanges ». Dans ses recommandations, le groupe de travail devra tenir compte de ces deux aspects de l'automobile.

IV. La définition des standards environnementaux européens : la position de leader de l'Allemagne

En décembre 1971, la RFA est le seul pays européen convaincu de la nécessité d'avoir une loi sur le plomb. La Suisse et la Suède ne sont toutefois pas loin de partager les mêmes points de vue. Il est clair que l'utilisation du catalyseur élimine quasiment toute émission polluante et permet ainsi d'atteindre les normes environnementales les plus strictes.

Toutefois, cette solution est également porteuse d'un certain nombre d'inconvénients, que les constructeurs français et italiens, notamment, ne se privent pas de souligner :

En recourant aux catalyseurs, il faut s'attendre à une augmentation de la consommation de 5 à 6 %, ainsi qu'à une détérioration du rendement du moteur de 10 % environ. La technique du catalyseur n'est absolument pas adaptée aux voitures de petite cylindrée qui forment la majorité du marché européen. Les véhicules deviendront non seulement voraces en énergie mais lents et parfois désagréables à conduire. Une hausse du coût des voitures est inévitable. Elle est estimée à une valeur oscillant entre 4 et 22 % selon les modèles. Le surcoût frappe donc surtout les voitures les plus populaires.

Une chute des ventes automobiles, liée au surcoût à l'achat et à l'utilisation, est certaine. Ce qui rendra délicate la situation de certains constructeurs européens, déjà aux prises avec des difficultés financières sérieuses. Il ne faut pas oublier que l'industrie automobile européenne dans son ensemble a perdu de l'argent en 1982 et 1983. Une première analyse laisse prévoir une diminution des ventes de véhicules neufs dans la CEE d'environ 10 %, soit 800 000 unités avec des répercussions très graves sur le niveau de l'emploi.

Il faut aussi s'attendre à des effets défavorables sur la balance du commerce extérieur. Ceux-ci résulteraient de l'augmentation des importations de pétrole brut, un recours plus important à des pièces venant de l'extérieur de la CEE, l'importation de métaux rares essentiellement d'Afrique du Sud et d'Union soviétique, l'augmentation de la part de marché des constructeurs non CEE sur ce marché.

Le coût supplémentaire au total pour l'ensemble du parc de voitures est évalué approximativement à 15 milliards d'ECU par an, compte tenu de l'augmentation du prix des véhicules, de l'augmentation de la consommation d'essence et du coût de l'entretien des catalyseurs tel qu'il devrait être effectué pour respecter la réglementation. Cette évaluation qui s'entend lorsque tous les véhicules seront équipés, ne tient pas compte des répercussions sur la balance du commerce extérieur[14].

Le recours aux pots catalytiques s'accompagne également de l'utilisation exclusive de carburant sans plomb. On pourrait penser que ce sont les milieux de l'industrie automobile allemande qui ont souhaité développer cette stratégie. En effet, les principales sociétés qui produisent les pots catalytiques sont allemandes. Elles possèdent une avance technologique certaine pour cet outil. Dès le mois de mars 1971, la société Kali-Chemie (Hanovre) a mis au point un catalyseur à base de

---

[14]   CCMC, « L'essence sans plomb et les normes d'émissions pour les automobiles »,
       2 janvier 1985, Archives CCFA.

métal non précieux, pour remplacer le catalyseur au platine, qui permet de satisfaire aux normes américaines sur les gaz d'échappement.

D'autre part, le marché américain représente le plus gros marché à l'exportation pour les constructeurs allemands, notamment pour Volkswagen, dont la part de marché dans les exportations allemandes est considérable et encore croissante à la fin des années 1950[15]. Les constructeurs allemands ont, par conséquent, déjà fait l'effort de fabriquer des véhicules qui satisfont aux normes américaines, très strictes en matière d'environnement. Le fait de définir des normes européennes aussi sévères que les normes américaines ne représenterait par conséquent pour eux aucun coût supplémentaire.

Tableau n° 1. Exportations de Volkswagen
(voitures particulières et véhicules utilitaires légers)[16]

	1957	1959	1960	1961	1962	1963	1964	1965	1966
Europe	116 853	141 759	189 073	232 074	287 447	318 505	319 972	351 551	334 904
Amérique	111 102	193 326	218 065	237 397	286 712	297 503	393 686	441 854	571 426
Océanie	17 100	26 779	32 544	24 886	27 440	32 150	12 467	8 568	6 367
Afrique	15 918	24 434	28 637	17 973	12 113	17 304	37 414	30 658	38 537
Asie	6 570	12 418	14 105	13 706	6 478	10 656	23 056	22 945	27 420
Export. Indirectes	3 444	5 469	6 848	7 384	7 423	9 645	10 873	13 413	
Total	270 987	404 185	484 272	533 420	627 613	685 763	797 468	868 989	
% *	25	28	21	9	18	9	16		

* Pourcentage d'augmentation par rapport à l'année précédente.

Mais, il apparaît assez nettement que c'est en fait le gouvernement allemand qui a joué pour ce dossier le rôle prépondérant, les industriels du secteur étant opposés à l'adoption de mesures de plus en plus sévères.

En septembre 1973, la presse fait état de projets allemands, néerlandais et danois visant à encourager par le biais de la fiscalité les politiques d'environnement. D'après les informations recueillies par l'organisation professionnelle française, ces projets ont peu de chances

---

[15] La République fédérale, qui exporte un tiers des voitures des pays occidentaux, a exporté en 1959 50,7 % des voitures qu'elle a produites. En tout : 870 957 véhicules, soit 137 565 (ou 18,8 %) de plus que l'année précédente. Volkswagen représente, en 1959, 46,4 % (1958 : 43 %) de l'exportation allemande. Si l'on inclut les minibus et les ambulances, la part de Volkswagen dans les exportations allemandes atteint 51,6 % (1958 : 47,5 %).

[16] *Rapports annuels de Volkswagen AG*, Archives Volkswagen, Wolfsburg.

de voir le jour en Allemagne et aux Pays-Bas, par contre, au Danemark, ils pourraient être appliqués dès l'hiver 1973. En Allemagne, les milieux de la construction automobile sont, dans l'ensemble, fermement opposés aux initiatives de ce genre en raison à la fois de leur complexité et du risque d'un alourdissement de la fiscalité automobile. Quand le président du Conseil de surveillance de BMW a évoqué une « prime destinée à favoriser le développement de voitures sûres et propres », pouvant être attribuée sous forme de réductions fiscales, l'organisation professionnelle allemande, le *Verband der Automobilindustrie* (VDA), a fait observer que cette remarque était faite à titre strictement personnel. Le risque que font courir de telles initiatives est de voir, par contagion, d'autres pays entrer dans la même voie, notamment pour inciter l'industrie à aller au-delà de la réglementation dans des domaines tels que le bruit, la sécurité et la pollution.

En juin 1974, un porte-parole du VDA a déclaré que la loi allemande sur le plomb contenu dans l'essence (abaissant de 0,4 à 0,15 g/l cette teneur à partir du 1er janvier 1976[17]) provoquerait de lourdes difficultés techniques pour l'industrie automobile. La consommation d'essence s'en trouvera accrue de 13 à 15 % et la nouvelle réglementation aura également une influence négative sur le coût des moteurs. Le VDA se prononce donc pour le maintien de la norme en vigueur. Malgré cette opposition des industriels, la mesure est adoptée et renforcée en juin 1976, les voitures immatriculées avant le 1er juillet 1969 devant désormais être soumises régulièrement à un contrôle antipollution comme c'était déjà le cas pour les modèles plus récents.

En juin 1977, le gouvernement allemand, en particulier le ministre de l'Intérieur M. Maitofer, étudie les moyens de réduire les nuisances de l'automobile en milieu urbain. Les recherches s'orientent dans plusieurs directions : nouvelle conception des rues, adoption des normes limites de bruit dans les rues, dépollution des gaz d'échappement des automobiles. Mercedes, BMW, Volkswagen, Opel et Porsche ont livré aux autorités compétentes dix-huit prototypes de voitures à taux de pollution réduit. Les automobilistes, de leur côté, seraient prêts à débourser un supplément équivalent à 1000 francs français pour un véhicule mieux adapté à l'environnement d'après un sondage officiel réalisé en mai 1977.

---

[17] La directive européenne prévoit une limitation des émissions polluantes à 0,4 g/l à cette date.

En août 1981, Gerhart Baum demande aux constructeurs allemands[18] de réduire de moitié les émissions polluantes de 1978 avant 1985-1986, alors que la réglementation ECE 15.04 – qui sert de base aux directives communautaires – ne prévoit qu'une réduction de 20 % d'ici à 1985. Le président du VDA, Horst Backsmann, indique que les constructeurs ont déjà travaillé sur un amaigrissement du mélange et une optimisation de la carburation. Il souligne qu'il n'est plus possible d'arriver à une amélioration en suivant cette direction, mais plutôt en adoptant des pots catalytiques. Mais de nombreux effets secondaires sont inévitables : augmentation de la consommation d'essence, nécessité d'adopter de l'essence sans plomb qui n'existe pas sur le marché, hausse du prix des voitures à l'achat et à l'usage et, probablement, hausse du coût du carburant. Il existe quelques pots catalytiques résistants à l'essence plombée, mais leur durée de vie est très courte. L'attitude de Horst Backsmann reflète fidèlement la position du secteur automobile allemand dans son ensemble. L'industrie automobile résiste donc aux nouvelles volontés du gouvernement allemand de réduire les émissions polluantes. Elle reconnaît qu'elle classe en tête de ses priorités[19] les économies d'énergie, puis la poursuite des progrès dans le secteur de la sécurité, la réduction des bruits des automobiles, et enfin la réduction des émissions polluantes. Pourtant, elle montre sa bonne volonté en s'engageant, sans y être contrainte par la législation[20], à réduire les gaz polluants des voitures de 20 % d'ici 1985 (au niveau prévu par la réglementation ECE 15.04) et à réduire la consommation d'essence des nouveaux véhicules de 15 % d'ici à 1985 (par rapport à 1978) au lieu des 10 à 12 % prévus initialement par la réglementation. Elle s'apprête également à respecter les nouvelles normes de bruit retenues par le gouvernement fédéral[21].

Les constructeurs automobiles reviennent sur l'idée répandue dans les comités internationaux d'une adéquation entre leurs propres vues et

---

[18] Il convoque notamment Volkswagen, Daimler-Benz, Adam Opel, Ford et BMW, ainsi que deux des plus gros constructeurs de camions et un fournisseur de matériel électrique.

[19] Afin d'éviter d'être mal compris, les constructeurs précisent qu'ils considèrent chacun de ces axes comme importants et qu'ils feront tout pour atteindre rapidement de grands progrès dans ces différents domaines. Mais ils sont réticents à l'idée de travailler sur les réductions d'émissions polluantes qui pourraient entraîner une hausse de la consommation de carburant. Depuis l'année 1973 et la prise de conscience de la situation préoccupante de la dépendance énergétique de leur pays à l'égard du carburant brut, les constructeurs ont développé de nouveaux concepts de véhicules qui mettent l'accent en priorité sur la limitation de la consommation de carburant.

[20] Comme nous l'avons vu, la directive 78/611/CEE concernant les gaz d'échappement et le plomb dans l'essence n'a pas été formellement adoptée.

[21] Ces normes s'échelonnent entre 75 et 80 dB selon le type de véhicule.

celles de leur gouvernement. Ils se portent en faux contre une telle idée et soulignent qu'ils ont souvent des difficultés à faire comprendre à leurs interlocuteurs qu'il existe de profondes divergences de points de vue entre le gouvernement et l'industrie en Allemagne[22]. Ils expliquent que cette idée provient vraisemblablement du fait que le gouvernement allemand présente souvent dans les enceintes internationales ses propositions comme fidèles au point de vue officiel allemand, même quand l'industrie a refusé de s'associer aux discussions préalables. Ils reconnaissent que le ministre des Transports se base souvent sur l'expérience des praticiens que sont les constructeurs et sur l'ouverture d'un véritable dialogue avant de prendre une décision. Mais cette démarche est loin d'être générale au sein du gouvernement. Ainsi, le ministère de l'Environnement (*Umweltbundesamt*, ou UBA) qui dépend du ministère fédéral de l'Intérieur est-il jugé incontrôlable par les industriels. Bien que, d'après la loi fédérale sur les émissions polluantes, le ministère des Transports ait une compétence partagée sur ces dossiers, les propositions communes sont souvent davantage influencées par les vues du ministère de l'Environnement et par là même jugées « irréalistes » par les industriels. Tel a été le cas des Objectifs d'émissions polluantes pour 1982[23], rédigés en 1976, qui ont été immédiatement mis de côté par les instances internationales.

En avril 1983, le successeur de Gerhart Baum, Friedrich Zimmermann, pense à son tour à la possibilité d'une initiative allemande sur le terrain de l'environnement à laquelle les autres pays européens (y compris la Grande-Bretagne mais à la seule exception de la France), pourraient se rallier : l'introduction de l'essence sans plomb. Dans le même temps, le ministre britannique à l'environnement, Tom King, a annoncé qu'au plus tard en 1990, toutes les voitures neuves fabriquées au Royaume-Uni rouleraient à l'essence sans plomb. Les industries automobiles et pétrolières allemandes, tout en étant favorables aux principes de la démarche, ont critiqué la décision unilatérale de Bonn pour des raisons techniques et financières. Daniel Goeudevert, le président-directeur général de Ford Allemagne, a annoncé que le coût supplémentaire d'un véhicule roulant à l'essence sans plomb serait particulièrement lourd pour des automobilistes à bas revenus qui cherchent une petite voiture à un prix raisonnable. Le coût d'un pot catalytique varie peu en fonction de la taille de la voiture. Par conséquent, les acquéreurs de petites cylindrées doivent débourser en termes relatifs une plus

---

[22] « Positionspapier der Automobilindustrie zum Thema Auto und Umwelt », VDA, juillet 1981, Archives CCFA.

[23] « Zielwerte für die Abgase von Ottomotoren für 1982 », Umweltbundesamt, 1976, Archives CCFA.

grande somme que les acquéreurs de grosses cylindrées. Gerhard Prinz, le président du directoire de Daimler-Benz et Ferdinand Beickler, le président-directeur général d'Opel sont également très réticents quant à l'adoption de l'essence sans plomb dans la mesure où l'Allemagne est le seul pays qui œuvre activement en ce sens. Gerhard Prinz a suggéré que les conducteurs ouest-allemands pouvaient être piégés à l'intérieur de leur pays si les autres pays européens n'adoptaient pas également le carburant sans plomb. Un représentant de Daimler-Benz qualifie l'introduction d'essence sans plomb « d'impasse » dans la mesure où la consommation d'essence augmenterait concomitamment.

En juillet 1983, inquiet des effets de la pollution sur les forêts allemandes[24], le gouvernement fédéral décide de l'introduction de l'essence sans plomb pour les nouveaux véhicules à partir du 1er janvier 1986[25]. Ce faisant, il adopte une position pionnière en Europe. Les normes allemandes sont désormais quasiment identiques aux normes américaines[26]. Avec de telles mesures, la RFA espère obtenir une réduction allant jusqu'à 90 % du taux des gaz d'échappement émanant des véhicules. Ce pas franchi fait évidemment très peur aux constructeurs allemands. Le gouvernement fait rapidement savoir qu'il est prêt à quelques aménagements. Ainsi, il envisage de s'en remettre aux techniciens et de ne pas imposer de procédés particuliers pour parvenir au résultat souhaité. Il autorise également les constructeurs à respecter les nouvelles normes en utilisant d'autres technologies que le convertisseur catalytique. Il souligne le fait qu'il peut agir sur le levier fiscal, en relevant fortement le prix de l'essence plombée et en réduisant les taxes sur l'essence sans plomb. Gerhard Prinz croit même savoir que le gouvernement serait disposé à certaines concessions supplémentaires, notamment sous la forme d'un délai de transition pour l'introduction des nouvelles normes concernant les gaz d'échappement, initialement prévues en janvier 1986. Le journal *Agefi* indique que si cette attitude venait effectivement à se

---

[24] Ces mesures draconiennes interviennent après plusieurs expertises sur la mort des forêts en RFA, où 33 % des surfaces boisées sont endommagées. La cause principale de ces dégâts serait les gaz toxiques rejetés dans l'atmosphère.

[25] Cette décision pose un problème juridique dans la mesure où la directive communautaire sur les émissions polluantes s'applique en République fédérale et ne peut pas être simplement suspendue. Les véhicules qui remplissent les exigences de la directive européenne doivent continuer à être autorisés à circuler sur les routes allemandes. L'invocation de l'article 36 du Traité de Rome par les partisans de la mesure n'est pas d'un grand secours dans la mesure où la directive communautaire sur les gaz polluants existe déjà.

[26] « Pollution automobile : la RFA adopte officiellement les normes américaines », *Les Échos*, 27 octobre 1983.

confirmer, l'un des principaux points de friction entre les constructeurs et le gouvernement serait écarté[27].

Le gouvernement ouest-allemand propose alors à la Commission européenne que les normes américaines soient adoptées par tous les pays de la CEE. Il est largement soutenu par les constructeurs de son pays sur ce point, qui craignent autrement de voir l'Allemagne se fourvoyer dans une impasse technologique, mettant en péril leur industrie qui connaît pourtant à ce moment un moment difficile. Les observateurs européens remarquent que cette mesure unilatérale correspond également à un choix tactique dans l'échiquier européen :

> [L'Allemagne] vise à prendre à contre-pied les constructeurs français et italiens. Plutôt que de se laisser imposer des normes petit à petit, dans tel ou tel pays d'exportation, elle préfère prendre les devants. Pousser ainsi à l'innovation technologique en laissant aux autres les combats d'arrière-garde. Protéger les prêts, faciliter les exportations et freiner les importations, c'est-à-dire faire d'une pierre trois coups[28].

V.   Les bases des discussions au plan européen

À la fin de l'année 1984, la Commission des Communautés européennes a émis des propositions concernant l'essence sans plomb et les émissions des gaz d'échappement des véhicules. Celles-ci se partagent en deux étapes :

– pour 1989-1991, réduction importante des normes d'émissions qui détermine pour l'ensemble du parc automobile une dépense annuelle de 7 milliards d'ECU et l'installation d'un pot catalytique sur 15 % environ de la production. Élimination progressive du plomb dans l'essence avec la proposition d'un indice d'octane de 85 MON comme limite inférieure du carburant super en Europe.

– pour 1995, adoption de normes d'émissions encore plus sévères. Celles-ci impliquent dans l'état actuel des connaissances, la généralisation des catalyseurs sur les automobiles.

---

[27]   *Agefi*, 16 septembre 1983.

[28]   NDLR, « Pollution automobile : la RFA adopte officiellement les normes américaines », *Les Échos*, 27 octobre 1983.

Le Comité des constructeurs du Marché commun[29] demande que la teneur en octane du super soit de 96 RON (et non 95 comme proposé par la Commission). Il indique que le fait de passer à 96, tandis que la teneur du super en octane en 1982 est de 97/98, représente déjà un compromis. Il précise que la réduction de l'indice d'octane augmente corrélativement la consommation des moteurs (cette augmentation est de l'ordre de 1 % à 1,5 % par point d'indice d'octane en moins) et en détériore la performance.

En septembre 1984, le chancelier Kohl a indiqué que la République fédérale s'en tenait à son programme visant à introduire sur le marché dès 1986 de l'essence sans plomb et à pollution réduite. Il estime que les propositions de la Commission européenne, de ne soumettre l'ensemble des nouveaux véhicules de la CEE aux normes américaines qu'à partir de 1995, sont inacceptables. La marge de manœuvre de l'Allemagne semble toutefois réduite dans la mesure où les autres membres de la Communauté ont déjà fait savoir que le calendrier qu'elle a fixé ne laisse pas suffisamment de temps à leurs industries automobile et du raffinage pour effectuer les modifications nécessaires, par ailleurs fort coûteuses. D'autre part, le gouvernement allemand a déclaré son intention d'introduire des incitations fiscales à partir du 1er juillet 1985 pour les voitures satisfaisant aux normes américaines et de rendre ces normes obligatoires à partir de 1988 pour les voitures de deux litres et plus, avant d'étendre la mesure à l'ensemble des voitures à partir de 1989. Le Conseil des ministres doit prendre position sur ces propositions. Quelques jours plus tard, le 17 septembre 1984, le *Bundesrat* a voté une résolution pour imposer, à partir de 1989, l'équipement des automobiles de convertisseurs catalytiques afin de diminuer les émanations polluantes. Cette résolution peut s'entendre comme un compromis entre les préférences du gouvernement pour l'année 1986 et les propositions de la Commission européenne pour 1995. La résolution du *Bundesrat* n'a pas force de loi, mais il est probable qu'elle influence la décision ministérielle.

Le 27 juin 1985 est signé « l'Accord de Luxembourg » concernant les normes européennes de réduction des émissions toxiques dans les gaz d'échappement. Il prévoit deux étapes : l'application de la première

---

[29] Fondé au début de l'année 1973, le Comité des constructeurs du Marché Commun réunit sept constructeurs automobiles (à l'exclusion des filiales américaines présentes en Europe). Son objectif premier est de proposer aux instances européennes des mesures concrètes concernant les normes d'émissions polluantes et la sécurité des véhicules. Le second objectif est de réduire l'influence américaine sur la politique européenne de pollution et de sécurité. Cf. Niederschrift über die Sitzung des Aufsichtsrates am 27. Februar 1973, Berlin, Branchenpolitische Fragen, Archives BMW, UA417.

étape conduit à une réduction sensible des émissions de gaz et, notamment, à une baisse de 52 % des émissions d'oxyde d'azote par rapport à 1977. En appliquant une nouvelle réduction de 15 % par rapport aux normes fixées pour les voitures de moins de 1,4 litre de cylindrée, la deuxième étape (prévue pour 1992-1993) doit permettre d'atteindre en Europe une qualité de l'air équivalente à celle des États-Unis en ce qui concerne les émissions des automobiles. Cet accord est remis en cause dès mars 1989 par le Commissaire à l'environnement, l'Italien Carlo Ripa di Meana, soit avant même l'entrée en vigueur de ces mesures. Le Commissaire a annoncé l'adoption de normes plus sévères dues à une sensibilité croissante aux problèmes de l'environnement dans de nombreux pays. Tout d'abord, les normes européennes[30] seraient désormais obligatoires pour tous les véhicules en circulation dans la Communauté dès le 1er janvier 1991. Ensuite, la Commission propose qu'à peine deux ans plus tard, les États membres soient contraints d'imposer à leurs constructeurs le respect de normes « encore plus sévères » (on évoque à ce propos la mise en vigueur au 1er janvier 1993 de normes « à l'américaine »[31]). Ces nouvelles normes se rapprocheraient donc des normes américaines US 83 (20 grammes de carbone et 5 grammes d'azote). La Commission européenne a été soucieuse de prendre de vitesse le Parlement européen qui était sur le point de voter le rejet des normes retenues dans l'Accord de Luxembourg au nom de la défense de la pureté de l'atmosphère.

En juin 1988, alors que viennent d'être signés sans difficultés des accords sur les grosses et moyennes cylindrées[32], ainsi que sur les modèles Diesel[33], les négociations sur les petites cylindrées piétinent. Il faut dire que l'enjeu est d'importance : ces dernières constituent la majorité du parc européen. Deux blocs opposés campent sur leurs positions[34]. D'un côté, les pays du Nord souhaitent des normes très strictes, parce qu'ils sont particulièrement sensibilisés aux questions de pollution et qu'ils construisent des automobiles de cylindrée plutôt élevée, donc chères. C'est le cas de l'Allemagne fédérale, du Benelux et des pays

---

[30] 30 grammes de monoxyde de carbone et 8 grammes d'oxyde d'azote.
[31] Ces normes sont de 19 à 21 grammes de monoxyde de carbone par test et de 4,8 à 5,2 grammes d'hydrocarbures non brûlés et d'oxyde d'azote.
[32] Accord signé en décembre 1987.
[33] « Les dispositions adoptées [en juin 1988] prévoient de limiter les émissions de particules dans les gaz d'échappement à 1,1 gramme par test pour les nouveaux modèles à partir d'octobre 1990 et à 1,4 gramme par test pour les nouvelles voitures de modèles anciens à partir d'octobre 1990 », in *Agefi*, 17 juin 1988.
[34] « La "voiture propre" cale. Pas d'accord à Luxembourg sur les petites cylindrées. Deux blocs s'affrontent », *Le Figaro*, 18 juin 1988.

scandinaves. De l'autre côté, la France, l'Italie, l'Espagne et la Grande-Bretagne produisent des grandes séries de véhicules et imposent leur image automobile grâce aux gammes petites et moyennes[35]. Ces pays souhaitent des normes souples. Le 29 juin 1988, un accord sur la « voiture propre » pour les petites cylindrées est signé. Il a ensuite été rejeté par le gouvernement français sous la pression des constructeurs nationaux, avant d'être finalement ratifié sous la pression européenne. Cet accord prévoit une réduction de la teneur maximale en monoxyde de carbone (30 grammes maximum par test de pollution) et d'oxyde d'azote et hydrocarbures (8 grammes par test). Ces normes entrent en vigueur le 1er octobre 1992 pour les nouveaux modèles et le 1er octobre 1993 pour tous les véhicules neufs. Le texte reprend la plupart des propositions faites en février par la Commission européenne et donne une relative satisfaction aux principaux constructeurs de voitures de petite cylindrée (France, Grande-Bretagne, Italie, Espagne). Les mesures adoptées ne rendent pas obligatoire le montage de pots catalytiques ou des systèmes de carburation perfectionnés coûteux. Fiat ou Renault devraient s'en tirer en adaptant les moteurs pour leur permettre d'absorber un mélange « pauvre » (plus d'air et moins d'essence), mais le coût de production devrait quand même augmenter de 4 à 5 % selon les constructeurs[36]. L'accord a été accueilli diversement en France. Si Renault accueille sereinement cette décision, PSA se refuse à tout commentaire.

Pendant deux ans (de 1994 à 1996), les constructeurs travaillent avec la Commission européenne et les pétroliers dans le cadre du programme Auto-Oil pour définir les futures normes destinées à réduire les émissions polluantes. Le scénario retenu pour atteindre les normes fixées par l'Organisation mondiale de la santé en 2010 prévoit un durcissement de la réglementation pour les véhicules utilitaires et les poids lourds, une amélioration de la qualité des carburants ainsi que des mesures locales, limitées à des agglomérations particulièrement touchées par la pollution. Mais rien pour les automobiles.

« C'était techniquement correct, mais politiquement inacceptable pour la Commission. Elle a donc choisi de sévériser les normes pour les voitures, tandis que les pétroliers, qui ont mieux réussi leur lobbying que

---

[35] Dans les « pays du Sud de l'Europe » (France, Italie, Espagne), la petite voiture représente 75 % des ventes, contre 33 % en Allemagne par exemple. Les modèles de base de voitures comme la Peugeot 205, la Renault 5 ou la Fiat Uno équipés de moteurs aux alentours de 1000 cm^3 représentent 57 % du marché en Italie et 43 % en France, contre seulement 25 % aux Pays-Bas, 17 % au Danemark et 16 % en Allemagne.

[36] « "Petite voiture" propre : accord bouclé », *Les Échos*, 30 juin 1988.

les constructeurs, sont passés à travers » assure Christian Casper, qui était en 1996 directeur délégué pour les affaires européennes de PSA Peugeot Citroën. Selon l'Association des constructeurs européens d'automobiles (ACEA), les mesures décidées représenteraient une charge annuelle de 4,2 milliards d'ECU pour les constructeurs. L'un des axes de l'action des constructeurs devant le Parlement sera d'obtenir une amélioration de la qualité des carburants. « L'étude menée dans le cadre d'Auto-Oil a montré qu'avec des gazoles améliorés, on pourrait baisser de 30 % le niveau des particules », assure l'ACEA[37].

VI. D'autres solutions qui ne sont pas prises en compte par la Commission européenne

Parmi les solutions, préconisées notamment par les Français, figurent des procédés alternatifs à l'adoption du catalyseur :

– L'amélioration de la qualité du carburant

Les constructeurs, unanimes sur le sujet, considèrent qu'ils doivent supporter l'intégralité des efforts communautaires pour réduire la pollution des véhicules automobiles. Ils auraient souhaité que la Commission européenne fixe également de nouvelles normes relatives à la qualité des carburants à l'industrie pétrolière. Ils s'étonnent ainsi d'un tel « traitement de faveur » dans la mesure où des représentants de l'industrie pétrolière avaient pourtant pris part aux négociations communautaires sur le dossier des émissions polluantes (notamment dans le cadre d'Auto-Oil).

– La « trappe à plomb »

La trappe à plomb est comparable à un silencieux d'échappement normal mais comprenant des passages en dérivation rompant le flot des gaz et permettant à 65 % des particules de plomb de se déposer sur des espaces garnis de mousse métallique (fils recouverts d'alumine). Il est possible d'atteindre ainsi, pour un prix de revient limité, des taux de réduction des particules de plomb de 90 %. Plusieurs sortes de « pièges à plomb » sont d'ailleurs en expérimentation qui permettraient d'obtenir à peu de frais de très bons résultats (en accord avec de nombreux réglages de carburation et d'allumage). Cette technique éviterait de se lancer en Europe dans les catalyseurs comme les lois américaines ont obligé les chercheurs de ce pays à le faire.

---

[37] « Pollution automobile : la bataille pour les normes se poursuit à Bruxelles », *Les Échos*, 26 juin 1996.

– Le « moteur propre »

Les « moteurs propres » sont dits à combustion maigre[38]. Cette solution a été largement mise en avant par PSA. Pourquoi se contenter de soigner le mal quand on peut le supprimer et faire un moteur dont les émissions d'oxyde de carbone, d'oxyde d'azote ou d'hydrocarbures imbrûlés seront réduites au minimum ? Mieux vaut prendre le problème à la source, estiment les constructeurs français, notamment Peugeot SA, qui militent contre l'adoption des normes européennes trop sévères pour les voitures de moins de 1400 cc de cylindrée notamment l'adoption du pot catalytique[39].

– La limitation de vitesse

La France pousse sur ce dossier qui lui semble une bonne alternative aux mesures antipollution, notamment le pot catalytique mis en avant par les Allemands. Avant d'être abordée sous l'angle de la pollution, cette question l'a été sous celui de la sécurité.

Durant la seconde moitié des années 1960, il y eut certaines tentatives pour introduire une limitation générale de vitesse sur les autoroutes européennes. Tous les constructeurs se sont opposés à ces tentatives. En 1969, l'organisation professionnelle française, la Chambre syndicale des constructeurs d'automobiles, essaie de discuter les conditions d'une limitation ponctuelle de vitesse plutôt qu'une limitation générale (en définissant où, quand et dans quelles conditions une telle limitation de vitesse pourrait offrir une meilleure sécurité). Les constructeurs français essaient de mettre en avant l'idée selon laquelle le fait de ne pas avoir eu de limitation de vitesse jusque-là les a conduit à améliorer considérablement la sécurité sur les routes (par une bonne adhérence, une analyse du centre de gravité du véhicule, de bons freins, etc.). Ces améliorations, indispensables à vitesse élevée, sont également très utiles à vitesse plus réduite.

Au début des années 1970, une limitation de vitesse est introduite sur les autoroutes de tous les pays européens. Les conducteurs ne doivent pas dépasser 120 km/h. Les constructeurs ont immédiatement remarqué un fléchissement de l'intérêt des clients pour les voitures de grosses cylindrées. Ils essaient de faire pression sur leurs ministres de l'Industrie

---

[38] Il s'agit d'un carburateur d'un nouveau type comprenant trois corps à ouverture différenciée en fonction de la dépression. On utilise alors un mélange pauvre dans le rapport air-carburant de 18,5 à 1 ce qui supprime la majorité des émissions d'oxyde de carbone. Le recyclage des gaz d'échappement complète ce procédé qui conduit à une augmentation de consommation de 10 % environ.

[39] « Moteur propre contre pot catalytique », *La Tribune de l'Expansion*, 5 août 1988.

afin d'obtenir qu'une telle limitation de vitesse soit limitée dans le temps. Les constructeurs allemands parviennent à leurs fins. La limitation de vitesse est abandonnée. En Allemagne, il est désormais seulement « recommandé » de ne pas dépasser 130 km/h. De plus, cette décision est seulement valable jusqu'en 1977. En France, en revanche, le ministre a relevé une sensible réduction du nombre d'accidents suite à la mise en œuvre de la limitation de vitesse et souhaite par conséquent maintenir cette mesure. Après négociations, la limitation à 120 km/h est toutefois remplacée par une limitation à 140 km/h. Suite à cette mesure, l'attrait des clients pour les voitures les plus puissantes augmente à nouveau de 20 % environ.

Le débat est progressivement transféré sur le plan européen et sur celui des économies d'énergie. En 1973, les représentants français au Conseil européen des ministres des Transports font pression pour obtenir une limitation de vitesse à 130 km/h sur les autoroutes en Europe. Deux ans plus tard, les constructeurs français essaient d'obtenir des autres constructeurs européens un accord sur cette question au sein du Comité de liaison des constructeurs automobiles. Ce dernier considère la proposition française avec intérêt, spécialement en ce qui concerne le VDA, l'organisation professionnelle allemande, qui semble alors prendre une position différente de celle des constructeurs qu'elle représente. Volkswagen, en particulier, est profondément opposé à cette proposition de limiter la vitesse sur autoroutes[40]. On comprend d'ailleurs que les constructeurs allemands, qui sont spécialisés dans les voitures de grosses cylindrées, auraient été davantage affectés par une limitation de vitesse que d'autres constructeurs. Ils ont été, par conséquent, particulièrement actifs à l'égard de leur gouvernement et des commissaires européens en charge de ces questions. Malgré ces tentatives, aucune harmonisation n'est obtenue au niveau européen.

En 1985, la Commission européenne voudrait atteindre un compromis avant la fin de l'année. Mais les Commissaires ne sont pas tous d'un avis concordant sur le sujet. Stanley Clinton Davis est favorable à une limitation de vitesse tandis que Karl Heinz Narjes (Commissaire allemand au marché intérieur et à la protection des consommateurs) y est plus réticent. Un compromis pourrait être trouvé autour d'une limite uniforme de 110 km/h sur les autoroutes européennes. La Commission demande aux structures européennes de représentation des intérêts automobiles (le Comité de liaison des constructeurs automobiles et le Comité des constructeurs du Marché commun) de donner davantage de renseignements sur la corrélation entre les différents facteurs suivants :

---

[40] Cf. notamment, Archives Volkswagen, Relations de la firme avec le VDA, UVW Z 174/2502 (Jahr 1965).

énergie, consommation, vitesse, pollution, etc. En 1986, la majorité des Commissaires européens est favorable à une limitation de vitesse sur autoroutes. La vitesse maximale serait de 120 km/h. Toutefois, aucune décision n'a encore été prise à l'heure actuelle.

En Allemagne, il s'agit d'une question hautement politique et qui ressort désormais davantage des questions de pollution que de celles de sécurité. En octobre 1984, avec le récent succès des écologistes aux élections régionales de Rhénanie-Westphalie, l'idée de limiter la vitesse à 100 km/h gagne du terrain. Son objectif n'est pas tant de protéger la vie des automobilistes que de préserver la forêt allemande. Le chancelier Kohl maintient son opposition à une limitation de vitesse. En revanche, les ministres CSU Friedrich Zimmermann (Intérieur) et Ignaz Kiechle (Agriculture) en sont devenus des partisans. Le fait d'accélérer l'entrée en vigueur de l'obligation faite aux constructeurs de produire des véhicules munis de catalyseurs aurait pu constituer une solution, mais si les fabricants de gros modèles étaient favorables à l'introduction dès 1986 de cette réglementation, les autres – en particulier les filiales allemandes des firmes américaines Ford et General Motors – ont fait pression pour que la production des « automobiles propres » soit re-poussée jusqu'en 1989. Pour ces constructeurs de modèles moyens ou petits, l'augmentation de coûts liée à la mise au point et à l'installation des catalyseurs aurait été beaucoup plus sensible. On s'achemine donc vers un compromis : la vitesse serait limitée « provisoirement » à 100 km/h en République fédérale jusqu'à ce que les nouveaux modèles puissent à nouveau déchaîner leurs chevaux-vapeur sans risque de nuisance pour les forêts. Le gouvernement fédéral demande une enquête pour approfondir les liens entre vitesse et pollution. Il ne veut prendre aucune décision avant les élections de janvier 1987. Les constructeurs sont tellement opposés à une limitation de vitesse sur autoroutes que le gouvernement en est réduit à suspendre toute décision. Les Commis-saires européens attendent également la décision allemande.

Conclusion

Pour clore cette contribution, nous aimerions citer Umberto Agnelli (président du Comité des constructeurs du Marché commun en 1988), qui pointe du doigt à la fois l'enjeu de ces questions et les difficultés que leur résolution provoque en évoquant « l'équilibre qu'il faut trouver entre les modifications techniques et leurs répercussions sur le prix des voitures, leur consommation d'essence et leur agrément de conduite. L'enjeu est particulièrement crucial pour les petites voitures dont les acheteurs sont les plus sensibles aux problèmes de coût, à l'achat comme à l'utilisation »[41].

Nous voudrions souligner la complexité du processus de décision communautaire et la multiplicité des acteurs impliqués dans ces questions (Directions générales de la Commission européenne, délégations nationales au sein du Conseil, COREPER, Parlement européen, ministères nationaux, organisations professionnelles aux plans européen et national, firmes et opinion publique). De manière générale, nous pouvons observer la force des coalitions nationales sur ces sujets. Il est intéressant de souligner l'importance du Conseil qui a le pouvoir de bloquer toute décision pendant plusieurs années (et même d'empêcher un point de figurer dans l'ordre du jour des réunions) même si la Commission européenne est décidée à mettre en œuvre des standards européens. Depuis le milieu des années 1960, les autorités publiques (États nationaux et Institutions européenne, développant parfois des approches divergentes) ont lancé l'harmonisation des standards nationaux en Europe concernant la sécurité des véhicules et la réduction de la consommation et du bruit. Si tous les acteurs automobiles s'accordent sur les principes généraux (en particulier, dans le but d'améliorer la compétitivité générale de l'industrie automobile en Europe), ils ont montré des divergences d'intérêt dans la façon de mettre en œuvre ces directives.

À partir de 1965, les discussions touchant à la réduction de la pollution et aux économies d'énergie, souvent contradictoires comme nous avons pu le constater, prennent vraiment le devant de la scène. La bataille des lobbies autour du dossier des futures normes européennes destinées à réduire les émissions polluantes des automobiles a fait rage. Ils peuvent d'autant mieux exercer leur influence sur les fonctionnaires européens chargés de ces questions que les dossiers sont complexes. L'inflation normative, dont l'automobile est l'objet, ne se réalise pas au fil d'un processus linéaire : les nombreux blocages dans le processus de décision communautaire mettent en lumière les difficultés du règlement des conflits en jeu.

Cette bataille a opposé des camps qui tentent de faire pencher la balance de leur côté en prenant l'opinion publique à témoin : tandis que les écologistes souhaitent obtenir un durcissement des futures normes, les constructeurs ne s'accordent que sur le fait de voir l'industrie pétrolière davantage impliquée dans les efforts nécessaires pour atteindre les nouveaux standards de pollution. Ils s'opposent, en revanche, sur la

---

[41] « Industrie automobile : plein appui à une législation communautaire en matière de pollution, qui mette fin aux initiatives régionales et locales », in *Europe*, 26 mai 1988.

définition de ces nouvelles normes, notamment en ce qui concerne leur alignement, ou non, sur les normes américaines. Alors que les constructeurs allemands sont favorables à cet alignement, les Français et les Italiens s'y opposent. Les réponses des constructeurs sont évidemment variables selon leurs gammes de production et leur marché d'exportation. L'attitude de Volkswagen, qui représente à cette époque une part particulièrement importante des exportations allemandes vers les États-Unis, se distingue sur ce dossier. Les autres constructeurs allemands sont moins nettement en faveur du choix du pot catalytique et reprochent à leurs ministères d'avoir encouragé cette politique et de l'avoir défendu devant les institutions communautaires. Ce n'est que lorsque les constructeurs ont réalisé que les choix opérés par leurs ministères avaient conduits à un point de non-retour qu'ils ont accepté de s'y rallier, afin d'éviter de se trouver dans une impasse technologique.

En effet, la bataille ne se joue pas exclusivement à Bruxelles, mais également dans les différents États nationaux. Ainsi, sur ce dossier, les constructeurs allemands sont plutôt en retrait par rapport au gouvernement de leur pays qui manifeste une conscience aiguë de ces questions. L'opinion n'est pas unanime au sein des différents ministères : le ministère des Transports, en phase avec les constructeurs, s'oppose au ministère de l'Environnement, qui cherche à promouvoir des normes draconiennes de lutte antipollution.

Dans la deuxième moitié des années 1980, la Commission européenne – qui avait été plutôt en retrait jusque-là – s'empare vraiment de ces questions environnementales : elle multiplie les directives dans ce domaine, en abordant successivement les différents types de véhicules. Les choix qu'elle opère (en particulier, les pots catalytiques) profitent davantage aux Allemands qu'aux autres constructeurs européens. Les propositions de ces derniers, notamment celles des constructeurs français (réduction de la vitesse, construction de moteurs propres, voitures électriques, amélioration de la qualité des carburants, etc.), trouvent peu d'écho auprès d'elle.

TROISIÈME PARTIE

RÉFORMER LA PAC ET RÉPONDRE
AUX DÉFIS INDUSTRIELS

Le rôle des institutions
dans le développement de la
Politique agricole commune (1968-1975)

Gilbert NOËL

*Professeur à l'Université de Rennes 2 et à l'Institut d'études
européennes (IEE) de l'Université catholique de Louvain (UCL)*

Au début des années 1970, l'intégration de l'agriculture européenne, engagée par la constitution d'un marché commun agricole (MCA), rencontre ses premières difficultés. Le terme « renationalisation » commence à être utilisé et l'objectif de mettre sur pied une véritable Politique agricole commune (PAC) sur les fondements de la partie agricole du traité de Rome et de la résolution de Stresa de juillet 1958 semble de plus en plus difficile à atteindre. L'Europe verte est en crise, une crise concomitante à celle de l'économie générale. L'augmentation du prix du pétrole entraîne celle des coûts de production et les turbulences monétaires justifient le maintien d'un mécanisme permettant l'application du principe des prix agricoles communs : le système complexe des montants compensatoires monétaires (MCM)[1].

Le ralentissement de la construction de l'Europe verte est aussi le résultat d'un mode de fonctionnement et de pratiques qui s'instaurent au sein des institutions communautaires afin de contenir des dissensions de plus en plus vives. Considérer séparément ces institutions est intéressant pour analyser les rapports de force internes qui orientent les prises de position et les stratégies des unes et des autres. Mais il est nécessaire de compléter cette démarche par un examen des répercussions de ces approches dans le jeu interinstitutionnel d'où émerge une certaine PAC. Pour avoir une vue d'ensemble, il convient de prendre en considération les actes de la Commission qui dispose d'un pouvoir de proposition, sur le fondement d'un intérêt général européen, et d'exécution des décisions

---

[1] Baudin, P., « Crises monétaires et PAC d'août 1969 à juillet 1973 », in *Revue du Marché Commun*, n° 167, août-septembre 1973, p. 309-318.

communautaires. Il est indispensable de les confronter à l'attitude du Conseil, soit le pouvoir politique intergouvernemental qui réalise la coordination des intérêts agricoles nationaux, sans négliger les positions des forces vives qui s'expriment au sein du Comité économique et social (CES) sur les finalités de la PAC et celles des forces politiques regroupées au sein d'un Parlement européen en quête d'une légitimité européenne[2]. En outre, on ne peut pas faire abstraction des interventions du groupe de pression agricole officiel : le Comité des organisations professionnelles agricoles de la CEE (COPA), dont l'influence auprès de la Commission et du Conseil n'est pas négligeable. Il peut être opportun d'y ajouter les manifestations des syndicats et des groupes d'intérêts qui exercent une forte pression sur le ministre national de l'Agriculture, voire sur le Conseil de la CEE. Une telle approche permet de faire ressortir le jeu des acteurs et d'évaluer leurs responsabilités respectives dans les orientations prises pour le fonctionnement du MCA et pour l'élaboration de la PAC[3].

La période retenue inclut 1968, année au cours de laquelle Sicco Mansholt, le commissaire européen pour l'agriculture, s'efforce de compléter le chantier ouvert dès 1959 pour l'élaboration d'une PAC en préconisant une politique sociale et structurelle communautaire pour l'agriculture et le monde rural. Dans cette perspective, il présente, en décembre, un mémorandum « Agriculture 1980 » qui vise à donner à la communauté agricole européenne d'autres finalités que la réalisation d'un MCA[4]. L'année 1975 est celle du premier « Bilan de la PAC », qualifié d'« inventaire » et qui a pour objet de déterminer sur quelles bases une relance de la PAC est possible, compte tenu de difficultés qui mettent en péril l'existence du MCA[5]. Il s'agit en particulier de trouver des solutions aux problèmes posés par des excédents permanents, par le

---

[2] Il ne faut pas perdre de vue que la Commission agit selon une logique supranationale tandis que les décisions du Conseil sont préparées selon une logique intergouvernementale par des représentants permanents regroupés au sein d'un Comité spécial Agriculture qui analyse les propositions de la Commission et les avis du CES et du Parlement européen.

[3] Dans cette communication, les prises de position des organisations nationales des Six puis des Neuf ne sont pas traitées, ni la jurisprudence de la Cour de justice des communautés relative à l'application des règlements portant sur les organisations de marchés par produit ou groupe de produits. Elles ont eu cependant des répercussions non négligeables sur les orientations du MCA et de la PAC et mériteraient une attention particulière.

[4] Pour une version intégrale du texte, voir *Le plan Mansholt*, SECLAF, Paris, 1969, 517 p.

[5] Commission des communautés européennes (CEE), « Bilan de la politique agricole commune », in *Bulletin des communautés européennes*, Supplément février 1975, 40 p.

niveau élevé des dépenses de la section « garantie » du Fonds européen d'orientation et de garantie agricole (FEOGA) et par l'existence d'un système de MCM contesté par la majorité des pays membres de la CEE.

L'objectif de cette communication n'est pas de donner une analyse détaillée et exhaustive du rôle respectif et des rapports entre les principales institutions européennes qui fixent le cours de la PAC pendant la période considérée. Elle a pour but de dégager, de manière chronologique, les éléments les plus significatifs qui déterminent le contenu et le rythme d'évolution des différents aspects de la constitution d'une communauté agricole. Il s'agit aussi de comprendre sous quels rapports de force sont prises les décisions relatives au MCA et à la PAC entre 1968 et 1975. Au vu des priorités qui ont été retenues successivement, la réflexion peut s'articuler autour de quatre thèmes : la consolidation du MCA, préoccupation des années 1968-1970, la gestion du MCA dans la perspective d'un approfondissement de la PAC, priorité des années 1971-1973, le temps de l'élargissement et la crise, en 1973 et 1974, et, pour terminer, le défi de l'inventaire de 1975.

I. De 1968 à 1970, le Conseil décide : priorité au marché commun

La PAC n'est pas un enjeu du Sommet de La Haye. Mais la France est intéressée par l'achèvement du MCA qui doit reposer sur l'adoption d'un règlement financier définitif avant la fin de 1969. Le but visé est la consolidation d'une intégration des marchés des principaux produits agricoles qui a donné lieu, dès 1968, à des problèmes de mise en œuvre pour les produits laitiers et la viande bovine dont les règlements n'entrent en vigueur que le 29 juillet au lieu du 1er avril.

L'élaboration d'une véritable PAC est en suspens depuis le début des années 1960. Les propositions de la Commission de décembre 1959 et de juin 1960 pour « l'élaboration et la mise en œuvre de la PAC » ont subi un traitement sélectif de la part du Conseil. Celui-ci décide de ne retenir que l'approche commerciale, par les marchés et les prix, en différant l'examen des approches sociale et structurelle[6]. Sur ces volets, le Conseil n'envisage qu'une coordination des mesures nationales relatives aux structures. Les concours financiers du FEOGA, section « orientation », sont octroyés à des projets individuels soumis par les

---

[6] Pour ses promoteurs, la PAC doit être organisée en considération de quatre préoccupations : une organisation des marchés des principaux produits au niveau européen, l'établissement d'une politique commerciale commune vis-à-vis des pays tiers, l'élaboration d'une politique communautaire d'amélioration des structures agricoles et la mise en place d'une politique sociale d'accompagnement.

gouvernements et concernent surtout le secteur de la transformation des produits.

Dans son premier « Rapport général sur l'activité des communautés », en février 1968, la Commission propose de sortir de cette logique en insistant sur l'importance d'une réforme des structures agricoles pour concilier des nécessités économiques (la modernisation de l'agriculture), financières (une réduction du coût des interventions du FEOGA, section « garantie ») et des exigences sociales (la recherche de la « parité », réclamée par le COPA et par le CES[7]). En mars 1968, sollicité par Edgar Faure, Président en exercice du Conseil, le Parlement européen joue, contre son gré, un rôle d'arbitre entre la Commission et le Conseil en apportant à ce dernier son appui sur le principe de la fixation de prix « politiques » pour les produits laitiers.

Dans un contexte de manifestations agricoles[8], le Conseil parvient, le 1er avril, à réaliser un premier compromis sur une baisse des prix européens du lait, sans avoir au préalable recueilli l'avis du Parlement. Ce dernier, sollicité pour avaliser cette décision, se plaint d'être mis devant le fait accompli. Il souligne que « le Conseil […] a déjà pris une décision et qu'il en porte la responsabilité »[9]. Ainsi, dès 1968, le Conseil réduit le pouvoir du Parlement européen sur des questions européennes qui, par ailleurs, échappent à la compétence des parlements nationaux. De son côté, le CES, qui préconise une approche sociale pour constituer une Europe verte, n'est pas entendu. Par conséquent, à la fin des années 1960, pour l'élaboration de la PAC, deux équipes sont en compétition : le collège des 14 commissaires dont le « patron » pour les questions agricoles est Sicco Mansholt, en fonction jusqu'en 1972, et le Conseil des 6 ministres de l'Agriculture, animé principalement par les ministres français et par l'allemand Josef Ertl. Le syndicalisme agricole arbitre le match, au niveau européen par l'intermédiaire du COPA, et au plan national par des syndicats nationaux et des organisations spécialisées actifs auprès des ministres de l'Agriculture. Le Conseil occupe une position dominante confortée par le fait que la Commission hésite de plus en plus à faire application de l'article 169 du traité de Rome pour faire condamner des États qui, comme la France, la Belgique et

---

[7]   Cette requête vise à assurer aux producteurs agricoles un revenu de niveau équivalent à celui des autres catégories socio-professionnelles comparables dans une région donnée.

[8]   Les premiers rassemblements d'agriculteurs pour s'opposer aux propositions de la Commission sur les prix « européens » datent de 1968 et concernent le marché des produits laitiers.

[9]   *Agra-Europe* du 28 mars 1968.

l'Allemagne, sont en infraction par rapport au règlement sur la viande bovine[10].

Pour la PAC, l'année 1968 est par ailleurs une année charnière. Fidèle aux dispositions du traité de Rome et à l'esprit de Stresa, Sicco Mansholt lance un projet d'envergure pour l'établissement d'une politique commune de modernisation de l'agriculture, en complément à la politique des marchés et des prix. Ce projet est présenté en décembre par la Commission dans un dossier qui non seulement fait état de la situation de l'agriculture européenne et de ses marchés à cette date mais inclut des propositions pour la fixation des prix pour la campagne 1969-1970 et, surtout, un mémorandum pour une réforme en profondeur des structures de la production agricole. Cette partie, intitulée « Agriculture 1980 », a pour but de définir pour le long terme une PAC à caractère productiviste et prévoit des modalités d'insertion du secteur agricole dans l'économie générale. Il s'agit en particulier d'accentuer l'industrialisation de l'agriculture par le remplacement progressif des exploitations agricoles « familiales » par des « entreprises agricoles modernes ». Les milieux professionnels nationaux et, au niveau européen, le COPA[11] ne sont pas les seuls à s'opposer à ce projet. Au sein du Parlement européen, il est reproché à Mansholt d'avoir organisé une « publicité tapageuse » autour de son plan avant que le Parlement et le Conseil n'en aient été saisis[12].

Le Conseil s'appuie sur les pressions des milieux professionnels pour différer l'examen du plan Mansholt. Ses membres ne sont pas disposés à s'engager sur la voie d'une politique structurelle commune. Pour la France, le ministre des Affaires étrangères Michel Debré estime que la réforme des structures agricoles est un problème autant politique et social qu'économique et qu'il relève de la compétence des gouvernements nationaux. C'est cette approche qui prévaut lors d'un Conseil interministériel des 26 et 27 janvier 1969 au cours duquel les Six décident de ne retenir que le principe d'une harmonisation progressive de

---

[10] Cette carence est évoquée dès mai 1968. *Agra-Europe*, n° 518 du 2 mai 1968.

[11] Dès 1968, le COPA s'est doté d'une commission « Problèmes de la politique des structures, du développement régional et de la politique sociale » qui est présidée par le français Jean Deleau.

[12] Le parlementaire français Triboulet (Union des démocrates européens-UDE) interpelle le Président de la Commission Jean Rey en lui demandant « dans quelles conditions il a pu être amené à autoriser M. Mansholt à donner une publicité tapageuse à un plan agricole dont les incidences politiques sont dangereuses pour l'idée européenne et dont la prudence comme la bonne règle conseillaient de saisir, au préalable, le Parlement européen et le Conseil » et de lancer : « Désamorçons la bombe Mansholt ».

leur politique structurelle nationale[13]. Cette question étant réglée, en avril 1969, le Conseil Agriculture se contente de fixer les prix de campagne à leur niveau de 1968-1969. Et, à partir de l'été 1969, les Six planchent sur le régime définitif de financement de la PAC. Sur ce point, la proposition de la Commission de juillet reçoit les avis favorables du CES en novembre et du Parlement en décembre. À la même époque, des turbulences monétaires mettent en péril le système des prix européens uniques. En août, le franc français est dévalué, ce qui conduit à instaurer un mécanisme de MCM. Hors financement communautaire, la France perçoit, pour ses échanges intra-communautaires, des compensations à l'exportation qui lui permettent de ne pas relever ses prix intérieurs et subventionne les importations pour éviter des distorsions de concurrence par rapport à des prix nationaux établis en unités de compte au niveau européen. En septembre 1969, la RFA réévalue le Deutschmark et le système des MCM est étendu[14]. Ainsi, avant le Sommet de La Haye, le Conseil est parvenu à consolider le fonctionnement des mécanismes du MCA et a occulté le débat sur les structures. Mais, la Commission insiste pour qu'il soit tenu compte de la charge financière des excédents et propose la fixation de prix « économiques » européens. Le 19 novembre, dans une communication au Conseil, elle l'invite à prendre des mesures pour une meilleure maîtrise des marchés par des réductions des garanties de prix et par une orientation vers un système de responsabilité financière des producteurs en cas d'excédents. Et elle suggère un transfert de moyens financiers utilisés pour la « garantie » des prix sur des objectifs sociaux et structurels. Limiter la charge budgétaire due à l'accroissement d'excédents pour bon nombre de produits soumis à des organisations communes de marché (OCM) devient une préoccupation souvent évoquée, notamment par le chancelier Willy Brandt.

La partie agricole du Communiqué final de la Conférence de La Haye (points 5 à 7) prévoit « d'arrêter [...] les règlements financiers

---

[13] À ce Conseil qui réunit les ministres des Affaires étrangères, ceux de l'Agriculture et des Finances, la France est représentée par Michel Debré (Affaires étrangères), Robert Boulin (Agriculture) et Jacques Chirac (secrétaire d'État aux Finances).

[14] Les « prix européens » étant exprimés en unités de compte, les MCM ont pour but, en cas de mouvements monétaires, de neutraliser les différences de prix qui en résultent. Ils sont négatifs pour les pays à monnaie faible comme la France et jouent alors le rôle de taxes à l'exportation et de subventions à l'importation. Ils sont positifs pour les pays à monnaie forte comme l'Allemagne et se présentent comme des subventions à l'exportation. Il en découle que les agriculteurs des pays à monnaie forte sont favorisés par rapport à ceux des pays à monnaie faible, d'où, comme nous le verrons, un affrontement franco-allemand avec, d'un côté des ministres français qui réclament leur démantèlement et, de l'autre, un ministre allemand Josef Ertl qui se bat au Conseil pour leur maintien.

définitifs agricoles à la fin de 1969 ». À l'occasion d'un Conseil à Luxembourg, les 12 et 13 mai 1969, Robert Boulin et Michel Debré avaient insisté pour le respect de cette échéance afin qu'à la date du 1ᵉʳ janvier 1970 soit réalisé le passage de la « phase transitoire » à la « période définitive »[15]. Le Communiqué souligne que les Chefs d'État et de gouvernement « ont demandé aux gouvernements de poursuivre sans tarder au sein du Conseil les efforts déjà entrepris pour assurer une meilleure maîtrise du marché, par une politique de productions agricoles permettant de limiter les charges budgétaires ». Ainsi, satisfaction est donnée à Willy Brandt pour lequel l'acceptation du règlement financier par la RFA est liée à des mesures pour réduire les excédents. La perspective de l'élaboration d'une PAC selon les propositions de la Commission de 1968 n'est pas évoquée. Mandaté pour n'aborder que le volet commercial de la PAC, le Conseil, réuni du 19 au 22 décembre, suite à un marathon de 50 heures, arrête des principes généraux en vue de l'établissement d'un règlement financier définitif. Mais l'idée d'un transfert des dépenses du FEOGA de la section « garantie » à la section « orientation », dont les dépenses sont plafonnées, est refusée. Cette décision confirme que les Six ne sont pas disposés à envisager une politique structurelle communautaire. Leur accord concrétise le principe de la solidarité financière mais il ne prévoit aucun dispositif pour assurer aux producteurs un « revenu équitable » ou de « parité » par des mesures sociales et structurelles et il ne vise pas l'insertion de l'agriculture dans l'économie générale[16]. Le 6 février 1970, suite à un nouveau marathon de 22 heures, le Conseil finalise les engagements de La Haye par un compromis sur le règlement financier définitif qui limite les pouvoirs budgétaires du Parlement européen en excluant son intervention pour les dépenses de la section « garantie » du FEOGA. En mai 1969, la Commission de l'agriculture du Parlement avait insisté sur la nécessité d'un contrôle démocratique sur les charges financières de la Commu-

---

[15] « On veut de la sorte en finir avec les continuelles tentatives de certains pour remettre en question le principe de la solidarité financière devant les excédents, qui se trouve à la base du fonctionnement du FEOGA » commente *Agra-Europe*, n° 567 du 15 mai 1969. En fait, la France cherche à préserver une rente de situation, celle du principal producteur d'excédents agricoles.

[16] Voir l'analyse de Philippe Lemaître in « L'accord sur le financement de l'Europe verte ne devrait pas dispenser les Six de réformer le Marché commun agricole », in *Revue du Marché Commun*, n° 129, janvier 1970, p. 5-7. L'auteur fustige l'attitude réservée du Conseil face aux propositions ambitieuses de la Commission en soulignant qu'il « sait faire preuve d'une force d'inertie d'une exceptionnelle qualité ». Et d'ajouter : « Ce n'est que contraint et forcé, sous la pression des événements, que le Conseil acceptera de peut-être travailler un jour à la définition d'une Politique agricole commune digne de ce nom ».

nauté générées par la PAC et demandé que le Parlement européen soit doté de pouvoirs budgétaires et législatifs appropriés.

Au début de 1970 une controverse entre les milieux agricoles allemands et Sicco Mansholt se développe. Edmund Rehwinkel, président de la *Deutscher Bauernverband* (DBV), attaque de manière virulente le commissaire européen. Dans une lettre ouverte du 7 janvier, il lui écrit : « Votre conception économique a échoué parce qu'elle s'est heurtée aux particularismes des gouvernements nationaux. Je vous invite à tirer les conséquences de votre échec et à vous désister de vos fonctions ». Le climat est tendu entre les organisations professionnelles et la Commission. Georges Bréart, membre français du CES, résume ainsi la situation de cette époque :

> La machine communautaire n'est pas grippée comme donnent à le penser les apparences ; elle tourne à vide ; elle ne broie que du vent. Dans les premières années, la politique agricole c'était l'unification des marchés. Il y avait un but précis et un critère auquel rapporter les décisions du Conseil. Ce résultat approximativement atteint, la Commission ne propose pas de politique. Son mémorandum du 18 décembre 1968, de son propre aveu, était un ensemble de suggestions « à discuter » dans lequel le Conseil devait faire un tri pour demander des « propositions » au sens du traité sur les thèses ou formules lui agréant. Les propositions du 19 novembre 1969 sur l'équilibre des marchés ne répondent pas à leur titre [...]. Je crains que la Commission ne sache pas très bien où elle veut aller en matière agricole et il me semble que beaucoup d'atermoiements et de difficultés viennent de là[17].

Ce constat de blocage n'est cependant pas directement imputable à la Commission. Celle-ci attend, depuis un an, des décisions « politiques » du Conseil sur l'avenir de la PAC. Ses suggestions, notamment pour une baisse des prix de soutien du blé, de l'orge, du beurre et du sucre, associées à l'idée d'une compensation de la perte de revenu des producteurs concernés par des aides sociales ou structurelles, n'ont aucun écho. À l'Allemagne, à l'Italie et à la Belgique qui souhaitent l'adoption de mesures pour une « maîtrise » des productions excédentaires, la France réplique qu'il convient plutôt de rechercher un « équilibre » des productions par une meilleure hiérarchisation des prix et non par leur réduction. En mars 1970, l'agence *Agra-Europe* dresse un tableau pessimiste en ces termes : « L'Europe agricole tourne en rond. L'achèvement que, depuis la fin de 1969, on considérait comme une affaire classée, a été une fois de plus remis en cause par des ministres de la CEE, les 20 et 21 mars, menaçant maintenant l'élargissement ». Et d'expliquer ainsi les blocages provoqués par l'Allemagne, la France et l'Italie : « Dans sa

---

[17] Archives Chambres d'agriculture (Paris), *Lettre confidentielle*, n° 12, 6 avril 1970, p. 2.

simplicité, la querelle peut être lourde de conséquences : l'Allemagne ne veut pas d'harmonisation, par voie de règlement, des méthodes de production du vin ; la France repousse, dans ces conditions, la libre circulation du vin ; l'Italie refuse alors de ratifier le texte sur les pouvoirs du Parlement européen dont dépend le financement de l'Europe verte, en l'absence duquel la France opposera son veto à toute ouverture de négociations sur l'élargissement. Ainsi la boucle est fermée »[18]. En outre, le Conseil n'a pas de vision précise sur la place de l'agriculture dans le développement de l'économie générale. Pour Joseph Ertl : « L'agriculture doit maintenant stopper son processus d'intégration et attendre que d'autres secteurs économiques soient arrivés à la même hauteur. L'Europe ne doit pas devenir une voie à sens unique de l'agriculture »[19].

L'immobilisme communautaire en matière agricole est dénoncé par le COPA depuis le printemps de 1969[20]. La Commission de l'agriculture du Parlement le rejoint lorsqu'elle s'en prend au Conseil en faisant remarquer qu'en refusant de prendre des décisions politiques, économiques et sociales pour le secteur agricole, il conduit les gouvernements nationaux à prendre des mesures nationales qui mettent en cause la pérennité du MCA[21]. Quant à la Commission, elle évite un affrontement avec le Conseil et lui soumet des propositions minimalistes. Le 5 mai, elle lui transmet, pour « une réforme de l'agriculture », cinq propositions de directives – et non de règlements – pour enclencher le processus de modernisation des exploitations agricoles. Mansholt les défend auprès des milieux professionnels en menant une campagne d'information active. À son approche technocratique en vue de la constitution d'entreprises agricoles modernes, la Commission substitue une approche socio-économique qui ne prévoit que le développement d'exploitations agricoles viables, c'est-à-dire capables d'assurer un revenu décent aux agriculteurs dans une économie de marché. Le but de ces directives n'est pas la réalisation d'une politique structurelle mais d'inciter les gouvernements à entreprendre des actions communautaires de développement afin de sortir de « l'imbroglio agricole du Marché commun »[22]. Pour la

---

[18] *Agra-Europe*, n° 610 du 26 mars 1970.

[19] Bulletin du gouvernement fédéral cité dans *Lettre confidentielle*, n° 13 du 10 avril 1970, p. 3.

[20] Pour Jean Deleau, son président, cet immobilisme est perceptible au niveau du Conseil des ministres mais aussi de la Commission qui attendrait un « pourrissement » de la situation. Compte rendu de réunion du 18 avril 1969 dans *Agra-Europe*, n° 564 du 24 avril 1969.

[21] *Agra-Europe*, n° 565 du 30 avril 1969.

[22] Zeller, A. et Giraud, J.-L., *L'imbroglio agricole du Marché Commun*, Paris, Calmann Lévy, 1970. Il fournit une analyse pertinente des blocages de cette période. Dans la

Commission, cette initiative a pour ambition de donner une « nouvelle orientation », une « nouvelle allure » à la PAC[23]. Il s'agit d'établir une procédure de collaboration souple entre le Conseil, la Commission et le Parlement par une démarche originale. Des principes de régionalisation, de modulation et de cofinancement sont mis en avant. Pour Adrien Ries, cette stratégie est imaginée à un moment où le Conseil montre son incapacité à « résoudre les problèmes agricoles avec les moyens traditionnels. Il lui reste à tirer les conséquences de sa propre impuissance et à s'engager dans la recherche de voies nouvelles ». En septembre, le COPA émet de sérieuses réserves sur ce « mini plan Mansholt » en faveur d'une amélioration des structures et, en novembre, il dénonce à nouveau l'immobilisme communautaire mais cette fois-ci en matière de prix agricoles jugés trop bas.

II. À partir de 1971, le Conseil et la Commission composent pour gérer le marché commun agricole

Les 21 et 22 avril 1970, au terme de longues tractations, notamment en raison de la demande italienne pour un accord préalable sur un règlement pour l'OCM sur le vin, les textes d'application du règlement financier sont définitivement adoptés. C'est dans le prolongement de cette décision du Conseil que la Commission soumet ses propositions pour une amorce de réforme des structures agricoles avant l'ouverture de négociations avec les pays candidats à l'adhésion. Le Conseil accorde peu d'attention à ce « mini plan Mansholt ». Malfatti, le président de la Commission, le déplore dans un discours au Parlement de Strasbourg en septembre. Selon lui :

> L'ampleur du programme et des propositions déjà présentées par la Commission Rey, et qui sont l'œuvre du vice-président Mansholt, contraste fortement avec la portée des décisions adoptées jusqu'à présent par le Conseil et, avec les hésitations de ce dernier, lorsqu'il s'agit d'engager des discussions sur le fond des graves problèmes qui se posent actuellement […]. La politique des prix et des marchés est inséparable d'une politique sociale moderne et d'une politique cohérente et courageuse des structures[24].

En somme, il préconise de reprendre l'esprit de la résolution de Stresa de 1958. Le Conseil demeure sourd à cette requête et ne donne aucune suite aux projets de directives de Mansholt, ni aux incitations de

---

préface de ce livre, Edgard Pisani écrit : « Le travail des techniciens n'a de valeur que par la décision, la sagesse, la vision des politiques… ».

[23] Ries, A., « Vers la réforme de l'agriculture européenne », in *Revue du Marché Commun*, n° 132, avril 1970, p. 188.

[24] Parlement européen, Discours du président de la Commission du 15 septembre 1970.

la Commission en vue d'un débat entre les ministres du Conseil pour connaître la position respective des États membres sur des perspectives pour l'organisation de l'avenir de l'agriculture européenne. Le Conseil décide pour le court terme en poursuivant une politique sectorielle de soutien et de protection de l'agriculture qui consiste à verser des aides nationales diverses pour assurer un certain niveau de revenu aux producteurs et surtout pour apaiser leur mécontentement. L'octroi de telles aides est contraire à la législation communautaire, ce qui justifie, en octobre 1970, un avertissement de la Commission à la France et à l'Allemagne. En décembre 1970, opposé à une augmentation des prix européens pour la campagne agricole 1971-1972, Mansholt participe à une réunion informelle avec les six ministres de l'Agriculture, sans fonctionnaires ni experts. Due à une initiative de Ertl, cette réunion a pour objectif de passer en revue la situation de l'agriculture européenne et de débattre de ses perspectives mais, pour le commissaire à l'agriculture, elle marque le début d'une nouvelle pratique de concertation entre la Commission et le Conseil en lui donnant le moyen d'évaluer les attentes nationales en matière de prix de campagne, avant de formuler ses propositions[25].

Au début de 1971, soutenue par le Parlement, la Commission insiste à nouveau sur la nécessité de concilier les actions de court terme portant sur les prix et celles de long terme relatives à une amélioration des structures agricoles afin de donner une « nouvelle orientation à la PAC ». Par une communication du 10 février, elle réclame une politique des structures plus diversifiée et cherche à introduire le principe d'une modulation des aides sous la forme de compléments de revenus, d'aides aux zones défavorisées, d'une diversification régionale de la contribution du FEOGA. Le Conseil agricole des 15 et 16 février, présidé par Michel Cointat, au cours duquel une soixantaine de jeunes agriculteurs belges envahissent, avec trois vaches, la salle de réunion des ministres, montre de profondes divergences de vue entre les Six. Si la France, la Belgique et le Luxembourg se déclarent favorables à la modernisation agricole proposée par la Commission, l'Italie la subordonne à une revalorisation des prix tandis que la RFA et les Pays-Bas y sont opposés. Pour les Pays-Bas, Lardinois considère que la priorité doit être donnée à la politique des prix et, pour la RFA, Ertl envisage des mesures nationales de soutien en faveur des agriculteurs allemands. Ainsi la proposition de résolution de la Commission sur les orientations à donner à la PAC tant en matière de prix que de structures et de mesures sociales d'accompa-

---

[25] *Agra-Europe*, n° 641 du 26 novembre 1970 écrit que Mansholt désirait « connaître l'opinion des ministres avant de lancer ses premières suggestions ».

gnement est écartée[26]. Les ministres refusent de lier le relèvement des prix agricoles à l'adoption de mesures socio-structurelles et de suivre la logique de la Commission qui estime que « faute d'une amélioration substantielle de leurs structures, un grand nombre d'agriculteurs se verront [...] confrontés avec des difficultés croissantes en matière de revenu et de financement tandis que les coûts de soutien continueront à augmenter ». L'accent est mis sur l'insuffisance de la politique des marchés et des prix qui ne bénéficient pas de manière équitable à l'ensemble des agriculteurs et aux différentes régions. La Commission réclame des « décisions politiques en vue d'un ensemble d'actions communes concernant l'amélioration des structures, ainsi que l'octroi d'aides au revenu de certaines catégories d'agriculteurs », en soulignant que « devant l'absence d'une solution communautaire, les États membres [...] ont tendance à prendre des mesures qui [...] risquent de mettre en question les acquis de la PAC ». Il est intéressant de noter que la Commission propose une approche régionale et d'intégration dans l'économie générale, en termes non équivoques : « Ainsi articulée avec ces autres politiques, la PAC contribuera efficacement au développement harmonieux des différents secteurs économiques et des différentes régions »[27].

Sous la pression des milieux professionnels, la priorité est donnée à une garantie du revenu agricole par une augmentation des prix. Cette orientation est partagée par le CES et par le Parlement européen. En mars 1971, des manifestations agricoles se déroulent dans les six pays dont une marche sur Bonn qui rassemble environ 50 000 agriculteurs allemands. De son côté, le COPA qui estime que le relèvement des prix européens doit s'accompagner d'une politique de structure est à l'origine d'une manifestation agricole européenne qui réunit environ 100 000 agriculteurs à Bruxelles. Les producteurs dénoncent l'immobilisme de la PAC et réclament une amélioration de leur revenu à la fois par des augmentations de prix et par des réformes structurelles. Cette manifestation tourne à l'émeute et, suite à de violents affrontements avec les forces de l'ordre, on compte un mort et 160 blessés. Pour Mansholt, cette situation est due « au manque de courage des ministres et responsables professionnels qui, depuis longtemps, n'ont pas dit la vérité aux agriculteurs ». C'est dans ce contexte que le 25 mars, le Conseil Agriculture prend une décision politique, celle d'engager la

[26] Pour son contenu, voir : « Projet de résolution de la Commission au Conseil concernant la nouvelle orientation de la politique agricole commune », in *Europe Documents*, n° 615, 17 février 1971, 5 p.

[27] Communication du 15 février 1971 au Conseil, point 7. *Europe Documents*, n° 615, *op. cit.*, p. 3.

réforme des structures. Elle est présentée comme « la grande décision, celle qui fait date dans l'histoire de la PAC, c'est la mise en route d'un plan de modernisation de l'agriculture européenne »[28].

En fait, à l'issue de 40 heures de négociations, le Conseil a assorti son accord sur un relèvement moyen des prix de 3,5 %, d'un engagement sur un programme de modernisation des exploitations, financé à 25 % par le FEOGA, pour l'aménagement des structures agricoles. Mais il ne s'agit toujours que d'actions communautaires. Néanmoins, Sicco Mansholt se réjouit de cette ouverture : « Enfin les Six vont avoir une véritable politique agricole combinant les mesures de prix et les mesures structurelles »[29]. Pour le COPA, c'est la « fin de l'immobilisme de la PAC » et, sous la pression des événements, on voit se dessiner la perspective « d'arriver à une PAC globale et équilibrée », étant précisé que « la PAC n'aura de valeur que si l'on met en œuvre d'autres politiques communes dans les domaines économiques, monétaire, commercial et régional »[30]. Une initiative allemande qui n'a pas de suite mérite pourtant d'être signalée car elle traduit bien un véritable changement dans l'approche des Six à la fois pour élaborer une politique sociostructurelle et pour intégrer le secteur agricole dans l'économie générale. Le 9 mars 1971, Joseph Ertl présente au Conseil un document dans lequel il propose de lier la réforme des structures agricoles à la réalisation de l'union économique et monétaire (UEM). Mais, sur le fond, il n'envisage une réforme des structures que sur la base de « mesures communes », prises sur des « critères communautaires » et dont la mise en œuvre resterait de la compétence des États membres[31].

La décision prise le 25 mars 1971 vise à apaiser le monde paysan car il n'est toujours pas question de mettre en place une politique structurelle commune. Elle masque de profondes divergences sur ce projet. Les Allemands, soutenus par les Néerlandais, craignent de devoir financer à travers la section « orientation » du FEOGA la réforme des structures en Italie du Sud et dans certaines régions françaises. Et la proposition de la Commission tendant à faire en sorte que l'industrialisation des régions rurales défavorisées soit en partie financée par le FEOGA est mal perçue. Par conséquent, l'optimisme pour le lancement d'une politique sociale et structurelle liée à la politique des marchés et des prix retombe rapidement. Les fluctuations monétaires du mark et du florin recentrent les préoccupations sur le fonctionnement du MCA, plus précisément sur

---

[28]   *Agra-Europe*, n° 657 du 25 mars 1971.
[29]   Cité par *Agra-Europe*, n° 658 du 1er avril 1971.
[30]   *Agra-Europe*, n° 659 du 8 avril 1971.
[31]   « Propositions allemandes sur des mesures communes dans le domaine des structures agricoles », 9 mars 1971, in *Europe Documents*, n° 619, 15 mars 1971, 2 p.

le maintien de ses principes de base, en premier lieu celui de l'unicité des prix. À titre provisoire, pour garantir ce principe, depuis 1969 a été mis en place un système d'écluses aux frontières. En mai 1971, ce système des MCM est élargi et généralisé aux Six le 27 août. Et les propositions de prix institutionnels de la Commission pour la campagne 1972-1973 reposent pour la première fois non plus sur des critères exclusivement politiques mais intègrent des « critères objectifs », à savoir la parité de revenu pour les exploitations modernes (viables) et le principe d'un régime d'aides directes pour les autres[32].

Du côté de la Commission, on craint un risque de renationalisation de la PAC et les effets des turbulences monétaires. Pour Mansholt, à défaut de parités fixes, « le marché commun est caduc et la PAC par terre ». Le Conseil Agriculture est quant à lui divisé sur la stratégie à adopter pour consolider le MCA. La RFA, par l'intermédiaire de Ertl, réaffirme son attachement au système des MCM tant que l'union économique et monétaire n'est pas réalisée tandis que ses partenaires ne souhaitent pas lier les deux questions. Si les Pays-Bas sont favorables à la suppression des MCM, la France hésite. Par ailleurs, l'Allemagne réclame le maintien d'aides nationales destinées à assurer à ses agriculteurs, comme le prévoit sa Loi verte de 1955, une « parité » de revenu. En septembre 1971, sur le fondement d'un rapport de la Commission[33], le Conseil examine les conséquences de la situation monétaire sur le fonctionnement du MCA. Il se déclare incapable, en raison des perturbations monétaires persistantes, de fixer les prix de campagne pour 1972-1973 mais confirme sa volonté de maintenir en vigueur les principes de la PAC. Le rapport évoque « la tendance qui pourrait se manifester d'ici peu en faveur de solutions nationales » et le Conseil Agriculture du 25 octobre 1971 convient de reporter toute décision sur la réforme des structures en raison de la difficulté de « concilier l'autonomie des États membres dans l'octroi des aides, avec la nécessité d'une certaine uniformité, afin de ne pas fausser la concurrence »[34]. De leur côté, le COPA, le CES et le Parlement demandent des augmentations de prix conséquentes auxquelles Mansholt ne semble pas opposé, à titre de conciliation, après avoir constaté que les organisations professionnelles et plusieurs États l'exigeaient. Cependant, il convient de relever qu'il est disposé à formuler une proposition d'augmentation des prix moyens

---

[32] Dans une conférence de presse du 26 mars, Sicco Mansholt estime que « seules des aides directes au revenu pourront à l'avenir améliorer la situation des agriculteurs ». *Agence Europe*, n° 775 du 26 mars 1971.

[33] « Répercussions de la crise monétaire sur la politique agricole commune », *Europe Documents*, n° 644, 27 septembre 1971, 4 p.

[34] *Agence Europe*, n° 709 du 25 octobre 1971, p. 3.

sous condition que le Parlement le demande. Mansholt espère en contre-partie un soutien des parlementaires européens pour sa politique structu-relle. Sur ce plan, le Conseil manifeste peu d'empressement pour l'exa-men des propositions de directives de la Commission. En décembre, aucun compromis n'est possible sur les finalités des aides à la moder-nisation des exploitations. La France, par l'intermédiaire de Michel Cointat, est partisane de soutenir le « dynamisme » du développement agricole dans le prolongement de ses lois d'orientation, tandis que ses partenaires insistent sur la nécessité d'assurer la « parité » c'est-à-dire « un revenu comparable avec les autres secteurs économiques »[35].

L'année 1972 est marquée par une série de « marchandages » sur les prix et sur le fonctionnement du MCA. La Commission doit revoir ses propositions de prix et les divergences de vue sur les mesures structu-relles destinées à compléter le MCA, et à établir une PAC selon les finalités retenues à Stresa, font obstacle à des avancées significatives pour l'approfondissement de la communauté agricole européenne. Pour-tant, le 24 mars, après 100 heures de marathon agricole, une décision de compromis est prise pour une augmentation des prix institutionnels, en moyenne de 5 à 6 %, soit à un niveau supérieur à celui proposé par la Commission mais inférieur à celui suggéré par la commission agricole du Parlement et par le CES. Si aucun accord ne se dessine sur le principe d'une aide au revenu en faveur de certaines catégories d'exploi-tants, par contre, trois des cinq directives structurelles sont adoptées après quatre années de tergiversations. Leur portée est limitée, d'autant plus que leur mise en œuvre est de la compétence des États qui peuvent bénéficier d'un concours financier du FEOGA, section « orientation », selon un principe de cofinancement, pour moderniser les exploitations. En l'absence de volonté politique des États membres, on est loin d'une politique européenne des structures mais l'approche retenue permet de procéder à une certaine régionalisation et à une modulation des aides à la modernisation sur le fondement de critères territoriaux nationaux[36].

Pour fixer le niveau des prix européens, en 1972 la Commission prend en considération les coûts de production. Cette innovation, sou-haitée par les milieux professionnels, réconcilie Mansholt et les organi-sations agricoles. Un journaliste agricole en donne le commentaire suivant : « Cette réconciliation […] entraînera peut-être des conflits Mansholt-gouvernements, mais, en tout cas, c'est un renforcement

---

[35] *Agra-Europe*, n° 694 du 16 décembre 1971.
[36] Pour une analyse de cette approche structurelle : Gueben, P., « Réflexions sur la ré-forme de l'agriculture », in *Revue du Marché Commun*, n° 163, mars 1973, p. 95-102.

indéniable de la PAC »[37]. Le propos est exagéré. En février, le CES attire à nouveau l'attention sur « la nécessité pour la communauté de sortir de la stagnation sa politique agricole et de jeter les bases d'une conception d'ensemble de la politique agricole et de la nécessaire intégration des agriculteurs dans la société moderne »[38]. Sicco Mansholt est confronté à cette époque à une difficulté nouvelle, interne à la Commission. Altiero Spinelli critique ouvertement ses conceptions en matière de relèvement des prix et estime qu'il faut mettre un terme à une PAC qui coûte de plus en plus cher tout en ne profitant qu'aux grandes exploitations. De plus, il considère qu'elle empêche le financement des autres politiques communautaires.

Les gouvernements des Six font preuve d'une moins grande solidarité et s'intéressent plus aux modalités de gestion des OCM, avec le souci de préserver la situation de leurs producteurs, qu'à un projet de développement de la PAC. En janvier 1972, la France menace de faire jouer son droit de veto si la Commission ne soumet pas au Conseil des projets de règlements pour la création d'OCM pour les ovins et pour l'alcool. La discussion sur le système des MCM qui deviennent un moyen de financement communautaire pour consolider les OCM indépendamment des difficultés monétaires est de plus en plus animée. Le système est dénoncé par la France tandis que la RFA réclame son maintien. Un compromis du Conseil Agricole de mars 1972 a cependant entériné un accord franco-allemand pour une suppression progressive des MCM programmée sur trois ans. La proposition de la Commission du 29 juin pour une différenciation des aides régionales structurelles est occultée. Le versement d'aides directes aux producteurs pour compenser des pertes de revenus par suite d'une augmentation des coûts de production ou de baisses de prix est également une pomme de discorde au niveau du Conseil. La Commission condamne l'octroi d'aides nationales aux producteurs, des infractions sont commises en RFA et en Italie, mais elle doit aussi revoir ses propositions de prix eu égard à la nécessité d'établir une hiérarchisation, demandée par la France, entre produits animaux et végétaux. Cette approche est rejetée par la RFA et par les Pays-Bas. L'Europe verte piétine même si Mansholt reste optimiste en soulignant : « Il faudra mettre l'accent sur une véritable politique des revenus (aides directes), de modernisation et de formation professionnelle, pour maintenir l'acquis essentiel que représente la politique agricole »[39].

---

[37] *Agra-Europe*, n° 697 du 13 janvier 1972.

[38] *Agra-Europe*, n° 703 du 24 février 1972.

[39] Cité par *Agence Europe*, n° 1058 du 2 juin 1972, p. 5. Dans : Mansholt, S., *La crise ; Conversations avec Janine Delaunay*, Paris, Stock, 1974, le Commissaire pour

Scarascia Mugnozza qui succède à Mansholt comme commissaire pour l'agriculture adopte une position prudente. Selon lui, « Une politique structurelle devra graduellement gagner de l'importance vis-à-vis de la politique de soutien des prix qui, jusqu'ici, formait la voûte de la PAC »[40]. Mais le dossier est mis en sommeil. Le Conseil est de plus en plus empêtré dans des problèmes de gestion des marchés. On assiste à des marchandages permanents sur les dossiers des fruits et légumes, de la viande et du vin. La Commission qui annonce qu'elle ne fera pas de propositions au Conseil avant l'élargissement adopte aussi une position d'attente.

III. L'Europe des Neuf : de nouveaux contours pour la PAC dans un climat de crise (1973-1974)

La Commission qui entre en fonction en janvier 1973 affiche ses ambitions pour approfondir la PAC[41]. Dès février, son président François-Xavier Ortoli insiste sur « la nécessité de combiner actions sur les marchés et actions sur les structures et de lier le développement d'une politique satisfaisante pour nos agriculteurs aux considérations tenant à l'économie générale »[42]. Et le nouveau commissaire pour l'agriculture, le néerlandais Lardinois déclare : « un grand effort doit être fait pour sauver les apparences d'un MCA »[43]. Cette orientation volontariste est confirmée dès le mois de mars. Mais le collège des commissaires est divisé. Des divergences apparaissent au sein de la Commission, d'abord sur les propositions de prix pour la campagne agricole 1973-1974. Lardinois est favorable à un relèvement de ces prix tandis que Spinelli demande leur gel et se prononce pour le versement d'aides directes conçues comme des indemnités compensatoires en faveur des petits exploitants. Le Royaume-Uni soutient cette idée. À l'approche strictement politico-économique s'ajoute progressivement une approche socio-économique. Elle est matérialisée par la proposition de la Commission d'un plan d'aides à l'agriculture de montagne et de « certaines autres

---

l'agriculture nous donne une vision de ses conceptions pour la constitution d'une communauté agricole européenne en soulignant (p. 122) : « C'est toujours l'homme qui doit être au milieu de nos préoccupations. Ce n'est ni la technocratie ni le marché, ils ne sont que des moyens ».

[40] Cité par *Agra-Europe*, n° 717 du 8 juin 1972.

[41] Pour une vue d'ensemble de la situation de l'Europe verte, de son fonctionnement et de ses problèmes au terme de « l'ère Mansholt », voir Le Roy, P., *L'avenir du marché commun agricole*, Paris, PUF, 1973, 188 p. et *L'Europe agricole*, Documentation française, n° 166, mai-août 1974, 64 p. et 8 notices.

[42] *Agra-Europe*, n° 751 du 15 février 1973.

[43] Entretien rapporté par *Agra-Presse* du 16 février 1973.

zones défavorisées », soit environ 700 000 exploitations localisées surtout en Italie, en France, en Irlande et au Royaume-Uni. Cette orientation donne lieu à une appréciation positive :

> C'est sans doute la première fois, et c'est un tournant important dans la conception bruxelloise de la PAC que l'on propose si franchement un système d'aides directes et d'aides régionales. C'est sans doute aussi la première fois où interviennent si peu les notions de rentabilité économique. Ce « revirement » devrait sans aucun doute effaroucher certains ministres[44].

Surtout préoccupés par les fluctuations des monnaies qui mettent en cause l'unicité des marchés, les ministres de l'Agriculture continuent de concentrer leur attention sur le MCA au détriment de la prise en compte de nouvelles finalités pour la PAC. Les dissensions sont importantes entre les Neuf. Pour la France, Jacques Chirac, ministre de l'Agriculture, insiste sur la nécessité de préserver le MCA et considère que la politique structurelle en faveur des régions défavorisées ne relève pas de la PAC mais des politiques nationales d'aménagement du territoire. Pour l'Allemagne, Josef Ertl n'accepte pas de faire les frais d'une suppression des MCM et proclame son hostilité à leur suppression avant la réalisation de l'UEM. Le premier marathon agricole des Neuf pour fixer les prix institutionnels pour la campagne 1973-1974 se solde par un échec, malgré une forte pression professionnelle. Au Parlement de Strasbourg, le débat est confus et on observe un durcissement des positions « nationales ». À Bruxelles, Jacques Chirac réclame une augmentation des prix des produits laitiers en faveur des producteurs français ; Godber, pour le Royaume-Uni, est opposé par principe à une augmentation des prix européens. Au terme d'un marathon record le Conseil décide une hausse moyenne de 5 %, avec une revalorisation de 10 % pour les bovins à viande afin de stimuler une reconversion de la production laitière excédentaire vers la production de viande bovine.

En avril 1973, la situation est plutôt confuse. Les débats organisés au sein des différentes institutions européennes montrent « l'impérieuse nécessité d'arrêter le morcellement du marché commun agricole engendré par les crises monétaires. Si jusqu'à présent celui-ci a pu supporter l'arsenal des montants compensatoires aux frontières, le point de saturation semble, de l'avis unanime, être arrivé »[45]. Comme le note le Commissaire Lardinois : « L'Allemagne a eu raison de nos propositions et la France ne pense qu'au prix du lait ». Pour sortir de cette impasse, le CES demande « un examen approfondi et global » des perspectives à moyen terme de l'agriculture des Neuf « pour éclairer le choix des

---

[44]   *Agra-Europe*, n° 753 du 1ᵉʳ mars 1973.

[45]   *Agra-Europe*, n° 759 du 12 avril 1973.

mesures à mettre en œuvre pour atteindre les objectifs généraux de la PAC »[46]. Les ministres de l'Agriculture ne souhaitent pas s'engager sur ce terrain et la Commission, de son côté, doit faire des concessions par des propositions remaniées pour un relèvement des prix européens. Ainsi, le compromis de Luxembourg du 1er mai 1973 permet la poursuite de la gestion du MCA sans compromettre la défense des intérêts nationaux[47].

Le COPA qui souhaite une révision globale de la PAC propose une approche nouvelle en faveur de la garantie du revenu agricole. Son président Knottnerus (Pays-Bas) suggère l'octroi de subventions aux revenus et non aux produits, aux surfaces cultivées et non plus aux quantités produites. Dans le même ordre d'idées, la Commission se prononce pour le versement d'aides directes aux agriculteurs des régions défavorisées. Ainsi, en réaction au blocage de la mise en route d'une politique structurelle pour le secteur agricole, on voit se dessiner une demande de « réforme pour la PAC » à caractère régional et territorial. Pour la gestion des OCM, il est admis que les principes fondateurs du MCA doivent être préservés mais le problème permanent des excédents impose de responsabiliser davantage les producteurs. En somme, il s'agit de consolider l'Europe verte sur son pilier commercial et d'élargir la PAC en utilisant le pilier structurel dans une perspective d'intégration dans l'économie générale. L'approche territoriale vise le développement harmonieux de la CEE par une politique régionale et structurelle d'aménagement et surtout de solidarité par le biais d'un système d'allocation d'aides directes modulées et reparties selon un principe qui sera retenu par la suite, celui de la subsidiarité. Au sein de la Commission le débat est animé. Lardinois est partisan d'un ajustement des finalités de la PAC et non d'un changement par rapport aux options prises. Il reçoit l'appui du COPA. Son collègue Spinelli réclame une réforme de fond et défend l'idée de la création d'un système de versement d'aides directes aux petits producteurs pour compenser une baisse souhaitable des prix européens garantis. En juillet 1973, il indique : « il faut rendre aux prix leur fonction de régulateur du marché et laisser à d'autres mécanismes les corrections indispensables en matière de revenus »[48]. Le Britannique Christopher Soames abonde dans le même sens tandis que le danois Gundelach est fermement opposé au versement d'aides directes aux

---

[46] D'après *Agra-Europe*, n° 758 du 5 avril 1973.

[47] Le bulletin *Agra-Europe* du 3 mai analyse ainsi la situation : « Il faut constater que c'est la Commission qui a fait le plus d'effort puisque la décision prise s'éloigne très largement – notamment en ce qui concerne le retour à l'unité des marchés – de ses vues initiales ».

[48] Rapporté par *Agra-Europe*, n° 770 du 5 juillet 1973.

producteurs. En août, Jacques Chirac envenime le débat en suspectant l'Allemagne et le Royaume-Uni de ne pas jouer le jeu communautaire. Ainsi, au milieu de 1973, l'esprit communautaire est en berne. Les commissaires donnent l'impression d'être porteurs d'un message communautaire en faveur d'une réforme de la PAC et le Conseil se présente comme une enceinte dans laquelle les ministres se livrent à une défense acharnée des intérêts nationaux[49]. Un fait révélateur du climat de cette époque est l'« affaire Chirac ». Le ministre français de l'Agriculture accuse le commissaire français Claude Cheysson d'avoir négligé les intérêts de la France dans les discussions au sein de la Commission[50].

À l'automne, le calme revient. La Commission présente en novembre un « mémorandum d'aménagement de la PAC » dit mémorandum Lardinois[51]. Le Conseil est invité à se prononcer sur une amélioration du fonctionnement du MCA par une réduction du montant des dépenses agricoles de la section « garantie » du FEOGA, sans toucher à ses fondements. D'une manière générale, il est prévu de procéder à une révision des mécanismes de soutien de certaines OCM. L'instauration d'une co-responsabilité financière à la charge des producteurs de lait pour assurer l'équilibre du marché par une résorption des excédents structurels est envisagée mais cette idée est rejetée par le Conseil en décembre 1973 et en janvier 1974. Pour rétablir le principe de l'unité des marchés, la Commission estime souhaitable un démantèlement des MCM à l'horizon 1978 et l'établissement de politiques d'accompagnement sociale, régionale et monétaire. Elle réclame une politique socio-structurelle d'envergure plutôt que le versement d'aides directes au revenu. Le Conseil y donne un accord formel mais ne prend aucun engagement. Il prend en compte l'opposition du COPA à des modifications qui se traduiraient par une baisse des garanties et, par conséquent, de celle des revenus des producteurs. Les ministres de l'Agriculture donnent toujours la priorité aux marchandages sur les prix et des

---

[49] *Agence Europe*, n° 1365 du 26 septembre 1973, p. 4, indique : « D'une manière générale (les ministres de l'Agriculture) semblent peu enclins à ouvrir un débat spécifique sur ce thème [...]. Comme l'explique M. Chirac, la réforme du marché commun agricole c'est "un état d'esprit" [...]. En fait il semble que pour des raisons politiques manifestes personne ne souhaite prendre la responsabilité d'ouvrir une boîte de Pandore ».

[50] Conseil Agriculture du 16 juillet 1973. La Commission répond à cette accusation en rappelant qu'elle est un collège et que « chaque État membre s'engage [...] à ne pas chercher à influencer les membres de la Commission dans l'exécution de leur tâche ».

[51] Communautés européennes, « Mémorandum Agriculture 1973-1978 », *Nouvelles de la PAC*, novembre 1973. Pour son analyse, voir Baudin, P., « L'aménagement de la PAC. Réforme ou retour aux sources », in *Revue du Marché Commun*, n° 170, décembre 1973, p. 443-453.

compromis permettent le fonctionnement des OCM céréales et produits laitiers et la création de nouvelles OCM (alcool, viande ovine, pomme de terre). La situation est bloquée, ce que confirment par ailleurs les prises de positions dans le cadre des débats qui se déroulent dans le contexte du *Tokyo Round* et du projet de politique méditerranéenne. La recommandation du Sommet de Paris d'octobre 1972 qui définit une politique régionale sur des principes de complémentarité, de souplesse, de modulation et d'encadrement par une programmation communautaire, n'est pas suivie d'effets. Des propositions sont soumises par la Commission mais le Conseil ne les inscrit pas à l'ordre du jour de ses réunions. Seule une proposition de directive soumise en février par la Commission sur l'agriculture de montagne et de certaines zones défavorisées est adoptée en novembre.

Le COPA qui a engagé, dès 1973, une réflexion sur la situation de la PAC relève, en mai 1974, l'incapacité du Conseil à prendre des décisions concrètes en vue de la réalisation d'une UEM et craint non seulement une remise en cause de la PAC mais aussi de l'union douanière elle-même[52]. Il refuse toute politique généralisée d'aides et s'oppose à une limitation des garanties accordées aux producteurs qui résulterait d'un abaissement des prix européens. Au début de 1974, le relèvement de 7 % en moyenne des prix proposé par la Commission est jugé inacceptable par le COPA qui réclame le double pour « permettre aux exploitants modernes de suivre l'évolution des revenus salariaux des secteurs non agricoles » car le relèvement proposé par la Commission « entraînerait une détérioration supplémentaire des revenus des agriculteurs par rapport aux autres catégories de travailleurs »[53]. Le Conseil ne retiendra que 3 % pour la campagne 1974-1975, assortis cependant d'aménagements des principales OCM.

En 1974, le MCA est toujours en crise ; les égoïsmes nationaux dominent l'intérêt communautaire. Face à un refus catégorique de la RFA, la Commission ne parvient pas à faire accepter l'idée d'un démantèlement du système des MCM. Elle autorise en mai l'Italie à prendre des mesures de sauvegarde en contradiction avec les règles du MCA et éprouve de sérieuses difficultés dans son action pour le respect des « règles communautaires » par les États membres. Elle subit des pressions du Royaume-Uni pour une réforme de la PAC[54] ; de la France,

---

[52] Communiqué du praesidium du COPA. *Agra-Europe*, n° 812 du 16 mai 1974.

[53] Cité dans *Agra-Europe*, n° 796 du 24 janvier 1974.

[54] En juin 1974, Fred Peart veut privilégier une approche économique de la PAC qui consiste à fixer un système de prix économiques pour « payer les exploitations les plus rentables et les mieux placées géographiquement, des aides d'une autre nature

de la Belgique et du COPA pour un relèvement des prix garantis en cours de campagne. Et les aides nationales, « illégales » selon la Commission, se multiplient (France, RFA, Italie, Royaume-Uni). En septembre, pour la révision des prix, la Commission propose une augmentation moyenne de 4 %, le Parlement demande 6 % et le COPA 8 % en appuyant sa requête par une manifestation sur le thème : « L'Europe verte : plus de frontières ». En octobre, le Conseil se prononce pour un relèvement limité à 5 %, sous condition d'une prise en compte de cette augmentation pour la fixation des prix de campagne 1975-1976. Le gouvernement allemand accepte le compromis sous condition d'un respect des règles en matière d'aides à l'agriculture et que la Commission présente un bilan de la PAC, soit un « inventaire » qui devrait faire « l'objet d'une discussion approfondie au sein du Conseil, avant le 1er mars 1975 ». Le problème de fond, celui de l'approfondissement de la PAC en faveur des agriculteurs et en considération d'un développement économique harmonieux de la Communauté, reste en suspens. Le commissaire Lardinois, face à des accusations de laxisme de la Commission formulées au sein du Parlement européen, répond que les responsabilités sont partagées, mettant en avant l'absence de décisions du Conseil. Il fait également état des pressions de celui-ci pour limiter ses propositions en vue d'un aménagement du MCA pour des raisons budgétaires. Du côté français, Michel Cointat le reconnaît : « on a perdu de vue l'objet essentiel de la PAC qui est l'amélioration du niveau de vie des agriculteurs au profit des règles économiques, ayant pour seule conséquence de diminuer les dépenses de la Communauté ». Et Adrien Zeller, ancien fonctionnaire de la Commission, de porter sur celle-ci un jugement sévère : « en proposant seulement une augmentation de 4 % des prix et en condamnant les mesures nationales sans proposer des aides communautaires directes, elle est apparue aux yeux des paysans comme le "gendarme" voulant limiter leurs revenus »[55].

IV. Le bilan de la PAC de 1975 : de nouvelles finalités pour l'Europe verte ?

Les seize réunions du Conseil Agriculture de l'année 1974 se caractérisent par une focalisation des ministres sur le fonctionnement du MCA au détriment de la recherche de finalités sociales et structurelles pour la PAC. En réponse aux manifestations d'agriculteurs, les gouvernements soutiennent les marchés par de nouvelles aides, sans en

---

(sociales, régionales, etc.) pour celles qui n'ont pas une assez bonne productivité ». Selon lui, les agriculteurs doivent prendre en charge le coût des excédents agricoles.

[55] Citations extraites de *Agra-Europe*, n° 829 du 14 septembre 1974.

informer la Commission, comme le fait la France pour la viande bovine. La RFA suit la même logique suite au mécontentement de 30 000 producteurs en Bavière. Par conséquent, aucune avancée significative sur la politique communautaire des structures n'est à signaler et le mémorandum Lardinois pour un aménagement de la PAC reste dans les tiroirs du Conseil et du Comité spécial Agriculture. Et les problèmes agri-monétaires ne trouvent pas de solution en raison de l'obstination allemande à refuser le démantèlement du système des MCM de 1972. Pour sortir de cette impasse, le 14 septembre 1974, à l'occasion d'une rencontre franco-allemande à l'Élysée, sur invitation de Valéry Giscard d'Estaing, Helmut Schmidt a cependant évoqué la nécessité d'une révision de la PAC à partir de l'analyse d'un bilan de ses 15 premières années d'existence[56]. Cette idée a été retenue par le Conseil Agriculture du 2 octobre 1974 qui invite la Commission à lui présenter, avant le 1er mars 1975, un « inventaire ». Cette décision est accueillie favorablement par le CES et par le Parlement. Ce dernier insiste sur la nécessité d'établir dans les plus brefs délais un « bilan » de la PAC pour sortir d'une logique de gestion de la production au profit d'une approche socio-structurelle. Le 27 février 1975, en même temps que le Conseil, il est destinataire d'un « Bilan de la politique agricole commune »[57].

La mission confiée à la Commission est à l'origine de nombreux travaux qui analysent le fonctionnement de la PAC et proposent des améliorations. Dès la fin du mois d'octobre 1974, le gouvernement allemand rend public un rapport de Karl Otto Schlecht sur « L'état du marché commun agricole » qui propose de calculer les prix européens en fonction de la situation des marchés et surtout de verser des aides directes aux agriculteurs les plus défavorisés. En janvier 1975, le gouvernement de Bonn suggère de retenir le principe de la coresponsabilité des producteurs pour limiter les excédents et les dépenses de la section « garantie » du FEOGA. En France, l'Assemblée permanente des Chambres d'agriculture (APCA), en janvier 1975, dresse un Bilan dans lequel elle préconise de maintenir les mécanismes en vigueur en ayant le souci d'intégrer l'Europe verte dans l'économie générale par une approche économique et sociale globale[58]. Au Danemark, le gouvernement propose de supprimer les MCM et d'adapter la politique des prix. Au niveau du Parlement européen, au nom des Démocrates européens de Progrès (DEP), en juin 1975, Michel Cointat présente une « Charte pour améliorer le fonctionnement de la PAC » qui prévoit notamment la

---

[56] *Ibidem.*
[57] Communication de la Commission au Parlement et au Conseil, transmise le 27 février 1975 et intitulée : « Bilan de la politique agricole commune », *op. cit.*
[58] APCA, *Bilan des communautés européennes et de la PAC*, Paris, 1975, 176 p.

modernisation des structures des « exploitations familiales équilibrées »,
une politique des revenus agricoles susceptible de reposer sur l'octroi
d'aides directes et une déconcentration régionale des aides[59]. Les signataires de la Charte insistent sur la nécessité de privilégier l'objectif de
garantie d'un « revenu équitable pour tous les agriculteurs », en regret-
tant que « pour des raisons politiques et historiques tenant au fait que la
confrontation des intérêts des États lors des négociations annuelles n'a
abouti, le plus souvent, qu'à des compromis »[60]. Ils suggèrent une
gestion simplifiée afin de « transformer la gestion technocratique de la
Commission en une gestion concertée »[61]. Le Parlement européen est
favorable à cette orientation mais préfère le concept d'« exploitation
moderne », initié en 1968 par Sicco Mansholt, à celui d'exploitation
familiale défendu par les milieux professionnels, en particulier par le
COPA. Ainsi 1975 est une année de réflexion sur les finalités de la PAC
et sur une réforme éventuelle du MCA pour tenir compte de l'évolution
de la conjoncture.

Au-dessus des analyses effectuées par les États et par des organisations diverses, professionnelles ou non, le « Bilan » officiel établi par la
Commission est un document de travail pour une véritable réforme dans
le but de réorienter le MCA et de préciser les contours de la PAC. Sa
philosophie est résumée comme suit :

> Oui la PAC existe, oui la PAC a permis de réaliser des progrès substantiels
> dans le secteur agricole, oui la PAC doit être maintenue et développée mais
> au prix, toutefois, d'aménagements et d'améliorations susceptibles d'éviter
> le renouvellement de certaines erreurs et de certains gaspillages et surtout de
> permettre aux agriculteurs et aux consommateurs de tirer un meilleur profit
> de la seule véritable politique commune de la CEE[62].

Son contenu, comme ses propositions, est mesuré. Il s'agit d'éviter
de heurter les professionnels et les gouvernements après six années
pendant lesquelles « toutes les suggestions de la Commission se sont

---

[59] Cointat, M., *Pour une économie agricole à l'échelle de l'Europe ; Charte agricole du groupe des Démocrates européens de Progrès*, Luxembourg, Parlement européen, 1975, 76 p.

[60] Cointat, M., *op. cit.*, p. 3.

[61] *Ibidem*, p. 25. Le document relève (p. 2) : « C'est sans doute pour avoir confondu l'objectif et les moyens que la Commission a accumulé les erreurs de sa gestion. Ces erreurs sont sans doute dues aussi à la complexité extrême du système actuel. Les chiffres mêmes de 3616 règlements, pris en 1973, et de 3240 en 1974, attestent d'un juridisme excessif des Institutions communautaires, juridisme qui a causé certaines lenteurs de gestion. Ces lenteurs ont entraîné à leur tour la perte de vue de l'objectif premier ».

[62] *Agra-Europe*, n° 892 du 31 décembre 1975 ; Bilan : « L'année où la PAC a été mise en liberté surveillée ».

heurtées d'emblée à des réticences très vives de la part des professionnels ou des gouvernements ». L'accent est mis sur les difficultés de gestion du MCA, notamment en raison des problèmes monétaires, sur les lacunes de la PAC en matière de structures, et sur l'absence de progrès dans d'autres domaines pour mieux insérer l'agriculture dans l'économie générale. Les principes fondateurs et l'acquis communautaire ne sont pas remis en cause. Le COPA adhère à ses conclusions. Il est favorable à la poursuite de la mise en place et du renforcement d'une PAC globale portant à la fois sur les prix et sur les marchés, sur la politique commerciale vis-à-vis des pays tiers dans le domaine agricole, sur l'harmonisation des conditions de concurrence et sur les aspects sociaux et structurels de l'agriculture[63]. Mais il déplore un manque de perspective sur la place de l'agriculture dans la CEE et le fait que ce rapport met trop l'accent sur un mot d'ordre : les « économies budgétaires ». Ce point de vue est partagé par le Parlement européen et par le CES[64].

Le 30 octobre, le Conseil examine ce bilan. Il admet la nécessité de certains aménagements, notamment pour le secteur laitier, mais les États membres marquent des divergences de vue sur la stratégie à adopter : la France, la Belgique, le Luxembourg, les Pays-Bas et le Danemark recherchent avant tout le maintien de l'acquis communautaire ; l'Italie et l'Irlande réclament un rééquilibrage de la PAC tandis que l'Allemagne et le Royaume-Uni sont partisans d'une réforme fondamentale. Le 11 novembre, les ministres de l'Agriculture adoptent une note de synthèse sur ce bilan destinée aux Chefs d'État et de gouvernement[65]. Cette note souligne que le bilan de la PAC est globalement positif en termes d'accroissement des revenus, de la productivité et des échanges. Les prix sont relativement stables malgré des difficultés de mise en œuvre des règlements et en raison de la « stagnation du processus d'intégration européenne, en particulier dans le domaine des politiques économique, monétaire et sociale ». Ses auteurs insistent sur l'importance du maintien de « l'équilibre des marchés » par une politique de commerce extérieur appropriée et par une révision des OCM. En matière de politique des structures, le Conseil admet que : « Des déséquilibres persistent encore dans la Communauté entre les différentes catégories d'agriculteurs

---

[63] *Agence Europe*, n° 1768 du 14 juin 1975, p. 8..

[64] *Agence Europe*, n° 1784 des 7 et 8 juillet 1975 rapporte : « Comme le Parlement européen ou les organisations professionnelles, le CES [...] fera grief à la Commission de ne pas avoir su répondre à la question fondamentale : quelle agriculture pour l'Europe de demain ? Et quels agriculteurs ? ».

[65] « Bilan de la politique agricole commune : conclusions des ministres de l'Agriculture », publiée dans *Europe Documents*, n° 870 du 12 novembre 1975, 3 p.

et entre les différentes régions » et indique qu'il « accorde une importance particulière à la politique des structures et à la politique régionale ». Implicitement, pour assurer le « maintien du régime de prix communs », il envisage la suppression du système des MCM. En outre, il se déclare prêt à examiner « l'octroi d'aides directes » dans certains cas, en précisant cependant :

> Le coût de ces aides pourrait s'avérer rapidement très élevé au cas où elles deviendraient un instrument de soutien du revenu des agriculteurs utilisé sans sélectivité et de façon permanente. Il serait dès lors difficile de les financer par le budget communautaire et le recours à un financement national pourrait être à l'origine de certaines disparités si tous les États n'étaient pas en mesure de verser les mêmes aides à leurs producteurs.

Sont à noter également leur refus d'autoriser le versement d'aides nationales conformément aux articles 92 à 94 du traité de Rome et leur souhait d'un plafonnement des dépenses communautaires liées au MCA. Le sommet de Rome des 1er et 2 décembre 1975 ne prend pas de position sur les conclusions de ce bilan et, par la suite le Conseil retombe dans sa logique gestionnaire du MCA. Plus préoccupé par la gestion de « prix communs qui n'en sont plus » en raison d'ajustements monétaires fréquents et par une nécessité de maîtriser des productions de plus en plus excédentaires, il reporte le débat de fond pour une véritable réforme de la PAC. En fermant les yeux sur le versement de certaines aides nationales, il contribue par ailleurs à une certaine « renationalisation » rampante de la PAC, matérialisée par la multiplication de mesures nationales. Les prix européens fixés en unité de compte mais traduits en monnaie nationale ne répondent plus véritablement au critère de l'unité de marché, d'autant moins que des aides directes pour soutenir les revenus de certaines catégories de producteurs nationaux sont instaurées. Et la volonté de mettre en œuvre une politique communautaire structurelle semble s'estomper, bien que soutenue sans répit par la Commission. Cette dernière ne néglige pas les politiques d'accompagnement en faisant la promotion d'une politique régionale et d'une politique de l'environnement[66].

L'année 1975 confirme l'existence de tensions entre les Neuf. Le Conseil gère par des compromis mais ne parvient pas à prendre des décisions politiques courageuses sur l'avenir de la PAC. La réflexion engagée dès 1973 n'a pas abouti et c'est en grande partie à cause de l'attitude du Conseil que la Commission a dû dresser un nouveau bilan.

---

[66] En juillet 1973, le Conseil a approuvé des orientations pour un programme de protection contre les pollutions et les nuisances et pour l'amélioration de l'environnement et de la qualité de la vie. Pour le texte de cette déclaration : *Europe Documents*, n° 754 du 25 juillet 1973.

Celui-ci n'est pas suivi d'effets immédiats. En juillet, le CES regrette que la Commission ne se soit pas livrée à une analyse prospective approfondie sur la productivité, la gestion des marchés, la politique structurelle et sur la question du niveau de vie des producteurs. Ses membres insistent sur l'utilité de « combiner une politique des prix, de gestion des marchés et des structures » et notent : « victime de la pression exercée par les États membres, la Commission donne l'impression de subordonner son attitude à la nécessité de réduire les dépenses du FEOGA ». Et d'ajouter : « La PAC, en tant que politique sectorielle ne peut régler à elle seule tous les problèmes économiques et sociaux qui se posent à l'agriculture »[67]. À la même époque, le COPA réclame une gestion plus cohérente des marchés en reprochant à la Commission son obsession de vouloir réduire les dépenses du FEOGA section « garantie ». En décembre 1975, il demande que l'acquis communautaire soit préservé et que l'accent soit mis sur la recherche de la « parité ». Selon ses dirigeants : « il est nécessaire de poursuivre la mise en place et le renforcement d'une PAC globale portant à la fois sur les prix et sur les marchés, sur les aspects sociaux et structurels, sur la politique commerciale vis-à-vis des pays tiers dans le domaine agricole et sur l'harmonisation des conditions de concurrence »[68]. En dépit de ces différentes incitations à engager une réforme de la PAC, le Conseil semble paralysé et les chefs d'État et de gouvernement ne lui donnent aucune impulsion politique pour améliorer le fonctionnement du MCA et pour élargir l'approche de la PAC[69].

V. Des institutions tiraillées entre l'intérêt européen et des intérêts nationaux

Pour l'Europe verte, la période 1968-1975 est une période de transition au cours de laquelle les institutions européennes impliquées dans le processus pour la constitution d'une communauté agricole européenne sont amenées à se positionner sur la consolidation d'un MCA et sur l'élaboration d'une véritable PAC. Le MCA traverse une série de difficultés : excédents pour un grand nombre de produits relevant d'une OCM, coûts budgétaires excessifs de la section « garantie » du FEOGA, effets pervers de certains mécanismes des OCM sur les revenus, perturbations monétaires, disparités croissantes entre les productions végétales

---

[67] *Agra-Europe*, n° 869 du 10 juillet 1975.

[68] *Agra-Europe*, n° 888 du 4 décembre 1975.

[69] Une analyse critique de la situation et des perspectives de la PAC à la fin de 1975 est donnée par Baudin, P., « PAC : réflexions sur un bilan », in *Revue du Marché Commun*, n° 194, mars 1976, p. 127-138.

et animales, entre les régions, qui nécessitent des aménagements, des adaptations, voire la mise en place de dispositifs de compensation comme les MCM, et des revalorisations différenciées des prix européens. Les incertitudes de l'élargissement en matière agricole sont aussi un élément pour justifier une certaine prudence des Six. Les institutions doivent par ailleurs prendre en compte la nécessité, affirmée à Stresa, de compléter le MCA par une PAC aux finalités multiples qui doit permettre à la fois une modernisation du secteur agricole, une parité de revenu des agriculteurs avec les autres catégories socio-professionnelles, un développement harmonieux de l'ensemble du territoire communautaire et une intégration de l'économie agricole dans l'économie générale. Les enjeux économiques et sociaux sont très importants et nécessitent des décisions politiques courageuses sur un projet européen original.

Les Six, puis les Neuf à partir de 1973, s'efforcent avant tout de consolider l'acquis communautaire, celui du MCA, et l'ensemble des institutions apporte sa contribution en ce sens en ayant le souci d'éviter tout blocage dans la mise en œuvre des mécanismes prévus par les règlements relatifs aux OCM. Chacune d'elle intervient dans le respect de ses attributions pour donner à la Communauté un contenu correspondant à des objectifs multiples, de court terme et de long terme. La Commission est dans une position délicate car elle doit proposer dans cette double perspective temporelle, en gérant le court terme tout en ayant une vision globale de l'organisation de l'Europe verte. Il en résulte des tensions internes et surtout externes qui ne trouvent de solution que par l'adoption, par la Commission, d'une attitude de plus en plus mesurée, après l'échec du plan Mansholt « Agriculture 1980 », pour l'élaboration de la PAC. La Commission est soumise au bon vouloir du Conseil, en particulier celui des ministres de l'Agriculture qui pratique une lecture sélective de ses propositions et reste maître de la suite à leur donner[70]. Le Conseil décide en privilégiant le court terme, la gestion des différents marchés constitutifs du MCA au détriment d'une vision globale pour la réalisation d'une communauté agricole. C'est la nécessité de faire face à des problèmes qui sortent du cadre commercial qui incite les ministres à prévoir des mesures d'accompagnement qui relèvent d'approches sociale et territoriale limitées à l'agriculture et aux exploitations. Le Conseil bride de cette manière le pouvoir d'initiative

---

[70] L'omnipotence du Conseil est très souvent évoquée. Par exemple, Baudin, P., *op. cit.*, p. 128, écrit : « L'attitude du Conseil permet [...] de démontrer qu'il n'accepte pas *a priori* la PAC, mais qu'il la contrôle effectivement, tout en se laissant une marge de manœuvre pour l'avenir ». Emmanuel Gazzo explique quant à lui que le Conseil est un organe législatif ; il réalise une sorte de « corporatisme supranational », in *Agence Europe*, n° 1625 du 6 novembre 1974.

de la Commission et ralentit la création de la PAC sur son pilier social et structurel[71]. Sur un plan plus général, on remarque que la Commission pousse le projet d'Europe verte, tandis que le Conseil freine l'élaboration de la PAC et il est important de souligner que « la responsabilité de tout ce qui va mal ne doit pas être imputée systématiquement à la Commission. Le Conseil et les gouvernements ont leurs responsabilités »[72].

En outre, le Conseil est sans cesse en campagne pour la fixation de prix européens annuels différenciés pour des OCM dont la gestion communautaire s'avère toujours plus conflictuelle. Il décide, par des compromis qui font suite à de longs marathons agricoles et permettent la pérennité du MCA, de maintenir ses principes fonctionnels sans pour autant envisager des aménagements en profondeur. Les débats portent principalement sur la maîtrise de la production par une politique des prix. Le Conseil se sert de la Commission pour légitimer ses décisions de prix en l'obligeant régulièrement à tenir compte de la pression exercée par le COPA et des avis du CES et du Parlement européen, plutôt enclins à un relèvement de ces prix pour tenir compte de la nécessité d'intégrer l'évolution des coûts de production et surtout de la perspective d'assurer aux producteurs agricoles des revenus de « parité ». Au-delà de la relation fonctionnelle liée à une répartition des rôles entre les différentes institutions, le débat agricole est caractérisé par un rapport de forces entre l'intérêt communautaire européen et la somme des intérêts nationaux. Le premier est représenté par la Commission et, à un moindre degré par le Parlement européen et par le CES, et le second par le Conseil des ministres de l'Agriculture soumis à des pressions fortes de la part d'organisations agricoles nationales qui n'hésitent pas à recourir à l'action directe pour se faire entendre aussi bien au niveau national qu'au plan européen. À ce niveau, le COPA agit comme un relais syndical européen de représentation d'un intérêt professionnel communautaire qui est le plus petit commun dénominateur des demandes des groupes de pression et des groupes d'intérêts sectoriels nationaux. Il est en quelque sorte un aiguillon pour la Commission et une épine pour le Conseil. Entre 1968 et 1975, après une période où l'intérêt communautaire était prédominant dans la perspective de la mise en place d'un grand marché agricole, on assiste à un retour en force de la défense des

---

[71]   Emmanuel Gazzo observe : « Dès que l'on parle de politique de structures […], on se trouve immédiatement face à l'hostilité de ceux qui trouvent dans la politique des prix la satisfaction de leurs intérêts », in *Agence Europe*, n° 1268 du 19 avril 1973.

[72]   Déclaration de Lardinois au Conseil Agriculture de Luxembourg d'octobre 1975, cité par *Agence Europe*, n° 1851 du 31 octobre 1975, p. 7.

intérêts nationaux[73], ceux des agriculteurs engagés dans le processus d'industrialisation de l'agriculture. L'Europe verte vit au rythme du MCA. L'approche sociale et structurelle n'est pas envisagée au niveau communautaire sauf à la considérer comme un moyen de compléter la politique des prix en faveur des agriculteurs, des exploitations familiales et des régions soumises à des handicaps naturels et économiques, sans remise en cause de l'action gouvernementale nationale[74]. Les intérêts nationaux, c'est la gestion en commun des marchés par transposition des problèmes du niveau national au niveau européen[75] ; l'intérêt communautaire, c'est la perspective d'une PAC insérée dans l'économie générale de l'Europe en considération de préoccupations sociales et d'un développement harmonieux de l'ensemble des territoires de la communauté. Cette problématique est énoncée mais les réalisations restent limitées. De même, le débat de fond pour garantir un revenu minimal à toutes les catégories de producteurs, indépendamment de leur localisation géographique, est posé. Le bilan de la Commission de 1975 est, plus que celui de 1973, un appel pour une réforme qui ne trouvera un premier aboutissement significatif qu'au milieu des années 1980.

---

[73] En mars 1974, Knottnerus (Pays-Bas), président du COPA, estime que « les neuf ministres de l'Agriculture commencent à penser en termes d'intérêts nationaux […] en se demandant sur quels points ils pourraient céder à leurs partenaires sans compromettre leurs propres intérêts. Ils s'occupent de moins en moins des intérêts de l'Europe et de l'agriculture européenne dans son ensemble » ; cité par *Agra-Europe*, n° 804 du 21 mars 1974.

[74] Cet aspect est mis en relief en 1972 lorsque la Commission propose au Conseil une différenciation régionale des mesures de modernisation agricole : « La plupart des délégations voient dans les critères introduits par la Commission un frein à l'élaboration de leur législation nationale et à la liberté d'application qu'elles estiment avoir obtenues dans les directives de base […]. Pour la France et l'Allemagne une telle politique ne doit pas aller au-delà de la possibilité d'envoyer des factures à Bruxelles ». *Agence Europe*, n° 1137 du 7 octobre 1972, p. 5.

[75] Dans son rapport au CES sur le Bilan de 1975, Bourel exprime le « sentiment que la Communauté (Commission et États membres) s'est repliée sur une attitude purement gestionnaire », in *Agence Europe*, n° 1784 des 7 et 8 juillet 1975, p. 9.

La transition des années 1970 en termes de politique industrielle

Vers l'abandon de la stratégie des champions nationaux

Jean-Christophe DEFRAIGNE

University of International Business and Economics, Pékin

I. L'intégration européenne pour atteindre la taille minimale optimale

Au cours de la première moitié du XXe siècle, les plus grandes firmes américaines ont bénéficié d'un accès privilégié au plus grand marché intégré au monde. Cet accès a été déterminant dans la genèse et le maintien d'avantages spécifiques à la propriété (*ownership-specific advantages*, concept proche des *intangible assets* chez Dunning)[1] qui ont permis aux firmes géantes américaines de se transformer en firmes multinationales. Ces firmes américaines deviennent ce que Chandler nomme des « *prime movers* », c'est-à-dire des firmes bénéficiant d'un avantage absolu en coûts sur leurs concurrents grâce à l'adoption de nouvelles techniques de production et de gestion, qui permettent de bénéficier de nouvelles économies d'échelle et de gamme et d'ériger des barrières à l'entrée dans leur secteur[2]. De par ces avantages, ces *prime movers* américains deviennent capables de concurrencer les firmes européennes sur leurs propres marchés du vieux continent. L'écart en termes de taille entre les firmes américaines et européennes n'a cessé de

---

[1] Dunning, J., *Multinational Enterprises and the Global Economy*, Reading, Addison-Wesley, 1993.

[2] Chandler, A. D., *Scale and Scope, the Dynamic of Industrial Capitalism*, Cambridge (Mass.), Harvard University Press, 1990.

225

croître pendant les six premières décennies du siècle[3]. À la différence de l'expérience industrielle des États-Unis, la fragmentation de l'espace économique européen a empêché les firmes européennes d'opérer à la taille minimale optimale dans les secteurs intensifs en capital et en technologie. Cette fragmentation a ainsi limité les possibilités de développement des *prime movers* européens. Ce handicap fut à la base d'une volonté au sein des dirigeants politiques et économiques européens de créer un espace économique européen intégré, et cela dès la Première Guerre mondiale.

Pendant la première moitié du XXe siècle, des projets éphémères d'union douanière ou de zone monétaire intégrée comprenant plusieurs pays européens ont été envisagés par de nombreux dirigeants économiques et politiques européens, notamment en Allemagne et en France. Ces projets avaient explicitement pour but la défragmentation de l'espace économique européen pour permettre à des firmes européennes de compenser leur handicap de taille vis-à-vis de leurs concurrents d'outre-Atlantique[4]. Mais la plupart des projets envisagés par les dirigeants économiques et politiques des deux grandes puissances économiques continentales visaient à établir une position hégémonique pour leurs entreprises nationales, au détriment de leurs concurrents européens dans la plupart des secteurs. Malgré les tentatives lancées dans le cadre de la Société des Nations au cours des années 1920, aucun projet coopératif d'intégration européenne ne dépassa le stade de l'ébauche au cours de la première moitié du XXe siècle. Les tentatives militaires allemandes d'imposer une hégémonie des firmes allemandes dans un nouvel ordre économique européen aboutirent à des échecs sanglants.

Paradoxalement, c'est le gouvernement américain qui impose une solution à la fragmentation de l'espace économique européen. La politique de « *containment* » du communisme poursuivie par les administrations Truman et Eisenhower se traduit par une volonté de reconstruire rapidement les économies de l'Europe continentale. Cette reconstruction est jugée indispensable pour disposer d'une base industrielle militaire solide face à l'Union Soviétique, pour accroître le niveau de vie de la population ouvrière européenne et ainsi marginaliser les partis communistes de l'Europe de l'Ouest. Les responsables américains du célèbre Plan Marshall mentionnent explicitement le lien entre l'existence d'un marché intégré européen, les économies d'échelle, la production de masse standardisée et les gains de productivité qui en résultent et

---

[3] Defraigne, J.-C., *De l'intégration nationale à l'intégration continentale : analyse de la dynamique d'intégration supranationale européenne des origines à nos jours*, Paris, L'Harmattan, 2004, p. 102.

[4] Defraigne, J.-C., *ibidem*, p. 131.

permettent l'élévation du niveau de vie des salariés européens[5]. Le gouvernement américain dégage des montants considérables pour la reconstruction des économies européennes et organise des programmes visant à diffuser les méthodes de gestion américaines aux grandes entreprises européennes[6]. La forte dépendance des économies européennes vis-à-vis de l'aide américaine donne à Washington un levier considérable pour tempérer les réflexes nationaux protectionnistes qui réapparaissent dès la fin des années 1940 en Europe et pour imposer un projet de construction d'un marché intégré européen.

Au fur et à mesure que s'achève la reconstruction de l'économie européenne, l'aide américaine devient moins déterminante. La relance de l'économie allemande et ses effets d'entraînement sur les économies voisines permettent à l'Europe de réduire sa dépendance vis-à-vis de l'économie américaine et donc d'accroître son autonomie politique[7]. De plus, sur le plan géopolitique, le basculement de l'Europe occidentale dans le camp soviétique semble une éventualité de plus en plus improbable. La situation politique au sein des États d'Europe occidentale s'est stabilisée. En 1950, les groupes militaires nés de la résistance à l'occupant nazi ont tous été désarmés et remplacés par des armées régulières, elles-mêmes expurgées des éléments communistes. La grande majorité des élites qui ont collaboré avec les nazis a été réhabilitée et a retrouvé ses prérogatives d'avant-guerre. En outre, l'amélioration de la situation économique et la popularité du plan Marshall affaiblissent la crédibilité du discours tenu par les partis communistes occidentaux. Du côté soviétique, la politique de conciliation avec le capitalisme se manifeste de manière plus flagrante après la mort de Staline.

Ainsi les pressions, qui poussaient jusqu'alors les dirigeants économiques et les appareils d'États nationaux européens à s'engager vers des institutions supranationales, deviennent moins contraignantes au début des années 1950. Dès lors, les projets d'intégration européens vont s'avérer beaucoup moins ambitieux que les plans eurofédéralistes soutenus par l'administration américaine à la fin des années 1940. Une intégration européenne politique et militaire n'est plus à l'ordre du jour, l'OECE et la Communauté européenne de défense sont des projets eurofédéralistes mort-nés. L'intégration économique européenne se poursuit

---

[5] Hogan M. J., *The Marshall Plan : America, Britain and the Reconstruction of Europe, 1947-1952*, Cambridge, Cambridge University Press, 1989, p. 208 ; Milward A. S., *The European Rescue of the Nation State*, Londres, Routledge, 1992, p. 124.

[6] Lynch, F., *France and the International Economy from Vichy to the Treaty of Rome*, Londres, Routledge, 1997, p. 58 ; Wonoroff, D., *Histoire de l'Industrie en France du XVIᵉ siècle à nos jours*, Paris, Seuil, 1994, p. 503.

[7] Milward, *op. cit.*, p. 155.

mais de manière beaucoup moins rapide que pendant la période du Plan Marshall. Le Traité de Rome de 1957, qui met en place le Marché commun, laisse la part belle aux États membres malgré les tentatives des petits États du Benelux d'imposer une Communauté européenne disposant d'institutions supranationales fortes. Le Traité de Rome ne prévoit pas une rationalisation des capacités industrielles organisée par une institution supranationale comme c'était le cas avec la Haute Autorité de la CECA. Les logiques nationales reprennent le dessus sur les tendances supranationales eurofédéralistes.

II. La stratégie dominante des champions nationaux fragmente le Marché commun

En fait le dilemme que connaissent les dirigeants économiques et politiques des États européens n'a pas fondamentalement changé entre le début du XXe siècle et la création du Marché commun. Les grandes entreprises européennes font face à la concurrence de *prime movers* américains géants qui bénéficient pleinement des économies d'échelle. Le plan Marshall et les institutions de Bretton Woods facilitent à nouveau l'accès des produits américains aux marchés nationaux européens. Les réductions tarifaires opérées pendant les années 1950 par toutes les économies européennes confirment cette tendance. Lorsque le Marché commun est constitué, les firmes américaines accroissent leurs investissements directs au sein de la Communauté européenne, qui passent de 5,38 à 16,52 milliards de dollars entre 1962 et 1970[8].

C'est à cette époque que l'on évoque le « Défi Américain » pour reprendre le titre de l'ouvrage écrit par le journaliste Jean-Jacques Servan-Schreiber. Cette expression traduit sans conteste l'inquiétude des dirigeants politiques continentaux face à la pénétration des multinationales américaines au sein du Marché commun. Certains craignent même que l'Europe ne devienne une colonie économique des États-Unis. Pour éviter cet écueil, il faut, selon certains économistes, accroître la taille des firmes[9]. Cette conviction partagée par plusieurs dirigeants industriels, intellectuels et technocrates est popularisée par le pamphlet de Jean-

[8] Franko, L. G., *The European Multinational: a Renewed Challenge to American and British Big Business*, Londres, Harper & Row, 1976, p. 162.

[9] Cox, A. et Warson, G., « The European Community and the Restructuring of Europe's National Champions », in Hayward, J. (ed.), *Industrial Enterprise and European Integration*, Oxford, Oxford University Press, 1995, p. 306; Hymer, S. H., *The Multinational Corporation : a Radical Approach*, Cambridge, Cambridge University Press, 1978, p. 184.

Jacques Servan-Schreiber qui plaide en faveur d'un État fédéral européen capable de mettre en place une politique industrielle unifiée[10].

Malgré la menace de cette concurrence des *prime movers* américains, les dirigeants économiques et politiques européens n'arrivent pas à se mettre d'accord sur une politique commune qui soutiendrait l'émergence de « champions européens » disposant d'une taille similaire à celle de leurs concurrents américains grâce à l'accès à un marché intégré européen. Cette absence de consensus s'explique par les différentes structures industrielles nationales des différents pays membres de la CEE.

Les firmes européennes les plus efficaces, disposant de ce que Dunning nomme les avantages spécifiques à la propriété (*ownership specific advantages*), sont en faveur d'une poursuite rapide de l'intégration européenne pour pouvoir mieux rattraper leurs concurrents d'outre-Atlantique. Les firmes européennes les plus faibles comptent au contraire sur la protection et le soutien de leur État national pour se renforcer avant de faire face à un accroissement de la concurrence intra-européenne. Cette opposition explique naturellement les positions des différents États membres de la CEE en termes de politique industrielle et commerciale européennes et nationales. La France ou l'Italie, qui ne disposent que de quelques secteurs industriels au sein desquels il existe des firmes nationales possédant des avantages spécifiques à la propriété, optent pour une politique industrielle active. À l'opposé, l'Allemagne, dont les firmes sont plus modernes et compétitives dans la plupart des secteurs industriels, prône une intervention minimale des pouvoirs publics sur le marché, que cela soit au niveau national ou supranational.

Les politiques industrielles et commerciales très interventionnistes adoptées par certains pays membres au cours des années 1960-1970 possèdent dans de nombreux cas une rationalité économique sous-jacente dans les secteurs bénéficiant de rendements d'échelle croissants ou d'économies liées à l'apprentissage. Dans ces cas de figure, les firmes situées dans un pays avancé sur le plan technologique et disposant d'avantages liés à l'expérience, ont tout intérêt à empêcher l'émergence d'une industrie étrangère[11]. Dans une structure oligopolistique ou monopolistique, les firmes gagnantes possèdent un pouvoir de marché qui leur permet d'extraire une rente au détriment des autres agents économiques. Toute économie nationale s'ouvrant à des firmes étrangères avancées sur le plan technologique subit ce pouvoir de marché qui fait baisser le bien être national. Krugman, Brander et Spencer ont démontré

---

[10]   Servan-Schreiber, J.-J., *Le Défi Américain*, Paris, Seuil, 1967, p. 205-211.

[11]   Krugman, P. R., *Strategic Trade Policy and the New International Economics*, Cambridge (Mass.), MIT Press, 1993, p. 164.

que les politiques industrielles stratégiques nationales visant à soutenir l'émergence de champions nationaux peuvent s'avérer efficaces[12]. Certes, Baumol a démontré que, si le marché était parfaitement contestable, la menace d'entrants potentiels annihilait ce pouvoir de marché et annulait le bénéfice d'une rente[13]. Cependant, les marchés industriels de la Communauté européenne ne peuvent être considérés au cours des années 1960 et 1970 comme parfaitement contestables par les entrants potentiels américains (et plus tard japonais) car ils sont protégés par un tarif extérieur commun et par de nombreux quotas et barrières techniques au commerce.

Il existe donc bien une possibilité de se retrouver au sein de la Communauté européenne avec des *prime movers* de certaines nations européennes qui perçoivent des rentes au détriment des agents d'autres nations européennes (consommateurs, producteurs et États). Par là même, il existe donc bien au sein du Marché commun des économies nationales globalement gagnantes – celles qui comptent des *prime movers* dans la plupart des secteurs – et d'autres perdantes en termes de bien-être et d'accumulation. Les économies nationales « perdantes » européennes peuvent améliorer leur bien être en pratiquant des politiques industrielles nationales dans les secteurs caractérisés par des économies d'échelle et d'apprentissage importantes afin de permettre l'émergence des « champions » industriels nationaux et leur survie pendant leur « enfance ». C'est la stratégie dite « des champions nationaux ». Cette stratégie est mise en place par les gouvernements de plusieurs économies européennes dans les secteurs pour lesquels il existe des économies d'échelle importantes (notamment la France, l'Italie et le Royaume-Uni). Elle s'oppose par définition à une spécialisation industrielle accrue au niveau européen par laquelle la production nationale de certains biens est abandonnée au profit de *prime movers* étrangers d'origine européenne.

Mais la configuration de la structure industrielle européenne au moment de la création du Marché commun amène naturellement les dirigeants politiques et économiques nationaux à adopter la stratégie dite des champions nationaux. Parmi les pays européens, l'Allemagne possède le plus de *prime movers* et considère que la rationalisation européenne des capacités de production industrielle doit se faire par le marché. Elle est soutenue notamment par les Pays-Bas et le Benelux

---

[12] Brander, J. A., « Rationale for Strategic Trade and Industrial Policy », in Krugman, P. R., *Strategic Trade Policy and the New International Economics*, Cambridge (Mass.), MIT Press, 1993, p. 25-36.

[13] Baumol, « An Uprising in the Theory of Industrial Structure », in *American Economic Review*, vol. 72, mars 1982, p. 1-16.

dont de nombreux *prime movers*, Philips, AKZO, Solvay, sont habitués par la petite taille de leur marché domestique à opérer dans un contexte très concurrentiel sur des marchés extérieurs et ont pris l'habitude de ne pas trop compter sur des interventions étatiques (hormis dans leurs colonies). Le laisser-faire est évidemment inacceptable pour des économies comme la France et l'Italie qui verraient plutôt cette rationalisation européenne des capacités de production industrielle comme devant être négociée entre gouvernements nationaux à l'instar de ce qui s'était produit lors de la création de la CECA.

Cette absence de consensus européen pousse plusieurs pays membres à suivre une politique industrielle nationale plutôt que de prendre l'option du laisser-faire ou celle d'une politique industrielle supranationale européenne. La domination de la stratégie des champions nationaux explique la lenteur avec laquelle les processus d'intégration et de spécialisation sectorielle au sein de l'espace économique de la Communauté européenne se mettent en place pendant les deux premières décennies qui suivent le Traité de Rome.

III. Les différents aspects de la stratégie des champions nationaux

Si l'on compare la stratégie des champions nationaux à celle visant à éliminer les barrières non tarifaires existantes à l'intérieur de la Communauté européenne, la première ne permet pas la constitution rapide de *prime movers* européens de taille américaine mais cependant elle représente à plusieurs égards une rupture radicale avec les pratiques industrielles de l'entre-deux-guerres.

On assiste au cours des années 1950-1960 à la mise en place dans la plupart des économies européennes d'un droit de la concurrence et de dispositifs juridiques nationaux, largement inspirés de la législation américaine en la matière. Le rôle déterminant de l'administration américaine lors de la création de la CECA a été mis en évidence par de nombreux historiens[14]. Ainsi Jean Monnet, ardent admirateur du système économique américain, définit les compétences de la Haute Autorité et lui confère des prérogatives comparables à celle de la Federal Trade Commission américaine. Non seulement Monnet souhaite convaincre les autorités américaines qu'il ne s'agit pas d'une résurrection du cartel

---

[14] Djelic, M.-L., *Exporting the American Model : The Postwar Transformation of European Business*, Oxford, Oxford University Press, 1998 ; Kipping, M., *La France et les origines de l'Union européenne 1944-1952 : intégration économique et compétitivité internationale*, Paris, Comité pour l'Histoire économique et financière de la France, 2002 ; Hogan, *op. cit.* ; Lynch, *op. cit.*

européen de l'acier, mais il vise aussi à copier le système de concurrence américain dont il est un ardent partisan[15]. L'influence américaine
est également déterminante au moment de l'adoption d'un dispositif
antitrust par Allemagne de l'Ouest. Le projet de loi s'y rapportant est
élaboré sous l'étroite surveillance des autorités d'occupation américaines[16]. Le ministre de l'économie Erhard soutient le projet proposé par
les États-Unis qui est finalement adopté par le Bundestag en 1957[17]. Dès
lors, le nombre de cartels se réduit considérablement tandis que le
nombre de fusions augmente[18]. Même la Grande-Bretagne, qui n'est
pourtant pas sous la tutelle directe de l'administration américaine, suit
dès la fin des années 1940 une évolution similaire. Entre 1948 et 1956,
le Parlement britannique adopte des dispositions légales organisant à
l'échelle nationale le droit de la concurrence sur des bases analogues à
l'antitrust américain[19]. Dans ce nouveau cadre législatif, les cartels sont
généralement interdits et, à l'inverse, les fusions sont autorisées. Aucune
limite légale à la concentration industrielle n'est définie, donnant l'impulsion à une vague importante de fusions.

L'adoption par les grandes économies européennes d'un droit de la
concurrence calqué sur le modèle américain n'empêche pas le rétablisse-
ment de certaines ententes, sur le plan national comme sur le plan européen[20]. Toutefois, ces ententes se révèlent nettement moins institution-
nalisées que les cartels de l'entre-deux-guerres, et surtout ne disposent
pas des mêmes capacités d'inertie. La cartellisation, en tant que mécanisme de défense traditionnel utilisé par les producteurs nationaux européens face à la concurrence étrangère, est donc progressivement
abandonnée en Europe.

La tendance européenne à une moindre cartellisation favorise les
fusions et acquisitions et permet donc un accroissement du niveau de
concentration et de la taille des entreprises nationales. L'attitude des
gouvernements nationaux européens face à cette concentration accrue
est analogue à celle du gouvernement des États-Unis à la fin du
XIXe siècle au moment de la grande vague de fusions américaines. À
cette époque, Washington refuse les ententes mais autorise une plus
grande concentration des entreprises. Cependant, contrairement au gou-

---

[15] Kipping, *op. cit.*, p. 357.
[16] Djelic, *op.cit.*, p. 168.
[17] *Ibidem*, p. 169.
[18] *Ibidem*, p. 171.
[19] Prais, S.J., *The Evolution of Giant Firms in Britain : a Study of the Growth of Concentration in Manufacturing Industry in Britain 1909-1970*, Cambridge, Cambridge
University Press, 1974, p. 68.
[20] Kipping, *op. cit.*, p. 356 ; Servan-Schreiber, *op.cit.*, p. 55.

vernement américain qui reste relativement passif face au renforcement spectaculaire du « *big business* », plusieurs gouvernements européens adoptent une approche beaucoup plus interventionniste. Les *prime movers* américains de la fin du XIXe siècle n'avaient pas de concurrents sur le territoire national disposant de grandes capacités de production. Ils pouvaient donc tabler sur un marché domestique relativement protégé pour se lancer dans la production standardisée à grande échelle. Les gouvernements européens des années 1960, préoccupés par la présence imposante en Europe de filiales de multinationales américaines, veulent accélérer le processus de concentration pour permettre à leurs champions nationaux d'atteindre la taille minimale optimale et de rattraper les *prime movers* américains et européens.

Cette politique industrielle de rattrapage se fait sur plusieurs plans. Tout d'abord, les États européens visent essentiellement à accroître la taille de leurs entreprises nationales existantes pour se rapprocher de la taille minimale optimale à laquelle opèrent les multinationales américaines. Deuxièmement, pour leur permettre d'opérer efficacement à cette taille, plusieurs États membres de la CEE interviennent pour rendre plus difficile l'accès aux produits étrangers sur leurs marchés domestiques. Troisièmement, les États membres peuvent soutenir leurs champions à l'aide de subventions diverses. Finalement, dans certains secteurs, des champions nationaux sont aussi créés *ex nihilo* pour capturer une partie de la rente extraite par des firmes étrangères dans des secteurs stratégiques en énergie (notamment le raffinage de pétrole) et en matières premières (particulièrement le secteur de l'aluminium).

A. *L'accroissement de la taille des firmes nationales*

Les gouvernements nationaux favorisent les fusions et les restructurations dans les secteurs caractérisés par d'importants coûts fixes. Pour favoriser ces fusions, les gouvernements européens adoptent un droit de la concurrence inspiré de la législation antitrust américaine. Ces dispositifs adoptés aussi bien en France, en Angleterre et en Allemagne empêchent l'institutionnalisation des cartels et contribuent à leur érosion. Parallèlement, certains gouvernements encouragent les fusions par des incitants fiscaux.

En plus de ces incitations, les gouvernements adoptent des politiques très dirigistes lorsque se joue la survie d'un secteur national jugé stratégique. Pour opérer des fusions, on recourt fréquemment à la nationalisation comme dans les cas de l'aéronautique anglaise et française, de l'automobile anglaise ou encore de la chimie italienne.

Ces politiques industrielles visant à accroître la taille des entreprises reçoivent dans les années 1960 un meilleur accueil auprès des dirigeants industriels qu'au cours de l'entre-deux-guerres ou des années 1940. Cette époque marque en effet un tournant dans les méthodes de gestion des grands groupes européens. Ces derniers connaissent une évolution similaire à celle qu'ont connue leurs homologues américains au début du siècle, caractérisée par une séparation plus marquée entre « *ownership* » et « *control* ». Les études de Cassis et de Suleiman ont mis en évidence cette professionnalisation des managers en France et en Angleterre[21]. La forme multidivisionnelle d'organisation de l'entreprise identifiée par Chandler (*M-form*) commence à se généraliser en Allemagne et en Angleterre[22]. La perte de contrôle progressive de la gestion des groupes par les familles fondatrices facilite les fusions nationales soutenues par les gouvernements. Ces évolutions engendrent un accroissement considérable de la taille des entreprises nationales pendant les années 1960 dans une série de secteurs caractérisés par d'importantes économies d'échelle.

B. La protection nationale

Le deuxième axe de la politique industrielle des champions nationaux reste le recours aux mesures protectionnistes classiques visant à assurer aux grands groupes nationaux un accès privilégié au marché domestique. Le Traité de Rome, qui instaure le Marché commun ainsi que la poursuite de la libéralisation du commerce industriel mondial dans le cadre des *rounds* de négociations du GATT, empêche les États membres de la CEE de recourir à un protectionnisme radical. Néanmoins les gouvernements nationaux disposent d'une marge de manœuvre considérable pour favoriser leurs champions nationaux au détriment des *prime movers* étrangers par le biais de barrières non tarifaires.

Les normes et réglementations techniques nationales constituent le principal outil protectionniste utilisé par les gouvernements pour permettre à leurs champions nationaux de faire face à la concurrence étrangère. Au cours des années 1960-1970, chaque pays membre de la Communauté européenne continue de définir des règles et des normes nationales en matière de sécurité, d'hygiène, de santé et de standards techniques. Chaque pays possède une agence nationale chargée de leur élaboration : l'Afnor en France, la DIN en Allemagne ou la BSI au Royaume-Uni. Seules ces règles possèdent un caractère contraignant.

---

[21] Cassis, Y., *Big Business : the European Experience in the Twentieth Century*, Oxford, Oxford University Press, 1997 ; Suleiman, E., *Les élites en France: grands corps et grandes écoles*, Paris, Seuil, 1979.

[22] Vanderwee, H., *Histoire économique mondiale : 1945-1990*, Louvain-la-neuve, Academia Duculot, 1990, p. 176 ; Chandler, A. D., *Scale and Scope, the Dynamic of Industrial Capitalism*, Cambridge (Mass.), Harvard University Press, 1994, p. 26.

Les normes se bornent certes à définir les critères techniques qui permettent une compatibilité avec les équipements nationaux existants. Néanmoins, leur non-respect peut être utilisé par des plaignants devant les tribunaux ou peut également justifier que des assurances refusent la prise en charge des risques.

Subsistent au cours des années 1960-1970 plus de 100 000 normes nationales au sein de la Communauté européenne[23]. Les entreprises désireuses d'exporter leur production dans un pays membre doivent donc se plier aux règles techniques nationales en vigueur mais également à la procédure d'évaluation de celles-ci par les administrations nationales. Les méthodes de test variant d'un pays à l'autre, une règle technique identique peut néanmoins requérir qu'une entreprise se soumette à plusieurs tests nationaux différents. En effet, jusqu'à la fin des années 1970, il n'existe aucun mécanisme de reconnaissance mutuelle entre les différentes méthodes nationales d'évaluation[24].

Les procédures liées aux vérifications de ces normes n'entraînent pas seulement des frais administratifs mais également des délais qui peuvent devenir prohibitifs. Ainsi, la certification nationale de certains produits peut prendre jusqu'à trois ans[25]. Ce délai a pour effet de raccourcir considérablement la période pendant laquelle la firme exportatrice a accès au marché étranger tout en étant assurée de la protection de sa propriété intellectuelle[26]. L'incertitude quant à la durée de la procédure rend très difficile la mise en place d'une stratégie de marketing efficace et par là même la prise de parts sur le marché ciblé.

Pendant les deux décennies qui suivent la ratification du Traité de Rome, de nombreux gouvernements utilisent leurs normes techniques nationales comme un outil au service de leur politique industrielle protectionniste. Par exemple, à la fin des années 1960, le gouvernement français se sert des normes nationales de sécurité appliquées aux machines à laver pour donner un temps de réaction à leurs firmes nationales face à la concurrence et la pénétration des compagnies italiennes[27]. Les règles sanitaires établies par les gouvernements italiens et allemands

---

[23] Piggott, J. et Cook, M., *International Business Economics: an European Prespective*, Londres, Longman, 1993, p. 187.

[24] *Ibidem*, p. 188.

[25] Aujean, M., Catinat, M., Emerson, M., Goybet, P. et Jacquemin A., *1992 : La Nouvelle Économie Européenne*, Bruxelles, De Boeck, 1992, p. 51.

[26] Aujean, *op. cit.*, p. 51.

[27] Owen, N., *Economies of Scale, Competitiveness and Trade Patterns within the European Community*, Oxford, Clarendon Press, 1983, p. 130-131.

pour le brassage industriel de la bière visent également à cette époque à protéger leur industrie nationale respective[28].

Les secteurs les plus pénalisés par cette forme de protection sont les véhicules à moteur (routiers, chemins de fer, construction maritime, aéronautique, etc.), l'industrie électronique, l'industrie mécanique, les produits chimiques et pharmaceutiques, les équipements de transport (hormis véhicules), les minerais non métalliques, les produits alimentaires et le tabac, les produits métalliques, les produits en caoutchouc, les appareils de précision et appareils médicaux, les plastiques et le matériel de bureau[29]. Il convient d'ajouter à cette liste de nombreuses règles relatives aux électroménagers qui sont promulguées avant les années 1980[30]. Hormis le raffinage de pétrole où les normes sont moins contraignantes, cette liste comprend tous les secteurs industriels que les études spécialisées caractérisent comme donnant lieu à d'importantes économies d'échelle au niveau de l'unité de production (*plant-level*) ou de la firme[31].

C. Les subventions nationales

Les gouvernements nationaux continuent d'attribuer directement (commandes publiques) ou indirectement (via les régies ou les autres entreprises au sein desquelles l'État est actionnaire majoritaire) des marchés à leurs champions nationaux. Pendant les années 1960, les appels d'offres en matière de travaux publics et d'achats d'équipements lancés par les administrations et les entreprises publiques nationales sont presque exclusivement réservés aux firmes nationales. La seule exception étant constituée par le cas où non seulement il n'existe pas d'industrie nationale appropriée, mais où les dirigeants politiques et industriels estiment aussi qu'il n'est pas possible de créer une telle industrie avec les seules ressources nationales. Un tel cas se pose naturellement plus fréquemment au sein de petits pays aux ressources plus limitées. Ainsi, la part de commandes publiques à l'étranger est plus importante dans les

[28] Piggott, *op. cit.*, p. 189.

[29] Aujean, *op. cit.*, p. 48.

[30] Owen, *op. cit.*, p. 130-131.

[31] De Jong, H. et Jacquemin, A., *European Industrial Organisation*, Londres, McMillan, 1977, p. 51 ; De Jong, H., *The Structure of European Industry*, La Haye, Martinus Nijhoff, 1981, p. 54-68; Owen, *ibidem*, p. 71 ; Pelkmans J., *Market Integration in the European Community*, La Haye, Martinus Nijhoff Publisher, 1984, p. 60 ; Pratten, C. et Dean, R., *The Economies of Large Scale Production in British Industry*, Cambridge University Press, 1970, p. 53-97 ; Swann D et Mc Lachlan D.L., *Concentration or Competition : a European Dilemma ? An Essay on Antitrust and the Quest for a "European" Size of Company in the Common Market*, Londres, Chatham House and PEP, 1967, p. 14.

petits pays que dans les grands. Les administrations publiques du Benelux par exemple sont dans l'obligation d'importer certains biens militaires de haute technologie, des équipements de télécommunication ou d'informatique. Par contre, en France, en Allemagne ou en Italie, les contrats publics sont destinés en priorité aux firmes nationales et cela bien souvent avec la volonté de soutenir les industries de haute technologie émergentes. C'est notamment le cas en France des équipements destinés à la Défense et à l'électronique[32] ou en Italie du matériel servant à la production d'électricité. Il existe de nombreux secteurs caractérisés par un monopsone exercé par une entreprise publique. La fourniture d'équipements ferroviaires ou de télécommunication, la production et la distribution d'électricité en sont une parfaite illustration. Le commerce à l'échelle intra-européenne y est quasi inexistant[33], ce qui freine considérablement la réalisation d'économies d'échelle substantielles dans ces secteurs. Ces marchés publics constituent une part considérable de la demande européenne. En 1986, alors que certains pays se sont déjà engagés dans la voie des privatisations, les commandes réalisées par les administrations et les entreprises publiques représentent encore 15 % du PNB[34].

Hormis les contrats publics, les gouvernements nationaux peuvent également recourir à l'aide financière directe pour secourir les entreprises peu compétitives et retarder ainsi la spécialisation industrielle intra-européenne ou internationale. Deux types d'aides sont principalement utilisés : d'une part, des aides transitoires destinées à faciliter la reconversion ou la réduction de capacités dans un secteur en crise, d'autre part, des aides stratégiques visant à soutenir une industrie émergente ou une industrie jugée déterminante pour le reste de l'économie nationale. Le recours aux subventions s'avère courant au cours des 25 premières années qui suivent le Traité de Rome, en particulier pour une série d'industries considérées comme stratégiques à la fois par l'État et les dirigeants industriels nationaux. L'intervention de l'État italien est déterminante dans le financement des géants publics ou semi-publics industriels (IRI, ENI, EFIM, Montedison)[35]. L'État français apporte son soutien financier à l'industrie de la défense (Dassault, Bréguet, Aérospatiale), l'électronique (CII), l'aéronautique civile (Concorde et Airbus), l'électricité (EDF), le pétrole (Compagnie française des

---

[32] Delapierre, M., Gerard-Varet, L.A. et Zimmermann, J.B., « The Computer and Data Processing Industry », in De Jong, H.W. (ed.), *The Structure of European Industry*, *op. cit.*

[33] Franko, *op. cit.*, p. 103.

[34] Aujean, *op. cit.,* p. 53.

[35] Balcet, G., *L'économie de l'Italie*, Paris, La Découverte, 1995, p. 55.

pétroles – TOTAL et Elf) et l'automobile (les exportations de Peugeot et Renault). Les nouvelles entreprises nationales de raffinage de pétrole, qui s'établissent partout en Europe pendant les années 1960 et 1970, ne doivent leur existence qu'au soutien de leur État national. AGIP-ENI en Italie, l'EFRAP et la CFP en France, VEBA en Allemagne, CAMPSA en Espagne et PETROGAL au Portugal en sont la parfaite illustration. De même, les industries de l'aluminium en Italie et en Allemagne ne doivent leur émergence qu'à l'aide de leurs gouvernements nationaux respectifs[36].

Il existe pourtant des dispositions légales dans le Traité de Rome visant à limiter l'ampleur des politiques industrielles nationales. L'article 92 du Traité stipule que les aides d'État sont autorisées uniquement si elles n'engendrent pas de distorsions commerciales à l'échelle intra-européenne. Dans la pratique, les hauts fonctionnaires de la CEE s'avèrent incapables de faire appliquer l'Article 92. Face aux requêtes de la Commission européenne, les États nationaux protègent leurs prérogatives en matière de politique industrielle en pratiquant une politique de défense passive très efficace[37]. En effet, d'autres dispositions juridiques inclues dans le Traité permettent aisément de contourner l'article 92. Ainsi, la politique régionale européenne prévoit qu'une partie des Fonds structurels – aides offertes aux régions européennes dites en difficulté – soit investie dans l'industrie, et ce à la seule condition que les dotations en question ciblent des zones spécifiques. Dans ce cas précis, les distorsions de concurrence sont admises par la Commission et offrent une large marge de manœuvre aux États membres[38].

La fragmentation de la demande des administrations et des entreprises publiques nationales, évoquée auparavant, fait également l'objet d'un décalage entre les dispositions légales européennes et leur application sur le terrain. Il n'existe aucune directive européenne relative à l'ouverture des travaux publics à la concurrence intra-communautaire au cours des années 1960.

---

[36] Franko, *op. cit.*, p. 147.
[37] Pelkmans, *op. cit.*, p. 256.
[38] *Ibidem*, p. 259.

IV. Les stratégies des champions nationaux à travers les États membres de la Communauté européenne

A. L'Allemagne

En Europe, l'économie allemande est celle qui dispose du plus grand nombre de *prime movers*, notamment dans les secteurs de la chimie et des machines électriques. Grande exportatrice depuis le début du siècle, l'industrie allemande est aussi celle qui, comparée aux autres industries européennes, détient la plus grande expérience en termes de production à grande échelle, et ce notamment grâce à l'économie de guerre continentale[39]. Depuis le début du siècle, de nombreux dirigeants industriels et politiques allemands soutiennent la création d'une union douanière continentale. La création de la CECA et du Marché commun leur offre l'opportunité de résoudre le problème structurel majeur qui les occupe depuis le début du siècle : assurer des débouchés durables pour leurs produits. Malgré les concessions faites aux industries françaises, les *prime movers* allemands sont en faveur du processus d'intégration, s'estimant suffisamment compétitifs face à leurs concurrents continentaux. La structure de la balance commerciale allemande pendant les années 1950 témoigne de la vigueur retrouvée des exportations industrielles allemandes. Dans un tel contexte, l'interventionnisme protectionniste de l'État à l'encontre de la concurrence intra-européenne apparaît moins indispensable aux industriels allemands qu'à leurs homologues français ou italiens. Non seulement les dirigeants allemands n'ont aucun intérêt à opérer sur un marché européen fragmenté, mais ils n'ont pas besoin non plus de soutenir l'émergence de champions nationaux allemands, dont l'existence et la santé économique ne sont plus à remettre en question depuis des décennies.

C'est pourquoi les dirigeants industriels et politiques allemands défendent une ligne beaucoup plus libre-échangiste que leurs voisins de l'hexagone. Lors des négociations pour la constitution du Marché commun, ils imposent un tarif douanier très libéral et insistent sur le maintien du commerce avec l'AELE après la ratification du Traité de Rome[40]. En fait, l'État allemand cantonne sa politique industrielle active à certains secteurs de haute technologie, comme l'aéronautique et

---

[39] Harrison, M., *The Economics of World War II*, Cambridge, Cambridge University Press, 2000, p. 159 ; Overy, R.J., *War and Economy in the Third Reich*, Oxford, Clarendon Press, 1994, p. 343.

[40] Buhrer, W., « German Industry and the European Integration in the 50s », in Wurm, C., *Western Europe and Germany: the Beginnings of European Integration 1945-1960*, Oxford, Berg, 1995, p. 106.

l'informatique, et à quelques autres secteurs traditionnellement faibles, comme l'industrie alimentaire. Ceux-ci bénéficient d'un large panel de barrières non tarifaires face à la concurrence européenne. Au total, l'État allemand est beaucoup moins interventionniste que les autres grands pays membres de la CEE.

B. La France et l'Italie

Contrairement à leurs voisins allemands, les industriels français abordent le Marché commun de manière défensive et exigent une intervention constante de l'État. Cette situation détermine l'entièreté de la politique française pendant les années 1960. Comme le rappelle Mandel :

> Il est incontestable que bien des aspects de l'idéologie gaulliste sur l'Europe résultent des caractères et des faiblesses spécifiques du grand capital français. Celui-ci, plus que le capitalisme allemand, a besoin de barrières douanières et institutionnelles pour le protéger de la concurrence [...]. C'est sur des positions de défense et non, comme le capitalisme allemand, en prenant l'offensive, qu'il a abordé le Marché commun[41].

Le gouvernement français applique la stratégie des champions nationaux à presque tous les secteurs de son industrie. Au moment de la négociation du Traité de Rome, le gouvernement français obtient l'autorisation de continuer à imposer des quotas dans les secteurs qu'il juge stratégiques. Il encourage les fusions, notamment par des incitants fiscaux[42]. Il crée également des entreprises publiques. Cette politique entre dans le cadre du cinquième plan couvrant la période 1966-1970 et vise à la consolidation de tous les secteurs industriels menacés par la concurrence étrangère[43].

La position des grands patrons français vis-à-vis des politiques de restructuration mises au point par le Commissariat général au Plan change radicalement dans les années 1960. En effet, le processus de professionnalisation des managers, achevé chez les *prime movers* américains avant la Deuxième Guerre mondiale[44], touche l'industrie française avec des décennies de retard. Daviet considère à cet égard les années 1960 comme une période charnière pour les managers français. C'est à cette époque en effet que s'opère un changement de génération

---

[41] Mandel, E., *La réponse socialiste au défi américain*, Paris, Maspero, 1970, p. 61.
[42] Wonoroff, *op. cit.*, p. 560.
[43] Hayward, *op. cit.*, p. 4.
[44] Chandler, *op. cit.*, p. 49.

au sein des capitaines d'industrie français[45]. Les études de Cassis sur les dirigeants des plus grandes firmes industrielles de l'hexagone confirment l'analyse de Daviet et montrent que la proportion de « managers-héritiers » baisse de moitié entre 1952 et 1972[46]. Contrairement à plusieurs de leurs prédécesseurs, les nouveaux capitaines d'industrie français sont conscients du problème posé par la taille de leurs entreprises[47] et désirent produire à plus grande échelle[48]. Ils accueillent donc la politique gouvernementale en faveur des fusions et des accroissements de taille avec plus d'enthousiasme que ne l'avaient fait leurs prédécesseurs pour le plan Monnet. Les industries françaises entrent de plain-pied dans ce que Chandler nomme le « capitalisme manageurial »[49]. Force est finalement de constater que la politique dite des champions nationaux n'est pas uniquement l'œuvre du gouvernement mais aussi des dirigeants industriels français.

Le cas de l'Italie est similaire à celui de la France, si ce n'est que le faible développement de la bourgeoisie industrielle italienne nécessite encore davantage d'interventions étatiques. La plupart des champions nationaux italiens sont des entreprises publiques telles que Montedison, l'EFIM, l'ENI ou l'IRI. En 1960, les champions nationaux dont l'État n'est pas actionnaire majoritaire sont au nombre seulement de trois : Fiat pour l'automobile, Olivetti pour le matériel de bureau et Pirelli pour les pneus.

C. La Grande-Bretagne

Les industries britanniques se trouvent généralement dans une situation proche de leurs homologues françaises. Au cours de cette période, la majorité des entreprises industrielles britanniques sont elles aussi moins compétitives que les firmes allemandes et américaines. Toutefois certains secteurs liés au passé impérial de la Grande-Bretagne et au rôle central exercé par la City dans la finance internationale avant la Deuxième Guerre mondiale échappent à ce constat. Les firmes britanniques revendiquant le statut de *prime movers* opèrent essentiellement dans les services financiers, les hydrocarbures, le tabac, l'agro-alimentaire, les compagnies de transports et de courtiers maritimes ainsi que les chaînes

---

[45] Daviet, J.-P., « Some Features of Concentration in France », in Pohl, H. (ed.), *The Concentration Process in the Entrepreneurial Economy of the Late XIXth Century*, Stuttgart, Franz Steiner Verlag Wiesbaden, 1988, p. 83-85.

[46] Cassis, *op. cit.*, p. 126.

[47] Daviet, *op. cit.*, p. 83.

[48] Wonoroff, *op. cit.*, p. 546.

[49] Chandler, *op. cit.*, p. 12.

hôtelières et le textile[50]. L'accès privilégié aux matières premières provenant des possessions coloniales explique également la position dominante de certaines entreprises britanniques. C'est le cas non seulement de compagnies pétrolières telles que Anglo-Persian (futur BP) et Shell mais aussi d'Imperial Tobacco, de British-American Tobacco, d'Unilever[51] et de Dunlop[52]. Ces compagnies sont de véritables multinationales disposant de filiales dans tout le Commonwealth ainsi que dans tous les autres pays sous influence britannique. La valeur de leur stock d'investissements directs étrangers (IDE) est souvent plus importante que leurs actifs nationaux[53]. Pour ce qui est des industries modernes, les firmes britanniques ne possèdent que très rarement une taille comparable à celle des *prime movers* américains. ICI pour la chimie et Dunlop dans les pneumatiques sont à ce titre des cas exceptionnels. Même Vickers, le géant britannique de la défense, est de taille moindre que ses concurrents américains.

À la fin des années 1950, le gouvernement britannique fait un constat alarmant sur la situation des exportations industrielles britanniques par rapport à celle de ses concurrentes allemandes[54]. La vigueur de la croissance enregistrée par les pays membres du Marché commun surprend les dirigeants britanniques et renforce la position de ceux qui soutiennent l'adhésion du Royaume-Uni à la Communauté européenne. Parallèlement, certains événements des années 1950-1960 mettent à mal la *special relationship* de la Grande-Bretagne avec les États-Unis et la vague de décolonisations rend très difficile le maintien d'une zone sterling dont l'industrie britannique serait le principal fournisseur. La conférence du Commonwealth organisée en septembre 1962 témoigne de la réorientation du commerce britannique vers le marché continental européen[55]. En outre, la faiblesse relative de la City au début des années 1960 renforce le poids du lobby industriel qui préfère l'option de l'intégration européenne. L'association patronale des industriels britanniques, *the Federation of British Industry*, fait pression pour obtenir un meilleur accès au marché continental[56].

Cette conjonction de facteurs explique donc l'évolution de la position britannique vis-à-vis du processus d'intégration européen. S'ouvre

---

[50] Cassis, *op. cit.*, p. 70.

[51] Chandler, *op. cit.*, p. 264.

[52] *Ibidem*, p. 269.

[53] Cassis, *op. cit.*, p. 70.

[54] Milward, *op. cit.*, p. 152.

[55] Camps, M., *Britain and the European Community 1955-1963*, Princeton, Princeton University Press, 1964, p. 444.

[56] Camps, *op. cit.*, p. 275.

alors une période de vingt ans, entre 1961 et la fin des années 1970, pendant laquelle le gouvernement britannique revendique et soutient une plus grande intégration européenne. C'est également au cours de cette période que la City britannique montre des signes de faiblesse en termes de dynamisme et de perspectives. Le gouvernement britannique, dont la politique européenne a été jusqu'alors dictée par les intérêts de la finance, devient alors plus sensible aux pressions des industriels. La voie du multilatéralisme imposée par City n'offre plus de perspectives de développement pour l'ensemble de l'économie britannique. Le gouvernement britannique est donc persuadé qu'il faut moderniser et restructurer les industries nationales. Il défend donc fermement la création de champions nationaux, voire européens, de taille « américaine » dans les secteurs les plus modernes comme le souligne Camps dans son analyse des rapports entre la Grande-Bretagne et la Communauté européenne au cours des années 1960 :

> [...] on both sides of the Channel, there is a strong and growing belief that the only road to a technologically advanced economy that is indigenous in character, rather than increasingly controlled by American industry, lies in organising industries on a European rather than a national basis. Much of the new British interest in Europe comes from this consideration. And much of the new French interest in British membership, which is detectable in some quarters, comes from their recognition that the British have a sophisticated industrial base and spend more on research and development in industries such as aircraft, electronics and atomic energy than does any other West European country[57].

Cela ne signifie pas pour autant que le gouvernement n'est plus sous l'influence de la finance et des *prime movers* britanniques spécialisés dans les activités globales. Il existe toujours, parmi les dirigeants britanniques, un fort courant en faveur du multilatéralisme et, par conséquent, opposé au processus d'intégration européen. C'est parce que l'administration Kennedy anticipe le soutien des multilatéralistes britanniques qu'elle propose en 1962 la création d'une grande zone de libre-échange atlantique comprenant la Communauté européenne[58]. L'influence de ce courant multilatéraliste explique également le fait que, parallèlement à sa demande d'adhésion au Marché commun, le gouvernement britannique négocie un traité de libre-échange avec le Canada. La double poli-

---

[57] Camps, M., *European Unification in the Sixties*, New-York, McGraw Hill, 1966, p. 214.

[58] Olivi, B., *L'Europe Difficile : Histoire Politique de la Communauté européenne*, Paris, Folio histoire, 1998, p. 92.

tique menée par les Britanniques pousse les dirigeants gaullistes français à rejeter la première candidature d'adhésion du Royaume-Uni en 1963[59].

L'influence des multilatéralistes est progressivement contrebalancée par les revendications des dirigeants industriels. Nonobstant le veto français de 1963, le gouvernement britannique continue durant les années 1960 à œuvrer en faveur de son entrée dans le Marché commun. Les dirigeants politiques et industriels anticipent d'ailleurs l'entrée prochaine du *Royaume-Uni* au sein de la CEE et accélèrent les mesures de rationalisation industrielle timidement lancées pendant les années 1950. Caves résume la politique britannique en faveur de la croissance externe des entreprises de la façon suivante : « In order to achieve industrial efficiency, find the most efficient firm in Britain and merge the rest into it »[60]. Le nouveau dispositif législatif antitrust, analogue au système américain, interdit les cartels et favorise les fusions[61]. La structure industrielle britannique se modifie rapidement pendant les années 1960, et connaît, à la fin de la décennie, la plus grande vague de fusions de son histoire[62]. La somme des parts de marché des dix plus grandes firmes augmente dans tous les secteurs, à l'exception de celui des machines outils non électriques[63]. Les mouvements de concentration les plus spectaculaires ont lieu dans les domaines des boissons (47 % de part de marché en plus), des machines électriques et électroniques (20,8 %), de l'automobile, de l'aéronautique (18,6 %), de l'alimentaire (18,4 %) et enfin de la métallurgie (15,6 %)[64].

Avec le retrait de de Gaulle de la vie politique, les négociations en vue de l'adhésion de la Grande-Bretagne à la Communauté européenne s'accélèrent. Des concessions réciproques sont faites dans le cadre de la politique agricole (PAC et exportations de produits agricoles en provenance du Commonwealth) et de l'union douanière (le Royaume-Uni obtient à ce titre des délais pour harmoniser ses barrières tarifaires avec celles de la Communauté)[65]. Dans ces conditions, l'entrée de la Grande-Bretagne, accompagnée de l'Irlande et du Danemark, se fait en douceur.

---

[59] Camps, M., *Britain and the European Community 1955-1963*, *op. cit.*, p. 129.

[60] Caves cité in Hannah, L. et Kay, J.A., *Concentration in Modern Industry: Theory, Measurement and the UK Experience*, Londres, Mac Millan, 1977, p. 83.

[61] Prais, S.J., *The Evolution of Giant Firms in Britain : a Study of the Growth of Concentration in Manufacturing Industry in Britain 1909-1970*, Cambridge, Cambridge University Press, 1974, p. 68.

[62] Hannah, L. et Kay, J.A., *Concentration in Modern Industry: Theory, Measurement and the UK Experience*, Londres, Mac Millan, 1977, p. 89.

[63] *Ibidem*, p. 89.

[64] *Ibidem*, p. 89-91.

[65] Olivi, *op. cit.*, p. 160.

Le nombre de fusions atteint un nouveau pic entre 1972 et 1974, au moment même de l'adhésion de la Grande-Bretagne, témoigne de la création continue de champions nationaux pour faire face à la concurrence des *prime movers* non seulement américains mais aussi européens.

D. Les petites économies : le Benelux, le Danemark et l'Irlande

Les petits États membres de la Communauté européenne ne peuvent prétendre à des politiques industrielles ambitieuses dans tous les secteurs stratégiques. De l'étroitesse de leurs marchés nationaux découle une position traditionnellement libre-échangiste des dirigeants industriels. Les milieux industriels du Benelux sont donc généralement hostiles au principe d'interventionnisme étatique dans la gestion privée des entreprises[66]. Les politiques visant à favoriser l'émergence de champions nationaux restent exceptionnelles et sont cantonnées à des secteurs où les firmes privées sont inexistantes, à l'instar de la sidérurgie néerlandaise.

En raison du manque de ressources disponibles, les gouvernements des petits États membres abandonnent également les industries de haute technologie nécessitant d'importants investissements à la concurrence étrangère, si possible, sous la forme d'investissements directs étrangers générateurs d'emplois et de revenus nationaux. En Belgique, c'est notamment le cas du secteur automobile avec les usines Ford, General Motors et Volkswagen, ou encore du secteur informatique avec la firme américaine Burroughs. Il arrive néanmoins que les gouvernements soutiennent des entreprises nationales opérant dans ces secteurs lorsque celles-ci se spécialisent dans une niche spécifique (comme la SABCA ou Fokker). Ces entreprises spécialisées n'offrent évidemment pas une gamme aussi complète de produits que celles des champions nationaux des quatre grandes économies européennes. Il n'existe donc pas au sein des petites économies européennes de champions nationaux qui émergent grâce au soutien de l'État. Les entreprises, qui prétendent au statut de *prime movers*, sont des firmes privées ayant acquis ce statut depuis plusieurs décennies comme Royal Dutch-Shell, Solvay, Akzo, Philips ou Petrofina.

V. L'absence de politique industrielle européenne

Le choix fait par des grandes économies nationales européennes de poursuivre une politique de soutien à leurs champions nationaux est à la base des blocages qui empêchent l'émergence d'une politique in-

---

[66] Milward, *op. cit.*, p. 77.

dustrielle positive au niveau supranational européen au cours des années 1960 et 1970.

Bien que les problèmes de taille minimale optimale auxquels font face les firmes européennes dans de nombreux secteurs et la nécessité d'une rationalisation des capacités de production industrielle au niveau européen soient parfaitement identifiés par la Commission européenne et par de nombreux économistes contemporains, les solutions préconisées qui s'opposent à la stratégie des champions nationaux sont systématiquement ignorées par le Conseil.

Même dans les secteurs où la stratégie des champions nationaux s'avère être visiblement insuffisante, le passage à une stratégie de création de champions européens fondée sur une spécialisation supranationale européenne est difficile, voire dans certains cas impossible, à mettre en place. Certains secteurs stratégiques témoignent de cet échec, notamment l'informatique et l'aéronautique.

A. L'aéronautique : un secteur révélateur de l'absence de politique industrielle européenne

Face à la domination américaine, la restructuration de l'aéronautique européenne débute sous un angle strictement national. En France comme au Royaume-Uni, plusieurs petits constructeurs privés vont être fusionnés par leur État national pour aboutir à la création d'un champion national qui deviendra une entreprise publique (Aérospatiale en 1971 et British Aerospace en 1977). Le gouvernement allemand fera preuve d'un interventionnisme plus limité mais cependant il encouragera la fusion de VWF et MBB pour donner naissance au groupe DASA au sein duquel il deviendra un des actionnaires principaux[67].

Sur les marchés de l'aéronautique, l'État national possède en général un levier considérable. Les principaux clients des producteurs aéronautiques nationaux sont contrôlés par l'État, qu'il s'agisse de l'aviation militaire ou de compagnies aériennes nationalisées. En 1977, les demandes gouvernementales constituent 65 % du marché européen de l'aéronautique[68].

Dès les années 1950, la domination des *prime movers* américains est écrasante et comme dans le secteur informatique, il est clair que les ressources nationales de chaque État européen ne suffisent pas à créer

---

[67] Edwards, G., « Four Sectors : Textile, Man-Made Fibers, Shipbuilding, Aircraft », in Pinder, J. (ed.), *National Industrial Strategies and the World Economy*, New-Jersey, Rowman & Allanheld, 1982, p. 112.

[68] Hartley, K., « The Aerospace Industry: Problem and Policies », in De Jong, H.W. (ed.), *The Structure of European Industry*, La Haye, Martinus Nijhoff, 1981, p. 241.

un marché domestique qui permettrait à l'industrie aéronautique nationale de combler son retard. En 1977, soit après l'application de plusieurs politiques de fusions nationales, le montant des ventes des deux plus grands champions nationaux européens, Aérospatiale et British Aerospace, équivaut seulement à celui des firmes américaines de taille moyenne comme Northrop ou Grumman[69]. Boeing, General Dynamics ou Mc Donnell Douglas, quant à eux, réalisent un chiffre d'affaire deux fois plus important[70]. Sur le plan des moteurs, la situation de Rolls-Royce n'est pas meilleure en comparaison du leader américain Pratt & Whitney. Quant à ses homologues français et allemands – la SNECMA et MTU – ils se situent loin derrière[71].

Avec des commandes militaires qui représentent les trois quarts des ventes du secteur aéronautique[72], les firmes américaines bénéficient d'un marché domestique protégé énorme constitué par les contrats du Department of Defense. En 1965, la part du PNB américain consacrée à la défense s'élève à 7,2 %, soit près de 50 milliards de dollars[73]. En comparaison, la France, avec ses 5,4 %, soit 5,3 milliards de dollars, fait figure de parent pauvre[74]. Ni le Royaume-Uni, ni l'Allemagne ne dépassent les 5 milliards[75]. Au-delà de l'énorme budget militaire américain et des avantages qu'il procure, les firmes nationales peuvent aussi compter sur l'appui du Département d'État pour leurs exportations d'armes. Le poids diplomatique américain leur permet d'avoir un accès préférentiel à de nombreux marchés d'alliés américains, notamment à des pays dont les régimes en place ne sauraient survivre sans le soutien américain. Les producteurs européens doivent se contenter d'une partie de leurs anciennes colonies et de certains pays non alignés. Même au cœur de l'Europe, le poids américain au sein de l'OTAN donne un avantage substantiel aux producteurs aéronautiques américains. La nécessaire compatibilité entre les équipements militaires des différents pays membres de l'OTAN pousse vers une forme de standardisation qui ne peut que favoriser les producteurs américains[76]. Enfin, si les grands pays ont les moyens de sauvegarder leurs industries nationales en leur accordant des contrats, les petits pays européens qui n'ont pas de champions nationaux à défendre, n'hésitent pas à acheter américain. Ainsi la

---

[69] Hartley, *op. cit.*, p. 244.
[70] *Ibidem.*
[71] *Ibidem.*
[72] *Ibidem*, p. 241.
[73] *État du Monde 1986*, p. 98.
[74] *Ibidem*, p. 170.
[75] *Ibidem*, p. 165-175.
[76] Edwards, *op. cit.*, p. 116.

Jean-Christophe Defraigne

Belgique, la Norvège, le Danemark et les Pays-Bas préfèrent s'équiper de chasseurs américains modèle F16 plutôt que d'acquérir l'équivalent européen[77].

Dans un secteur caractérisé par d'importantes économies d'échelle et d'apprentissage, une large demande homogène constitue un avantage déterminant. Selon les enquêtes de Hartley faites dans les années 1970 auprès de nombreux ingénieurs et directeurs américains de l'aéronautique, une entreprise de défense peut continuer à réduire son coût moyen en augmentant sa taille jusqu'à un seuil situé entre 20 000 à 30 000 employés[78]. Or, une firme comme Dassault emploie à peine 15 000 personnes, en utilisant une technologie qui n'est certainement pas plus intensive en capital que les firmes américaines. Seuls British Aerospace, Aérospatiale et Rolls-Royce atteignent la taille minimale optimale estimée par Hartley[79]. Au-delà des économies d'échelle, la construction aéronautique militaire est caractérisée par d'importantes économies liées à l'apprentissage[80]. La multiplication des commandes militaires nationales et des projets nationaux concurrents est rapidement identifiée comme la principale faiblesse de l'industrie aéronautique européenne.

Dès les années 1960, les gouvernements européens commencent à adopter une stratégie de coopération européenne. Des alliances, des projets en commun et des filiales voient le jour. Ainsi Dassault s'allie avec la firme belge SABCA et la firme néerlandaise Fokker sur un premier projet, avec Fiat sur un deuxième et avec le petit producteur militaire allemand Dornier sur un troisième. Mais il existe des projets plus conséquents en termes d'investissements et de durée. Le premier de ces projets est le Concorde, coopération franco-britannique décidée en 1962, qui vise à casser le monopole américain des longs courriers[81]. Le deuxième projet de coopération intra-européen voit le jour au milieu des années 1960. Il s'agit de la construction d'un avion de chasse Tornado, fruit de la coopération entre des entreprises britanniques, italiennes, allemandes, canadiennes, belges et néerlandaises. Dès 1969, les Belges, les Néerlandais et les Canadiens se retirent du projet et décident d'acquérir des avions de chasse américains[82]. Les producteurs français optent de leur côté pour développer un avion de chasse concurrent, le Mirage,

[77] *Ibidem.*
[78] Hartley, *op. cit.*, p. 245.
[79] *Ibidem*, p. 244.
[80] Sandler, T. et Hartley, K., *The Economics of Defense*, Cambridge, Cambridge University Press, 1995, p. 170.
[81] Wonoroff, *op. cit.*, p. 559.
[82] Edwards, *op. cit.*, p. 116.

dans le cadre de la force de frappe nationale[83]. Seuls restent British Aerospace, MBB et la firme italienne Aeritalia. Le Tornado et le Mirage aboutissent grâce aux commandes nationales, les deux projets étant substantiellement subventionnés. Le troisième projet commence en 1969 avec la constitution du consortium Airbus, qui a pour but de créer des modèles de longs courriers européens. Il est prévu que le consortium regroupe les champions nationaux des trois grandes économies de la CEE, mais les firmes britanniques décident finalement de ne pas rejoindre l'alliance. Seuls restent les deux grandes firmes allemandes MBB et VFW, qui participent au consortium via un *joint-venture* à hauteur de 47,9 % du capital d'Airbus ; Aérospatiale qui possède également 47,9 % d'Airbus et enfin le petit producteur espagnol CASA dont la participation s'élève à 4,2 %. Un accord de coopération est également signé avec Fokker mais celui-ci reste néanmoins en dehors du consortium. Le projet évolue de manière relativement satisfaisante pendant les dix premières années de son existence mais sa réussite commerciale demeure incertaine.

Le secteur aéronautique européen tente de se développer simultanément à deux niveaux. Chaque gouvernement national restructure son industrie pour créer son ou ses champions nationaux. Parallèlement, les gouvernements européens prennent conscience de l'inéluctabilité d'une coopération européenne pour assurer à leurs firmes la taille minimale optimale à l'instar de leurs concurrentes américaines. Il faut homogénéiser la demande européenne d'où la création de *joint ventures* et de projets européens comme le Tornado ou l'Airbus. Pourtant, ces projets n'arrêtent pas la concurrence entre champions nationaux. Il ne s'agit donc pas encore de création de firmes européennes aéronautiques. Aucun des gouvernements ne renonce à poursuivre cavalier seul des politiques industrielles visant à favoriser son champion national. Ainsi, il n'existe pas de « front commun » européen de l'aéronautique européenne. À l'instar du secteur informatique, de nombreuses firmes européennes tentent d'obtenir des alliances avec des *prime movers* américains pour obtenir des transferts de technologie et renforcer leur position au sein même des projets européens. La SNECMA s'allie en 1971 avec General Electric, le numéro deux des constructeurs de moteurs d'avion. Rolls Royce préfère privilégier ses liens avec l'américain Boeing plutôt que de participer à Airbus. De leur côté, les firmes engagées dans le projet Airbus décident d'acheter à General Electric plutôt qu'à une firme européenne les moteurs destinés aux premiers prototypes d'avions. Ces politiques contradictoires ont pour effet de réduire l'efficacité des

---

[83] Wonoroff, *op. cit.*, p. 558.

projets de coopération européenne et d'empêcher l'émergence d'un véritable groupe multinational européen de l'aéronautique.

B. Les propositions de la Commission en faveur d'une politique industrielle au niveau européen

L'évolution de secteurs stratégiques comme l'aéronautique et l'informatique est significative. Elle témoigne clairement de l'absence de politique industrielle sectorielle supranationale européenne. Même les projets supranationaux de coopération industrielle comme UNIDATA ou Tornado sont des alliances *ad hoc* entre certains États membres qui sont souvent fragiles, chaque État membre désirant protéger son champion national et lui attribuer le rôle dominant au sein du projet. De plus, ces projets ne regroupent pas tous les producteurs européens et ne mettent pas fin à la duplication des unités de production, ce qui limite les gains fournis par les économies d'échelle.

Plusieurs institutions – dont la Commission européenne – ont correctement identifié ce problème ainsi que les obstacles qui empêchent les firmes européennes de combler leur retard face aux *prime movers* américains. Dès la fin des années 1960 et au cours de la décennie suivante, ces institutions mettent régulièrement en évidence la fragmentation du marché européen, la limite de la stratégie des champions nationaux et la nécessité de créer des groupes industriels transnationaux européens.

Dès 1968, l'OCDE constate la fragmentation du marché européen et le manque d'homogénéité de la demande comparé aux États-Unis :

The size and homogeneity of the US markets, including that portion made possible by government procurement, helps American firms because it facilitates the prediction of market requirements. The European market considered as a whole has a greater potential size [...]. However, its present... diverse political and contrasting social structures result in fragmentation. This fragmentation of the markets has inevitably caused relatively high costs and short production runs and therefore heavy losses for the European industry[84].

En 1969, la Commission propose la levée des obstacles fiscaux qui « constituent l'un des freins majeurs aux restructurations d'entreprises à travers les frontières ». Soutenue par le Parlement européen et le Comité économique et social, la Commission propose la compatibilité au niveau

---

[84] Edwards, *op. cit.*, p. 113.

communautaire entre les différents régimes nationaux de la fiscalité des sociétés[85].

L'année suivante, la Commission met en avant la notion d'un statut juridique de « société européenne » qui faciliterait « les fusions internationales de sociétés et la création de holdings et de filiales communes »[86]. Toujours en 1970, la Commission publie le rapport Colonna, confirmant le constat fait par l'OCDE et concluant sur la nécessité de créer une politique industrielle véritablement européenne dans les secteurs de haute technologie, dont notamment celui de l'aéronautique.

En 1973, la Commission plaide pour la « création d'une nouvelle assise industrielle européenne ». Celle-ci vise à assurer un libre commerce à l'intérieur de la Communauté européenne qui entraînerait une spécialisation industrielle et une rationalisation des capacités de production au niveau européen. La Commission constate une fois encore que la politique de champions nationaux à elle seule reste insuffisante pour atteindre la taille minimale optimale et assurer un niveau de rentabilité comparable à celui des *prime movers* américains multinationaux :

> La concentration dans le cadre national conduit à une compétition entre firmes qui sont soutenues de diverses manières par leur gouvernement et qui ne parviennent pas à atteindre le seuil de rentabilité. Les groupements transnationaux offrent, par contre, la possibilité de combiner effectivement concurrence effective et économies d'échelle[87].

La Commission souligne la nécessité de procéder à « l'élimination des entraves techniques aux échanges [intracommunautaires], l'élimination, notamment dans le domaine fiscal et juridique, des barrières qui s'opposent au rapprochement et aux concentrations des entreprises »[88]. La Commission fait un constat sur l'imperméabilité des marchés publics nationaux. Alors que ces derniers constituent une part croissante des débouchés industriels (17 % en 1973), les achats intracommunautaires des secteurs public et parapublic ne dépassent pas 5 %. La Commission propose une « ouverture progressive et effective des marchés publics »[89].

Pour faciliter ce processus d'harmonisation et d'ouverture intracommunautaire, la Commission propose une concertation et une harmonisation des politiques industrielles nationales au niveau européen. Elle

---

[85] Commission des Communautés européennes, « Pour la création d'une assise industrielle européenne », in *Bulletin des Communautés européennes*, Supplément 7/73, OPOCE, Luxembourg, 1973, p. 12.

[86] *Ibidem*, p. 11.

[87] *Ibidem*, p. 12.

[88] *Ibidem*, p. 5.

[89] *Ibidem*.

continue d'affirmer la nécessité d'élaborer rapidement « un statut de société européenne »[90].

En fait, toutes les propositions de la Commission européenne videraient progressivement de leur substance la politique industrielle des champions nationaux. Elles permettraient d'opérer des fusions transnationales communautaires sans le contrôle des États nationaux européens. Elles empêcheraient chaque État membre de protéger ses champions nationaux par le biais de barrières techniques, fiscales ou des subventions.

Est-ce que pour autant la Commission envisage de lancer une politique industrielle européenne qui remplacerait les politiques concurrentes des champions nationaux ? À cet égard, la Commission reste très prudente. Son discours est beaucoup moins interventionniste que celui de certains États nationaux. Elle veut garantir un fonctionnement concurrentiel du marché européen par le renforcement du droit de la concurrence. Se fondant sur l'article 86 du Traité de Rome vis-à-vis des abus de position dominante, la Commission propose que les firmes candidates à la fusion d'une certaine taille soient obligées de lui notifier leur projet (cette proposition, qui est à la base du mécanisme de contrôle des fusions et acquisitions, ne sera mise en place qu'au début des années 1990). Hormis cet engagement clair à empêcher de futurs géants européens de bénéficier de positions dominantes, que propose la Commission pour accompagner la création de « champions européens » ?

La gamme des outils que la Commission envisage d'utiliser n'est pas plus réduite que celles des États nationaux mais leur usage n'est plus mis en avant comme au sein des gouvernements nationaux. À l'instar de certains États nationaux, la Commission considère « des incitations financières qui contribueraient à accélérer le processus de restructuration de l'industrie européenne »[91] comme une bonne solution. En pratique, cela peut signifier des allégements fiscaux ou des aides directes en cas de fusions et de rationalisations des capacités de production dans les nouveaux groupes ainsi créés. La Commission propose d'établir des plans de restructuration sectorielle qui coordonneraient les politiques sectorielles nationales dans des secteurs « de technologie avancée » ou « en crise »[92]. La Commission envisage également d'utiliser la politique commerciale européenne pour permettre à « l'industrie européenne de lutter à armes égales avec ses concurrents »[93]. Bien que modestes, les

---

[90] *Ibidem*, p. 12.
[91] *Ibidem*, p. 11.
[92] *Ibidem*, p. 15.
[93] *Ibidem*, p. 16.

propositions faites par la Commission européenne donneraient à cette dernière la capacité de coordonner une politique industrielle d'envergure difficilement mesurable et laisseraient une grande marge de manœuvre aux institutions supranationales européennes.

Bien qu'elles constituent un programme de transition de la politique de champions nationaux vers une politique *de facto* supranationale de champions européens et que celui-ci soit nécessaire pour que les groupes industriels européens puissent opérer à la taille minimale optimale et faire face à la concurrence des *prime movers* américains (et plus tard nippons), ces propositions sont écartées par les gouvernements des grands États membres jusqu'à la fin des années 1970. Ces derniers poursuivent leur politique de champions nationaux bien après le déclenchement de la crise structurelle au début des années 1970. Il faut attendre le début des années 1980 pour voir les gouvernements européens, soumis à diverses pressions extérieures, prendre pleinement conscience de l'insoutenabilité de la stratégie des champions nationaux au sein des États membre de la CEE. Comment expliquer cette incapacité à opérer une transition des politiques industrielles du niveau national au niveau européen ?

VI. Les causes de la persistance de la stratégie des champions nationaux

A. La formation des champions nationaux comme premier volet d'une stratégie à deux temps

De nombreux gouvernements de pays membres de la CEE semblent envisager le développement de leurs industries nationales selon une stratégie en deux temps. La restructuration de l'industrie européenne suivant une spécialisation au niveau de la CEE étant inévitable, de nombreux gouvernements nationaux tendent d'abord à accroître la taille et la performance de leurs champions nationaux dans un maximum de secteurs pour obtenir une meilleure position dans les négociations européennes qui encadreront cette restructuration supranationale européenne.

Ainsi Camps a montré que les différents gouvernements britanniques en place dans les années 1960 ont conscience de la nécessité d'opérer cette restructuration industrielle européenne[94] mais appliquent tout d'abord une politique de soutien aux fusions nationales en vue de l'entrée du Royaume-Uni dans la CEE.

---

[94] Camps, M., *Britain and the European Community 1955-1963*, *op. cit.*, p. 66.

Cette stratégie en deux temps a pu également être observée au sein du gouvernement français au moment de la création de la CECA. Entre 1948 et 1950, l'État français impose une série de fusions qui réduit le nombre de producteurs d'acier de 177 à 12[95] et réalise des investissements considérables dans la construction de deux trains continus à large bande (USINOR et SOLLAC) Les nouveaux laminoirs français retardent la modernisation de la sidérurgie allemande. En effet, les capacités de production sont déjà trop importantes à la fin des années 1940 pour justifier la construction à court terme de ce type de laminoirs. Dans ce contexte, les investissements français ont pour but d'empêcher les sidérurgistes allemands d'acquérir la meilleure technologie disponible. Le gouvernement français sait que les autorités américaines envisagent un plan de rationalisation de l'acier au niveau européen et veulent que leurs investissements soient pris en compte par les autorités américaines lors de la mise en place de leur projet de rationalisation. Or la modernisation et la restructuration de la sidérurgie française améliorent de manière significative son niveau de compétitivité[96] et donc sa crédibilité dans la perspective d'une division européenne de la production. Une partie du gouvernement français continue à croire à la possibilité pour la France de remplacer l'Allemagne comme producteur principal européen[97]. Même si le gouvernement français ne réussit pas à imposer son « rêve sidérurgique » à l'Economic Cooperation Administration américaine chargée de l'application du plan Marshall, les investissements réalisés permettent néanmoins au gouvernement de défendre, arguments à l'appui, un maintien prolongé des limites à la production industrielle imposées aux firmes allemandes par les forces d'occupation. Cette politique connaît un certain succès. Le seul laminoir allemand de type train continu à large bande a été démantelé par les forces d'occupation soviétiques et il faut attendre 1955, soit plusieurs années pendant lesquelles la demande connaît une forte croissance, pour que Thyssen soit équipée d'un nouveau laminoir ultramoderne[98]. Forts de cette expérience, il n'est guère surprenant qu'une série de hauts fonctionnaires et de dirigeants économiques appliquent cette même stratégie à d'autres secteurs au cours des années 1960.

[95] Lynch, *op. cit.*, p. 62.
[96] *Ibidem*, p. 59.
[97] Kipping, *op. cit.*, p. 55.
[98] Lynch, *op. cit.*, p. 155.

B. Le rattrapage partiel des champions nationaux vis-à-vis des prime movers américains rend moins impérieuse la restructuration industrielle au niveau européen

Même si ces considérations de stratégie en deux temps existent au début de la création du Marché commun, la deuxième étape, à savoir la restructuration industrielle au niveau européen, apparaît moins impérieuse du fait des succès à moyen terme engrangés par la politique industrielle des champions nationaux au cours des années 1960 et de la formidable croissance qui caractérise cette période[99]. Dans une série de secteurs, les politiques de champions nationaux semblent alors soutenables. L'objectif de rattrapage des *prime movers* américains est partiellement atteint. Les fusions nationales opérées au sein des pays membres de la CEE ont réduit les écarts de taille entre *prime movers* d'outre-Atlantique et leurs concurrents européens. Au cours des années 1960-1970, la performance relative de ces derniers s'améliore considérablement au regard de plusieurs critères.

Il est possible de mesurer le rattrapage des plus grandes firmes européennes vis-à-vis de leurs concurrentes américaines en comparant les évolutions de leurs profits. Cependant, ce critère n'est pas entièrement fiable car les données en jeu ne recouvrent pas exactement les mêmes réalités économiques, et ce de par les différences existant en termes de règles comptables entre ces deux régions du monde[100]. L'analyse de l'évolution des actifs et des chiffres d'affaires respectifs des plus grandes firmes américaines et européennes évite en partie cette difficulté. Les flux d'IDE constituent aussi une source de comparaison pertinente quant aux performances respectives des firmes européennes et américaines. La comparaison qui suit retiendra donc ces trois derniers critères.

1. Le rattrapage des firmes européennes en termes d'actifs

On peut considérer qu'au cours des années 1960-1970, les intensités capitalistiques des processus de production des grandes firmes sont plus ou moins équivalentes des deux côtés de l'Atlantique. S'il existe des différences à ce niveau, il est probable que les *prime movers* américains sont, des deux, les plus grands utilisateurs de capital par unité produite, sachant qu'en Europe, le facteur travail est meilleur marché et les dotations en capital plus faibles au début des années 1960. En dépit de ce biais potentiel tendant à sous estimer la performance des firmes

---

[99] Voir la contribution d'Isabelle Cassiers dans le présent ouvrage.

[100] Dunning, J. H. et Pearce, R. D., *The World Largest Industrial Enterprises 1962-1983*, Aldershot, Gower, 1985, p. 2.

européennes, les données relatives aux actifs des plus grandes firmes européennes et américaines indiquent sans ambiguïté un rattrapage.

a. Les secteurs au sein desquels les firmes européennes sont en voie de rattrapage sur les *prime movers* américains

Au moment de la ratification du Traité de Rome, les cinq plus grands producteurs d'acier américains sont en moyenne six fois plus grands que leurs homologues européens. Le secteur de l'acier européen connaît une accélération de sa croissance dès le début des années 1960. Grâce notamment aux fusions nationales, les cinq plus grandes firmes de l'industrie sidérurgique européenne croissent en moyenne plus vite que leurs concurrentes américaines. À la fin des années 1970, les restructurations de l'acier français, britannique et allemand ont permis un rattrapage en taille des *prime movers* américains.

Graphique 1. Secteur de l'acier : comparaison des actifs (en milliers de $ courants) des plus grandes firmes américaines et européennes entre 1958 et 1977

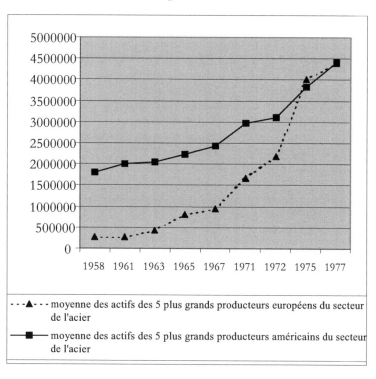

- - -▲- - - moyenne des actifs des 5 plus grands producteurs européens du secteur de l'acier

──■── moyenne des actifs des 5 plus grands producteurs américains du secteur de l'acier

Dans le domaine de l'électronique civile et de l'électroménager, l'avance des plus grandes firmes américaines est moins importante mais celles-ci restent, en 1958, deux fois plus grandes en moyenne que les plus grandes firmes du vieux continent. L'accélération de la croissance des firmes européennes a lieu à la fin des années 1960 sous la forme de fusions nationales qui sont encouragées et protégées par les gouvernements nationaux sous la pression de l'expansion des firmes italiennes sur les marchés européens. À partir de 1971, les actifs des cinq plus grandes firmes européennes dépassent ceux de leurs équivalents américains.

Graphique 2. Secteur de l'électronique civile : comparaison des actifs (en milliers de $ courants) des plus grandes firmes américaines et européennes entre 1958 et 1977

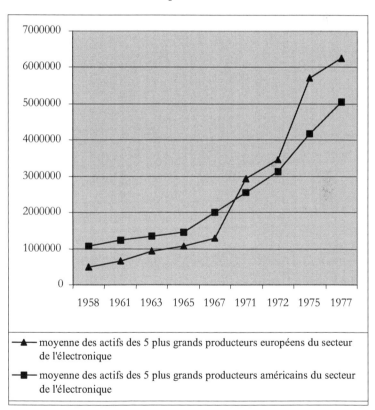

moyenne des actifs des 5 plus grands producteurs européens du secteur de l'électronique

moyenne des actifs des 5 plus grands producteurs américains du secteur de l'électronique

Le secteur de la chimie suit exactement la même évolution que l'électronique. Les *prime movers* européens traditionnels rattrapent leur retard à la fin des années 1960, soit après l'application des politiques de fusions nationales. À la fin des années 1970, les firmes européennes de la chimie ont creusé leur avance face aux firmes américaines. En termes de profit, les firmes américaines continuent à devancer leurs concurrentes européennes, mais cet écart se réduit jusqu'en 1975.

Graphique 3. Secteur de la chimie : comparaison des actifs (en milliers de $ courants) des plus grandes firmes américaines et européennes entre 1958 et 1977

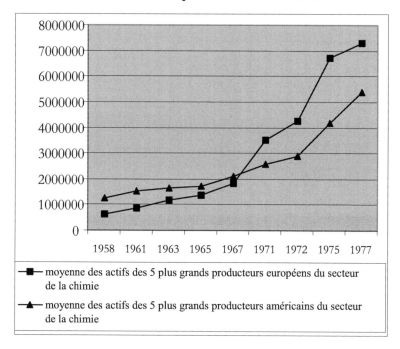

—■— moyenne des actifs des 5 plus grands producteurs européens du secteur de la chimie

—▲— moyenne des actifs des 5 plus grands producteurs américains du secteur de la chimie

Dans le secteur des pneumatiques, on constate également que les *prime movers* européens rattrapent leurs concurrents américains mais avec davantage de lenteur. Les firmes européennes du secteur bénéficient du développement sans précédent du parc automobile européen.

Graphique 4. Secteur des pneumatiques : comparaison des actifs (en milliers de $ courants) des plus grandes firmes américaines et européennes entre 1958 et 1977

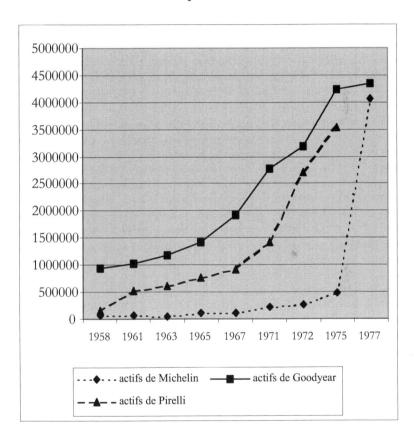

Comme cela a été mentionné précédemment, les fusions dans le secteur aéronautique se font également et principalement sur le plan national. On constate un fort rattrapage à partir de la fin des années 1960 pour Aérospatiale. Le rattrapage britannique est plus faible et se produit à partir du milieu des années 1970 avec la création du champion national public British Aerospace. À la fin des années 1970, le champion français dépasse même Boeing en termes de valeur des actifs. Néanmoins, les champions nationaux européens restent loin derrière leurs concurrents américains en termes de ventes.

Graphique 5. Secteur de l'aéronautique : comparaison des taux de croissance des actifs des plus grandes firmes américaines et européennes entre 1958 et 1977

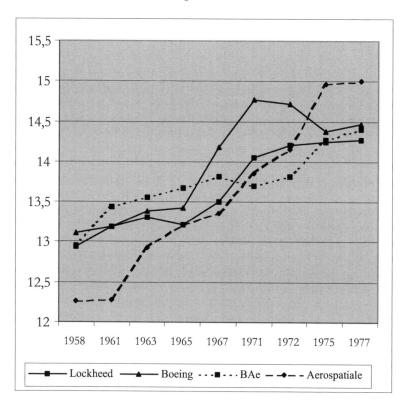

Le secteur automobile est caractérisé, pendant les années 1950, par une avance écrasante des Américains, et qui plus est comparable à la situation de l'entre-deux-guerres. En 1958, les trois géants américains, GM, Ford et Chrysler, sont en moyenne dix fois plus grands que les trois premières firmes européennes (VW, Fiat, Renault). En vingt ans, les firmes européennes réussissent à réduire ce rapport de 10 à 3. Le rattrapage européen ne débute véritablement qu'au cours des années 1970, soit beaucoup plus tard que d'autres secteurs comme la chimie, l'aluminium, l'électronique ou la sidérurgie. Ce retard s'explique par la restructuration tardive du secteur à l'échelle européenne. Le marché est loin d'être intégré au début des années 1960, période pendant laquelle d'importantes barrières tarifaires transitoires subsistent. Il faut attendre les années 1970 pour que de nombreuses firmes soient rationalisées ou éliminées du fait de l'accroissement de la concurrence intra-européenne.

Graphique 6. Secteur de l'automobile : comparaison des actifs des plus grandes firmes américaines et européennes entre 1958 et 1977

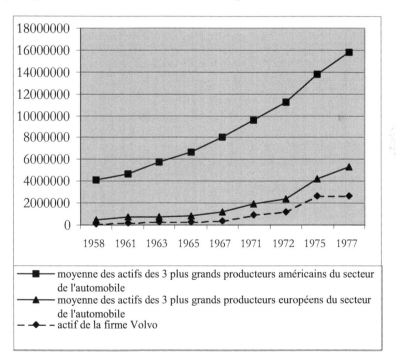

b. Les secteurs dans lesquels les *prime movers* américains
continuent de creuser l'écart

Il existe trois secteurs dans lesquels les firmes européennes ne
comblent pas leur retard, voire se font distancer au cours de cette
période : l'électronique militaire, l'informatique et les produits pharmaceutiques. Ces différents secteurs sont réunis par caractéristique
commune, tous trois étant très intensifs en capital et en hautes technologies. Les écarts continuent à se creuser pendant toute la période. Dans
le secteur informatique, non seulement il n'existe aucun producteur
européen d'importance mondiale mais IBM accroît également ses parts
de marché en Europe au cours de la période. Le secteur pharmaceutique,
lui, apparaît dominé par les *prime movers* européens. Or les résultats
sont trompeurs si l'on prend en compte la spécialisation des firmes
américaines. En comparaison, les grandes firmes européennes sont des
conglomérats chimiques à l'image de Bayer, Montedison ou AKZO.
Néanmoins, au cours des années 1960-1970, les *prime movers* américains grandissent plus rapidement que leurs concurrents du vieux
continent.

2. Le rattrapage des firmes européennes
en termes de chiffre d'affaire

Au cours de la première moitié du XXe siècle, les firmes américaines
n'ont cessé de renforcer leur position dans le classement des plus grands
chiffres d'affaire mondiaux au détriment de leurs concurrents européens.
Au moment de la création du Marché commun, près des trois quarts des
cent premières firmes mondiales en termes de ventes sont américaines.
Toutefois, la position américaine s'érode au cours des années 1960-1970
et les firmes originaires de la Communauté européenne font une bonne
performance.

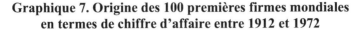

**Graphique 7. Origine des 100 premières firmes mondiales
en termes de chiffre d'affaire entre 1912 et 1972**

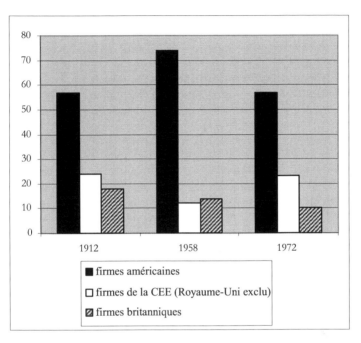

Cette tendance se confirme lorsqu'on examine la performance en termes de ventes des 500 plus grandes firmes mondiales. Les firmes européennes progressent légèrement entre 1958 et 1977. Par contre, les firmes américaines sont rattrapées par la montée des multinationales japonaises ou d'autres régions du monde. En outre, de 350 firmes au début des années 1960, l'économie américaine n'en aligne plus que 230 à la fin des années 1970. Ces chiffres indiquent clairement une meilleure performance de la part des firmes européennes que de la part de leurs concurrentes d'outre-Atlantique.

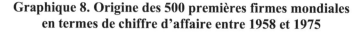

**Graphique 8. Origine des 500 premières firmes mondiales
en termes de chiffre d'affaire entre 1958 et 1975**

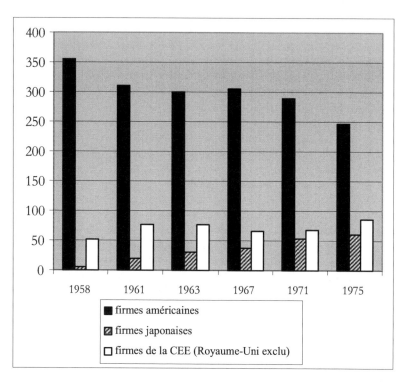

La perte de vitesse des *prime movers* américains est incontestable en termes de ventes. Cette réduction du nombre de firmes américaines dans le top 500 mondial ne s'explique pas par le fait qu'un rythme des fusions serait plus rapide aux États Unis qu'en Europe. On pourrait *a priori* penser que la réduction du nombre de firmes reflète une hausse de la concentration américaine. La création de quelques géants « libérerait » en quelque sorte des places reprises par leurs concurrents japonais et européens dans le classement des 500 premières firmes. Mais l'analyse faite précédemment sur l'évolution des actifs moyens des plus grandes firmes européennes et américaines de la plupart des secteurs industriels montre clairement que cette possibilité peut être écartée. La baisse du nombre de firmes américaines dans le top 500 mondial témoigne donc sans équivoque de l'amorce d'un processus de rattrapage européen et japonais pendant cette période.

3. Le rattrapage des firmes européennes en termes d'investissements directs étrangers

En observant les données accessibles sur les flux d'IDE pendant les années 1960-1970, on ne peut que constater l'acquisition progressive d'avantages spécifiques à la propriété par les *prime movers* européens ainsi que l'amélioration de leur compétitivité par rapport aux firmes américaines.

Pendant la première décennie qui suit l'établissement du Marché commun, les firmes américaines continuent de dominer leurs homologues européennes sur le plan des IDE. Elles renforcent leur présence au sein du Marché commun car elles constatent la très forte croissance de ce gigantesque marché et elles redoutent que celui-ci ne se transforme en forteresse commerciale. Des firmes comme Ford, IBM ou International Harvester adoptent progressivement une stratégie de développement continentale européenne[101]. Le nombre de multinationales américaines possédant au moins une filiale industrielle en Europe passe de 96 à 144 entre 1945 et 1957 et continue à progresser ensuite pour atteindre 183 en 1967[102]. Dunning relève également, dans le total global des IDE américains, une augmentation de la proportion d'IDE réalisés au sein de la Communauté européenne. Celle-ci passe de 5,4 à 17,1 % entre 1950 et 1972, témoignant de l'intérêt croissant que portent les *prime movers* américains au vieux continent. Si l'on ajoute le Royaume-Uni à la CEE, ces deux destinations accueillent 12,6 % des IDE américains en 1950 et 28,8 % en 1972[103].

Quelques chiffres témoignent de la supériorité américaine. Pour la période 1957-1960, les flux d'IDE d'origine américaine atteignent 8,5 milliards de dollars tandis que ceux d'origine européenne dépassent à peine le milliard[104]. Les chiffres avancés par Franko sur le nombre de filiales industrielles étrangères acquises ou constituées montrent également la supériorité des multinationales américaines. Le nombre de filiales d'origine américaine se monte à 283 pour la période 1953-1955 puis à 959 pour la période 1962-1964. Le nombre de filiales d'origine

---

[101] Pelkmans, *op. cit.*, p. 147.

[102] Hymer, S. H., *The Multinational Corporation: a Radical Approach*, Cambridge, Cambridge University Press, 1978, p. 210.

[103] Dunning, J. H., «Transatlantic Foreign Direct Investment and the European Economic Community », in *The International Economic Journal*, vol. 6, n° 1, printemps 1992, p. 210.

[104] Hymer, *op. cit.*, p. 198.

européenne (non britanniques) créées pendant ces deux mêmes périodes progresse de 55 à 319[105].

Au cours des années 1960, les flux des IDE américains vers l'Europe dépassent largement ceux des IDE européens vers les États-Unis. Les chiffres avancés par Dunning indiquent que le stock d'IDE de la Communauté européenne aux États-Unis passe de 1,35 à 4,03 milliards de dollars entre 1959 et 1972[106]. Ceci représente une progression de 218 %, un résultat bien inférieur à la progression du stock d'IDE américains au sein de la CEE qui, elle, atteint presque 700 %.

Mais à partir de la fin des années 1960, la performance des multinationales européennes s'améliore. Alors que la part américaine du stock mondial d'IDE baisse de 55 à 52 %, entre 1967 et 1971, la part des IDE originaires de l'Europe des Six progresse de 12,7 à 16.4 %[107]. En ce qui concerne l'acquisition de firmes originaires de la CEE par une firme étrangère, on constate un recul des multinationales américaines. Entre 1966 et 1973, la part des acquisitions réalisées par les *prime movers* américains passe de 21 à 12 % alors que celles des multinationales originaires des six pays membres et du Royaume-Uni progressent de 59 à 73 % au cours de ces mêmes années[108]. Au cours des années 1970, la progression des IDE européens aux États-Unis devient comparable à celles des IDE américains dans la Communauté. On enregistre une croissance importante des ventes des filiales européennes établies aux États-Unis dans la métallurgie, la chimie, le pétrole, les machines électriques, les produits caoutchouteux, l'édition et l'alimentaire[109]. Les études qualitatives faites sur la création de filiales par des multinationales européennes aux États-Unis révèlent des connaissances technologiques exclusives ou comparables aux *prime movers* américains. C'est notamment le cas Bayer et BASF pour la chimie ; de AKZO pour les médicaments ; de Montedison pour le polypropylène ; de Philips pour les cassettes enregistreuses ; de Péchiney pour l'aluminium et de Michelin pour le pneu[110]. Entre 1972 et 1977, le stock d'IDE originaires de la CEE à destination des États-Unis double pour atteindre 20 milliards de dollars. Le stock des IDE américains au sein de la CE s'élève, lui, à près de 50 milliards en 1977.

---

[105] Franko, *op. cit.*, p. 10.

[106] Dunning, *op. cit.*, p. 68.

[107] Franko, *op. cit.*, p. 13.

[108] De Jong, H. W. et Jacquemin, A., *European Industrial Organisation*, Londres, Mc Millan, 1977, p. 56.

[109] Franko, *op. cit.*, p. 166 ; Dunning, *op. cit.*, p. 64.

[110] Franko, *op. cit.*, p. 169-172.

**Graphique 9. Stocks d'IDE américains en Europe et européens
aux États-Unis entre 1950 et 1977**

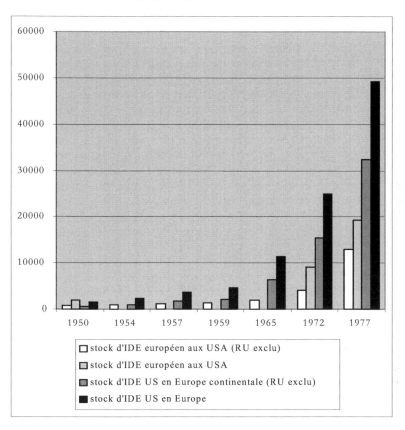

De ces éléments, on peut raisonnablement conclure qu'à la fin des années 1970, les *prime movers* européens disposent d'avantages spécifiques à la propriété pour développer des filiales dans le monde, y compris aux États-Unis. Toutefois, jusqu'au début des années 1970, les *prime movers* européens disposant de ces avantages sont bien moins nombreux que leurs concurrents américains, de même qu'ils sont présents dans moins de secteurs. À partir des années 1970, les multinationales européennes commencent à devenir plus actives que leurs concurrentes d'outre-Atlantique. Elles s'implantent plus rapidement aux États-Unis et disposent probablement, à la fin des années 1970, d'avantages spécifiques à la propriété comparables à ceux des *prime movers* américains dans de nombreux secteurs.

C. 1973-1978 : le chant du cygne de la stratégie des champions nationaux

Selon ces différents critères, les plus grandes firmes européennes ont effectivement commencé à réduire l'écart vis-à-vis de leurs concurrents américains au cours des années 1960-1970. Les échanges de produits manufacturés entre les États-Unis et l'Europe, la pénétration des filiales européennes aux États-Unis ou la comparaison des actifs et des ventes des plus grandes firmes sont autant d'éléments qui témoignent de la bonne performance des grandes firmes industrielles européennes. En plus de ce rattrapage, la croissance exceptionnelle que connaissent les pays de l'OCDE fournit des débouchés suffisants aux firmes européennes. Celles-ci peuvent alors opérer à un niveau de production proche de la taille minimale optimale et réduire ainsi de manière considérable leur traditionnel désavantage en taille face à leurs concurrents d'outre-Atlantique. Au début des années 1970, la restructuration européenne de l'industrie et le passage des politiques industrielles nationales à une politique industrielle supranationale européenne ne semble plus être une nécessité immédiate. La politique des champions nationaux semble encore soutenable.

Lorsque le choc pétrolier survient en 1973, la plupart des gouvernements européens ne l'interprètent pas comme le révélateur d'une crise structurelle mais pensent qu'il s'agit d'un ralentissement lié au cycle d'affaire[111]. En conséquence, pendant les premières années qui suivent la récession de 1973-1974, la plupart des gouvernements européens vont continuer d'appliquer des politiques économiques macroéconomiques expansionnistes. Dans ce contexte de ralentissement de la croissance européenne et de relance publique, le soutien aux champions nationaux est renforcé. Les gouvernements des grandes économies interviennent plus directement dans les fusions et les restructurations nationales. De nombreux secteurs sont mêmes nationalisés pour être restructurés sous le contrôle direct de l'État.

Au Royaume-Uni, British Aerospace, Rolls-Royce, British Leyland passent sous contrôle public à la fin des années 1970. En 1979, l'État britannique réalise à lui seul plus d'un cinquième de l'investissement industriel national[112]. En France, le gouvernement Chirac adopte une politique de relance des dépenses publiques et de soutien aux grandes entreprises françaises. Le gouvernement Barre va commencer à rompre

---

[111] Woolcock, S., « The International Politics of Trade and Production in the Steel Industry », in Pinder, J. (ed.), *National Industrial Strategies and the World Economy*, New Jersey, Rowman & Allanheld, 1982, p. 60.

[112] Riches, V., *L'économie britannique depuis 1945*, Paris, La Découverte, 1992, p. 60.

avec cette politique après 1978 et n'intervient plus pour sauver certaines grandes entreprises françaises de la faillite[113]. Cependant ce changement est de courte durée car la victoire de la gauche en 1981 signifie un retour à une politique de soutien étatique fort aux champions français en difficulté. Le gouvernement Mauroy nationalise St-Gobain, Thomson-Brandt, Rhône-Poulenc, Pechiney-Ugine-Kuhlman et la CGE. En Italie, les champions nationaux sont presque tous publics et l'État continue à les subventionner et même à en soutenir de nouveaux. Ainsi le holding public Finsider lance un programme de modernisation dans le secteur sidérurgique en 1979[114]. En RFA, la situation des *prime movers* est meilleure que celle de leurs concurrents européens dans la plupart des secteurs. L'intervention de l'État est moins visible mais la tendance est analogue. Dans le secteur de l'aviation, l'État prend des participations. Il continue à encourager des fusions sur une base strictement nationale. Alors qu'au cours des années 1960, on avait pu assister à l'émergence de *joint-ventures* ou de fusions germano-néerlandaises, elles se défont sous la pression du gouvernement allemand. En 1982, les *rationali-satierunggruppen* de l'acier organisés par le gouvernement poussent le producteur allemand Hoesch à quitter Estel, le groupe qu'elle contrôlait avec le néerlandais Hoogovens[115]. Dans l'aéronautique, la fusion fortement encouragée par l'État entre MBB et VFM force ce dernier à rompre son alliance avec le néerlandais Fokker[116].

Ce renforcement de la stratégie des champions nationaux est paradoxalement son chant du cygne car des transformations structurelles aussi bien micro-économiques que macro-économiques vont accroître formidablement les coûts des politiques industrielles strictement nationales ce qui en entraînera leur abandon progressif au cours des années 1980. Quelles sont ces transformations qui ont fait prendre conscience aux gouvernements européens de l'insoutenabilité de la stratégie des champions nationaux et de la nécessité de permettre l'émergence de champions européens ?

---

[113] Curzon-Price, V., *Industrial Policies in the European Community*, Londres, Mc Millan, 1981, p. 45.

[114] Woolcock, *op. cit.*, p. 70.

[115] Molle, W., *The Economics of the European Integration*, Aldershot, Ashgate, 2001, p. 258.

[116] Edwards, *op. cit.*, p. 112.

VII. 1978-1984 : La genèse de la perception de l'insoutenabilité de la stratégie des champions nationaux

Ces transformations trouvent leur origine dans la crise prolongée qui frappe les pays industrialisés après 1973. Le ralentissement économique à partir de 1974 rend plus acerbe la concurrence internationale entre les pays industrialisés. Cette période de croissance ralentie et de concurrence accrue modifie profondément les méthodes de production ce qui engendre de nouvelles économies d'échelle au niveau de la firme dans la plupart des secteurs. Cet accroissement de la taille minimale optimale dans de nombreux secteurs pénalise encore plus les firmes européennes qui subissent toujours la fragmentation de l'espace économique européen, renforcée par le regain du soutien aux champions nationaux de la fin des années 1970. En renforçant l'importance des politiques industrielles dans tous les pays industrialisés, la crise pose le problème de la concurrence entre les politiques industrielles nationales au sein de la Communauté européenne. Pour chacune des grandes économies européennes, l'option de poursuivre seul la défense de son champion national devient de plus en plus dérisoire face aux moyens gigantesques que les États américain et japonais déploient pour soutenir leurs *prime movers*. Finalement, la crise provoque une détérioration des finances des États industrialisés. Dans le contexte d'assainissement des finances publiques qui suit et des politiques de l'offre (*supply side policies*) hostiles aux entreprises contrôlées par l'État, les gouvernements procèdent à d'importantes privatisations au cours des années 1980-1990 et limitent considérablement leur soutien à de nombreux champions nationaux dont l'État était actionnaire majoritaire. Les sections qui suivent visent à analyser les facteurs qui expliquent l'abandon progressif de la stratégie de soutien aux champions nationaux, ce qui permet l'émergence de champions continentaux.

A. Les effets de la crise sur la taille minimale optimale et la stratégie des multinationales

1. L'accentuation de la concurrence internationale

La montée de la concurrence internationale et le ralentissement de la croissance à partir de la fin des années 1970 modifient durablement les stratégies de marketing, de distribution et d'organisation de la production. La concurrence étrangère et le ralentissement de la croissance réduisent les parts de marchés des champions nationaux de nombreux secteurs et les empêchent de bénéficier pleinement des économies d'échelle découlant de la production de longues séries standardisées. Les nouveaux entrants qui pénètrent généralement les marchés européens et américains au cours des années 1970 commencent par les produits de bas de gamme. Ces derniers ne nécessitent pas la meilleure technologie mais ils permettent d'exploiter à fond les réductions de coûts liés à des avantages spécifiques à la localisation et à la production de longues séries. Ce phénomène se produit aussi bien pour des biens de production que pour des biens de consommation. Ainsi les marchés européens et américains de l'acier sont progressivement pénétrés par les exportations de nouveaux pays industrialisés comme la Corée ou le Brésil qui disposent d'unités de production plus grandes et plus performantes qu'une partie de l'appareil de production des pays de l'OCDE[117]. Cette pénétration s'observe également dans le secteur de l'automobile avec les voitures japonaises. Dans l'électroménager, on peut citer le cas des télévisions importées d'Asie mais aussi de l'irruption des producteurs italiens de machines à laver et de réfrigérateurs sur l'ensemble du marché européen. Face à cette montée de la concurrence internationale, les producteurs nationaux vont se défendre de deux manières, combinées ou non selon les secteurs.

2. Le regain de protectionnisme et ses limites

La première réaction des producteurs en difficulté, la plus élémentaire, est de faire pression pour que le gouvernement national érige de nouvelles protections. Les tendances en matière de barrières commerciales sont ambiguës au début de la crise. Le mouvement de libéralisation multilatéral se poursuit avec le *Tokyo round* et continue de réduire les barrières tarifaires pour les produits industriels. Mais avec l'enlisement des économies occidentales dans le chômage et la stagnation de la production, le processus de libéralisation commerciale dans le cadre du GATT s'essouffle[118]. Les États ont recours à de nombreuses barrières non tarifaires. On parle de l'émergence d'un néo-protectionnisme[119]. Les rétorsions unilatérales prennent le pas sur la libéralisation multilatérale[120]. Dès 1968, le gouvernement américain impose des « *voluntary exports restraints* » aux pays dont les exportations d'acier vers les États-Unis croissent le plus vite[121]. Ces quotas qui ne disent pas leur nom,

---

[117] Carlsson, B., « Structure and Performance in the West European Steel Industry: A Historical Perspective », in De Jong, H.W. (ed.), *The Structure of European Industry*, La Haye, Martinus Nijhoff, 1981.

[118] Pantz, D., *Institutions et politiques commerciales internationales : du GATT à l'OMC*, Paris, Armand Colin, 1998, p. 17.

[119] Van der Wee, H., *Histoire économique mondiale : 1945-1990*, Paris, Academia Duculot, 1990, p. 334.

[120] Pantz, *op. cit.*, p. 17.

[121] Woolcock, *op. cit.*, p. 60.

règles du GATT obligent, s'étendent à d'autres secteurs au cours de la décennie suivante, notamment les textiles, les télévisions et l'automobile[122]. Les gouvernements européens vont également imposer à leur tour des quotas dans ces secteurs à l'encontre notamment des exportateurs asiatiques.

Ces mesures protectionnistes restent néanmoins sélectives et ne conduisent pas à l'effondrement du commerce international que l'économie mondiale a connu pendant les années 1930. La cause principale de cette non-répétition semble être d'ordre géopolitique. À la différence des années 1930 lorsque la première puissance économique mondiale a opté pour la voie de l'isolationnisme politique, les États-Unis vont garder leur leadership politique pendant la crise des années 1970-1980. Le gouvernement américain est conscient de la nécessité d'éviter à tout prix un retour au protectionnisme destructeur des années 1930. Une lutte économique acharnée entre les pays du « monde libre », c'est-à-dire entre les États-Unis, l'Europe et le Japon, aurait des conséquences catastrophiques pour la stabilité du capitalisme mondial dans un contexte où la domination des grandes puissances industrielles traditionnelles semble fragilisée par la montée de politiques nationalistes dans une série de pays du Tiers-monde et par un renforcement apparent de l'URSS et de ses alliés sur le plan économique et militaire après la défaite américaine du Vietnam. Face à ces menaces, les dirigeants politiques et économiques des pays de l'OCDE sont persuadés qu'il faut établir un front unique entre pays industrialisés[123]. Cette « union sacrée » entre pays industrialisés définit les limites du regain de protectionnisme de la fin des années 1970.

3. La réorganisation de la production : la spécialisation flexible

a. Les tentatives d'exploiter les possibilités du fordisme jusqu'au bout

Dans le contexte qui vient d'être décrit, le regain du protectionnisme est limité et ne peut donc pas écarter la concurrence internationale sur les marchés américains et européens. Les firmes américaines et européennes sont contraintes de réorganiser leur production pour améliorer leur compétitivité face aux nouveaux entrants, notamment est-asiatiques.

---

[122] Van der Wee, *ibidem*, p. 334.

[123] Gravereau, J., *Le Japon au XX{^e} siècle*, Paris, Seuil Histoire, 1993, p. 549 ; Westwood, J.N., *Endurance & Endeavour : Russian History 1812-1992*, Oxford, Oxford University Press, 1993, p. 489 ; Zinn H., *A People's History of the United States*, New York, Harper Perennial, 1995, p. 549.

La première étape de cette réorganisation ne remet pas en question la production de longues séries standardisées. Pour de nombreux dirigeants industriels occidentaux, il s'agit d'aller au bout des possibilités de mode d'organisation fordiste en réduisant les coûts de production. Il faut obtenir des baisses de salaire, réduire le personnel et accroître la charge de travail. Certaines entreprises optent pour le désinvestissement industriel[124].

Une autre possibilité est l'internationalisation du processus de production. Des *prime movers* choisissent de délocaliser certaines activités intensives en travail dans des pays à bas salaires et au système fiscal avantageux. Par exemple, Motorola crée une filiale à Hong-Kong pour l'assemblage de ses produits et pour la confection de certaines composantes[125]. Des firmes américaines, notamment dans les textiles, délocalisent certaines de leurs activités vers les *maquiladoras* mexicaines.

Mais ces possibilités de délocalisation sont encore très limitées du fait des conditions d'accueil de l'IDE dans les économies sous-développées. Au cours des années 1970, on assiste à un renforcement des règles relatives à l'IDE. Ces Nouvelles formes d'investissement (NFI) sont souvent moins intéressantes pour les multinationales occidentales. De plus, le climat politique est instable dans une série de pays d'Amérique latine, d'Afrique ou d'Asie et de nombreux gouvernements adoptent des politiques économiques aux accents hostiles à la domination des multinationales occidentales. C'est notamment le cas du président Echeverria au Mexique[126] et du FLN de Boumediene en Algérie qui est influencé par des économistes de l'École de la dépendance comme Gunder Frank et Cardoso[127]. Après cette période de nationalisme, arrive la crise de la dette et les effets dévastateurs des programmes d'ajustement structurel préconisés par le FMI et les gouvernements occidentaux pendant les années 1980. L'instabilité des fondamentaux macroéconomiques et les changements brutaux de politique économiques (hyperinflation, dévaluations massives répétées, contrôle des changes, blocages des importations, changements de politique fiscale) ne créent évidemment pas un climat propice aux IDE. De fait, les IDE de l'OCDE vers les pays sous-développés stagnent pendant les années 1970 et chutent même jusqu'à la

---

[124] Boyer, R. et Durand, J.-P., *L'après fordisme*, Paris, Syros, 1998, p. 38.

[125] Oman, C., *Globalisation and Regionalisation*, Paris, OCDE, 1994.

[126] Lustig, N., *Mexico, the Remaking of an Economy*, Washington DC, Brookling, 1992, p. 19 ; Maddison, A., *The Political Economy of Poverty, Equity and Growth: Brazil & Mexico*, World Bank, Oxford, Oxford University Press, 1981, p. 133.

[127] Stora, B., *Histoire de l'Algérie depuis l'indépendance*, Paris, La Découverte, 1995, p. 34.

fin des années 1980[128]. Il faut attendre les années 1990 pour assister à une véritable explosion des délocalisations de firmes de l'OCDE vers des pays de l'Asie de l'Est, de l'Europe de l'Est et de l'Amérique latine. Il existe toutefois une exception importante dans l'Asie orientale où les régimes autoritaires mais relativement stables de Taïwan, de Singapour et, dans une moindre mesure, de Corée du sud attirent un afflux important d'IDE d'entreprises nipponnes qui délocalisent une partie de leurs activités intensives en travail dans les années 1970[129].

b. Une accentuation de la différenciation des produits et de la proximité entre le marché et la production

Afin d'améliorer leur compétitivité, certaines firmes ne se contentent pas d'exploiter à fond le système fordiste de production standardisée à grande échelle mais modifient la logique de production fordiste. Ces firmes décident de jouer sur la différentiation des produits et l'amélioration de la qualité. Cette différentiation est souvent au départ une réaction de défense face à la pénétration des marchés traditionnels par des concurrents disposant d'avantages en coûts. Les firmes menacées peuvent créer des niches plus difficiles d'accès à des concurrents très compétitifs sur les prix mais disposant d'une moins bonne capacité d'innovation. Dans certains cas, la différentiation a été utilisée comme une stratégie offensive pour se faire une niche dans un marché dominé par des *prime movers* offrant des produits standardisés. Ainsi au cours des années 1970, les producteurs japonais et européens prennent des segments du marché américains en offrant des produits différenciés dans les secteurs de l'automobile, des appareils photos et de l'électroménager[130].

La différentiation entraîne un accroissement du nombre de modèles produits offerts. La pénétration des produits électroménagers italiens en France et en Allemagne au cours des années 1960-1970 encourage certaines firmes locales à se replier sur les produits haut de gamme. Mais progressivement à la fin des années 1970, les producteurs nationaux, disposant souvent d'une avance technologique sur leurs jeunes concurrents italiens, multiplient le nombre de leurs modèles. Ainsi pour les machines à laver, la moyenne du nombre de modèles que chaque firme lance simultanément sur le marché passe de 2,36 en 1976 à 5,58

---

[128] Defraigne, J.-C., *Structural Changes in Private Financial Flows between the OECD and the Emerging Economies of the Developing World: 1960-1996*, MSc final report, Department of Economic History, London School of Economics, 1997, p. 24.

[129] Hatch, W. et Yamamura, K., *Asia in Japan's Embrace*, Cambridge, Cambridge University Press, 1997, p. 20.

[130] Wells, L. T., *Conflict of Indifference: US Multinationals in a World of Regional Blocks*, Paris, OCDE, 1992, p. 19.

en 1987[131]. Les firmes italiennes qui ne produisent que des séries standardisées à grande échelle se retrouvent en perte. Même l'ancien leader du secteur Zanussi n'échappe pas à cette situation[132]. Cette multiplication du nombre de modèles est observable dans tous les marchés de biens de consommation (voitures, détergents, produits pharmaceutiques, boissons, tabac, produits alimentaires).

On constate dans presque tous les secteurs une volonté de raccourcir le temps de création d'un nouveau modèle. Dans le secteur de l'informatique. Stopford cite le cas de Siemens Nixdorf qui arrive pendant les années 1980 à réduire le temps de développement d'un nouveau modèle d'un an à sept semaines et reprendre ainsi des parts de marché à ses concurrents japonais[133]. Évidemment, cette diminution du temps de développement se traduit par une augmentation de dépenses de recherche et développement (R & D) de plus en plus importante. La fin des années 1970 marque une accélération de la croissance des dépenses de R & D en Allemagne et au Japon. Aux États-Unis, ce phénomène se produit au début des années 1980[134]. Finalement, les entreprises différencient également leur produit en améliorant sa qualité par une meilleure finition ou encore son image grâce à la publicité.

Cette nouvelle priorité accordée à la différenciation pendant les années 1970-1980 a plusieurs conséquences. Elle crée progressivement une meilleure sensibilité aux fluctuations de la demande, une réaction plus rapide aux changements des préférences des consommateurs. Certains auteurs comme Boyer et en général l'École de la Régulation perçoivent dans ce phénomène l'émergence d'un nouveau système de production qui remplace le fordisme. Boyer et Durand dénomment ce nouveau système « toyotisme »[135]. Piore et Sabel choisissent le terme de « spécialisation souple » (*flexible specialisation*)[136].

L'accentuation de la différenciation ne crée pas de nouvelles fonctions dans l'entreprise mais modifie leur agencement. La multiplication des modèles requiert un effort plus important en recherche et développement. Les départements de marketing et de publicité prennent plus d'ampleur, car le choix de la production haut de gamme ou différenciée

---

[131] Baden Fuller, p. 163.

[132] *Ibidem*, p. 165.

[133] Stopford, J. M., *Offensive and Defensive Responses by European Multinationals to a World of Trade Blocs*, Paris, OCDE, GD (92)78, 1992, p. 18.

[134] Albert, M., *Capitalisme contre capitalisme*, Paris, Seuil, 1996, p. 162.

[135] Boyer, R. et Durand, J.-P., *L'après fordisme*, Paris, Syros, 1998, p. 34.

[136] Piore, M. et Sabel, C. F., *Les chemins de la prospérité : de la production de masse à la spécialisation souple*, Paris, Hachette, 1989.

requiert plus de promotion publicitaire[137]. Les entreprises « post-fordistes » ou « toyotistes » essaient de réagir le plus rapidement possible aux modifications de la demande et organisent des systèmes de *feedback* pour adapter au plus vite la production[138].

Ces liens plus étroits entre l'organisation de la production et les fluctuations du marché ont tendance à nécessiter des unités de production géographiquement proches du marché qu'elles servent[139]. Jungnickel a calculé que le temps nécessaire à la confection et à la distribution d'un bien dont le processus de production intégré est dispersé entre l'Asie et les États-Unis est quatre fois plus long que le temps nécessaire pour produire un bien entièrement sur le territoire américain[140]. Cet écart de temps diminue les possibilités d'adaptation aux changements d'une demande qui est devenue plus erratique au cours des années 1980 du fait du ralentissement de la croissance. Les entreprises privilégient la proximité géographique au marché par rapport à la taille de l'unité de production. Elles donnent aussi la préférence à des usines plus flexibles et informatisées même si elles sont plus petites. Stopford relève une baisse de la taille minimale optimale de l'unité de production dans de nombreuses multinationales[141]. Cette réduction de la taille des unités de production est toutefois limitée par la volonté de poursuivre la standardisation au niveau des composantes du produit[142]. La flexibilité, la proximité géographique accrue de la firme par rapport au marché et le choix d'une plus petite taille de l'unité de production permettent de réduire le stockage de matières premières et de produits finis, limitant de cette manière les immobilisations inutiles de capitaux[143]. C'est le développement du *just-in-time* que les firmes japonaises sont les premières à adopter dans les années 1970[144].

---

[137] Carlton, D. W. et Perloff, J. M., *Économie Industrielle*, Bruxelles, De Boeck, 1998, p. 673.

[138] Boyer, 1998, *op. cit.*, p. 77.

[139] Oman, *op. cit.*, p. 91.

[140] Mucchielli, J.-L. et Buckley, P., *Multinational Firms and International Relocation*, Chetenham, Edward Elgar, 1996, p. 13.

[141] Stopford, *op. cit.*, p. 18.

[142] Boyer, *op. cit.*, p. 38.

[143] Boyer, 1998, *op. cit.*, p. 79.

[144] « Back on Top: A Survey of American Business », in *The Economist*, 16 septembre 1995, p. 5.

c. Vers une dispersion de filiales plus autonomes
au niveau continental

L'objectif de flexibilité face aux fluctuations de la demande pousse les firmes à construire des groupes d'unités de production dans plusieurs zones géographiques différentes. La quête du meilleur feed-back avec le marché encourage la dispersion géographique d'unités autonomes de R & D et de publicité. On voit donc se multiplier les filiales étrangères qui gagnent en taille et en autonomie par rapport à la maison-mère. Quelle est la taille du marché sur lequel ces filiales peuvent opérer de manière optimale, compte tenu des changements de techniques de production ? Ce marché doit être suffisamment grand pour qu'une filiale, qui supporte les importants coûts fixes liés à des départements autonomes locaux de R & D et de publicité, puisse bénéficier d'économies d'échelle et de gamme.

De nombreuses firmes organisent donc la dispersion de leurs filiales pour que chacune puisse opérer au niveau continental. Les firmes peuvent ainsi laisser chacune de leurs filiales régionales organiser la production au sein d'un espace économique relativement intégré et bénéficier de réductions de coûts liées à la dispersion du processus de production en fonction des avantages de localisation de chaque région du continent. Bien qu'il existe de nombreuses exceptions en fonction des conditions technologiques de certains secteurs, cette tendance à l'organisation continentale de filiales disposant d'un important degré d'autonomie est clairement mise en évidence par Oman[145].

Ainsi, l'évolution du comportement des producteurs automobiles détermine une dispersion de leurs filiales au niveau continental. Les filiales européennes de Ford et GM organisent leur production au niveau européen[146]. Plus d'un quart du coût de production d'une automobile sortant de l'usine de GM à Vauxhall provient de composantes importées de la filiale de GM en Allemagne[147]. Nissan construit sa filiale européenne en Angleterre pour toute une partie du marché européen. Volkswagen construit ou acquiert plusieurs unités de production en Europe mais chacune d'elles se spécialise dans deux ou trois produits dont elle assure la production et la distribution à destination de plusieurs pays européens. Les réseaux de sous-traitance des firmes automobiles opérant en Europe sont dispersés sur plusieurs pays mais plus de 90 % des sous-

---

[145] Oman, *op. cit.*, p. 18.

[146] Owen, *op. cit.*, p. 51.

[147] Stopford, *op. cit.*, p. 25.

traitants sont localisés sur le continent[148]. Le programme de la CNUCED sur l'étude des corporations transnationales mentionne également cette stratégie de régionalisation du processus de production à l'échelle continentale adoptée par les producteurs automobiles nippons et américains au sein de la CEE et de NAFTA[149].

Franko observe également à partir des années 1970 un début d'autonomisation des filiales de *prime movers* européens implantées aux États-Unis. Celles-ci disposent de leurs propres capacités de R & D pour pouvoir réagir aux fluctuations de la demande[150]. Au début des années 1980, la firme américaine Xerox accorde également plus d'autonomie à ses filiales étrangères en termes de R & D, et ce pour réagir plus vite aux fluctuations de la demande locale[151]. Hatch et Yamamura citent une étude de l'organisation japonaise du commerce extérieur indiquant clairement que de nombreuses multinationales nipponnes ont adopté une stratégie d'organisation de la production au niveau de l'Asie de l'Est[152].

d. En conclusion : une croissance de la taille minimale optimale et une « continentalisation » du processus de production

Le passage à la spécialisation flexible ne signifie donc pas que la taille minimale optimale de la firme soit réduite. Au contraire, si, dans certains cas, la taille des unités de production peut baisser, le volume des coûts fixes au niveau de la firme ne cesse de croître avec l'augmentation des dépenses en matière de R & D et de publicité. Scherer et Ross mentionnent les possibilités d'économies d'échelle dont peut bénéficier une firme qui dispose de plusieurs unités de production géographiquement dispersées si les coûts de transport ou la complexité de la gamme de produits le nécessitent[153]. Une étude réalisée à la fin des années 1970 par Mueller et Rogers sur 165 firmes montre que les secteurs produisant les biens les plus différenciés sont ceux dont la concentration croît le plus vite[154]. Cette tendance à la croissance de la taille minimale optimale de la firme est confirmée par une deuxième étude de Pratten faite en 1987 sur les économies d'échelle par secteur[155]. Si l'on compare les

---

[148] Cabus, Peter, *De geografie van de ondernemingstrategie : de toelevering aan de belgische auto-industrie als onderlegger*, Faculteit Wetenschappen, Departement Geografie-Geologie, Katholieke Universiteit Leuven, 1999, p. 310.

[149] CNUCED, *World Investment Reports*, Genève, ONU, 1993, p. 123.

[150] Franko, *op. cit.*, p. 184.

[151] CNUCED, *op. cit.*, p. 124.

[152] Hatch, *op. cit.*, p. 23.

[153] Scherer et Ross, *Industrial Market Structure and Economic Performance*, Boston, Houghton Mifflin Company, 1990, p. 123.

[154] Scherer et Ross, *op. cit.*, p. 138.

[155] Aujean, *op. cit.*, p. 142.

chiffres de 1968 avec ceux de 1987, on remarque notamment une forte élévation de la taille minimale optimale dans les secteurs de l'acier, des voitures[156] et du sucre[157]. Dans le cas de l'électroménager mentionné plus haut, le passage à une plus grande différenciation des produits au début des années 1980 augmente la taille des firmes. Le groupe suédois Electrolux achète Zanussi, Tappan, Thorn-EMI et contrôle 23 % du marché européen pendant que Philips acquiert Bauknecht, contrôlant dès lors 19 % du marché européen[158]. Cette tendance s'observe aussi pour les *prime movers* américains. Selon Cavanagh, leur taille n'a cessé de croître en termes d'actifs et de ventes. Ils ont réussi, au cours des années 1980, à segmenter le marché en produits différenciés et à éliminer le manque de flexibilité associé à la production standardisée à grande échelle[159].

On assiste donc à une modification du processus de production sous trois aspects. Premièrement, la taille minimale optimale de la firme continue de croître. Deuxièmement, la production industrielle devient plus intensive en R & D et en publicité. Troisièmement, les firmes « régionalisent » ou « continentalisent » leur processus de production en augmentant le degré d'autonomie de leurs filiales. Ces transformations handicapent considérablement les champions nationaux européens qui opèrent, dans la plupart des secteurs, bien en deçà de ces nouvelles tailles minimales optimales correspondant aux modèles productifs postfordistes. Les géants japonais et américains, qui disposent de soutiens étatiques considérables, possèdent un avantage considérable sur leurs concurrents européens qui, eux, ne disposent ni d'un vaste marché intérieur intégré, ni d'une politique industrielle européenne. Le rattrapage européen semble donc compromis si les gouvernements européens poursuivent leurs stratégies concurrentes de champions nationaux.

VIII. Le début d'un tournant

A. La limitation des politiques industrielles nationales en Europe

Le prolongement de la crise pendant les années 1970 met en évidence ces trois phénomènes – concurrence internationale acerbe, transformation de l'organisation de la production qui accroît la taille

---

[156] Aujean, *op. cit.*, p. 148 et De Jong, 1977, *op. cit.*, p. 51.

[157] Davies, S. et Lyons, B., *Industrial Organization in the European Union : Structure, Strategy and the Competitive Mechanism*, Oxford, Clarendon Press, 1996, p. 113; De Jong, 1977, *op. cit.*, p. 51.

[158] Baden Fuller, *op. cit.*, p. 165.

[159] *The Economist*, *op. cit.*, p. 5.

minimale optimale de la firme, détérioration des finances publiques – qui rendent de plus en plus difficile la poursuite de la politique industrielle des champions nationaux.

À la fin des années 1970, le caractère structurel de la crise économique est perçu par la plupart des gouvernements européens. Ceux-ci prennent conscience du fait que leurs ressources nationales sont insuffisantes pour faire face aux multinationales nipponnes et américaines. Les soutiens des États nationaux dont disposent ces dernières sont considérablement plus importants que ceux offerts par les États des grandes économies européennes. La multiplication des programmes nationaux de R & D concurrents en Europe semble insoutenable à long terme au regard du différentiel entre les montants consacrés à la recherche par les économies européennes individuellement et ceux engagés par les économies nipponne et américaine. Le même argument prévaut aussi pour les commandes civiles et militaires des États nationaux européens.

Avec l'abandon progressif des *policy mix* keynésiens et l'acceptation d'un niveau de chômage structurel important, les gouvernements nationaux européens peuvent envisager de réduire le soutien de l'État aux grandes entreprises nationales. Dès 1978, un changement est clairement perceptible en France. Le gouvernement Barre met des limites au soutien des grandes firmes en difficulté et n'intervient plus systématiquement dans la faillite de grandes entreprises telles que Terrin ou Boussac[160]. En 1979, l'arrivée du gouvernement conservateur de Margaret Thatcher marque un changement radical d'orientation dans la politique économique britannique. Les champions nationaux sont pour la plupart privatisés. Le gouvernement Thatcher abandonne rapidement le champion automobile britannique British Leyland contraint à la fermeture quelques mois plus tard. Plus généralement, la période entre 1978 et 1982 en Europe est caractérisée par la généralisation des politiques d'austérité budgétaire et des politiques monétaires restrictives.

Dans ce contexte paraissent de nombreuses études économiques qui critiquent la stratégie de champions nationaux en insistant sur son inefficacité sur le plan de la concurrence. Elles jugent trop élevés les degrés de concentration nationaux atteints suite aux politiques de fusion appliquées par les gouvernements européens depuis les années 1960[161]. Ainsi Pelkmans, en se basant sur les estimations de Scherer relatives aux économies d'échelle et à la concentration en Europe, affirme que les marchés nationaux de certains secteurs sont trop petits pour atteindre la

---

[160] Curzon Price, *op. cit.*, p. 45.
[161] Cox, *op. cit.*, p. 306.

taille minimale optimale tout en évitant une situation de monopole[162]. De Jong et Jacquemin mettent en exergue différentes estimations indiquant qu'en Europe, la taille minimale optimale dans de nombreux secteurs ne nécessite pas une concentration excessive au niveau européen[163]. Pour l'automobile, des estimations datant de 1968 montrent qu'atteindre le seuil de 5 % de la production européenne suffit pour atteindre la taille minimale optimale[164]. Pour les électroménagers, ce seuil se situe autour à 10,5 %, pour l'acier, autour de 4 % et pour les engrais chimiques, autour de 6,5 %[165]. Mais au niveau national, ces seuils peuvent s'avérer incompatibles avec une structure concurrentielle de marché. Ainsi dans les secteurs des boissons, du tabac, de l'acier et de l'électroménager, pour de grands marchés nationaux comme la France, le nombre de firmes pouvant opérer à la taille minimale optimale est inférieur à huit, ce qui constitue une situation d'oligopole[166]. Dans de petites économies comme la Suède ou la Belgique, le nombre de secteurs qui se trouveraient en oligopole serait encore plus élevé. Bien sûr, les producteurs domestiques peuvent exporter et ainsi accroître leur marché et donc le nombre naturel de producteurs nationaux. Néanmoins une analyse du commerce de la CEE laisse penser qu'au niveau national, le nombre naturel de producteurs doit rester faible. L'importance des exportations à destination de la Communauté européenne dans les économies européennes par rapport aux exportations destinées aux marchés mondiaux d'une part, et l'importance de la pénétration des importations mondiales sur les marchés européens d'autre part ont tous deux pour effet de garder le nombre naturel de producteurs domestiques assez bas. Une étude commandée par la Commission constate effectivement que la taille minimale optimale de la firme a continué d'augmenter au cours des années 1970-1980 dans tous les secteurs industriels mais qu'elle augmente plus vite que la production. En utilisant la même méthode que De Jong et Jacquemin, l'étude de la Commission constate que le pourcentage de la production européenne nécessaire pour atteindre la taille minimale optimale ne cesse de croître pour presque tous les secteurs. Pour l'automobile, ce pourcentage passe à 20 %, pour l'aluminium à 15 %, pour l'aéronautique à 20 %, pour la sidérurgie à 10 % et pour les différents produits chimiques entre 3,5 et 23 %. Seul l'électroménager reste constant avec 10 %[167]. Si l'on rapporte la taille minimale optimale

---

[162] Pelkmans, *op. cit.*, p. 62.
[163] De Jong, *op. cit.*, p. 52.
[164] *Ibidem*, p. 51.
[165] *Ibidem*.
[166] *Ibidem*, p. 53.
[167] Aujean, *op. cit.*, p. 148.

au marché d'une grande économie nationale comme celle du Royaume-Uni, il existe plus de dix secteurs industriels majeurs pour lequel la part de la production nationale nécessaire à la réduction du coût moyen est supérieure à 50 % : l'automobile, la construction aéronautique, les camions, les tracteurs, les ordinateurs centraux, l'électroménager (machines à laver et réfrigérateurs), les centraux téléphoniques, les turbogénérateurs, les moteurs électriques, la teinture, la fibre cellulosique et l'aluminium[168]. La politique des champions nationaux, qui fut appliquée jusqu'à la fin des années 1970 au nom de l'efficacité technique, a créé une structure de marché oligopolistique, voire monopolistique où les gains provenant des économies d'échelle risquaient d'être anéantis par une situation de monopole. Comme le soulignent Jacquemin et Geroski : « this policy [des champions nationaux] may have left Europe with a population of sleepy industrial giants which were ill-equipped to meet the challenge of the 1970s and 1980s »[169].

En dépit de ces critiques, force est de constater qu'en l'absence d'un fort soutien de l'État et d'un vaste marché domestique intégré comparable à ceux dont jouissent les *prime movers* nippons et américains, l'avenir des grandes firmes européennes semble compromis. À partir du moment où la politique industrielle nationale s'affaiblit et que les gouvernements sont prêts à accorder un plus grand rôle à la concurrence pour accroître la compétitivité des entreprises européennes, il est clair que les obstacles à la restructuration industrielle au niveau européen sont considérablement réduits. Au sein des élites politiques et économiques européennes, les partisans d'une politique industrielle active sont conscients qu'une telle politique ne peut être appliquée au seul niveau national et prônent alors la mise en place d'une stratégie supranationale de soutien aux champions européens, elle-même nécessitant le développement d'un marché européen. Ceux qui préfèrent une approche moins interventionniste, veulent laisser la concurrence intracommunautaire opérer une spécialisation industrielle au niveau de la CEE. Ces deux approches favorisent toutes deux la poursuite de l'intégration de l'espace économique de la CEE.

B. Vers l'abandon de la stratégie des champions nationaux et l'émergence possible d'une politique industrielle européenne

Ce tournant, qui s'opère entre la fin des années 1970 et le début des années 1980, marque une nouvelle accélération du processus d'intégra-

---

[168] Aujean, *op. cit.*, p. 148.
[169] Geroski, P. et Jacquemin, A., « Corporate Competitiveness in Europe », in *Economic Policy*, 1, p. 175.

tion européen. L'abandon progressif de la politique des champions nationaux pour créer un espace économique européen intégré signifie un transfert des compétences de l'État national relatives à la politique industrielle aux institutions supranationales européennes.

Sur le plan des subventions nationales, la Commission européenne commence à imposer un contrôle plus rigoureux du respect des articles 90, 92 et 93 du Traité de Rome relatifs aux aides publiques nationales. Le nombre annuel d'enquêtes de contrôle relatives aux aides publiques nationales est multiplié par six entre le début des années 1970 et le début des années 1980. Alors que la Commission avait seulement rendu 21 décisions négatives au cours des années 1970, elle en émet 13 pour la seule année 1982[170]. Tout au long des années 1980, la Commission établit progressivement une procédure rigoureuse pour faire appliquer ses décisions en matière d'aides publiques nationales, et ce malgré la résistance passive des États nationaux[171].

Sur le plan des barrières techniques au commerce, un pas significatif est franchi avec l'arrêt rendu le 20 février 1979 par la Cour de Justice des Communautés européenne sur l'affaire dite « Cassis de Dijon ». Ce dernier permet parfois de substituer la reconnaissance mutuelle des législations nationales à leur harmonisation, cette dernière étant rendue particulièrement difficile par la règle de l'unanimité au Conseil européen. Cet arrêt décrit les obstacles constitués par les règles techniques. La Cour impose le principe selon lequel un produit, dont la fabrication et la commercialisation respectent la législation nationale du producteur, doit être admis sur les autres marchés des États membres de la Communauté européenne dès l'instant où les exigences essentielles de sécurité ou de qualité sont satisfaites par cette législation[172]. À partir de cet arrêt, la Cour impose donc le principe de la reconnaissance mutuelle des normes nationales[173]. La Cour limite également le recours à l'argument de protection des consommateurs souvent détourné pour masquer des mesures protectionnistes. De plus, plusieurs décisions de la Cour précisent que les mesures nationales d'exception à la libre circulation des marchandises relatives à la sécurité et à l'ordre public telles qu'elles sont prévues par l'article 36 du Traité de Rome doivent « être proportionnelles à la nature du risque encouru »[174]. Entre 1981 et 1984, la Commission européenne défend un programme de perfectionnement

---

[170] Pelkmans, *op. cit.*, p. 263.

[171] Cherot, J.-Y., « La discipline des aides nationales dans la Communauté européenne », in *Revue d'Économie Industrielle*, n° 63, Paris, 1993, p. 227.

[172] Olivi, *op. cit.*, p. 329.

[173] Piggott, *op. cit.*, p. 189.

[174] Olivi, *op. cit.*, p. 330.

graduel du marché intérieur. En décembre 1984, le comité Dooge nommé par le Conseil conclut à la nécessité de constituer un « espace économique interne homogène »[175] et ouvre la voie en 1985 au Livre Blanc de la Commission sur le grand marché européen, qui verra finalement le jour en 1992.

En matière de politique commerciale, les règles européennes relatives à l'antidumping ou au contenu local de produits réalisés par des filiales de multinationales extracommunautaires installées dans l'Union européenne assurent une protection aux secteurs européens menacés par la concurrence étrangère[176].

Ces transferts marquent l'abandon de la stratégie des champions nationaux et la levée des obstacles qui empêchaient les champions européens de bénéficier pleinement d'un vaste marché domestique intégré et des économies d'échelle potentielles qui l'accompagnent. La construction du Marché unique européen de 1993 génère, entre 1986 et 2000 un mouvement de concentration industrielle encore jamais constaté sur le Vieux continent. De cette vague de fusions sans précédent naissent des champions supranationaux européens qui finissent par rattraper la taille de leurs concurrents américains dans la plupart des secteurs.

IX. Conclusion

L'analyse développée ci-dessus a mis en évidence la période charnière que constituent les années 1970 quant à l'élaboration des politiques industrielles au sein de la Communauté européenne. Pendant la première moitié du XXe siècle, les dirigeants économiques et politiques européens sont conscients de l'avantage de taille détenu par les *prime movers* américains sur les firmes européennes. Ces dernières ne peuvent bénéficier d'un vaste marché domestique intégré qui leur permettrait d'atteindre la taille minimale optimale dans de nombreux secteurs.

La formation du Marché commun avec le Traité de Rome ne résout pas immédiatement ce problème de fragmentation de l'espace économique européen. Pour faire face à la concurrence des *prime movers* américains (et ensuite japonais), la plupart des grands États membres de la CEE continuent de promouvoir une politique de champions nationaux. Cette stratégie implique le maintien des obstacles nationaux à une concurrence intracommunautaire susceptible d'engendrer une restructuration des capacités industrielles européennes par les mécanismes du marché. Cette politique semble soutenable au cours des années 1960 et

---

[175] Olivi, *op. cit.*, p. 340.

[176] Gual, *op. cit.*, p. 34.

au début des années 1970 d'une part du fait de la forte croissance des économies de l'OCDE et d'autre part parce que les entreprises européennes sont à cette période en train de combler une partie de leur retard vis-à-vis de leurs concurrents d'outre-Atlantique.

Les années 1970 constituent une période de transition au cours de laquelle le ralentissement de l'économie mondiale met en évidence des phénomènes structurels qui rendent de plus en plus problématiques la poursuite de la politique des champions nationaux. Trois phénomènes soulignent l'insoutenabilité pour les États membres de la CEE d'une politique industrielle strictement nationale : *primo* la concurrence accrue des *prime movers* nippons et américains ; *secundo* la transformation du processus de production en modèle productif post-fordiste qui accroît la taille minimale optimale dans la plupart des secteurs ; et *tertio* la détérioration des finances publiques.

Il faudra attendre plusieurs années après la crise de 1973 pour que celle-ci soit identifiée comme une crise structurelle et que les trois phénomènes précédemment décrits ne soient clairement perçus par les dirigeants économiques et politiques. Cette lente prise de conscience vient à maturation entre la fin des années 1970 et le début des années 1980. Dès lors, les principaux obstacles à la poursuite de l'intégration de l'espace économique européen qui résultent de l'application de la stratégie des champions nationaux, sont rapidement levés. Il en résulte pendant la première moitié des années 1980 un débat sur la nature et le développement d'une politique industrielle européenne qui donne lieu au transfert vers les institutions supranationales européennes des prérogatives en termes de politique industrielle jusqu'ici détenues par l'État national. L'émergence de champions européens et d'une politique industrielle supranationale européenne est alors possible.

« Nous ne vieillirons pas ensemble »

UNIDATA et la coopération industrielle franco-allemande au début des années 1970

Pascal GRISET

Professeur à l'Université Paris-Sorbonne, Paris IV
Directeur du Centre de recherche en histoire de l'innovation

L'histoire de l'informatique s'ouvre « officiellement » avec la construction en 1944-1945 des machines britanniques (Colossus[1]) et américaines (ENIAC[2]) destinées à résoudre, sur des domaines d'ailleurs différents, les problèmes générés par le conflit. Au cours des années 1950 ces deux pays sont leaders dans ce nouveau domaine qui ne touche cependant que des champs d'applications très circonscrits : recherche, météorologie, applications militaires, etc.

À l'aube des années 1960 le développement de l'informatique pour des applications plus larges et mieux intégrées à l'économie apparaît comme une hypothèse sérieuse.

La Grande-Bretagne n'a guère de doutes quant à sa suprématie européenne en la matière et reste confiante en ce qui concerne sa capacité à se maintenir au niveau technologique des États-Unis. Le succès des équipes de Bletchley Park et la qualité de ses chercheurs avaient en effet donné l'espoir à la Grande-Bretagne de rivaliser avec les États-Unis dans le domaine des calculateurs[3]. Cette ambition peut apparaître crédi-

---

[1] Sale, A.E., « The Colossus of Bletchley Park – The German Cipher System », in Rojas, R., Hashagen U., (eds.), *The First Computers: History and Architectures*, Cambridge (Mass.), MIT Press, 2000, p. 351-364.

[2] L'ENIAC est considéré comme le premier « ordinateur » de l'histoire ; voir : McCartney, S., *ENIAC, the Triumphs and Tragedies of the World's First Computer*, New York, Walker, 1999 ; Stern, Nancy B., *From ENIAC to UNIVAC: an Appraisal of the Eckert-Mauchly computers*, Bedford (Mass.), Digital Press, 1981. Un « musée » virtuel lui est consacré. ENIAC museum online: www.seas.upenn.edu/-museum/.

[3] Sur l'après-guerre voir notamment : Napper, R.B.E., « The Manchester Mark 1 Computers », in Rojas R., Hashagen U., (eds.), *The First Computers : History and*

ble même si les entreprises anglaises avaient eu au long des années 1950 quelque mal à rivaliser avec l'exubérance d'initiatives américaines[4].

En Allemagne, la qualité des universités et les bases offertes par une industrie électrique et électronique qui a retrouvé son dynamisme laissent augurer d'une capacité à prendre une place éminente dans un secteur qui ne dispose cependant pas d'un soutien militaire comparable à celui des autres pays concernés.

La France, qui sort douloureusement des conflits de la décolonisation, aborde de même ces temps nouveaux sans inquiétude excessive. Elle a jusqu'à présent su s'adapter aux évolutions de la mécanographie et elle dispose avec Bull d'une entreprise bien placée sur ce marché, qui semble capable d'évoluer vers des équipements nouveaux au rythme nécessaire pour la modernisation du pays.

Dans ces trois pays, l'État s'engagera dans un soutien significatif à cette industrie identifiée comme stratégique tant en terme d'activité économique que militaire. C'est cependant la France, dans le contexte d'une politique de défense marquée par le retrait de l'OTAN et la mise en place de la dissuasion nucléaire, qui s'engagera de la manière la plus visible dans le soutien à une industrie informatique « nationale ». Le Plan Calcul qui sera l'expression la plus aboutie de ce volontarisme deviendra même le pivot d'un projet plus ample destiné à poser les bases d'une industrie informatique européenne en mesure de rivaliser avec la puissante Amérique : UNIDATA.

Architectures, Cambridge (Mass.), MIT Press, 2000, p. 351-364 ; Campbell-Kelly, M., Williams, M.R., *The Early British Computer Conferences*, Cambridge (Mass.), MIT Press, 1989.

[4] L'évolution dans la longue durée de l'industrie britannique est très bien analysée dans l'ouvrage de Martin Campbell-Kelly consacré à ICL : Campbell-Kelly, M., *ICL : a Business and Technical History*, Oxford, Oxford University Press, 1989.

I. Une nouvelle donne industrielle

A. *L'industrie informatique française*

La Compagnie des Machines Bull[5] est la plus expérimentée et assoit son activité sur une longue expérience dans le domaine de la mécanographie. À partir de 1948, elle s'engage dans un programme de recherche destiné à utiliser des composants électroniques dans le traitement de l'information[6]. Dès 1949, un laboratoire se consacre spécialement à ce domaine, et deux ans plus tard, au SICOB 1951, Bull présente son premier calculateur électronique, le Gamma 3. Le succès dépasse toutes les prévisions, 1200 machines sont placées. En 1956, le « Gamma Extension Tambour » à programme enregistré sur support magnétique peut être considéré comme le premier ordinateur Bull. Le passage de la mécanographie à l'informatique s'avère pourtant plus délicat que ces premiers succès ne le laissent supposer. Au-delà des problèmes strictement techniques, il implique un changement radical des modes de pensée dans la conception des machines tout comme dans leur environnement. Il nécessite également un effort financier considérable, tant pour accroître la recherche que pour assumer le développement d'un parc, loué et non vendu à la clientèle. Pour avancer dans cette voie, Bull lance le programme « Grand ensemble électronique pour le traitement de l'information » dont sera issu le Gamma 60. Malgré de réelles qualités conceptuelles, cette machine se révèlera incapable de s'imposer réellement sur le marché[7]. En restant très solide sur des produits plus classi-

---

[5] Créée pour exploiter les brevets de l'ingénieur norvégien Frederik Bull, elle était en 1931 une société zurichoise dénommée « Egli-Bull ». L'année suivante elle devint française, s'installant à Paris et prenant le nom de Compagnie des Machines Bull. La famille Caillés, propriétaire des papeteries d'Aussedat, et proche des Michelin contrôlait l'essentiel du capital qui s'élevait à 3,6 millions de francs. La thèse de P.-E. Mounier-Kuhn soutenue en 1999 est une excellente référence pour connaître l'histoire de ce groupe. Elle reste à ce jour non publiée. On peut cependant consulter du même auteur : Mounier-Kuhn, P.-E., « Un exportateur dynamique mais vulnérable : la Compagnie des Machines Bull (1948-1964) », in *Histoire, Économie et Société*, 1995, n° 4 ; Mounier-Kuhn, P.-E., « L'industrie informatique française de 1945 aux années soixante », in Griset, P. (dir.), *Informatique, politique industrielle, Europe : entre Plan Calcul et Unidata*, Paris, Institut d'Histoire de l'Industrie-Éditions Rive Droite, 1998, p. 13-28.

[6] La Fédération des Équipes Bull, réalise un remarquable travail de mémoire et de conservation patrimoniale. Leur site offre une grande quantité d'information sur les équipements produits par Bull et plus généralement sur l'histoire de la compagnie. www.feb-patrimoine.com.

[7] L'entreprise, mais elle n'était pas la seule en ce cas, restait réticente face à un engagement total dans la nouvelle génération de matériel. En conséquence, sa politique

ques, l'entreprise est cependant en mesure d'afficher une santé financière satisfaisante au tournant des années 1950-1960[8]. Les milieux financiers saluent d'ailleurs cette réussite, le titre passant à la Bourse de Paris de 130 francs en 1958 à plus de 800 francs en 1961.

Des entreprises moins expérimentées et de taille plus réduite tentent parallèlement dès la fin des années 1940 l'aventure d'un marché radicalement nouveau. Tel est le cas de la Société d'électronique et d'automatisme (SEA), créée en 1948 à Paris. Très innovante, elle commercialise une gamme de matériels allant des calculateurs analogiques aux simulateurs de vol. Considérée comme l'une des entreprises les plus dynamiques du secteur elle installe en France, dès 1955, les premiers ordinateurs. Ses machines, dédiées dans un premier temps aux utilisations scientifiques, sont ensuite utilisées pour la gestion. En 1960, elle réalise avec le CAB 500 un précurseur des « mini-ordinateurs », doté d'un langage de programmation en français[9].

La montée en puissance du marché de la gestion entraîne au début des années 1960 une redéfinition des grands équilibres de ce secteur encore très fragile. Cette reconfiguration se fait dans le cadre d'une concurrence de plus en plus forte et se concrétise sous l'égide des grands groupes industriels des industries électriques et électroniques qui décident enfin de s'y engager. Schneider prend ainsi une participation dans la SEA. La CSF, leader français de l'électronique professionnelle, crée quant à elle en 1960 la Compagnie européenne d'automatisme électronique en partenariat avec une entreprise californienne Thompson-Ramo-Woolridge. Grâce à des contrats liés au programme nucléaire (civil et militaire), elle décuple rapidement ses activités[10]. Malgré ces financements et un potentiel scientifique reconnu, elle n'en inscrit pas moins son développement dans l'utilisation de technologies américaines

---

commerciale restait floue, le Gamma 60 côtoyant dans les catalogues les machines de la série 300 TI, système mécanographique tout à la fois trop complexe et dépassé.

[8] En 1957 elle employait 14 000 salariés pour un chiffre d'affaire de 11 milliards de francs. En 1960 le parc installé de 4000 machines était localisé pour un tiers à l'étranger et lui assurait des revenus confortables.

[9] La première a été livrée en février 1961. Plus d'une centaine d'exemplaires ont été commercialisés. Elle présente l'aspect d'un bureau de dimensions moyennes (2 m x 0,90 x 0,85) et est destinée à être utilisée par des personnes n'ayant reçu aucune formation spéciale. La grande capacité de son tambour magnétique, sa puissance de calcul, sa souplesse d'utilisation font de cette calculatrice arithmétique binaire a programme enregistré et fonctionnement séquentiel une machine très appréciée. Voir : www.feb-patrimoine.com/Histoire/systemes_ord/cab500.htm.

[10] Cette croissance est facilitée par les accords passés avec la CGE. Une holding, la Compagnie internationale des techniques électroniques de contrôle (CITEC), fut créée pour coiffer les intérêts des deux groupes dans ce type d'activité.

avec un nouveau partenaire, Scientific Data System. Les calculateurs commercialisés par l'entreprise française ne sont que de simples copies des matériels américains, dotés de transistors et circuits imprimés importés des États-Unis alors que la CSF disposait avec sa filiale la COSEM d'une source d'approvisionnement en composants. Cette volonté des grands groupes français d'occuper rapidement le terrain en s'appuyant sur une technologie importée se retrouve dans la démarche adoptée par la Compagnie des compteurs qui signe un accord de licence avec Packard-Bell Electronics et crée la Société européenne de traitement de l'information (SETI).

Le tissu industriel de l'informatique française était donc au début des années 1960 déséquilibré. Il se composait d'une part d'une entreprise expérimentée, Bull, connaissant des difficultés mais commercialement bien implantée et déployant une technologie issue de sa propre recherche[11], et, d'autre part, voyait s'avancer plusieurs entreprises de taille plus réduite expression des grands groupes pressés de prendre position sur un marché vraisemblablement porteur et utilisant, si l'on excepte SEA-Schneider, une technologie importée des États-Unis. Cette tendance souligne les réticences des grands groupes français à s'engager dans un domaine qu'ils ne comprennent pas. Elle reflète également l'ascendant pris par l'industrie américaine au tournant des années 1950-1960.

B. L'affirmation du leadership américain

La relative confiance des Européens ressentie à la fin des années 1950 reposait sur des données incomplètes ne prenant pas en compte la réalité de l'effort de recherche mené tout au long de cette décennie par les États-Unis. Recherche universitaire et entreprises dynamiques, soutenues par un complexe militaro-industriel puissant, creusent au cours de cette période un véritable fossé entre réalisations américaines et velléités européennes. Cet effort s'accentue de manière considérable sous l'effet, notamment, du défi de la conquête spatiale. Qu'il s'agisse de composants, avec l'invention du circuit intégré, ou de machines, avec la sortie de l'IBM 360, le cap est désormais fixé outre-Atlantique.

Le domaine des composants électroniques connaît en effet un tournant majeur avec l'invention du circuit intégré au sein des laboratoires de Texas Instrument et de Fairchild Semiconductor. Jack Kilby pour TI conçoit au cours de l'été 1958 le « Solidstate circuit ». Quelque temps

---

[11] L'accord technologique signé par Bull en 1950 avec Remington Rand fut sans lendemain. La fusion Remington Rand-Sperry en 1955, modifia brutalement l'équilibre des relations entre les deux parties prenantes et Bull, inquiet pour son indépendance, préféra rompre les pourparlers engagés avec Sperry-Rand en 1957.

plus tard, avec des principes permettant une intégration plus efficace des composants Robert Noyce pour Fairchild conçoit le « Unitary circuit »[12]. Ces avancées permettent enfin d'imaginer une utilisation réaliste[13] des semi-conducteurs dans l'industrie informatique et ouvrent la porte à la « transistorisation » des machines.

Annoncé en avril 1964, le système 360 d'IBM change radicalement la donne de l'industrie informatique. L'ambition de la firme américaine s'affiche désormais clairement avec une gamme de six machines prétendant couvrir la totalité des besoins de la clientèle. Une telle démarche constitue une première, « Big Blue » introduisant avec ces nouveaux modèles plus de cent cinquante produits, incluant des dispositifs à disque ou à bandes et la carte perforée 029. En affirmant qu'un programme écrit pour l'une des machines de la gamme fonctionnerait sur l'ensemble des autres machines de la gamme, IBM ouvre une époque nouvelle[14]. Ce succès récompense une stratégie audacieuse, fondée sur un programme de recherche global posant des bases nouvelles et durables[15]. L'entreprise américaine est désormais « la » référence, le « standard » vis-à-vis duquel les manufacturiers devront se positionner[16]. Ceux-ci n'ont certes pas renoncé, mais leur taille relative rend illusoire tout espoir de redresser la situation rapidement[17]. Friands de métaphores, les commentateurs

---

[12] Une bataille juridique opposera les deux sociétés pour la paternité du « circuit intégré ». Elle sera plutôt favorable à Fairchild puisque le Patent Office accordera à Noyce la paternité du circuit intégré. Il est en règle général admis que les deux hommes ont contribué chacun de leur côté à cette avancée majeure. Au-delà du caractère anecdotique pour l'histoire des techniques d'une telle polémique il convient de signaler qu'elle révèle l'incroyable fécondité du tissu industriel américain capable de générer de manière indépendante deux inventions faisant avancer de manière décisive le domaine des composants électroniques.

[13] Tout particulièrement en terme de fabrication avec l'utilisation du procédé Planar. Dès 1971 les 600 000 circuits intégrés fabriqués aux États-Unis mettaient en œuvre plus de 40 millions de transistors.

[14] En l'espace de cinq mois, elle reçoit un nombre de commandes équivalant à plus de 20 % de l'ensemble des ordinateurs déjà installés par ses soins sur l'ensemble des États-Unis au cours des années précédentes. Voir : Pugh. E., Johnson, L.R, Palmer, J.H., *IBM's 360 and Early 370 Systems*, Cambridge (Mass.), MIT Press, 1991.

[15] Cette démarche, peu habituelle pour IBM, avait été mise en œuvre depuis 1961 par le comité SPREAD. Elle démontrait l'importance d'une recherche ambitieuse mais bien intégrée à une politique commerciale réaliste. Voir : Evans, O., « SPREAD Report : the Origin of the IBM System/ 360 Project », in *Annals of the History of Computing*, 5, 1983, p. 4-44.

[16] Il devint rapidement inutile de préciser compatible « IBM », tant l'implicite de cette compatibilité désignait sans qu'il soit utile de la nommer, l'entreprise référence.

[17] Au début des années 1970 « Big Blue » cumule à elle seule l'ensemble des ventes de la totalité de ses concurrents américains.

américains les compareront désormais aux « sept nains »[18], IBM étant la Blanche Neige d'un univers qui reste malgré tout âprement compétitif.

L'internationalisation croissante d'IBM et la volonté de ses adversaires de trouver des alliés pour équilibrer le poids du géant provoquent rapidement des conséquences importantes pour l'Europe remettant en cause des équilibres au demeurant précaires. Alors que les Européens pouvaient avoir le sentiment qu'ils disposaient de tout leur temps pour s'adapter et investir dans un domaine qui à leurs yeux était nouveau, le calendrier, dicté par les entreprises nord-américaines, s'accélérera soudainement.

L'affaiblissement de Bull constitue pour la France l'élément le plus visible de cette onde de choc. Au début des années 1960, la situation de l'entreprise se dégrade ainsi rapidement[19]. En 1962, sa dette à long terme atteint 363 millions, le Gamma 30, ordinateur à bandes et disques magnétiques ne pouvant être fabriqué qu'en ayant recours à une licence RCA[20]. Cet appui sur un partenaire américain apparaîtra au fil du temps comme la seule solution permettant à l'entreprise de s'extirper d'une situation de plus en plus difficile. Il se confirmera avec l'ouverture de négociations pour un partenariat plus global avec General Electric. Celles-ci seront menées dans un contexte compliqué où l'attitude réelle des autorités françaises et des actionnaires de Bull reste encore assez mal cernée. De multiples hypothèses seront envisagées sans qu'aucune décision ferme ne puisse être prise. L'évaluation contrastée des différents ministères impliqués et l'attitude fluctuante du ministère des Finances contribueront à faire de l'option américaine une solution dont personne ne semblait vouloir et qui pourtant paraît s'imposer avec la signature d'un accord avec GE. Ce qui est de fait le passage d'une entreprise française sous contrôle américain est alors particulièrement mal accueilli par le gouvernement. Dans le contexte politique de l'époque, celui-ci oppose son veto à la signature effective du contrat mais, incapable de proposer à Bull une alternative, il doit pourtant reculer : ce qui est devenu « l'Affaire Bull »[21] trouve un premier épilogue avec la confirmation de l'accord entre l'entreprise française et le groupe américain. Une filiale commerciale commune dénommée Bull-General Electric est

---

[18] Burroughs, Control Data Corporation, General Electric, Honeywell, RCA, Scientific Data Systems et UNIVAC.

[19] Les 227 millions de NF d'investissements réalisés dans la seconde moitié des années 1950 n'ont pas été suffisamment productifs (plus de 100 millions correspondaient aux machines en location).

[20] Kuhn, P.-E., « Un exportateur dynamique mais vulnérable : la Compagnie des Machines Bull (1948-1964) », in *Histoire, Économie et Société*, 1995, n° 4.

[21] Vieillard, G., *L'affaire Bull*, Paris, Chaix, 1968.

créée. Ce premier traumatisme est aggravé quelque temps plus tard par le refus des États-Unis d'autoriser la vente à la France d'ordinateurs jugés alors indispensables pour la réalisation de son programme nucléaire[22]. Ces événements, dont l'impact respectif mériterait d'être réévalué, donne paradoxalement à l'informatique ses galons d'industrie « stratégique », ouvrant une période nouvelle pour un secteur jusqu'alors peu concerné par l'interventionnisme gouvernemental.

C. La création de la délégation à l'Informatique et l'avènement de la CII

C'est au cours de l'été 1966 que les modalités d'une intervention forte de l'État sont dessinées. Elles s'inscrivent dans une réflexion plus large, dominée par le rapport Saint-Geours, mais, par leur vigueur, démontrent que l'informatique est devenue un dossier essentiel. Les analyses convergent. Résultantes d'une réflexion menée depuis plusieurs mois, les notes et rapports s'accordent en effet pour constater : la place prépondérante des États-Unis, la médiocrité de l'assise industrielle française et prévoir que l'industrie des calculateurs passera d'une activité de pointe à une industrie de masse dans des délais relativement courts. Les grandes lignes de ce qui est dores et déjà baptisé Plan Calcul sont arrêtées : rapprochement entre la CAE (filiale de la CSF et de la CGE) et de la SEA (filiale du groupe Schneider) ; programme de construction de plusieurs machines (P0, P1 et P2, P3) ; construction d'un très gros calculateur ainsi que de périphériques et de composants. D'un point de vue administratif, une Délégation à l'électronique est envisagée qui aura la tutelle sur un organisme de recherche également à créer[23].

Le projet, porté notamment par le commissaire au Plan, François-Xavier Ortoli, devait s'appuyer sur le potentiel industriel existant en l'organisant dans le cadre d'une politique nationale cohérente. Il est présenté publiquement sous le nom de « Plan Calcul », le rapport Ortoli étant adopté en conseil des ministres en juillet 1966. La délégation à l'Informatique, cheville ouvrière de ce plan est officiellement créée par

---

[22] L'importance réelle de l'embargo américain est notamment à préciser. Si le Pentagone bloqua effectivement la vente d'un Control Data 6600 à la direction des Applications militaires du Commissariat à l'énergie atomique, ce type d'équipement fut en revanche acheté par d'autres établissements français, quelques temps plus tard, sans problème majeur.

[23] Une longue note, non signée, rédigée en juillet 1966 sur : « L'industrie des calculateurs électroniques » fait le bilan des différents rapports et discussions déjà passés. Elle est déposée aux archives de l'Institut national de recherche en informatique et automatique. 82/02012, 19 pages.

décret du 8 octobre 1966[24]. Elle est directement rattachée au Premier ministre et doit fédérer l'industrie française autour d'une nouvelle entreprise, largement soutenue par des financements publics. Robert Galley, Compagnon de la Libération, qui vient de s'illustrer en construisant l'usine de Pierrelatte, prend la tête de la délégation (il est nommé également le 8 octobre 1966). Ses missions sont les suivantes :

– il propose des orientations au gouvernement et suit l'exécution des décisions ;

– il élabore le Plan Calcul et est responsable de sa mise en œuvre ;

– il assure la liaison entre tous les ministères et le secteur privé ;

– il est le conseiller du gouvernement pour les négociations internationales ; il coordonne les achats d'équipements faits par les administrations ;

– il est le président de l'Institut de recherche d'informatique et d'automatique.

La nouvelle entreprise prendra le nom de Compagnie internationale pour l'informatique (CII). Elle est fondée en décembre 1966. Son capital de 1 million de francs est détenu à 56,4 % par la CITEC (holding informatique CGE-CSF pour l'informatique) et à 33,3 % par Schneider (actionnaire majoritaire de SEA), les 10,3 % restant étant détenus par le groupe Rivaud. L'État, artisan des épousailles, dote généreusement les mariés. En avril 1967, une convention quinquennale est signée. Elle prévoit une avance de 440 millions sur fonds publics auxquels doivent s'ajouter 125 millions de prêts garantis. De leur côté, les industriels ne s'engagent qu'à une augmentation de capital devant porter progressivement celui-ci à 66 millions. Le déséquilibre est donc d'emblée évident entre l'engagement financier de l'État et l'implication très modeste des investisseurs privés. La convention fixe également des objectifs à la CII. Elle s'engage à développer une gamme d'ordinateurs totalement indépendante de la technologie américaine, quatre niveaux, dénommés P0, P1, P2, P3 étant prévus. Est-ce un symbole ? La jeune entreprise s'installe dans les anciens locaux du Grand Quartier Général de l'OTAN pour l'Europe.

---

[24] *Journal Officiel, décrets, arrêtés et circulaires* du 11 octobre 1966, décret 66/756 du 8 octobre 1966, page 893.

D. Des objectifs irréalistes, pour des résultats forcément décevants

Le défi que doit relever la CII est d'autant plus impressionnant qu'il intègre deux éléments contradictoires. Premièrement élaborer des matériels en rupture avec la technologie américaine, et donc anticiper sur les évolutions futures, en quelque sorte « sauter » une génération de matériel pour prendre de l'avance. Simultanément occuper le terrain pour éviter qu'IBM, faute de concurrent, n'établisse une position commerciale inexpugnable. Le marché informatique est en effet bien différent de celui du téléphone par exemple. Alors que dans le contexte du monopole sur les télécommunications, l'administration peut, pendant quelques années, « bloquer » le marché en attendant que l'élaboration d'une offre technologique nationale soit prête, le marché informatique est lui concurrentiel. Le principal défi à relever pour la CII est cependant plus interne qu'externe. Composée d'éléments d'origines différentes aux cultures d'entreprises contrastées, il lui faudra trouver rapidement le chemin de la cohérence et tirer de chacun ce qu'il a de meilleur[25]. Les arrière-pensées des actionnaires ne favorisent pourtant guère la convergence des énergies. Ils limitent au strict minimum leur engagement financier et se méfient des initiatives de leurs partenaires. Reçus par Michel Debré le 29 mars 1967, « ils se montrent réticents [...] abandonnent à Jacques Maillet et à l'État la responsabilité de diriger la CII en apportant aussi lentement que possible les fonds qu'ils doivent fournir comme actionnaires-fondateurs »[26]. Les tensions sont particulièrement fortes entre la CGE et Thomson.

La fusion entre Thomson électronique et la CSF puis le « Yalta » de l'électronique qui répartit entre la CGE et Thomson-CSF les grands domaines de l'électricité et de l'électronique clarifient cependant quelque peu la situation. L'accord est annoncé le 5 juin 1969[27]. Tout en consolidant ses secteurs de prédilection (militaire, électronique professionnelle, produits grand public), Thomson entend investir le domaine informatique pour en faire, à terme, un véritable relais de croissance. Le

---

[25] André Danzin, alors chez CSF, était très circonspect quant à la faisabilité de ce rapprochement des équipes. « Il redoute la confusion hâtive des actifs du domaine de calcul électronique en provenance des groupes Schneider, CGE et CSF. Il considère que le passé de la SEA ou de CEA, pour parler des principales filiales les rend non miscibles pour des raisons humaines et techniques ». Danzin, A., « CSF et l'informatique, le passé enseigne l'avenir », in Griset, P. (dir.), *op. cit.*, p. 43-56, p. 46.

[26] Danzin, A., « CSF et l'informatique, le passé enseigne l'avenir », in Griset, P. (dir.), *op. cit.*, p. 43-56, p. 47.

[27] Pour l'histoire des relations entre l'État et la Compagnie générale d'électricité, voir la thèse d'Yves Bouvier soutenue en Sorbonne en décembre 2005.

groupe compte sans doute sur les atouts technologiques dont il dispose pour gérer des activités profitables dans un secteur qui sera, personne n'en doute, un domaine-clé de l'économie contemporaine. La CGE concentre quant à elle ses efforts sur les télécommunications et tout particulièrement sur la téléphonie publique. Pour les deux signataires, la frontière bien que clairement fixée n'en est pas pour autant parfaitement rectiligne. En ce qui concerne l'informatique, le partage s'avère particulièrement ambigu. La CGE gardera en effet une place significative dans ce secteur tout en reconnaissant le « leadership » de Thomson. Cette disposition, liée au déploiement du Plan Calcul, a pour principal objet de soutenir Thomson qui ne dispose pas seul des moyens financiers nécessaires pour développer dans la durée cette activité avide de capitaux et sur laquelle la CGE souhaite conserver un œil attentif, notamment pour protéger ses positions dans le téléphone[28]. La Fininfor qui gère les participations des deux groupes dans CII est à majorité Thomson-CSF avec pour Président André Danzin.

La CGE sera donc un *sleeping partner* ne dormant que d'un œil mais qui ne s'investira guère dans le secteur, considérant toute initiative de manière plutôt méfiante. Elle sera par ailleurs dubitative quant à la logique fondamentale du processus notamment au regard de ses critères de gestion financière. Georges Pébereau qualifiera plus tard le Plan Calcul de « nationalisation de l'informatique française, l'enfermant dans un véritable carcan avec, face à l'État, des industriels divisés aux intérêts divergents ». Il expliquera l'engagement de la CGE par des considérations strictement tactiques :

> Ambroise Roux avait pensé qu'il y avait là une opportunité permettant de se débarrasser d'activités durablement déficitaires […] il perçut immédiatement les possibilités qu'offrait l'inquiétude de l'État quant à l'avenir d'un secteur identifié comme stratégique. Ainsi, alors que les activités du groupe dans le domaine étaient mal engagées, il a su rebondir en s'appuyant sur les financements publics. Cet engagement me paraissait quelque peu opportuniste, sans véritable enracinement dans la culture du groupe, sans perspective internationale réelle de par sa conception même […]. En ce qui concerne la CII, mes prévisions les plus pessimistes se trouvèrent dépassées : l'affaire perdit beaucoup d'argent […] son handicap fondamental était

---

[28]   La notion de « convergence » entre informatique et télécommunications est déjà présente dans l'esprit des dirigeants de ces secteurs. Elle reste cependant une potentialité industriellement lointaine pour la plupart des acteurs. En raison de son avance dans le domaine de la commutation électronique la CGE, qui bénéficie des recherches menées au CNET, est particulièrement consciente de l'importance que prendront rapidement les logiciels dans l'industrie du téléphone. De même, elle est vigilante sur les « périphériques » et perçoit déjà que les terminaux du monde des télécommunications et du monde de l'informatique auront tendance à converger.

la nature publique de son financement et le caractère administratif de sa gestion, mais non les hommes, pour certains de grande valeur, qui la composaient. La compétence technique des uns et des autres n'était donc nullement en cause, mais il était tout simplement impossible qu'une administration puisse fabriquer et vendre des ordinateurs. C'était un contresens d'autant plus absurde que le marché ne pouvait être que mondial.

Les résultats du Plan Calcul ont donné lieu à d'âpres échanges entre ceux qui directement ou indirectement y furent impliqués. Entre perspectives à long terme et contingences plus immédiates la place du curseur amène à des évaluations assez peu compatibles. Maurice Allègre, successeur de Robert Galley à la tête de la Délégation, soulignera les aspects positifs, estimant qu'en 1971-1972 : « [...] la CII était sur la bonne voie ; les premières machines sorties se révélaient être au niveau international... »[29]. La conviction, très profondément enracinée, des hommes de la CCI et de la délégation à l'Informatique ne put cependant totalement atténuer certaines inquiétudes motivées notamment par les données financières du projet. Malgré d'indéniables réussites, celles-ci ne pouvaient être négligées.

II. L'échelle européenne

A. Le second Plan Calcul

En 1970, la CII est ainsi parvenue à un niveau de développement que l'on peut juger encourageant, mais qui reste très en deçà des espoirs, sans doute excessifs, qui avaient été placés en elle. Avec 27 % des effectifs du secteur, la compagnie française ne s'attribue que 11 % du marché national contre plus de 60 % à IBM qui voit sa position de leader largement confirmée. Si l'on se réfère au marché européen la situation est encore plus inquiétante[30] :

Tableau 1. Parts du marché européen

IBM	57 %
Honeywell	11 %
ICL	9 %
UNIVAC	8 %
Siemens	3,5 %
CII	1,5 %

---

[29] Témoignage de Maurice Allègre, ancien délégué général à l'Informatique, in Griset, P. (dir.), *op. cit.*, p. 108.

[30] Les parts sont exprimées à partir des données en valeur.

Alors que l'engagement de l'État s'élève à 622 millions de francs, il est sans aucun doute légitime que la puissance publique s'interroge sur la pertinence d'une reconduction du Plan.

L'expression de ces doutes est confortée par une évolution progressive du contexte idéologique qui n'est plus celui qui dominait la classe politique française dix ans plus tôt. Des voix, plus ou moins inspirées par une vision plus « libérale », s'élèvent pour que l'État s'engage de manière moins prononcée dans l'économie du pays. L'époque des « grands projets » semble révolue alors que l'Europe économique se construit et que, plus globalement, l'internationalisation semble rendre toute solution hexagonale moins pertinente[31]. Le relatif échec de la CII et les tendances fortes qui orientèrent l'économie européenne vers un modèle plus internationalisé rendent donc toute reconduction à l'identique du Plan Calcul impossible. Les partisans d'une action forte de l'État dans ce domaine, à commencer par Maurice Allègre, le délégué à l'Informatique, sont eux-mêmes convaincus qu'un schéma nouveau doit être imaginé. Ce dernier s'est efforcé, depuis qu'il a succédé à Robert Galley, de faire passer le Plan Calcul de l'époque de l'affirmation politique au temps de l'exigence opérationnelle. Conscient que les résultats restent insuffisants, il ressent sans doute une certaine forme d'injustice devant l'impatience des politiques alors que les objectifs qui lui sont assignés semblent terriblement élevés. Il n'en est pas moins convaincu qu'une logique de soutien public élargie à l'échelle européenne est capable d'assurer l'avenir d'une industrie informatique européenne pouvant à terme rivaliser sur le plan international.

La seconde phase du Plan Calcul s'inscrit donc dans cette nouvelle logique. La convention, signée en juillet 1971, pour la période 1971-1974 prévoit ainsi expressément que la CII devra s'intégrer dès 1973 dans une alliance européenne : « La nature internationale du marché de l'informatique et l'immensité des moyens à mettre en œuvre pour prendre une part significative de ce marché exige que la CII obtienne dès que possible et en tous cas avant 1973, des conclusions significatives en matière de coopération internationale »[32]. L'une des retombées principales d'une telle stratégie devra résider selon ses concepteurs dans des gains considérables en termes de rentabilité et une diversification de la gamme plus rentable.

---

[31] Voir sur ce point et les débats qui s'y rattachent : Griset, P., « Entre pragmatisme et ambition : la politique industrielle de Georges Pompidou face au contexte des années 1970 », in Bussière, É. (dir.), *Georges Pompidou face à la mutation économique de l'Occident, 1969-1974*, Colloque des 15 et 16 novembre 2001 au Conseil économique et social, Paris, PUF, 2003.

[32] Deuxième Convention Plan Calcul, août 1971, article 3.6.

Cet objectif devra cependant être atteint « sans faire perdre à CII son caractère national [...]. La CII devra, en tout état de cause, rester maîtresse de la conception, la production et la commercialisation d'un ensemble de produits suffisamment représentatifs de la totalité de la gamme pour que notre pays soit doté d'une véritable entreprise nationale d'informatique »[33].

L'entreprise mènera une intense campagne « diplomatique » pour rechercher le « bon allié ». Le principe en est fondamentalement européen, sans exclure des partenariats provenant d'autres continents. « Les négociations », précise ainsi la Convention, « doivent être menées en priorité avec des sociétés européennes ; dans la mesure où des sociétés non européennes désireraient devenir partenaires de la nouvelle organisation, leur rôle devrait être minoritaire au sein de cette dernière ».

B. Quelle alliance ?

Toutes les hypothèses seront envisagées au cours du premier semestre de 1971. Deux cependant sont privilégiées : l'alliance britannique et l'alliance allemande. Toutes deux sont favorisées par le fait que ces pays disposent d'atouts industriels remarquables mais elles sont également mises en avant par un contexte particulier. En ce qui concerne la Grande-Bretagne, la volonté de celle-ci d'adhérer au Marché commun ouvre des perspectives nouvelles relevées par la CII : « les tentatives de construction d'une industrie européenne de l'informatique, notamment dans le cadre de Bruxelles, avaient été considérablement freinées par l'absence politique de la Grande-Bretagne »[34]. Ce handicap est en passe de disparaître.

En ce qui concerne l'Allemagne, il y a également une opportunité liée aux déboires américains de Siemens. L'entreprise allemande, jusqu'alors peu sensible à l'idée d'une indépendance technique de l'Europe en matière d'informatique, se retrouve « lâchée » par son alliée RCA.

Un partenariat sera dans un premier temps envisagé avec ICL. L'entreprise britannique est puissamment soutenue par son gouvernement, les administrations et les firmes nationalisées achetant systématiquement ses matériels. Elle est forte en Grande-Bretagne et dans le Commonwealth, mais occupe également une bonne position au sein des pays de l'AELE. Son développement ne lui a pas cependant permis d'asseoir réellement son assise financière qui s'avère fragile. Les options prises par ICL semblent par ailleurs l'avoir doté d'un « particularisme » technique qui rend toute coopération *a priori* plus délicate. Les

---

[33] Deuxième Convention Plan Calcul, août 1971, article 3.6.
[34] Note CII faisant l'historique des négociations menées en 1971, 17 novembre 1971.

discussions n'en seront pas moins menées jusqu'à définir le principe d'une gamme croisée sur quatre niveaux. Les niveaux S1 et S3 seraient assurés par CII, les niveaux S2 et S4 par ICL[35]. Les termes de l'accord proposés par les Anglais laissèrent cependant assez vite apparaître leur farouche volonté de conserver un leadership technique. Cette prétention fut considérée comme inacceptable pour les Français. À l'automne 1971, les espoirs de trouver un accord outre-manche étaient devenus presque nuls. Les dirigeants de la CII insistaient d'ailleurs sur la prudence qu'il convenait d'adopter dans tout processus de rapprochement : « ... la CII dans le cadre de la récente Convention a son avenir assuré au cours des prochaines années et rien ne serait pire qu'un montage international hâtif qui risquerait de venir brutalement perturber les mécanismes encore fragiles d'une jeune entreprise ». Ce souci de ne pas précipiter les choses se double d'un certain désenchantement européen : « ... on ne peut être que frappé par la relative facilité avec laquelle la CII peut nouer des accords avec des firmes américaines qui contraste avec l'extraordinaire difficulté que semble receler tout rapprochement européen »[36].

Alors même que le Plan Calcul avait été construit comme une arme devant relever le défi américain, et que son deuxième volet le présentait comme l'axe fondateur d'une politique européenne de l'informatique, la perspective de partenariats transatlantiques ne pouvaient être réellement envisagée en cet automne 1971. Les états d'âme de la CII quant aux difficultés de la coopération européenne ne pouvaient ainsi être pris en compte. Faute d'Anglais l'hypothèse Siemens fut dès lors considérée comme correspondant le mieux aux objectifs du Plan Calcul. L'entreprise était européenne, elle était massivement soutenue par son gouvernement, sa solidité financière, adossée à un grand groupe électrique et électronique ne pouvait susciter aucune inquiétude.

Les aspects négatifs n'étaient pourtant pas à négliger et la CII en était bien consciente les listant de manière précise alors même que les négociations étaient déjà engagées. La longue dépendance de Siemens à l'égard de la technologie américaine est évoquée mais ce sont des raisons plus fondamentales peut-être qui sont soulignées : « Du point de vue de la CII, [...] la puissance financière du groupe lui ferait courir à terme un réel danger d'absorption [...] enfin, l'activité polyvalente du groupe Siemens ne manquera pas de soulever des problèmes particuliè-

---

[35] Les performances envisagées allaient de l'équivalent d'un demi Iris 50 (S1) à quinze fois l'Iris 50 (S4).

[36] Note CII faisant l'historique des négociations menées en 1971, 17 novembre 1971, page 8.

rement à l'égard de la CGE »[37]. Il est remarquable de souligner que dès novembre 1971, toutes les données qui seront à la base de l'échec d'UNIDATA étaient donc parfaitement connues et identifiées. Elles ne pouvaient en aucun cas évoluer dans un avenir raisonnablement proche et constituaient d'évidence de graves hypothèques pesant non pas sur la configuration technique ou financière du projet mais bien sur sa pertinence stratégique...

Les négociations ne s'en poursuivront pas moins et aboutiront à la signature d'un accord de partenariat Siemens-CII le 28 janvier 1972. Il est ample et intègre les domaines techniques et commerciaux. Dans son préambule, il précise :

> ... Cooperation between CII and Siemens will have to bring advantages as near as possible as advantages that could result from a merging while keeping independent legal and social status of the two partners. Each party will maintain its own coherent technical, industrial and commercial capacity in hardware and software fields, and adequate joint decisions will be taken, to offer to both companies equal chance of growth and development[38].

C. Français et Allemands commencent à travailler ... les Britanniques s'inquiètent ...

La politique commune des deux entreprises impliquait une intégration très forte des activités. Au-delà du principe d'un management « coordonné » il fallait mettre en place un réseau commercial unique dans chaque pays couvert, avec une fusion en France et en Allemagne des entités commerciales. Le point central de l'accord résidait dans la mise en place d'une ligne de produits commune aux deux sociétés, celles-ci se répartissant la responsabilité des matériels selon leur « puissance ». La nouvelle ligne devait avoir une compatibilité ascendante à partir des gammes Iris de CII et 4000 de Siemens.

Plusieurs éléments de ce dispositif se mettront en place de manière satisfaisante si l'on en croit les témoignages des responsables de la CII. « La coordination des managements a été assurée rapidement [...] et la convergence vers la ligne 77XX réalisée en un temps record. En France, la division informatique de Siemens-France a été intégrée sans problème majeur et de même, CII-Allemagne dans Siemens »[39].

---

[37] Note CII faisant l'historique des négociations menées en 1971, 17 novembre 1971, page 8. La suite du dossier laisse à penser que ces inquiétudes auraient sans doute dû être mieux prises en compte avant la signature de l'accord !

[38] Accord entre Siemens et CII, 28 janvier 1972, page 1.

[39] Témoignage de Jean Gaudfernau, ancien directeur général d'UNIDATA, in Griset, P. (dir.), *op. cit.*, p. 108.

La mise en place de certains éléments du dispositif se fait donc assez vite, mais le déploiement d'un véritable partenariat ne peut qu'être contrarié en ses objectifs les plus ambitieux par le flou qui règne sur son périmètre définitif. L'accord de janvier 1972 est en effet bien plus une plate-forme de départ qu'un cadre définitif de travail. Siemens demanda ainsi au moment même de la signature de l'accord d'envisager l'adhésion de Philips. Dans une note du printemps 1972 Maurice Allègre constate même que :

> La mise en application des accords CII-Siemens exigera des négociations difficiles pendant au moins une année. Ces négociations impliquent des compromis délicats tant sur le plan technique (spécifications de la nouvelle ligne X, choix de date de sorties des machines, etc.) que commercial (implantations extérieures communes), surtout si l'on veut respecter le principe égalitaire qui est à la base de l'accord. L'introduction de Philips, qui devra consentir de très substantiels sacrifices et notamment l'abandon de toute responsabilité dans le domaine de la moyenne et grande informatique, allongera encore de plusieurs mois ce délai de mise en place[40].

Parallèlement le pouvoir politique ne s'engage pas de manière très claire pour cet accord tripartite. On hésite sans le dire vraiment pour des raisons qui diffèrent d'ailleurs selon les parties concernées. Les enjeux européens constituent ainsi un facteur de trouble dans la stratégie à moyen terme. Visiblement inquiets du rapprochement continental qui s'effectue sans eux, les Britanniques tentent en effet de revenir dans le jeu. Le 30 mai 1972, Christopher Chattaway, ministre du Développement Industriel écrit à François-Xavier Ortoli, ministre du Développement industriel et scientifique, un courrier relançant l'idée d'une large coopération industrielle incluant ICL pour l'avenir de l'industrie informatique européenne. Réaffirmant l'engagement du gouvernement britannique auprès de son champion national il s'inquiète cependant d'inutiles concurrences entre grands groupes européens. Il propose donc : « … the formation of a strong, integrated and truly European computer industry ». Tout en se réjouissant de l'accord CII-Siemens qui va dans le bon sens, il précise :

> …we believe that a broader unified European effort, will be better able to sustain the necessary high level of investment in research, development, production and marketing in this very competitive and rapidly advancing field of technology. Moreover, we believe that unless the three major Euro-

---

[40] Note de Maurice Allègre, 1er juin 1972, page 5.

pean firms of CII, Siemens and ICL find a basis for cooperation now, the opportunity may be lost for a long time[41].

Cette offensive ne contrariera qu'assez peu la convergence franco-allemande. Trop d'obstacles matériels, tant techniques que commerciaux, se dressent en effet face à l'hypothèse d'un rapprochement rapide entre CII-Siemens et ICL. Bien évidemment la porte n'est pas fermée, mais les discussions ne s'engagent pas réellement. Les Britanniques louvoient, évoquant la possibilité du « Grand large » et les offres qui sont faites à ICL par certains groupes américains, mais suggérant également à mots plus ou moins couverts la potentialité d'un deuxième pôle européen regroupant ICL, Nixdorf et Telefunken. Un point sérieux est fait sur ces questions en novembre 1972 lors d'une réunion des ministres français, britannique et allemand chargés des questions scientifiques et de l'industrie. Jean Charbonnel indique en cette occasion que « l'objectif de la politique française est de contribuer à la naissance d'une véritable industrie européenne de l'informatique actuellement écrasée par l'industrie américaine »[42]. Les positions allemandes et britanniques convergent sur ce principe avec la position française mais en restant cependant prudentes sur le rôle exact devant être joué par le pôle CII-Siemens. Chattaway et von Dohnanyi par « pragmatisme » ne veulent écarter aucune solution et souhaitent notamment préserver les chances d'un pôle Nixdorf-Telefunken alors que Jean Charbonnel se montre beaucoup plus favorable à un groupe unique, autour de CII-Siemens. La « synthèse » allemande reflète le flou stratégique qui caractérise encore le projet :

> Monsieur von Dohnanyi, donne son accord pour la constitution d'un seul grand groupe de l'informatique, mais précise que la marche vers cet objectif doit être pragmatique et qu'il ne faut pas négliger les possibilités d'accord avec les États-Unis qui ne la compromettraient pas ; si enfin, l'accord CII-Siemens doit faire l'objet d'une priorité absolue, il ne faut cependant pas sous-estimer Nixdorf-Telefunken dont le chiffre d'affaires a été, en 1971, plus élevé que celui de Philips et de la CII[43].

Ces tergiversations reflètent sans doute les incertitudes des politiques publiques dans les trois pays concernés. Elles sont également la consé-

---

[41]   Christopher Chattaway, ministre du Développement Industriel à François-Xavier Ortoli, lettre du 30 mai 1972. Le ministre britannique précisait : « Of course, as earlier discussions have shown, there would be technical and commercial problems to overcome. But, given the political will to form a strong industrial unit, solutions to these problems be possible ».

[42]   Compte-rendu de la réunion du 2 novembre 1972, présenté dans une dépêche en date du 6 novembre 1972 par l'Ambassadeur de France en Grande-Bretagne.

[43]   *Ibidem.*

quence des logiques spécifiques aux différentes entreprises concernées. Le dispositif est en effet fondamentalement organisé autour de subventions indirectes accordées aux fabricants d'ordinateurs. Être ou non partie prenante dans le « Grand projet » d'une industrie informatique européenne signifie avant toute autre considération pour ces sociétés recevoir ou ne pas recevoir les subsides liés aux commandes publiques réservées aux entreprises participantes. C'est sans nul doute un effet malencontreux qui fait que, quelle que soit leur véritable conviction les industriels préfèrent « en être » plutôt que de rester à l'extérieur de ce périmètre financé. Pour ICL comme pour Telefunken ou Nixdorf il est donc très inquiétant de voir un groupe qui recevrait le soutien conjugué des commandes publiques allemandes, françaises et à terme britanniques se constituer.

Ces remous n'en empêcheront pas moins la poursuite des négociations avec Philips et la signature le 4 juillet 1973 d'un accord entre CII, Philips et Siemens qui étend à l'industriel hollandais la substance de l'accord liant déjà le Français et l'Allemand. UNIDATA existait désormais dans une forme tripartite. L'effet médiatique fut important et l'écho politique très positif. Michel Jobert, ministre des Affaires étrangères, reflétant assez bien l'optimisme ambiant :

> Le rôle capital qui est déjà celui de l'informatique dans les sociétés modernes conduit les États à dresser la structure même de cette branche industrielle pour corriger autant que possible les inégalités que l'histoire et la technologie ont développées au bénéfice d'un pays, voire même d'une entreprise. En créant récemment UNIDATA avec l'encouragement des gouvernements, les firmes CII, Siemens et Philips ont esquissé le premier groupe européen d'informatique[44].

III. Le poids des réalités …

A. De la mésentente à l'affrontement

Malgré ce nouveau départ, le devenir de la CII semblait bien incertain aux yeux de nombreux observateurs, la création d'UNIDATA laissant pour le moins sceptiques trop d'acteurs à commencer par les dirigeants de Thomson et de la CGE. Ces derniers se sont montrés très réticents à l'égard d'un programme qui ne correspondait pas à leurs orientations stratégiques. En internationalisant l'affaire le projet UNIDATA rendait les implications du Plan Calcul beaucoup plus larges pour l'entreprise présidée par Ambroise Roux. Celle-ci s'inquiéta des possibles implications de partenariats signés avec Siemens et Philips ses

---

[44] Michel Jobert in *L'Agence Nouvelle*, en date du 21 septembre 1973.

concurrents, au moins potentiels, sur des marchés essentiels pour son activité comme les télécommunications et l'énergie. Georges Pébereau analysera ainsi la position dès lors adoptée par le groupe :

> La mise en place d'UNIDATA avec Philips et Siemens aurait pu ouvrir la voie à une solution, mais la structure adoptée condamnait irrémédiablement le projet : l'actionnariat était paritaire, les décisions se prenaient dans des comités également paritaires statuant à l'unanimité et dont était exclue la délégation à l'Informatique qui payait. En outre, tout portait à penser que les Allemands et les Hollandais étaient venus essentiellement pour bénéficier en France des subventions d'État, qu'ils ne pouvaient obtenir dans leurs propres pays ...[45].

Dès lors la CGE passera de l'engagement réticent à l'hostilité déclarée, les risques lui semblant désormais dépasser très largement les quelques retombées positives du Plan Calcul. Son but est désormais clair, elle doit se désolidariser dès que possible de ce qu'elle considère comme une aventure. Les rapports avec Thomson se sont parallèlement dégradés. En décembre 1973, avec, comme le prévoyait la convention signée en 1969, un préavis d'un an, Paul Richard avertit Ambroise Roux que les accords liant les deux sociétés ne seront pas renouvelés à leur échéance du 31 décembre 1974. Les deux actionnaires de la CII entraient dans un conflit désormais ouvert... Quelques semaines plus tard Maurice Allègre s'ouvrira auprès du ministre du Développement industriel et scientifique des graves inquiétudes que lui inspirait cette situation nouvelle : « L'affrontement des deux maisons-mères, complaisamment étalé au grand jour grâce aux déclarations à la presse d'au moins l'une d'entre elles [...] ont comme on pouvait le craindre, fortement dégradé la situation de la CII aussi bien sur le plan interne qu'externe ». Soulignant toutes les conséquences de cette situation pour UNIDATA il rappelle les problèmes de base qui minent le Plan Calcul depuis l'origine et ne sont finalement que ravivés par les évènements récents :

> La difficulté fondamentale dont souffre le Plan Calcul depuis l'origine est de ne pas être appuyé sur un groupe industriel français dont le poids et la détermination à s'engager dans l'informatique soient comparables à ceux d'un groupe comme Siemens [...] la CGE, oubliant tout à la fois qu'elle avait pris prétexte de la péri-informatique pour protester contre l'arrivée de Philips et qu'elle avait auparavant approuvé les accords CII-Siemens, critique les accords UNIDATA principalement en raison du risque de position dominante de Siemens dans l'association...[46].

[45] Témoignage de Georges Pébereau, in Pébereau, G., et Griset P., *L'industrie une passion française*, Paris, PUF, 2005.
[46] Note de Maurice Allègre, 1 février 1974.

Les tensions qui minent le projet UNIDATA apparaissent encore plus clairement après qu'Ambroise Roux a écrit au président de Siemens pour « clarifier une situation dont je vous croyais mieux informé ». Cette démarche n'est pas entreprise à l'initiative du président de la CGE mais répond à une lettre écrite par le Docteur Plettner au président de la CII dans laquelle le président de Siemens lui demandait des précisions sur la position de la CGE vis-à-vis des accords conclus le 4 juillet. Une fois développées les formules convenues rendant grâce à « la coopération internationale dans le secteur informatique », et affirmant l'attachement de la CGE à un partenariat privilégié avec Philips et Siemens « en vue de la création d'une large communauté européenne de moyens et d'intérêts dans ce secteur », Ambroise Roux exprime un point de vue qui contredit très largement la politique menée en ce domaine par la délégation à l'Informatique :

> Dès le début de l'année 1973, explique-t-il, nous avons demandé à Thomson et à CII : que CGE et Thomson soient directement parties à l'accord auprès de leurs partenaires hollandais et allemands, de façon à bâtir une véritable coopération européenne, engageant réellement les groupes pour l'ensemble de leurs activités informatiques [...]. Ainsi que vous le savez, la Compagnie Thomson-Brandt n'a tenu aucun compte de nos demandes et a finalement autorisé la signature de l'accord par la CII en utilisant la voix prépondérante du président de Fininfor. Nous avons été conduits à refuser par lettres adressées tant au Gouvernement français qu'à Thomson notre approbation à la signature de l'accord du 4 juillet et à indiquer que nous ne saurions être engagés d'aucune façon par cet accord. La CII ne disposait donc, en l'occurrence, d'aucun mandat – bien au contraire – lui permettant d'engager la CGE notamment en ce qui concerne les clauses de propriété industrielle[47].

Ambroise Roux précise enfin à son homologue allemand qu'il récuse désormais le leadership de Thomson dans l'informatique et l'invite à attendre que les procédures d'arbitrage en cours à ce propos aient abouti pour reprendre, cette fois directement entre la CGE, Siemens et Philips des négociations permettant de « dégager les conditions de la participation de la CGE à un large accord avec Siemens et Philips dans le domaine de l'informatique »[48]. Il semble donc que dès la fin de l'année 1973 l'accord UNIDATA n'avait guère de chance de se prolonger, compte tenu du désaccord de l'un des principaux partenaires engagé, à l'en croire contre son gré, dans l'aventure …

---

[47]   A. Roux à E.H.B. Plettner, 6 mars 1974.
[48]   *Ibid.*

B. En quête d'une alternative ...

Dès lors, des plans de remplacement doivent absolument être envisagés. L'hypothèse d'une relance de la coopération via un partenariat, cette fois direct, entre la CGE, Siemens et Philips tel qu'il est évoqué par Ambroise Roux n'a vraisemblablement été évoquée par le patron de la CGE que par souci de préserver les apparences, son objectif de désengagement des ordinateurs étant bien arrêté.

Un maintien du projet en l'état mais sans la CGE pouvait alors être envisagé. La CGE pouvait se retirer de Finfor avec pour conséquence un engagement financier beaucoup plus important de Thomson, qui aurait cependant de la sorte eu les mains libres. Encore très fragile la société de Paul Richard n'était pourtant pas en mesure d'assumer un tel effort. Il résultait de ce constat que toute poursuite de la logique UNIDATA risquait fort de voir Siemens, avec la bienveillante neutralité de Philips, prendre rapidement l'ascendant sur la CII. Une telle trajectoire, en admettant qu'elle eut été financièrement et techniquement viable sur le long terme, aurait donc vu le second Plan Calcul accoucher d'une industrie informatique beaucoup plus « allemande » que réellement « européenne » et en tous cas relativement peu « française » au regard des financements déjà engagés par la puissance publique ...

La situation resta figée pendant les premiers mois de 1974. Le décès de Georges Pompidou et l'élection de Valery Giscard d'Estaing à la présidence de la République ouvraient une nouvelle période.

Dès l'été 1974 de nombreux éléments laissent penser que l'accord UNIDATA ne connaîtra pas l'avenir que ses concepteurs espéraient. Il est tout d'abord évident, depuis même le premier accord CII-Siemens, que le modèle « associatif » ne fonctionne pas, ou du moins pas suffisamment bien, pour générer des avantages sérieux en termes de compétitivité. Les différentes composantes d'UNIDATA sont déficitaires, l'allemande l'étant même de plus en plus. Inéluctablement, si l'on veut faire d'UNIDATA une entreprise industrielle ayant quelque chance de rivaliser avec ses homologues américains, il faudra envisager la fusion complète des apports des trois sociétés d'origine dans une entreprise totalement intégrée. Cette solution n'est en fait contestée par personne. Elle entraîne cependant des réticences du côté français. Le rapprochement entre Philips et Siemens est en effet déjà bien engagé et il semble évident qu'une fusion complète sur une base tripartite où les intérêts français disposeraient d'un tiers du capital entraînerait une prise du pouvoir par le management de Siemens. Cette perspective, rationnellement admise comme valide par la CII et la délégation à l'Informatique, ne peut être cependant être acceptée puisqu'elle entraînerait dans les faits la disparition de la CII. En septembre 1974, dans une note très clairvoyante, Maurice Allègre dresse un tableau très précis des contradictions qui traversent en plusieurs points le projet UNIDATA. Il souligne les conflits qui opposent sur de nombreux plans Siemens et CII. Il reste convaincus qu'UNIDATA est devenu une « réalité irréversible » mais doit admettre que les difficultés rencontrées ne sont pas de nature transitoire. Pour que les précautions prises par chacun des partenaires en vue de protéger ses intérêts en cas de rupture de l'accord cèdent le pas aux exigences de l'association considérée comme un ensemble commun, il aurait fallu utiliser la dynamique des accords qui était au départ très forte. Or, précise t-il, « cette dynamique a été cassée avant même la signature de l'accord », évoquant, pour cause de cette rupture, l'attitude négative des maisons-mères tout comme celle du ministère de l'Industrie.

En cet automne 1974 ces analyses relèvent pourtant bien du domaine des regrets car le problème est dorénavant très explicitement celui de l'équilibre entre les intérêts français et allemands. « Aujourd'hui », précise ainsi le délégué à l'Informatique, « […] le cours naturel des choses provoquerait l'effondrement d'UNIDATA ». En effet, l'absorption récente de Telefunken par Siemens augmente encore son poids propre au sein de l'ensemble UNIDATA. Pour la délégation à l'Informatique, il est donc bien clair que « les accords UNIDATA, tels qu'ils ont été signés le 16 juillet 1973 et approuvés par le Gouvernement français le 12 février 1974 ne sont plus applicables en l'état »[49], Maurice Allègre évoquant à plusieurs reprises la « germanisation d'UNIDATA » comme étant l'aboutissement inéluctable d'une application des accords. Maurice Allègre envisagea une relance d'un UNIDATA mieux équilibré, garanti par une volonté politique commune de Valery Giscard d'Estaing et d'Helmut Schmidt mais celle-ci ne se concrétisa pas. Tout au contraire, le gouvernement français se ralliera à la solution évoquée de longue date par la CGE : un rapprochement entre la CII et Honeywell-Bull. Ce véritable renversement stratégique des alliances semblait pourtant inacceptable pour la délégation à l'Informatique. Cette option signifiait aux yeux de Maurice Allègre la fin du Plan Calcul et l'explosion d'UNIDATA. Il était en effet, selon son analyse, impossible de renégocier ces accords en s'appuyant sur un groupe américain, alors même qu'à en croire le délégué à l'Informatique, le gouvernement allemand avait interdit à Telefunken de céder une part significative de son capital

---

[49] Note du 20 septembre 1974, « Stratégie européenne dans le domaine de l'informatique », 11 pages.

à la firme américaine[50]. Cette hypothèse est cependant devenue pour le gouvernement la seule envisageable. Alors que Valery Giscard d'Estaing prétend mettre en œuvre une politique industrielle plus réaliste, s'appuyant sur une logique de « créneaux », elle permet d'afficher une volonté de désengagement de l'État dans le cadre du « libéralisme avancé »…

Le changement de cap qui s'annonce pour l'informatique s'inscrit en effet dans une redéfinition beaucoup plus large de la politique industrielle de la France. Au cours de l'été, le ministère de l'Industrie est réorganisé. Une Direction des industries électroniques et de l'informatique (DIELI) est créée au sein de la Direction générale de l'Industrie dirigée par Hugues de l'Estoile. Le 2 octobre 1974, la délégation à l'Informatique a vécu, la DIELI étant confiée à Jean-Claude Pélissolo. Le dernier partisan d'UNIDATA, nous l'avons vu dans une configuration cependant rénovée, se voit retirer la responsabilité de l'informatique française. Le bouclage d'une solution américaine n'est dès lors plus qu'une question de temps. Déjà envisagée en 1973, alors que Jean Charbonnel était hésitant quant à l'approbation de l'accord UNIDATA, elle permettrait de faire revenir dans une logique plus « française » Bull, « cédée » aux Américains au début des années 1960. « Le véritable enjeu de l'informatique française devient alors la francisation de Bull … »[51]. Honeywell, qui se dit prêt à abandonner la majorité dans la future association avec la CII, veut faire avancer au plus vite le projet. En novembre 1974 Ed Spencer nouveau président d'Honeywell en visite à Paris propose à la CGE un montage qui permettrait grâce à l'apport de CII et au rachat pour 50 millions de dollars de 17 % du capital de Bull à Honeywell de donner au nouvel ensemble une majorité française. Deux conditions sont posées : une aide publique pour la transition et un contrat de management à Honeywell pour l'ensemble mondial[52]. En décembre une mission officielle menée par le directeur général de l'Industrie se rend à New York pour rencontrer les dirigeants d'Honeywell. Les négociations, dans lesquels la CGE, représentée par Georges Pébereau, joue un rôle important alors que Michel Barré, président de CII n'est guère consulté, avancent malgré de nombreux écueils. Parallèlement les esprits sont préparés à ce renversement complet de la logique d'alliance. La CII est soumise au feu des critiques, y compris par le ministre de

---

[50] Maurice Allègre note par ailleurs que le gouvernement britannique « n'a pas hésité à interdire à ICL de laisser UNIVAC ou Burroughs prendre une participation chez lui », note de Maurice Allègre, 1er février 1974.

[51] Voir : Darmon, J., « La fin du mythe UNIDATA », in Griset, P. (dir.), *op. cit.*, p. 134.

[52] Voir : Brulé, J.-P., « Trois ans de négociation pour créer CII-HB (1973-1976) », in Griset, P. (dir.), *op. cit.*, p. 273.

l'Industrie Michel d'Ornano, à la tribune même de l'Assemblée Nationale. Jacques Darmon, son directeur de cabinet, témoignera d'une manière qui ne laisse aucun doute sur la tension qui régnait en ces mois de l'hiver 1974-1975 et reflète, non sans rudesse, l'urgence ressentie par l'équipe arrivée au pouvoir avec Valéry Giscard d'Estaing. L'analyse est sans concession. Elle souligne « l'absence totale de vrais supports industriels », et met en cause un « lobby UNIDATA », composé des dirigeants de la CII, des « manipulés » et « des traîtres qui, au prix de manquements répétés au devoir de réserve, multiplient les coups bas et la désinformation »[53]. « Clairement », affirme t-il, à l'été 1974, « Unidata n'était plus un projet c'était devenu un mythe... »[54]. Dès l'automne,

> la décision était prise de rapprocher Bull et CII [...] l'hypothèse Unidata n'étant relancée qu'à chaque fois que les négociations avec Bull ralentissaient. L'impression de lenteur et d'hésitation reflétait en fait une tactique parfaitement maîtrisée. Pour conduire cette négociation dans les meilleures conditions il était nécessaire de garder ouverte l'alternative Unidata et même de lui donner une crédibilité croissante : rencontre avec le président de Siemens Bernhard Plettner, lettre puis rencontre avec le ministre allemand, Hans Matthöfer [...] il n'y eut aucune hésitation, il y a eu tactique réussie de conserver jusqu'au bout une alternative aussi crédible que possible[55].

En mai 1975, la page est tournée : la solution « américaine » est retenue bien que peu appréciée par l'opinion publique et l'opposition. Michel Barré démissionne. En décembre de la même année, UNIDATA est officiellement dissoute. Le 23 du même mois, la signature officielle des accords franco-américains a lieu rue de Grenelle. La CII-HB naît officiellement le 1er juillet 1976[56].

---

[53] Jacques Darmon évoque pour cette époque une « campagne médiatique exceptionnelle ; la une sur trois à quatre colonnes plusieurs fois par mois, alimentée par une technocratie militante : refus d'admettre les instructions des responsables politiques élus, détournement de documents [...] agitation dans les milieux syndicaux et politiques », *op. cit.*, p. 135.

[54] *Ibidem*, p. 135.

[55] *Ibidem*, p. 137.

[56] Les négociations par les Américains d'une procédure d'indemnisation en cas de nationalisation de Bull retarderont de près d'un an la concrétisation de cet accord. Jublin, J. et Quatrepoint, J.-M., *French Ordinateurs, de l'affaire Bull à l'assassinat du Plan Calcul*, Paris, Alain Moreau, 1976. Brulé, J.-P., *L'informatique malade de l'État. Du Plan Calcul à Bull nationalisée : un fiasco de 40 milliards*, Paris, Les Belles Lettres, 1993.

Conclusion

Le projet UNIDATA s'acheva sur un échec qui laissa beaucoup d'amertume chez les responsables qui s'y impliquèrent avec passion. Le sentiment d'avoir été « lâchés » alors que le pari technique était en passe d'être réussi fut sans doute aggravé par le caractère secret de contacts pris ici ou là par l'État, sans que la Délégation n'en soit réellement informée.

L'enchaînement chronologique des décisions et les options prises par les différents acteurs à des moments-clés de cette histoire montre pourtant bien que les principales parties engagées dans cette aventure ne donnèrent à aucun moment de chance réelle de réussite à UNIDATA. Dès la signature du premier accord entre CII et Siemens l'ensemble des éléments qui allaient précipiter l'abandon de l'alliance franco-allemande était en effet réuni.

L'impossibilité de parvenir à construire entre Français un actionnariat stable et décidé pour la CII constituait une base très défavorable pour un projet prétendant unir l'Europe de l'informatique. Malgré son énergie, la délégation à l'Informatique ne parvint pas à faire converger les deux entreprises pas plus que Thomson n'eut la possibilité, si tant est qu'elle l'eut souhaité, d'assumer sans sa rivale la responsabilité du développement de CII[57]. Cette base fragile, pénalisante pour la démarche de la CII est devenu un défaut rédhibitoire lorsqu'il s'est agit de passer à la dimension européenne.

Le fait de ne pas prendre en compte dès la conception du projet le rapport de force déséquilibré entre la CII et Siemens ne pouvant s'expliquer par une méconnaissance des dossiers reflète sans doute une volonté des dirigeants de la CII et de la Délégation d'avancer coûte que coûte. Cette optique qui pouvait – d'un certain point de vue – se justifier dans une vision réellement européenne du projet UNIDATA allait rapidement devenir impossible à poursuivre dans la dimension nationale qui restait celle du Plan Calcul. En écartant toute perspective d'un apport minoritaire de la France à une entreprise totalement européenne en

---

[57] La stratégie de Thomson manque de clarté tout au long de la période. Affaiblie par des problèmes financiers récurrents et par des problèmes de leadership, l'entreprise, convaincue que son avenir était dans la téléphonie publique ne souhaitait plus vraiment s'engager dans le domaine de l'informatique. Elle reviendra sur le marché des grands commutateurs publics à partir de 1974 avec des conséquences néfastes tant pour l'équilibre de la politique industrielle du pays que pour sa santé financière. L'aventure prendra fin au milieu des années 1980 lorsque Alain Gomez président de Thomson cèdera à Georges Pébereau président de la CGE les activités télécommunications civiles de Thomson... Les deux entreprises avaient entre temps été nationalisées...

mesure de rivaliser avec l'industrie américaine la totalité des acteurs du Plan Calcul, qu'il s'agisse de la Délégation, de la CII ou des entreprises actionnaires démontraient que « l'internationalisation » avait toujours été entendue comme un point d'appui, pour la mise en œuvre d'un projet qui restait d'essence et d'ambition nationale.

UNIDATA semble donc avoir été, dans une large mesure, une impasse dès sa conception. L'interpénétration entre logiques d'entreprises et logiques publiques, féconde dans certains secteurs fut particulièrement contre-productive dans le domaine informatique. Plusieurs facteurs spécifiques à cette technologie ont contribué à ces résultats très négatifs. L'informatique est tout d'abord une activité radicalement nouvelle qu'aucun décideur, qu'il soit homme politique ou entrepreneur n'appréhende réellement en France au début des années 1960. Dix ans plus tard les esprits ont évolué mais la « culture » informatique relève encore pour beaucoup du vernis et repose très fréquemment sur des éléments déjà périmés.

Le processus de conception et de mise en œuvre de la politique industrielle a reposé sur des processus rendant très difficile l'émergence d'une stratégie cohérente susceptible de s'exprimer dans la durée. Elle fut par ailleurs troublée par des enjeux transversaux, ressentis comme beaucoup plus importants par nombre des acteurs. Le Plan Calcul puis, de manière encore plus marquée, UNIDATA furent donc des compromis associant des partenaires peu motivés, dirigés par des hommes convaincus de pouvoir mener à bon port un navire qu'ils savaient pourtant structurellement incapable de réussir sa mission. Entre sens du devoir et obstination les hommes du Plan Calcul se sont donc trouvés engagés dans un projet européen mal conçu en espérant que par l'action ils sauraient trouver la bonne trajectoire, convaincre de nouveaux partenaires et rallier les réticents.

Ce pari, aux allures de fuite en avant, fut un échec car il reposait sur une dose excessive d'optimisme. Lorsque l'on considère les groupes d'intérêts engagés on voit mal comment la possibilité d'une inflexion « positive » de leur stratégie à l'égard de l'informatique ait pu être sérieusement envisagée. Pour provoquer une telle conversion il eût fallu un « exploit » technique, une percée qui permette de concevoir à court-moyen terme des produits nouveaux innovants, capables de s'imposer sur les marchés. Le potentiel de la recherche française ne pouvait à aucun moment laisser envisager un tel basculement[58].

---

[58] La création de l'Institut de recherche en informatique et en automatique, était trop récente pour porter ses fruits. Cette institution reste quarante ans après la véritable réussite du Plan Calcul. Son histoire fait à l'heure actuelle l'objet d'un programme de recherche soutenu par l'INRIA.

UNIDATA n'a pas été à proprement parler un projet « européen ». Bruxelles n'a joué aucun rôle dans cette affaire, ses appels à une « informatique européenne » relevant de déclarations sans portée concrète. Il relève en fait d'accords bilatéraux entre la France et l'Allemagne et s'inscrit dans l'histoire complexe des relations industrielles entre ces deux pays. La coopération entre ces deux puissances industrielles a été et reste difficile. Elle repose sur une volonté politique qui entend faire de l'industrie un élément fort du « couple » franco-allemand mais s'exprime dans le quotidien de relations méfiantes, fondées sur une rivalité plus ou moins maîtrisée grâce à des compromis souvent précaires.

En ce début de siècle la situation n'a guère évolué. Les épousailles diplomatiquement « arrangées » entre France Télécom et Deutsche Telecom ont abouti à une séparation coûteuse et pénalisante pour les deux groupes, la rivalité entre Siemens et les entreprises issues de la CGE qu'il s'agisse du nucléaire ou du TGV est stérile, quant aux polémiques à propos de telle ou telle fusion elles démontrent que l'échange d'information reste « difficile » de part et d'autre du Rhin. Alors que l'« exemplaire » réussite d'Airbus a été traversée par de réelles tensions et que l'émergence d'une politique industrielle européenne reste au mieux virtuelle, il semble qu'un véritable dialogue entre Allemands et Français portant sur l'avenir de leurs industries reste à établir.

Présentation des contributeurs

Éric Bussière est professeur à l'Université de Paris IV-Sorbonne, chaire Jean Monnet d'histoire de la construction européenne. Membre de plusieurs conseils scientifiques, dont celui du Comité pour l'histoire économique et financière de la France (CHEFF) et celui de l'Association Georges Pompidou dont il est président, il est également directeur ou co-directeur de plusieurs collections d'ouvrages scientifiques. Il est co-rédacteur de la revue *Histoire, Économie et société (HES)*. Ses travaux portent sur l'histoire des entreprises, l'histoire des relations économiques internationales et celle de la construction européenne, tout particulièrement dans le champ de l'économie. Parmi ses publications récentes : *Georges Pompidou face à la mutation économique de l'Occident, 1969-1974* (dir.), PUF, 2003 ; *London and Paris as International Financial Centres* (dir. avec Y. Cassis), Oxford UP, 2005.

Julie Cailleau est licenciée en histoire et diplômée en études européennes de l'Institut d'études européennes de l'Université catholique de Louvain. Elle possède également un diplôme d'études approfondies en philosophie et lettres (histoire, représentations et sociétés). Boursière de doctorat de l'UCL, elle a entrepris une thèse, sous la direction du professeur Michel Dumoulin, sur la recherche d'un marché commun de l'énergie en Europe (c. 1930-1975) en s'attachant plus particulièrement aux six pays fondateurs de la Communauté économique européenne et au secteur de l'électricité. Elle fait également partie de l'équipe de chercheurs du projet d'histoire interne de la Commission européenne (1958-1973).

Isabelle Cassiers est professeur d'économie à l'Université catholique de Louvain (UCL-IRES) et chercheur qualifié du Fonds national (belge) de la recherche scientifique (FNRS). Elle est aussi membre du Conseil central de l'économie et de l'Institut pour un développement durable. Ses domaines de recherche privilégiés sont l'histoire économique et sociale et la macroéconomie institutionnelle, avec un intérêt particulier pour les questions concernant l'avenir de nos sociétés. Parmi ses publications récentes on relèvera *L'État social actif, vers un changement de paradigme ?* (co-direction avec P. Vielle et Ph. Pochet), PIE-Peter Lang, 2005, 357 p.

Jean-Christophe Defraigne (MSc in Economic History à la London School of Economics, docteur en économie de l'Université libre de

Bruxelles) est chercheur à l'Institut d'études européennes de l'Université catholique de Louvain. Ses travaux de recherche portent sur l'analyse comparative des processus d'intégration régionaux, de leurs liens avec les stratégies des entreprises multinationales et les changements technologiques. Il a enseigné à la University of International Business & Economics à Pékin et l'Université de Metz en France et enseigne actuellement les politiques économiques européennes et le commerce international à l'IEE à l'UCL, à l'EPHEC et aux Facultés universitaires Saint-Louis à Bruxelles.

Armelle Demagny-Van Eyseren est professeur agrégée d'histoire et actuellement en poste dans l'enseignement secondaire. Elle a été, de 1999 à 2005, chargée de recherche à l'Association Georges Pompidou. Elle y a notamment contribué au programme d'archives orales, en collaboration avec les Archives nationales, et a participé à l'organisation et la publication de colloques. Elle poursuit actuellement, à l'Université Paris IV-Sorbonne, sous la direction du professeur Éric Bussière, une thèse de doctorat portant sur *La France et la recherche d'une intégration pétrolière communautaire : stratégies des entreprises, des autorités politiques et des institutions, 1956-1974.*

Amaury de Saint-Périer, ancien président-directeur général de banque (Groupe du Crédit foncier de France), est doctorant à l'Université de Paris IV-Sorbonne. Ses recherches, effectuées sous la direction du professeur Éric Bussière, portent sur la monnaie européenne durant le septennat de Valéry Giscard d'Estaing.

Michel Dumoulin, docteur en histoire de l'Université catholique de Louvain, y est professeur ordinaire et titulaire de la chaire Jean Monnet d'histoire de l'Europe contemporaine. Responsable du GEHEC, ses recherches et publications portent sur l'histoire de la construction européenne, celle des entreprises et milieux économiques et celle de la Belgique contemporaine.

Pascal Griset est agrégé des universités et docteur en histoire. Professeur à la Sorbonne (Université Paris-IV), historien des entreprises, il est plus particulièrement spécialiste de l'histoire économique et technique de l'information. Il dirige le Centre de recherche en histoire de l'innovation, (Paris IV) et collabore régulièrement aux travaux de la Society for the History of Technology (SHOT). Il a été auditeur à l'Institut des stratégies industrielles. Vice-président de l'Association pour l'histoire de l'informatique et des télécommunications et administrateur du Comité d'histoire de la poste, il participe au comité de rédaction des revues *Hermès* (CNRS) et *Flux* (ENPC). Il a rédigé avec Alain Beltran plusieurs études sur l'histoire économique de la France. Son ouvrage, *Les révolutions de la communication XIXᵉ-XXᵉ siècles*, a reçu le prix 1992 de l'Institut européen des affaires. Sa thèse de doctorat : *Technologie, entreprise et souveraineté : les télécommunications transatlantiques de la France*, a été primée par l'Institut d'histoire de l'industrie. Il vient de publier avec Georges Pébereau : *L'industrie une passion française*, Presses Universitaires de France, 2005.

Jean-Claude Koeune, économiste, a été formé à l'Université catholique de Louvain (UCL) et à Columbia University. Il a enseigné l'économie aux États-Unis, en Tunisie, en France et en Belgique. Il a également conseillé le gouvernement belge de 1978 à 1988, et dirigé les études économiques de la Banque Bruxelles Lambert (aujourd'hui ING Belgique) de 1988 jusqu'à son départ à la retraite en 2000. Il est aujourd'hui professeur émérite de l'UCL et secrétaire général de la Ligue européenne de coopération économique (LECE).

Vincent Lagendijk a étudié l'histoire économique à l'Université de Leiden aux Pays-Bas. Actuellement, il est candidat doctoral dans le projet « Transnational Infrastructures in Europe » (www.tie-project.nl), à l'Université de technologie d'Eindhoven, aux Pays-Bas. Sa recherche concerne les relations entre les idées de l'Europe et la construction d'un réseau électrique européen, dans la période 1918-1995.

René Leboutte, docteur en philosophie et lettres (histoire) et titulaire de l'habilitation à diriger des recherches de l'Université Charles de Gaulles-Lille III, a enseigné à l'Institut universitaire européen de 1991 à 1999. Il a ensuite été titulaire de la chaire Jean Monnet en histoire de la construction européenne à l'Université d'Aberdeen (1999-2006) et a récemment rejoint l'Université du Luxembourg, où il enseigne l'histoire européenne contemporaine. Il est directeur du laboratoire de recherche « Gouvernance européenne ». Il a publié *Vie et mort des bassins industriels en Europe, 1750-2000* (Paris, L'Harmattan, 1997) et achève actuellement un ouvrage sur l'histoire économique et sociale de l'intégration européenne (1930-2005).

Ivo Maes est docteur en sciences économiques de la Katholieke Universiteit Leuven (thèse « The Contribution of J.R. Hicks to Macroeconomic and Monetary Theory ») et Master of Sciences in Economics de la London School of Economics. Il est délégué du chef du Département des études de la Banque nationale de Belgique, professeur, chaire Robert Triffin, à l'Institut d'études européennes de l'Université catholique de Louvain et professeur à la Katholieke Universiteit Leuven. Ses publications récentes comprennent *Economic Thought and the Making of European Monetary Union*, (Edward Elgar, 2002), *La Banque nationale de Belgique, du franc belge à l'euro. Un siècle et demi d'histoire* (Éditions Racine, 2005), "On the Origins of the Franco-German EMU Controversies" (*European Journal of Law and Economics*, 2004),

"France and Italy's Policies on European Monetary Integration: a Comparison of 'Strong' and 'Weak' States" (*Comparative European Politics*, 2004), "Small States and the Creation of EMU: Belgium and the Netherlands, Pacesetters and Gatekeepers" (*Journal of Common Market Studies*, 2005) et "The Ascent of the European Commission as an Actor in the Monetary Integration Process in the 1960s" (*Scottish Journal of Political Economy*, 2006).

Marine Moguen-Toursel, docteur en histoire contemporaine, travaille au Centre de recherches historiques de l'École des hautes études en sciences sociales (Paris). Ses recherches actuelles portent sur l'élaboration des standards communautaires pour les véhicules automobiles depuis les années 1960. Dans le cadre de recherches collectives, elle étudie la sécurité routière ainsi que les questions du risque, de la sécurité et de l'innovation en liaison avec l'industrie du médicament.

Gilbert Noël est professeur d'histoire contemporaine à l'Université de Rennes 2. Spécialiste de l'histoire des mondes agricole et rural, ses recherches portent sur la Politique agricole commune (PAC) et sur la formation d'une Europe verte au 20e siècle. Il est l'auteur de nombreuses contributions sur ces questions et a publié « Du Pool vert à la Politique agricole commune », « France, Allemagne et 'Europe verte' », « Le Conseil de l'Europe et l'agriculture ».

Sylvain Schirmann, professeur des Universités, est directeur de l'Institut d'études politiques de Strasbourg. Ses travaux portent sur les relations économiques et financières au XXe siècle, les relations franco-allemandes et la construction européenne. Il a publié « Les relations économiques et financières franco-allemandes 1932-1939 », « Crise, coopération économique et financière entre États européens 1929-1933 » et « Quel ordre européen ? De Versailles à la chute du III°Reich ».

Jérôme Wilson, licencié en histoire de l'UCL, a complété sa formation par une candidature complémentaire en économie et un DES en Gestion des risques financiers qui lui a donné l'occasion d'étudier les investissements belges en Russie en collaboration avec la SRBII. Suite à son service militaire effectué au Centre d'études d'histoire de la Défense puis à un contrat presté au sein de la Marine nationale française, il a acquis une expertise dans le domaine de la sûreté maritime. Récemment, ses recherches l'ont conduit à traiter de la question des origines de l'ordre juridique européen, sujet qu'il traite en parallèle de ses travaux doctoraux portant sur la vie et l'œuvre de l'économiste belgo-américain Robert Triffin.

EUROCLIO – Ouvrages parus

N° 37 – *Stratégies d'entreprise et action publique dans l'Europe intégrée (1950-1980). Affrontement et apprentissage des acteurs. Firm Strategies and Public Policy in Integrated Europe (1950-1980). Confrontation and Learning of Economic Actors.* Marine MOGUEN-TOURSEL (ed.), à paraître.

N° 36 – *Quelle(s) Europe(s)? Nouvelles approches en histoire de l'intégration européenne / Which Europe (s)? New Approaches in European Integration History.* Katrin RÜCKER & Laurent WARLOUZET (dir.). 2006.

N° 35 – *Milieux économiques et intégration européenne au XXe siècle. La crise des années 1970. De la conférence de La Haye à la veille de la relance des années 1980.* Éric BUSSIÈRE, Michel DUMOULIN & Sylvain SCHIRMANN (dir.), 2006.

N° 34 – *Europe organisée, Europe du libre-échange ? Fin XIXe siècle - Année 1960.* Éric BUSSIÈRE, Michel DUMOULIN & Sylvain SCHIRMANN, 2006.

N° 33 – *Les relèves en Europe d'un après-guerre à l'autre.* Olivier DARD et Étienne DESCHAMPS, 2005.

N° 32 – *L'Europe communautaire au défi de la hiérarchie.* Bernard BRUNETEAU & Youssef CASSIS (dir.), à paraître.

N° 31 – *Les administrations nationales et la construction européenne. Une approche historique (1919-1975).* Laurence BADEL, Stanislas JEANNESSON & N. Piers LUDLOW (dir.), 2005.

N° 30 – *Faire l'Europe sans défaire la France. 60 ans de politique d'unité européenne des gouvernements et des présidents de la République française (1943-2003).* Gérard BOSSUAT, 2005.

N° 29 – *Réseaux économiques et construction européenne – Economic Networks and European Integration.* Michel DUMOULIN (dir.), 2004.

N° 28 – *American Foundations in Europe. Grant-Giving Policies, Cultural Diplomacy and Trans-Atlantic Relations, 1920-1980.* Giuliana GEMELLI and Roy MACLEOD (eds.), 2003.

N° 27 – *Inventer l'Europe. Histoire nouvelle des groupes d'influence et des acteurs de l'unité européenne.* Gérard BOSSUAT (dir.), avec la collaboration de Georges SAUNIER, 2003.

N° 25 – *American Debates on Central European Union, 1942-1944. Documents of the American State Department.* Józef LAPTOS & Mariusz MISZTAL, 2002.

N° 23 – *L'ouverture des frontières européennes dans les années 50. Fruit d'une concertation avec les industriels ?* Marine MOGUEN-TOURSEL, 2002.

N° 22 – *Visions et projets belges pour l'Europe. De la Belle Époque aux Traités de Rome (1900-1957).* Geneviève DUCHENNE, 2001.

N° 21 – *États-Unis, Europe et Union européenne. Histoire et avenir d'un partenariat difficile (1945-1999) – The United States, Europe and the European Union. Uneasy Partnership (1945-1999).* Gérard BOSSUAT & Nicolas VAICBOURDT (eds.), 2001.

N° 20 – *L'industrie du gaz en Europe aux XIXᵉ et XXᵉ siècles. L'innovation entre marchés privés et collectivités publiques.* Serge PAQUIER et Jean-Pierre WILLIOT (dir.), 2005.

N° 19 – *1848. Memory and Oblivion in Europe.* Charlotte TACKE (ed.), 2000.

N° 18 – *The "Unacceptables". American Foundations and Refugee Scholars between the Two Wars and after.* Giuliana GEMELLI (ed.), 2000.

N° 17 – *Le Collège d'Europe à l'ère des pionniers (1950-1960).* Caroline VERMEULEN, 2000.

N° 16 – *Naissance des mouvements européens en Belgique (1946-1950).* Nathalie TORDEURS, 2000.

N° 15 – *La Communauté Européenne de Défense, leçons pour demain ? The European Defence Community, Lessons for the Future?* Michel DUMOULIN (ed.), 2000.

N° 12 – *Le Conseil de l'Europe et l'agriculture. Idéalisme politique européen et réalisme économique national (1949-1957).* Gilbert NOËL, 1999.

N° 11 – *L'agricoltura italiana e l'integrazione europea.* Giuliana LASCHI, 1999.

N° 10 – *Jalons pour une histoire du Conseil de l'Europe. Actes du Colloque de Strasbourg (8-10 juin 1995).* Textes réunis par Marie-Thérèse BITSCH, 1997.

N° 9 – *Dynamiques et transitions en Europe. Approche pluridisciplinaire.* Claude TAPIA (dir.), 1997.

N° 8 – *Le rôle des guerres dans la mémoire des Européens. Leur effet sur leur conscience d'être européen.* Textes réunis par Antoine FLEURY et Robert FRANK, 1997.

N° 7 – *France, Allemagne et « Europe verte ».* Gilbert NOËL, 1995.

N° 6 – *L'Europe en quête de ses symboles.* Carole LAGER, 1995.

N° 5 – *Péripéties franco-allemandes. Du milieu du XIXᵉ siècle aux années 1950. Recueil d'articles.* Raymond POIDEVIN, 1995.

N° 4 – *L'énergie nucléaire en Europe. Des origines à l'Euratom.* Textes réunis par Michel DUMOULIN, Pierre GUILLEN et Maurice VAÏSSE, 1994.

N° 3 – *La ligue européenne de coopération économique (1946-1981). Un groupe d'étude et de pression dans la construction européenne.* Michel DUMOULIN et Anne-Myriam Dutrieue, 1993.

N° 2 – *Naissance et développement de l'information européenne.* Textes réunis par Felice DASSETTO, Michel DUMOULIN, 1993.

N° 1 – *L'Europe du patronat. De la guerre froide aux années soixante.* Michel DUMOULIN, René GIRAULT, Gilbert TRAUSCH, 1993.

Réseau européen Euroclio
avec le réseau SEGEI

Coordination : Chaire Jean Monnet d'histoire
de l'Europe contemporaine (Gehec)
Collège Erasme, 1, place Blaise-Pascal, B-1348 Louvain-la-Neuve

Allemagne
Jürgen Elvert
Wilfried Loth

Belgique
Julie Cailleau
Jocelyne Collonval
Yves Conrad
Pascal Deloge
Geneviève Duchenne
Vincent Dujardin
Michel Dumoulin
Roch Hannecart
Pierre-Yves Plasman
Béatrice Roeh
Corine Schröder
Caroline Suzor
Pierre Tilly
Arthe Van Laer
Jérôme Wilson
Natacha Wittorski
Gaëlle Courtois

Espagne
Enrique Moradiellos
Mercedes Samaniego Boneu

France
Françoise Berger
Marie-Thérèse Bitsch
Gérard Bossuat
Éric Bussière
Jean-François Eck
Catherine Horel
Philippe Mioche
Marine Moguen-Toursel
Sylvain Schirmann
Matthieu Trouvé
Laurent Warlouzet
Emilie Willaert

Hongrie
Gergely Fejérdy

Italie
David Burigana
Elena Calandri
Eleonora Guasconi
Luciano Segretto
Antonio Varsori

Luxembourg
Charles Barthel
Etienne Deschamps
Jean-Marie Kreins
René Leboutte
Robert Philippart
Corine Schröder
Gilbert Trausch

Pays-Bas
Anjo Harryvan
Jan W. Brouwer
Jan van der Harst

Pologne
Józef Laptos
Zdzisiaw Mach

Suisse
Antoine Fleury
Lubor Jilek